Honolulu International Airport Down Town Ala Moana Waikiki Diamond Head Kahala
Hanauma Bay Hawaii Kai Waimanalo Kailua Kaneohe Kahaluu Kaaawa Kahana
Kahuku North Shore Sunset Beach Haleiwa Wahiawa Miliani Peal City Ewa Beach Puu
O Kapolei Ko'olina Malii Waianae Mokuleia Waialua Kahului Wailuku Maalaea Olowalu
Lahaina Kaanapali Kapalua Kihei Wailea Makena Molokini Kula Haleakala Kokomo
Hana Keahole Kawaihae Parker Ranch Mauna Kea Hilo Kalapana Kilauea Mauna Loa
Punaluu Kailua Kona Lihue Wailua
Kapaa Princeville Hanalei Hanalei
Haena Koloa Poipu Hanapepe
Waimea Kekaha Mana Waimea
Canyon Kokee Kalalau Kaunakakai
Kualapuu Kalae Moomomi
Maunaloa Halena Kamakaipo
Kepuhi Kaluakoi Laau Papohaku
Ilio Mokio Kalani Kalaupapa
Kikipua Halawa Waialua
Pauwalu Pukoo Kamalo
Lanai City Manele

自由行
乐游全球······ 20
夏威夷

天气晴朗明快，
舒适指数百分百

实业之日本社海外版编辑部◎编著
任二青◎译

北京·旅游教育出版社

自由行 乐游全球……⑳ 夏威夷 Hawaii

CONTENTS

夏威夷群岛地图……………………7
夏威夷旅行基本信息………………8

纵情夏威夷
3种全新体验项目
1. 备受瞩目的卡卡亚克社区……12
2. 加入清爽的晨起运动行列……14
3. 首选便捷的夏威夷航空……16

瓦胡岛
OAHU ISLAND

旅行基本信息……………………18
合理安排旅行日程………………20

丰富多彩的娱乐休闲项目……22
1. 畅游怀基基海滩………………22
2. 乘坐游艇航海出行……………26
3. 像鱼儿一样遨游海底…………28
4. 醉心于各种海上运动项目……30
5. 蓝天白云下，尽情畅玩………32
6. 高球场上挥杆一击……………34
7. 治愈身心的夏威夷海滩………35
8. 挑战夏威夷传统舞蹈…………36
9. 亲身感受夏威夷的传统文化…39
10. 夏威夷式美容和温泉疗养……42
11. 美美甲、化化妆………………45

瓦胡岛的交通……………………60
夏威夷亲子自由行………………70

◎**瓦胡岛观光导览**
怀基基………………………………72
阿拉莫阿那…………………………75
商业区………………………………76
　商业区1日游观光规划路线图…78
夏威夷卡伊海湾……………………80
东海岸………………………………81
　东海岸1日游漫步规划路线图…82
瓦希阿瓦北海岸……………………84
　北海岸1日游漫步规划路线图…86
珍珠城………………………………88
西海岸………………………………90

◎**瓦胡岛购物指南**
眼花缭乱的名牌奢侈品……………91
夏威夷风情特产……………………96
夏威夷当地特色服饰……………100
自然派的首选佳品………………102
不可或缺的人气小礼品…………104
时尚的特色限量品………………106
怀基基………………………………108
夏威夷国王村购物中心……………112
夏威夷皇家购物中心………………113
卡拉卡瓦2100购物街区……………118
夏威夷DFS环球免税店旗下T广场…120
普阿雷拉尼购物商场………………122
怀基基海滩漫步区…………………123
阿拉莫阿那商业圈…………………126
阿拉莫阿那购物中心………………127
商业区—唐人街……………………134
沃德购物商业区……………………136
怀基基周边…………………………140
卡哈拉购物中心……………………142
夏威夷卡伊—东海岸………………144
夏威夷西海岸—北海岸……………146
怀凯莱名品折扣中心………………150

可剪切便携版

范围超大的城市地图
怀基基（正面）
火奴鲁鲁（背面）

亲近自然的高档度假中心⋯⋯⋯⋯190
夏威夷人气公寓酒店⋯⋯⋯⋯⋯199

离岛
MEIGHBOR ISLANDS

●毛伊岛 MAUI Is.
旅行信息⋯⋯⋯⋯⋯⋯⋯⋯⋯⋯206
毛伊岛的交通⋯⋯⋯⋯⋯⋯⋯⋯208
尽情畅玩毛伊岛⋯⋯⋯⋯⋯⋯⋯210
　1. 让人震撼的哈雷阿卡拉火山⋯210
　2. 尽情体验高尔夫运动的魅力⋯213
　3. 观赏鲸鱼，体验不一样的感动⋯214
　4. 观赏海底嬉戏的五彩鱼群⋯216
　5. 勇当毛伊岛的海浪弄潮儿⋯217
◎毛伊岛观光导览
拉海纳⋯⋯⋯⋯⋯⋯⋯⋯⋯⋯⋯218
卡阿那帕利—卡帕卢阿⋯⋯⋯⋯224
基黑—瓦伊莱⋯⋯⋯⋯⋯⋯⋯⋯227
卡胡卢伊—怀卢库⋯⋯⋯⋯⋯⋯230
◎毛伊岛酒店指南⋯⋯⋯⋯⋯⋯233

◎瓦胡岛美食指南
当地的人气餐厅⋯⋯⋯⋯⋯⋯⋯152
自然风味有机餐厅⋯⋯⋯⋯⋯⋯154
深受好评的早餐⋯⋯⋯⋯⋯⋯⋯156
美味又可口的快餐⋯⋯⋯⋯⋯⋯158
夏威夷汉堡王大比拼⋯⋯⋯⋯⋯160
太平洋美食⋯⋯⋯⋯⋯⋯⋯⋯⋯163
意大利和法国特色美食⋯⋯⋯⋯166
其他西餐⋯⋯⋯⋯⋯⋯⋯⋯⋯⋯168
各民族特色美食⋯⋯⋯⋯⋯⋯⋯172
日本料理⋯⋯⋯⋯⋯⋯⋯⋯⋯⋯176
咖啡屋⋯⋯⋯⋯⋯⋯⋯⋯⋯⋯⋯179
值得远道而去的餐厅&咖啡厅⋯180
夜幕下，酒吧里的表演依次登场⋯184
◎瓦胡岛酒店指南
海边沙滩奢华的假日酒店⋯⋯⋯188

●夏威夷岛 HAWAII Is.
旅行信息⋯⋯⋯⋯⋯⋯⋯⋯242
夏威夷岛的交通⋯⋯⋯⋯⋯244
尽情畅游夏威夷岛⋯⋯⋯⋯246
1. 领略基拉韦厄火山的风采⋯246
2. 茂纳凯亚山顶天文台观测星空⋯248
3. 感知自然神力守护的大地⋯249
4. 纵情享受海边休闲的乐趣⋯250
5. 充分领略美丽的自然风光⋯251
6. 充满无限魅力的高尔夫球场⋯252
7. 参观美国科纳咖啡的原产地⋯253
8. 感受夏威夷地道的文化历史⋯254
◎夏威夷岛观光导览
科纳海岸⋯⋯⋯⋯⋯⋯⋯256
科哈拉海岸—怀梅阿⋯⋯⋯260
希洛⋯⋯⋯⋯⋯⋯⋯⋯⋯264
◎夏威夷岛酒店指南⋯⋯⋯266

●考爱岛 KAUAI Is.
旅行信息⋯⋯⋯⋯⋯⋯⋯274
尽情畅游考爱岛⋯⋯⋯⋯⋯276
1. 乘船领略纳帕利海岸美景⋯276
2. 自驾游览怀梅阿大峡谷⋯278
3. 空中俯瞰考爱岛风光⋯⋯280
4. 在美丽的自然中自由畅行⋯281
5. 体验完美进球的高尔夫运动快感⋯282
◎考爱岛观光导览
利胡埃⋯⋯⋯⋯⋯⋯⋯⋯283
瓦伊卢亚—卡帕阿⋯⋯⋯⋯286
普林斯维尔⋯⋯⋯⋯⋯⋯289
波普海滩⋯⋯⋯⋯⋯⋯⋯291
◎考爱岛酒店指南⋯⋯⋯⋯293

●拉奈岛 LANAI Is.
旅行信息⋯⋯⋯⋯⋯⋯⋯298
尽情畅游拉奈岛⋯⋯⋯⋯⋯300
1. 自驾探险拉奈岛⋯⋯⋯⋯300
2. 轻松畅游拉奈岛⋯⋯⋯⋯301
◎拉奈岛购物&餐厅&酒店指南⋯302

●莫洛凯岛 MOLOKAI Is.
旅行信息⋯⋯⋯⋯⋯⋯⋯304
尽情畅游莫洛凯岛⋯⋯⋯⋯306
1. 悠闲漫步莫洛凯岛⋯⋯⋯306
2. 观览原生态自然景观⋯⋯307
◎莫洛凯岛购物&美食&酒店指南⋯308

旅行信息
中国篇
确定出发日程⋯⋯⋯⋯⋯⋯310
制订旅行计划⋯⋯⋯⋯⋯⋯312
选择旅行团⋯⋯⋯⋯⋯⋯⋯314
团体游中的自费项目⋯⋯⋯316
购买机票⋯⋯⋯⋯⋯⋯⋯⋯318
预订酒店⋯⋯⋯⋯⋯⋯⋯⋯320
护照·签证·保险⋯⋯⋯⋯322
旅行费用⋯⋯⋯⋯⋯⋯⋯⋯324
收集旅行信息⋯⋯⋯⋯⋯⋯326
携带手机⋯⋯⋯⋯⋯⋯⋯⋯329
行李准备⋯⋯⋯⋯⋯⋯⋯⋯330
行李确认清单⋯⋯⋯⋯⋯⋯331
机场指南⋯⋯⋯⋯⋯⋯⋯⋯332

旅行信息
夏威夷篇
入境指南⋯⋯⋯⋯⋯⋯⋯⋯338
火奴鲁鲁国际机场⋯⋯⋯⋯340
回国指南⋯⋯⋯⋯⋯⋯⋯⋯342
交通⋯⋯⋯⋯⋯⋯⋯⋯⋯⋯346
酒店住宿⋯⋯⋯⋯⋯⋯⋯⋯349
夏威夷实用信息⋯⋯⋯⋯⋯350
学会精明地兑换美元⋯⋯⋯352
小费和相关礼仪⋯⋯⋯⋯⋯354

租车自驾游攻略…………………356
健康旅行注意事项………………363
旅行安全管理……………………364
怀基基治安・安全地图…………366
旅行会话…………………………370

索引………………………………380

本书的使用方法

●货币符号
通用货币──美元（$）。$1≈7元人民币（2016年12月）

●地图符号
- H…酒店
- R…餐厅
- S…商店
- N…娱乐场所
- ✉…邮局
- P…停车场
- ♀…巴士站
- 文…学校
- ✈…机场
- ✚…医院
- ♁…基督教堂
- 卍…佛教
- ☪…清真寺
- ❶…旅游咨询处
- ⛳…高尔夫球场
- ▲…山
- ⬢…高速路出口
- ⬣…美国巴士编号

●这类颜色的建筑表示酒店
●这类颜色的建筑表示购物中心
●这类颜色的建筑表示主要观光景点

卷首剪切地图的使用方法
正面：红色边框　反面：蓝色边框

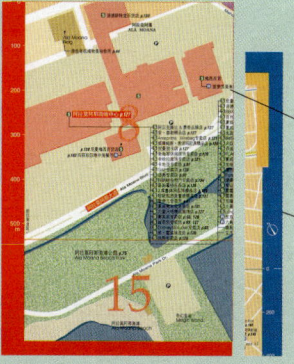

剪切地图的正面为红色边框（怀基基）、反面为蓝色边框（阿拉莫阿那、火奴鲁鲁）。地图上标有各个旅游景点和商店的信息。例：

●**剪切地图**-15、p.53-U
└表示地点位于剪切地图正面、标号为15的区域内。此外，在内文第53页地图的U区也可以找到该地点。

●**剪切地图**-31、p.59-D
└表示地点位于剪切地图反面、标号为31的区域内。此外，在内文第59页地图的D区也可以找到该地点。

○酒店介绍页列出的住宿价格为除套房等特别房间外的住宿价格（不含税）。夏威夷的消费税和州税需额外缴纳11%。
○本书中列出的价格、营业时间、休息日、电话号码、交通时间表等内容为2014年6月的数据，此类信息可能会有所变化，重要事项请务必联系酒店或旅游咨询机构确认。

※本书插图系原书插图

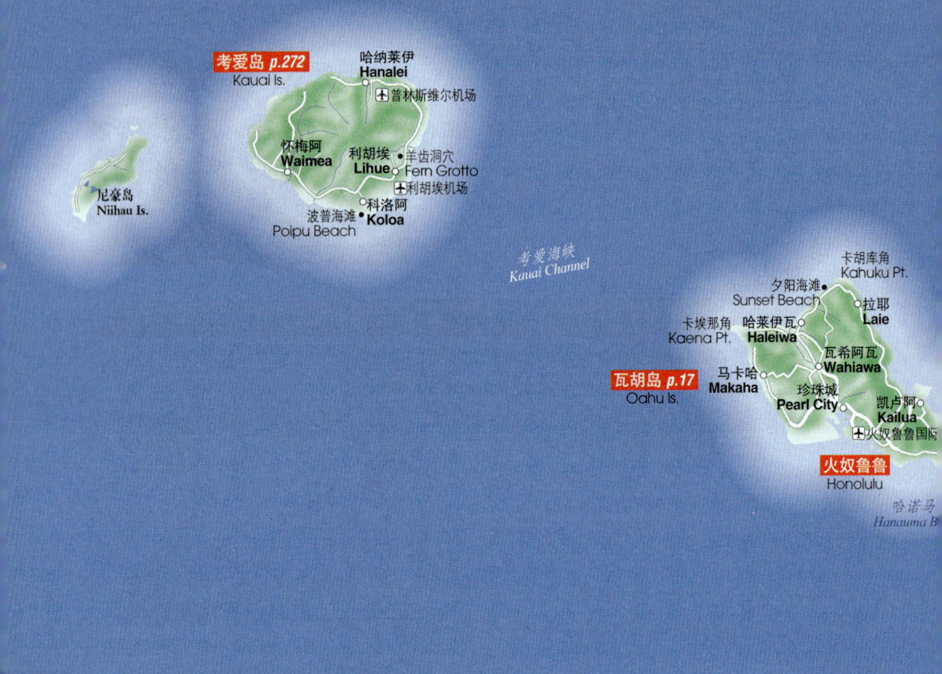

考爱岛 p.272
Kauai Is.
尼豪岛 Niihau Is.
哈纳莱伊 Hanalei
普林斯维尔机场
怀梅阿 Waimea
利胡埃 Lihue
羊齿洞穴 Fern Grotto
利胡埃机场
波普海滩 Poipu Beach
科洛阿 Koloa
考爱海峡 Kauai Channel

卡胡库角 Kahuku Pt.
夕阳海滩 Sunset Beach
拉耶 Laie
卡埃那角 Kaena Pt.
哈莱伊瓦 Haleiwa
瓦希阿瓦 Wahiawa
瓦胡岛 p.17 Oahu Is.
马卡哈 Makaha
珍珠城 Pearl City
凯卢阿 Kailua
火奴鲁鲁国际
火奴鲁鲁 Honolulu
哈诺马 Hanauma B.

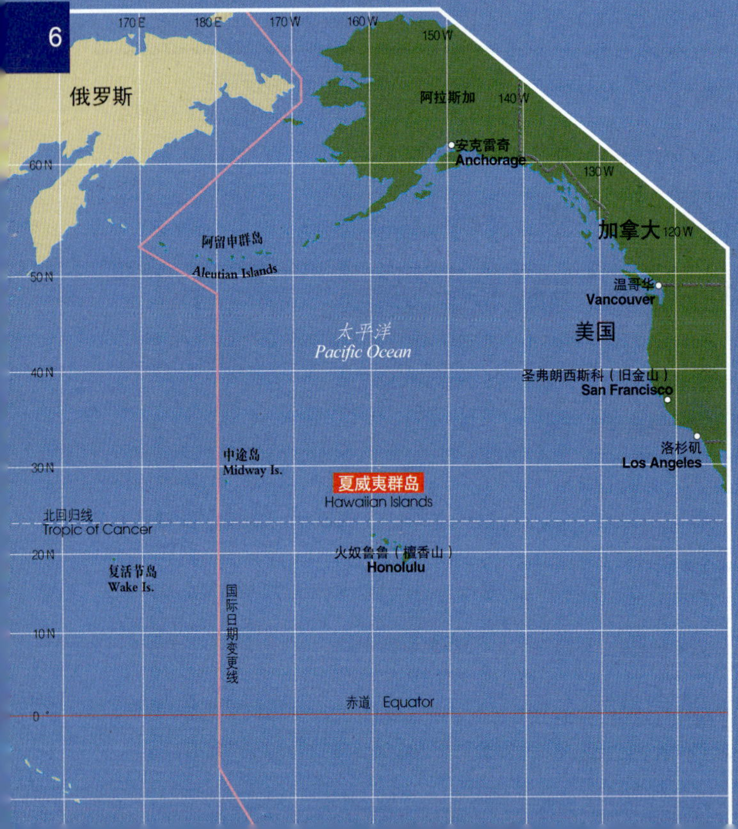

俄罗斯
阿拉斯加
安克雷奇 Anchorage
阿留申群岛 Aleutian Islands
加拿大
温哥华 Vancouver
太平洋 Pacific Ocean
美国
圣弗朗西斯科（旧金山） San Francisco
中途岛 Midway Is.
洛杉矶 Los Angeles
夏威夷群岛 Hawaiian Islands
北回归线 Tropic of Cancer
火奴鲁鲁（檀香山） Honolulu
复活节岛 Wake Is.
国际日期变更线
赤道 Equator

夏威夷群岛地图
Hawaiian Islands

0　　50km

莫洛凯岛 p.304
Molokai Is.

莫洛凯机场
卡拉乌帕帕 Kalaupapa
卡乌那卡卡伊 Kaunakakai
卡洛希海峡 Kalohi Channel
派洛洛海峡 Pailolo Channel
卡帕胡卢·西·毛伊机场
卡胡卢伊湾 Kahului Bay
卡阿那帕利 Kaanapali
拉奈市 Lanai City
卡胡卢伊 Kahului
卡胡卢伊机场
凯亚那埃 Keanae
拉海纳 Lahaina
拉奈机场

毛伊岛 p.204
Maui Is.

基黑 Kihei
哈雷阿卡拉火山 Haleakala Volcano ▲3055
哈纳机场
哈纳 Hana
瓦伊莱 Wailea

拉奈岛 p.298
Lanai Is.

卡乌珀 Kaupo
普乌伊基 Puuiki
基帕胡卢 Kipahulu

凯阿莱卡伊奇海峡 Kealaikahiki Channel
卡霍欧拉维岛 Kahoolawe Is.
阿莱努伊哈哈海峡 Alenuihaha Channel

乌珀卢海岬 Upolu Pt.
瓦伊皮欧海湾 Waipio Bay

夏威夷岛 p.240
Hawaii Is.

卡瓦伊哈埃 Kawaihae
茂纳凯亚海滩 Mauna Kea Beach
卡姆艾拉机场
拉乌帕霍埃霍埃 Laupahoehoe
卡瓦伊哈埃海湾 Kawaihae Bay
帕克农场 Parker Ranch
霍诺姆 Honomu
科哈拉海岸 Kohala Coast
瓦伊克洛亚 Waikoloa
茂纳凯亚山峰 Mauna kea ▲4205
希洛海湾 Hilo Bay
科纳(凯亚莱)机场
胡阿拉伊山峰 Hualalai ▲2521
希洛 Hilo
凯亚莱海岬 Keahole Pt.
希洛机场
凯卢亚科纳 Kailua Kona
凯阿乌 Keaau
科纳海岸 Kona Coast
茂纳罗亚山峰 Mauna Loa ▲4170
帕霍阿 Pahoa
库克船长 Captain Cook
基拉韦厄火山 Kilauea Volcano
卡拉帕纳 Kalapana
帕哈拉 Pahala
普那卢乌 Punaluu
卡乌那海岬 Kauna Pt.
普那卢乌黑沙海岸 Punaluu Black Sand Beach
大岛南岬(卡拉埃海角) South Point(Ka Lae Pt.)

7

最好先了解！
夏威夷旅行基本信息

夏威夷拥有丰富的自然资源，包括尼华岛、考爱岛、瓦胡岛、莫洛凯岛、拉奈岛、卡胡拉威岛、毛伊岛以及夏威夷岛8个主要岛屿。

夏威夷州旗由英国国旗和红白蓝3种颜色的线条构成，8个横条代表夏威夷的8大主要岛屿。

正式名称
美利坚合众国夏威夷州
The State of Hawaii in the United States

首府
瓦胡岛火奴鲁鲁

面积
16 634.5平方千米

人口
大约136万300人（2012年）

政治
从属于美国，实行联邦总统制。历史上夏威夷王国没落后，1898年归属美国，1900年合并入美国领土，1959年加入联邦政府后成为美利坚合众国的第50个州。

语言
官方用语是美式英语和夏威夷语，日常用语多为夏威夷语，当地居民经常两种语言混杂使用。此外，当地大部分的酒店、商店和餐厅中有很多服务员都可以使用汉语交流，但是主要用语仍是美式英语。

州歌
Hawai'i Ponoi，曾经的夏威夷王国国歌，由卡拉卡瓦国王作词创作。

州花
夏威夷黄木槿或夏威夷黄扶桑；瓦胡岛的城市之花是黄色的锦葵。

岛屿爱称
瓦胡岛	群岛
毛伊岛	溪谷岛
夏威夷岛	大岛
考爱岛	庭院岛
拉奈岛	菠萝岛
莫洛凯岛	友情岛

宗教
古代夏威夷有四大主神，分别是卡内神、卡纳洛阿神、库神和洛诺神。现在主要信奉基督教。

历史
8世纪，波利尼西亚人渡海而来。
1778年，西方人发现夏威夷群岛。
18世纪90年代，卡美哈美哈大王统一夏威夷。
1893年，夏威夷王朝瓦解，合并入美利坚合众国。

夏威夷群岛包括哪些岛屿？
夏威夷群岛由瓦胡岛、毛伊岛、考爱岛、夏威夷岛、莫洛凯岛、拉奈岛等8大主要岛屿及100多个小岛组成。

交通
夏威夷没有火车（观光线路除外），所以从机场到怀基基海滩可以选择租车自驾或者乘坐出租车、机场巴士和城市公交等。但是，乘坐城市公交时不可以携带大型行李。在怀基基海滩可以步行、租车或乘坐出租车、城市公交、怀基基无轨电车。

休闲时间
怀基基海滩周边的商场营业时间从9:30到23:00。餐厅的午餐时间从11:00到14:30；晚餐时间从17:30到23:00，星期日一般是18:00结束营业。星期六、星期日政府机关和银行休息。银行营业时间是8:30～15:00（星期五到17:00）。

夏威夷语迷你指南	
Aloha	你好／再见
Mahalo	谢谢
Keiki	孩子
Aikane	朋友
Ohana	家人
Lanai	阳台
Ono	好吃的
Loco	夏威夷土著人
Kane/Wahine	男性／女性
Makai/Mauka	海边／山脚
Luna/Lalo	上／下
Mua/Hope	前／后
La/Mahina	太阳／月亮

时差

夏威夷和北京的时差是18个小时。跨越日期变更线，所以夏威夷比北京晚18个小时。

夏威夷时间-6个小时+1天=北京时间。
北京时间+6个小时-1天=夏威夷时间。

节日

1月1日　元旦
1月19日　国王牧师纪念日
2月16日　总统纪念日
3月26日　库西欧王子纪念日
4月3日　耶稣受难日
5月25日　战亡将士纪念日
6月11日　卡美哈美哈国王纪念日
7月4日　美国国家独立日
8月21日　夏威夷州州制施行纪念日
9月7日　劳动节
11月11日　退役军人纪念日
11月26日　感恩节
12月25日　圣诞节

＊上述纪念日以夏威夷2015年节日为准。

气候

夏威夷的气候因场所不同而有所变化，平均气温是24度左右，舒适宜人。大约12月至次年3月适逢当地雨季，经常有倾盆大雨不期而至，平均气温大约是23度，比较寒冷，建议游客此时出游最好携带薄外套。

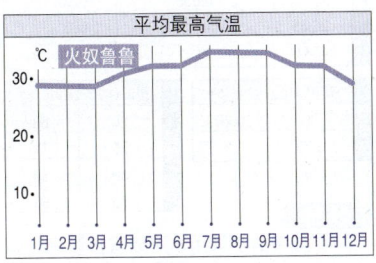

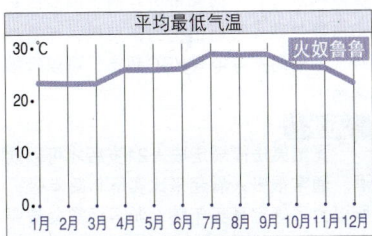

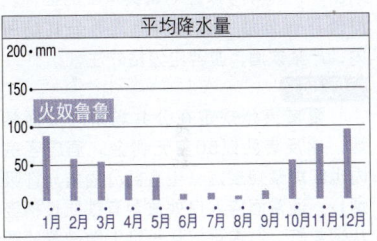

治安

夏威夷属于美国，治安相对安全。但是境外游客还是须时刻注意，警惕失窃和抢劫。

行李安检

"9·11"恐怖袭击事件发生后，机场安检也变得越来越严格。通常机场寄送行李时，除行李箱之外，其余行李最好不要上锁。因为当红外线安检接触到可疑物品时，可能会损坏行李锁。另外，针对可携带液体和胶状物品，不同航班各有要求，游客最好事先了解，以免带来不必要的损失。详情参考p.328。

最好先了解！夏威夷旅行基本信息

计量标准

1英里=1.6千米

	厘米 (cm)	英寸 (in)	英尺 (ft)	码 (yd)
长度	1	0.393	0.032	0.01
	2.5	1	0.083	0.028
	30.5	12	1	0.33
	91.4	36	3	1

	克 (g)	盎司 (oz)	磅 (lb)
质量	1	0.035	0.0022
	28.35	1	0.063
	453.6	16	1

	升 (l, lit)	加仑 (gal)		摄氏 (℃)	华氏 (F)
容积	1	0.26	温度	20	68
	3.78	1		25	77
				30	86
				35	95

饮品
夏威夷的水管用水可以直接饮用。如果感到不放心，游客可以在酒店的商店和超市等处购买市面销售的矿泉水。怀基海滩（瓦胡岛）等地有ABC超市，可以轻松购物。

酒水
夏威夷法律规定成人21岁后才可以饮酒。通常很多人看起来比实际年龄年轻，所以为了确定真实年龄，游客经常会被要求出示护照等可以证明真实年龄的证件。另外，在公路、公园和海滩等公共场所内，严禁饮酒，游客应该格外注意。

吸烟
夏威夷州规定在公共场所内全面禁烟，违反者处以50美元罚金。酒店客房内也实施禁烟规定（也有部分酒店允许吸烟）。通常酒店入口处放置有铁质长柄壶状烟灰缸，游客可以从长柄上端设置的圆洞开口处投掷烟灰。

←乍一看不知道是什么，游客可以看一看长柄上端是否有投掷烟灰的开口圆洞。↑为了更加确定，看到"SMOKERS OUTPOST"的标志即可放心使用。

电压
电线插排可以使用国内电器制品，但夏威夷电压是110~120V／60Hz，与国内电压不同，所以变压器是必需品。另外，夏威夷插排通常有3个插头，分别设有两孔插座和三孔插座。

小费
酒店、咖啡屋和出租车等服务场所会收取小费，大约是消费金额的15%，比较便宜。酒店客服计件收费，每件行李1~2美元，铺床服务每次2美元，泊车服务每次2美元。详细参考p.355。

物价
矿泉水每瓶大约1美元，麦当劳巨无霸汉堡每份大约4.59美元。

夏威夷阿罗哈衬衫
每逢星期五，夏威夷当地人都会穿着海滩阿罗哈衬衫，久而久之便有了"你好周五"的生活习俗。平时工作生活中，当地人基本是商务打扮，而在周五人们大都身着阿罗哈衬衫等休闲服饰。其实最初在夏威夷，阿罗哈衬衫才是真正的正装服饰。

夏威夷美食
提起夏威夷美食，较为熟知的有夏威夷式快餐（米饭上盖着汉堡牛排和鸡蛋，再浇上肉汁）、金枪鱼沙拉、野芋头饭、烤乳猪宴。另外，还有可可布丁等甜点，深受大众欢迎。

草裙舞
现在奥瓦纳现代草裙舞较为流行，还有一种卡希科古典草裙舞，舞步伴随着打击乐器节拍，动感、轻盈，别具一格。

货币

10美元

100美元

50美元

5美元

20美元

1美元

5¢（5分）

25¢（25分）

1¢（1分）

10¢（10分）

美元兑换汇率表

1美元≈7元人民币（2016年12月）

美元	人民币（元）
$5	35
$20	140
$50	350
$100	700
$150	1050
$200	1400
$500	3500

电话拨打方法

● 从夏威夷到中国

中国　电话010-1234-5678
（固定电话）

- 011　美国国际冠码
- 86　中国国家代号编码
- 10　北京市区号
- 12345678　要拨打的电话号码

● 从中国到夏威夷

夏威夷　电话123-4567

- 00　中国国际冠码
- 1　美国国家代号编码
- 808　夏威夷地区代号编码
- 123-4567　对方的电话号码

使用手机

　　前往夏威夷旅游，可以携带本国手机或者选择租用当地手机。

　　租用当地手机时，比较便捷的是通过旅行公司提前预约，这样可以免去烦琐的手续，离境时在机场受理窗口交付即可。详细参照p.327。

服装尺寸

		中国	7	9	11	13	15	
女装	西式服装	美国	4	6	8	10	12	
	靴子	中国	22	22.5	23	23.5	24	24.5
		美国	4½	5	5½	6	6½	7
男装	衬衫	中国	36	37	38	39	40	41
		美国	14	14½	15	15½	16	16½
	靴子	中国	24	24.5	25.5	26	26.5	27
		美国	6	6½	7	7½	8	8½

夏威夷旅行基本信息

Enjoy! Hawaii
纵情夏威夷
3 种全新体验项目

夏威夷之旅的乐趣不仅在于简单的观光购物，如果想要让自己的夏威夷海外旅行变得更加有意义，无论是初次观光客还是回头客，让我们从现在开始一起分享当下最有特色的旅游攻略吧。

Enjoy! Hawaii
时下最潮流的街区
1 备受瞩目的 卡卡亚克社区

最近，夏威夷卡卡亚克社区备受大众关注，当地经常举办艺术家手工壁画展和其他大型人气活动，漫步其中，身心愉悦放松，不禁流连忘返。

火奴鲁鲁夜市

每月的第三个星期六，火奴鲁鲁都会举办大型音乐艺术美食节，从18:00开始到23:00结束。会场对外开放，场内并排放着各式各样的美食和餐车，很多当地人都来此欢聚一堂，热闹景象令人感觉仿佛来到步行者的天堂，神奇而又美妙。

MAP ●剪切地图-37 p.59-K
✉ 449 Cooke St. ／每个月的第三个星期六18:00~23:00
https://www.facebook.com/HonoluluNightMarket

每月第三个星期六的夜晚

每个星期六上午

夏威夷街边美食展

每月的最后一个星期五，从16:00到21:00，南大街都会举办B级美食展。美食种类丰富多样，且每一道独特的料理都是结合当月的不同主题而定。诱人的美味时刻挑战着食客们的味蕾，期待游客前来观光品尝。

MAP ● 剪切地图-37、p.58-J
📍 555 South St. / ☎ 772-3020 / 每月的最后一个星期五16:00~21:00
https://www.facebook.com/EatTheStreetHawaii

卡卡亚克农贸早市

每个星期六上午，在沃德服装市场停车场内都会举办卡卡亚克农贸早市。市场内销售当地盛产的青果、鲜花和特色快餐拼盘等，游客有机会与夏威夷纯天然新鲜食材相遇，开启一次舌尖上的海外之旅也是不错的体验。

MAP ● 剪切地图-37、p.59-K
📍 1050 Ala Moana Blvd., 沃德服装市场停车场 / ☎ 388-9696 / 每个星期六8:00~12:00
http://alamoanafarmersmarket.com/kakaako.html

Groove House 主题休闲公园

Groove House主题休闲公园成立于2014年12月，园内有真正的迷你赛车轨道、室外攀岩墙、台球休息室等，丰富多彩的项目适合家庭休闲娱乐。

MAP ● 剪切地图-37、p.59-K
📍 805 Ala Moana Blvd., / ☎ 692-0684 / 11:00~22:00（星期五、星期六10:00~、星期日10:00~21:00）
http://groovehawaii.com

13

每月的最后一个星期五

Running & Walking

Enjoy! Hawaii
纵情夏威夷

2 加入清爽的晨起运动行列

最近，晨起运动被奉为开启夏威夷旅游的第一站。或许在慵懒的假日早晨后享受优雅的夏威夷午餐令人无比惬意，但是晨起运动会让您收获意外的美好。迎着舒心的南国海风慢跑或散步，体验一次不一样的夏威夷之旅吧。

清晨的怀基基周边，随处可见一边运动一边享受美好假日早晨的当地居民和世界各地的朋友。游客可以选择慢跑和散步，加入大家的晨起运动行列中，一起感受夏威夷早晨清爽的海风吧。

为初次体验者推荐的3条不同的运动路线！

🔺 卡皮欧拉尼主题公园

从早晨到傍晚，一直都有运动爱好者活跃在卡皮欧拉尼主题公园。游客可以从卡拉卡乌亚街和蒙萨拉特街的交会处开始，沿着滨海大道穿过帕基街和蒙萨拉特街返回，总计行程约为3000米。

🔺 阿莱瓦伊运河

阿莱瓦伊运河两岸种植着高大挺拔的椰子树，岸边是安静悠闲的跑步线路。从卡帕胡卢大街直接通向玛卡利大街，总计行程约为2000米。结束慢跑后可以在街边的长椅上稍作休憩，欣赏运河两岸景致。

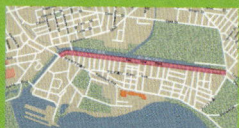

🔺 阿拉莫阿那海滩公园

环绕阿拉莫阿那海滩公园慢跑一圈，总计行程约为3000米。跑步时，游客可以一边欣赏远处钻石山的风光，一边感受公园内悠闲的时光，感觉十分舒畅。

Trail

Yoga

丛林漫步
游客可以体验丛林漫步项目：早晨7:30从怀基基出发前往原生态丛林。经过3小时的行走，来到科劳山脉的林间小道，这里有很多热带野生水果和植物等。丛林随着季节不同会有不一样的景象。游客可以一边漫步一边倾听有关夏威夷文化和自然特征的解说。在不知不觉中进入丛林深处直至登顶。在整个漫步过程中游客会十分享受大自然的宁静，也会更加喜爱夏威夷。详情参照p.35。

海边瑜伽
Faith Surf School 瑜伽体验课程

只有在夏威夷，游客才能够享受早晨海滩瑜伽课程。在怀基基平稳的沙滩上使用浮力较高的海绵垫，很多初学者也能做身体倒立等一些高难度动作。学习倒立有5个阶段，分段学习能很容易掌握要领，成功率较高。

巧克力·菠萝·瑜伽运动工作室
游客可以在怀基基海滩、卡皮欧拉尼公园一边感受夏威夷海风，一边进行瑜伽运动。工作室会根据个人水平分阶段练习，初学者也可以放心学习体验。大约90分钟20美元，在卡皮欧拉尼公园入口处的冲浪男孩雕像前集合。

MAP ●剪切地图-11 p.55-P

226 Lewers St. Waikiki Beach Walk 2F／922-0171／7:00～9:30～（星期二、星期五除外）17:30～（只有星期二、星期五）／不休息＊可以登录网站提前预约

15

Surf

直达夏威夷

3 首选便捷的夏威夷航空

纵情夏威夷

夏威夷的旅程自登机的一刻便开始了。为了更好地体验夏威夷之旅，以下列出5个推荐夏威夷航空的理由。

理由 1 从北京可直达火奴鲁鲁

2014年夏威夷航空公司正式开通了夏威夷和中国之间的直飞航线，北京成为其首个目的地。自北京首都国际机场每日均有一趟航班直达夏威夷首府火奴鲁鲁的国际机场，凌晨出发，当天下午即可到达，历时近10小时，非常适合出行的旅客选择。也可以选择夏威夷航空通过日本大阪、札幌或者韩国首尔中转航班抵达夏威夷。

理由 2 舒适的"Extra comfort seats"之旅！

补缴一部分钱，可将席位升级为"Extra comfort seats"。可享受更宽敞的座位、优先登机、充电设备、特殊飞机餐、专用化妆包等服务，使旅途更加舒适。

理由 3 Ohana by Hawaiian，离岛更便利！

2014年3月起，夏威夷岛际航空运营商"Ohana by Hawaiian"正式启动。火奴鲁鲁至拉奈岛（每日2班）、至莫洛凯岛（每日3班）的航线也随之开通。崭新的机型连接着夏威夷各岛间的交通。

理由 4 丰富的飞行常客奖励计划！

除夏威夷航空外，选用其他合作航空公司、租车公司和宾馆等服务，均可享受夏威夷航空的飞行常客奖励计划。旅客不仅可获得优惠的机票，还可获得印有自己名字的夏威夷T恤形状的姓名牌。

印好姓名的夏威夷T恤形状姓名牌

理由 5 行李手续免费！

在瓦胡岛与其他岛间移动时，通常每件行李要收取$25的手续费。若选择夏威夷航空的话，则免除手续费。若去其他岛屿的话，选择夏威夷航空最为合算。

夏威夷航空·中国联系电话 ☎ 010-85227835
http://www.hawaiianairlines.com.cn（夏威夷航空中国官方网站）

OAHU ISLAND

瓦　　　胡　　　岛

瓦胡岛 旅行基本信息 Oahu Is.

◆**简介**

人口：大约97万6300人（2012年）

地形：菱形的地形结构，科劳山脉和怀阿奈山脉纵横岛屿两侧。岛屿海岸线四周珊瑚礁环绕，大小群岛连绵而成，长约176千米的白沙海滩最为醒目。

面积：1545平方千米。夏威夷群岛的第三大岛。

气候：平均最高气温27℃~31℃，夜间平均气温降低8℃左右。海水年平均气温为22℃~24℃，一年中基本保持恒温，适宜游泳。另外，怀基基海滩位于岛屿南部，晴天较多，和瓦胡内岛的阴雨天气迥然不同。

州府：火奴鲁鲁

爱称：群岛

◆**瓦胡岛的观光乐趣**

瓦胡岛观光乐趣繁多，无论男女老少都能够自由享受，岛上丰富的娱乐项目几乎能够满足所有游客的旅行要求。游客可以在此观光、购物、休闲锻炼等，尽情畅享。

◆**岛内交通**

岛内公交线路可以涵盖整个岛屿的交通网。乘坐岛内公交出行方便，由于没有实施远距离分段计价收费制度，每人每次乘坐只需2.50美元，经济合理。如果想要在火奴鲁鲁市内观光，既可以乘坐无轨电车也可以选择往返于怀基基海滩和各大购物商厦之间的环城巴士。总之，市内观光时，游客可以根据个人旅行目的自行选择不同的交通工具。但是如果计划欣赏火奴鲁鲁郊区风景，还是租车方便。只是怀基基海滩的大多路面只允许单向行车，游客需要严格遵守规定，文明行车。

◆**机场**

火奴鲁鲁国际机场设有国际航班和岛屿往返航班。游客搭乘岛屿往返航班时应注意核对正确的航站楼。

◆**旅游计划小贴士**

可以在夏威夷体验观光、购物、休闲锻炼等多种旅行乐趣。作为夏威夷的核心岛屿，瓦胡岛的乐趣自然不在话下。游客只需确定旅行目的就一定能收获一次美好的境外之旅。瓦胡岛的魅力之一在于岛内完善的交通设施，有公交、怀基基无线电轨、各种环城巴士等。游客乘坐公共交通工具时难免会感到出行时间有些受限，但是会体验到瓦胡岛的另一种旅游魅力。如果前往火奴鲁鲁，不妨体验一次海岛冒险旅行，丰富的旅游资源和质朴的海岛风光一定会触碰您的内心深处。租车观赏瓦胡岛时建议游客环岛穿越3条高速公路，从怀基基海滩到恐龙湾、国际象棋博物馆、珍珠港等主要观光景点大约需要40分钟，到距离最远的北部湾单程大约需要1小时30分。

最近有的自助旅行团负责接送游客，提供语言服务，旅行项目丰富，包括景点参观、娱乐休闲、商场购物、体验酒吧风情等，从而为游客打造高品质的境外游。另外，倾心于夏威夷高山魅力主题的自然旅行团也备受推崇。

 卡埃那角 Kaena Pt.

01 DATA 参照 p.72

怀基基
Waikiki

与钻石山遥相呼应，坐拥夏威夷的代名词——怀基基海滩。城市中密集分布着各种酒店、商场、餐厅，从早晨到晚上无论海滩还是街道都热闹繁华。推荐家庭旅行者参观动物园和海底世界等景点。

02 DATA 参照 p.75

阿拉莫阿那
Ala Moana

阿拉莫阿那拥有阿拉莫阿那购物中心、世贸中心等大型购物区，汇聚了各种世界名牌和个性商品，堪称购物的天堂。附近港口不仅有海洋休闲活动场所，还有游船的始发港。

03 DATA 参照 p.76

商业区
Downtown

商业区分为购物中心、餐饮街和观光景区。当地的行政中心位于区域东侧，州政府等核心建筑紧邻著名景点伊奥拉尼宫；西侧一带是瓦胡岛唐人街，各种餐厅鳞次栉比。南侧火奴鲁鲁海湾与哈塔购物商城等繁华街区相偎。

04 DATA 参照 p.80

夏威夷卡伊海湾
Hawaii Kai

卡伊海湾有面向海滩的高级海景住宅区，也是瓦胡岛东部最受游客欢迎的人气景区。卡伊湾风光旖旎，附近的恐龙湾海水清澈，鱼群多彩，美丽的阳光沙滩人气爆满，游客可以尽情享受海边休闲娱乐。

06 DATA 参照 p.84

瓦希阿瓦—北海岸
Wahiawa & North Shore

越过瓦西阿瓦，途径一片红土大地，不久便进入瓦胡岛北海岸入口——建筑优雅的哈雷瓦小镇；除此之外还有著名的冲浪胜地——北海湾，冬季的北海湾浪高最高峰可达6米！

07 DATA 参照 p.88

珍珠城
Pearl City

历史上珍珠港事件被称为太平洋战争爆发的开端，现在的珍珠港沿岸街道宽阔。珍珠城内有美国亚利桑那纪念馆，气氛肃穆；还有珍珠城大型购物商厦，和怀基基购物商厦相比，商品价格便宜许多。

08 DATA 参照 p.81

东海岸
East Coast

瓦胡岛东海岸和东北部城市间常年贸易往来密切，被称为"向风海岸"。游客来到这里，最舒适的莫过于驾车观光海岸沿线。东海岸还有久负盛名的海豚湾、广阔的古兰尼牧场和波利尼西亚文化中心等旅游景点。

瓦胡岛

19

旅行基本信息

卡胡库角
Kahuku Pt.

夕阳海滩
Sunset Beach

拉耶
Laie

哈莱伊瓦
Haleiwa

06

卡阿拉山峰
▲ Kaala
1232

瓦希阿瓦
Wahiawa

卡哈
kaha

乌·卡乌阿山峰▲
u Kaua
953

05

珍珠城
Pearl City

07

08

凯卢阿
Kailua

05 DATA 参照 p.90

西海岸
West Coast

西海岸位于瓦胡岛西侧，怀阿奈山山麓地带，视野开阔。附近有安静美丽的沙滩，有著名的高尔夫俱乐部等高级休闲场所和主题公园，还有环夏威夷州的赛跑线路。

火奴鲁鲁国际机场

03

02

01

普乌·拉尼珀山峰▲
Puu Lanipo
799

04

合理安排旅行日程

4晚6天

夏威夷旅行最基本的一般都是4晚6天游,但是实际待在当地的时间只有3晚4天,日程非常短。为了能够充分享受夏威夷之旅,推荐游客根据个人意向,参考以下5个步骤来制作旅行攻略计划表。

STEP 1 确定观光旅行主题

仅通过一两次的旅程很难尽兴地游遍整个夏威夷。请参考以下说明,想想自己主要希望玩什么、怎样最有效率地组合等,确定目标后,就可以做出完美的计划了。

■亲近美丽的大自然

个人独立行动派

建议游客直接申请怀基基海滩的休闲娱乐项目,包括帆板冲浪和海底潜水等。一般都有接送游客的服务。

团体自由选择派

游客可以根据个人喜好选择海陆空多种体育项目,其中不妨花费1天的时间享受沙滩体育项目。所有娱乐都包含接送游客的服务。

■领略夏威夷的文化与风景名胜

个人独立行动派

当地电车线路有市内观光红色线路和沿海观光蓝色线路,游客可以根据个人旅行安排,乘坐怀基基无轨电车参观自己心仪的旅游景点。

团体自由选择派

瓦胡岛当地除了有各种市内、岛内和群岛之间的观光团项目,还有人气景点旅行团。游客可以自行预约。

■感受真正的夏威夷购物天堂

个人独立行动派

如果想要体验在夏威夷购物的乐趣,只需从怀基基步行即可。如果前往阿拉莫阿那地区,游客可以选择搭乘环绕阿拉莫阿那商场和怀基基市区的粉色环城线路,比较方便。

团体自由选择派

名品折扣店位于瓦胡岛郊外,人气火爆,该店负责接送游客。但是商场的接送服务有时间限制,游客需提前预约。

■品尝夏威夷舌尖上的美味

个人独立行动派

怀基基周边的美食餐饮店数量繁多,种类缤纷,如果想要品尝正宗的韩国料理、越南料理,推荐游客前往阿拉莫阿那地区,当然瓦伊阿莱等地附近也有美味的餐厅,游客可以一边追随美食的步伐,一边欣赏夏威夷美丽的海边风光。

团体自由选择派

怀基基周边夜生活娱乐项目有音乐、跳舞、民族音乐会等。可以根据自己的喜好自行选择。详细参考p.184~187。

STEP 2 确定旅行伙伴

游客应该和自己的旅行伙伴一起制订详尽的旅行计划,从而使大家都能尽享美丽的夏威夷之旅。

■团体游

团体出游时可以体验夏威夷的休闲娱乐项目;如果计划购物,最好大家一起事先协商好集合地点然后再去逛商场;总之,每个人都应该制订一份详细的出游计划,从而使大家都能够享受旅行的快乐。

■家庭游

家庭游时切记不要勉强小孩子,所以最好制作时间充裕的旅行计划,同时最好选择一些儿童旅游项目。

■情侣游

情侣们出游时不妨选择在舒适的海滩和酒店私人泳池中度过慵懒的甜蜜时光,或者优雅地品尝酒店的各种美食。总之,制订一份浪漫甜美的旅游计划吧。

STEP 3 确定出行交通工具

虽然在怀基基海滩周边漫步基本可以满足游客基本的出行计划,但是如果想要追寻更多的旅行乐趣,推荐游客合理利用当地便捷的无轨电车、出租车和市内公交等交通工具。如果是第一次前往夏威夷瓦胡岛,不租车旅行也没有关系,但是如果前往其他岛屿,最好租车自驾,这种方式出游才能真正地感受当地的魅力。

确定大体旅游行程

为了使游客能够有效利用出行时间，愉快地度过旅游时光，建议游客认真考虑具体时间和具体事宜，合理安排出行计划，争取使整个行程不留下遗憾。在此，小编为您介绍基本的旅游日程计划表。

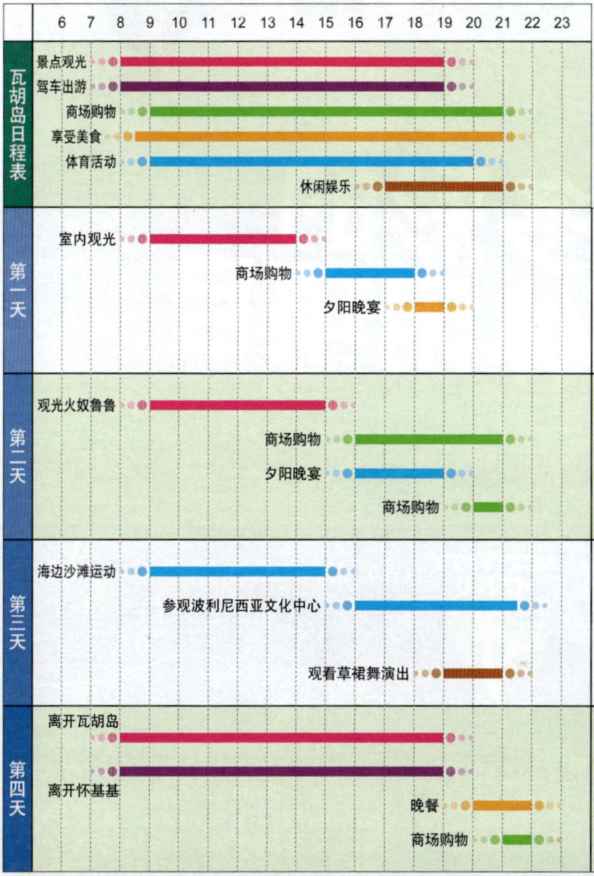

旅游日程表的要点

	6 7 8 9 10 11 12 13 14 15 16 17 18 19 20 21 22 23
瓦胡岛日程表	景点观光 / 驾车出游 / 商场购物 / 享受美食 / 体育活动 / 休闲娱乐
第一天	室内观光 / 商场购物 / 夕阳晚宴 — 基本流程都是首先抵达机场——室内观光——15:00酒店登记。然后乘坐市内公交观览城市风景，从而增加游客的个人自由时间。入住酒店洗浴后更换和当地气温相吻合的服装，漫步街头或者去游泳等，总之第一天处于个人时差更替期。
第二天	观光火奴鲁鲁 / 商场购物 / 夕阳晚宴 / 商场购物 — 初次游览夏威夷，游客应该事先计划好自己特别想做的事情。之后可以乘坐无轨电车在市区观光购物，或者前往郊区名品折扣店，体验夜晚在怀基基购物的乐趣。
第三天	海边沙滩运动 / 参观波利尼西亚文化中心 / 观看草裙舞演出 — 如果感到第一天夜晚睡眠不足，游客尽量不要进行帆板冲浪等剧烈运动。如果沙滩运动结束较早，游客可以参观波利尼西亚文化中心。海边沿岸的酒店从17:00开始会有免费夏威夷风情小型音乐会和草裙舞演出。
第四天	离开瓦胡岛 / 离开怀基基 / 晚餐 / 商场购物 — 在夏威夷的诸多群岛中，怀基基风光独树一帜。没有怀基基的旅行或许并不能算是真正的夏威夷之旅。游客可以乘坐市内公交前往郊区观光，也可以加入旅行团抵达其他岛屿。总之，您可以在优雅的晚景中尽情享受夏威夷的最后一夜。

让你成为旅游达人的小贴士

■海滩

10:00~14:00的海滩日照非常强烈，游客应该警惕以防晒伤。如果您想拥有健康的小麦肤色，建议您避开此时的光照，可以在9:00~11:00和14:30~16:30两个时间段中涂抹防晒霜后进行少量的日光浴。

■星期日和旺季旅游精品项目

比如，每星期五晚上夏威夷希尔顿酒店会有美丽的烟花；夏威夷皇家大酒店会提供免费的草裙舞学习课程等。游客如果能够享受当地的诸多免费精品旅游项目，一定会成为一名真正的旅游达人。

接下来前往怀基基吧！

提起夏威夷，浮现在大家眼前的是一片蔚蓝色的大海，在这片美丽的大海上驰骋是一件很美妙的事情。当地的海上运动项目种类繁多，游客不妨提前安排观光日程，纵情享受一次美妙的海洋之旅！

丰富多彩的娱乐休闲项目

ACTIVITY MENU 1

世界上屈指可数的海滩休闲区

畅游怀基基海滩

01 学习了专业的海上冲浪技巧后，不妨勇敢地挑战夏威夷海浪吧

02 可供游客租借的漂流船和足鳍式样丰富，使用足鳍使游客更能感受到自由漂流的乐趣

01 冲浪

在比自己身高都长的帆板上冲浪滑翔，能尽享随波漂流的快感。怀基基海滩的波浪平稳，面向冲浪初学者，当地开设有不同的娱乐项目咨询。（参照p.24~25）同时，怀基基周边建有很多海上冲浪专业培训学校。游客需要做好心理准备的是，每个初学者都需要一段时间，才能独自驰骋在巨大的帆板上，要淡定自若地面对最初学习时遇到的各种情况。

海上冲浪专业培训学校 ☎ 926-7778（8:00~21:00）/团体课程 2小时75美元 （包括学员接送，14岁以上）/需要预约/MAP●剪切地图-14，p.57-T

面对面冲浪培训 ☎ 931-6262/1小时30分60美元~（包括租用练习小船和高峰期指导）团体课程授课时间9:00、11:00、13:00、15:00/需要预约/MAP●剪切地图-12，p.56-R

02 海上漂流

海上漂流时使用的船体和冲浪帆板一样大，小船随着波浪起伏自由漂流。即使海浪平静也会感觉好像要掉入大海，有一种重心失衡的快感！游客可以在怀基基海滩询问点租借漂流船。（详细参照p.24~25）海上漂流容易掌握，即使是初学者也能很快学会，因此无论在成人还是小孩间都是一项很有人气的海上运动。

夏威夷特有的浮架独木舟。游客们随着波浪的起伏划动船桨,兴致高昂

游客可以租借浮潜所需的水中口罩和足鳍等简易装置,也可以在ABC超市购买

水陆两用的水上三轮车操作简单,方便使用

夏威夷希尔顿酒店前的沙洲波浪平稳,游客可以租借水上运动的器材

03 浮架独木舟

据说古代波利尼西亚人掌握驾驶浮驾独木舟的本领后,来到夏威夷海岛,然后又乘坐它前往到广阔的大海中。夏威夷独木舟船桨的使用方法很简单,最大的特点是在船的左侧安装浮标,用于保持船体平衡。驾驶浮架独木舟跟随波浪漂流的感觉很爽快。游客可以随时向海滩游客服务处租借船体照明器材,费用10美元不等。(详细参照p.24~25)。

04 水上三轮车

水上三轮车是一种水陆两用三轮车,凭借海水的浮力使大型轮胎能够在海上漂浮。车身操作简单,稳定性良好,使用时只需移动方向盘和脚踏即可,女性游客和孩子也能够轻松掌握使用技巧。游客可以在怀基基海滩游客服务处租借体验。

站立在皮划艇上,游客会有一种乘着海浪散步的感觉

05 浮潜

只要会游泳,就能轻松掌握浮潜要领。水中浮潜时,游客只需配备口罩、足鳍等简单的装置后便能在海中轻松浮潜。附近的超市和便利店都销售简易浮潜装置,游客也可以在海滩游客服务处租借使用。(详细参照p.24~25)。

06 站立式皮划艇冲浪

近年来,站立式皮划艇海上冲浪大受欢迎。运动者站立在皮划艇上,借助船桨的力量使其在海中行进,游客可以根据自己的步伐节奏移动皮划艇。皮划艇使用简单,初学者也很容易掌握,游客不妨体验一下,乘着海风与海浪一起摇曳,感觉妙不可言。

游客不需要预约即可在海滩询问处当场租借水上三轮车

夏威夷希尔顿酒店礁湖海滩服务中心 ☎949-4321/2小时
授课指导100美元/租用器材1小时35美元/MAP●剪切地图-17、p.54-X、p.24

瓦胡岛 23 丰富多彩的娱乐休闲项目

怀基基海滩
休闲项目导览 MAP

游客前往怀基基海滩游客服务处租借海上运动器材时,都会被要求登记入住酒店名称和房间号;服务处有时也会收取保证金,通常只接收现金或者旅行支票;当然游客也可以要求将费用并入酒店房费最后结算。

怀基基海滩必玩项目

● 浮潜

如果会游泳的话,很容易掌握浮潜的技巧,享受潜水的乐趣。游客浮潜时最好选择波浪平稳、游人较少的浅水区,尽量避开进行海滩冲浪、海上漂流等海上剧烈运动项目的场所。

● 双体浮架独木舟

对于夏威夷人和波利尼西亚人而言,双体船的浮架独木舟是最熟悉不过的交通工具之一。乘船人员齐心协力划船前进,之后随波漂流返回出发地,游客可以往返体验3次。对于境外游客,浮架独木舟是一项趣味十足的海上运动项目。

● 双体船

双体船船外形优雅,操作简单,相比大型油轮,乘坐时不容易晕船。游客乘坐双体船出行,可以在远离海岸的地方俯瞰怀基基海滩;清早出航还有机会看见海豚,海豚追随着小船一起前进的画面会令人感动不已。乘船出行大约需要1小时左右,每次费用是15美元。夏季当地海域浪高情况较多乡,双体船多数休航。

● 海上漂流

海上漂流时使用的帆板和冲浪帆板一样大,帆板随着波浪起伏自由漂流,游客可以享受自在的海上运动乐趣。

● 冲浪

海上冲浪是夏威夷本土运动,冲浪者驰骋在比自己身高都长的帆板上,随着海水波浪的起伏享受冲浪带来的刺激快感。游客可以在海滩游客服务处接受冲浪课程培训。

● 站立式皮划艇冲浪

游客可以在夏威夷希尔顿酒店礁湖海滩服务中心学习基本动作要领、租借运动器材,游客如果通过多次练习能够从乘船到独立扬帆,可谓是巨大的进步,或许可以尝试在凯卢亚海滩进行更高阶段的挑战。

● 其他海上运动

游客服务处还可以提供跳水、皮划艇竞赛、水上自行车等使用轻型桨类的海上运动项目。

↑ 双体浮架独木舟

- 希尔顿礁湖酒店隔壁是海滩,游客前往时可以直接穿泳衣,服务中心设有卫生间。
- 快餐摊位旁边有遮阴的桌子和椅子供乘凉休憩。
- 美军夏威夷专用酒店,内设公园,草地清新漂亮,还可以进行沙滩烧烤。
- 陆军博物馆内侧的海滩可以进行沙滩排球运动。
- 怀基基喜来登酒店和哈雷库拉尼酒店之间有一条前往卡利亚路的便道。
- 这部分是多岩石地带
- 福特·德·卢西海滩的草地上有长椅、卫生间等,设施完善,但观光客较少,多为当地居民和欧洲游客,环境优雅安静。
- 人行道附近有钻石山和海滩游客可以在此拍照留念。

怀基礁湖海滩酒店 ❶
Hilton Lagoon

夏威夷希尔顿度假中心酒店·怀基基海滩度假区

杜克卡哈纳莫库海滩
Duke Kahanamoku Beach

亚特兰蒂斯海底潜水区

所有夏威夷海滩都是公共的,只有杜克卡哈纳莫库海滩有所隔开,规定只有夏威夷希尔顿度假中心的入住者才可以使用。但是游客可以在杜克卡哈纳莫库海滩观光。

希尔顿礁湖海滩酒店适合带领儿童前去参观。

福特·德·卢西海滩
Fort de Russy Beach

哈雷库拉尼酒店

奥特利格礁湖怀基基海滩度假中心

怀基基喜来登酒店

格雷士海滩
Gray's Beach

※怀基基海滩游客服务处设有冲浪培训课程,按市价每人大约25美元。如果只租借小船:按小时计价收费,1~2小时,8~10美元,按天计价收费比较便宜,每天25美元。
夕阳游轮双体船通常要比普通出航贵2~8美元,游客最好提前准备饮料,以防其他项目收取费用。

❶ 希尔顿礁湖海滩服务中心器材租借费用标准
Hilton Lagoon Beach Services
皮划艇、站立式皮划艇冲浪帆板、踏板小船1小时40美元/漂浮轮1天10美元/橡胶船15美元/浮潜装备17.5美元/漂流小船17.5美元 ☎949-4321

❷ 库亚海滩服务中心器材租借费用标准
KOA Beach Services
水绿色自行车30分钟25美元/冲浪帆板1小时15美元/浮潜装置1小时6美元/站立式冲浪皮划艇1小时25美元/简易皮划艇1小时15美元 ☎944-1962 / koabeachservice.com

❸ 夏威夷阳光浴服务项目
UV Rays Hawaii
冲浪帆板2小时25美元/站立式冲浪皮划艇1小时35美元/海上漂流板1天15美元 ☎924-6084

❹ 怀基基海滩服务收费项目
Waikiki Beach Services
冲浪帆板2小时25美元/海上漂流板1小时8美元/浮潜装置1小时8美元 ☎388-1510

前往海滩游玩时如何保管个人贵重物品？

游客前往海滩游玩时，切记不要随身携带大量现金和照相机等贵重物品。准备少量购买饮料的现金即可。游客可以在当地超市购买一些防水迷你包，便于携带。男士可以穿着海滩短裤，通常短裤口袋内设置有尼龙搭链，只需一按就可简单地开启闭合。另外，如果游客非常想在海边拍照的话，需要提前准备带有防水膜的镜头和数码相机。

 快餐摊位　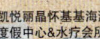 卫生间
淋浴　　　急救中心

凯悦丽晶怀基基海滩度假中心&水疗会所　太平洋海滩度假酒店

怀基基执勤岗　卡拉卡瓦街 *Kalakaua Ave.*

莫阿那冲浪者酒店·威斯汀度假村中心&水疗会所

奥特利格怀基基海滩度假中心

威夷皇家店&珍品馆

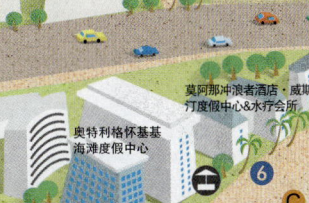
库西欧海滩 *kuhio Beach*
海滩堤坝浅水区内有水池，水波平稳，有很多家庭带领儿童前去嬉戏。防波堤的外面有许多冲浪少年随波漂流。

Waikiki Beach

Duke Kahanamoku
卡哈那莫库公爵雕像

怀基基执勤岗东侧，卡拉卡瓦街沿街设有很多长椅，供游人休息。游客可以坐在长椅上悠闲地欣赏对面大海的美景。

卡皮欧拉尼公园前有海滩和主题公园，每逢周末很多当地居民聚集在此享受悠闲的假日时光。

↓ 公共淋浴处图示

从夏威夷皇家珍品馆到莫阿那冲浪者酒店·威斯汀度假村中心&水疗会所才是真正的怀基基海滩，也是所有夏威夷海滩中最繁华的区域之一，午后海滩热闹非凡。

这片区域没有海滨沙滩，行人容易迷路。

❺ 夏威夷阳光浴服务项目
UV Rays Hawaii
海上漂流板1小时6美元/双体船每人25美元 ☎926-9889

❻ 阿罗哈海滩服务中心
Aloha Beach Services
冲浪帆板1小时15美元/海上漂流板1小时5美元/双体船每人15美元/冲浪课程培训1小时40美元 ☎922-3111

❼ 夏威夷海上运动
Hawaii Ocean Activity
冲浪帆板1小时10美元、1天25美元/海上漂流板1小时5美元、1天10美元

Ⓐ 舷外托座双体小船
Outrigger Catamaran
每周一、三、五13:00~、15:00~；每周二、四、六、日11:00~、13:00~、15:00~；每人30美元；夕阳游轮每人42美元 ☎922-2210

Ⓑ 怀基基海滩游轮
Waikiki Cruises
10:30~16:00（具体安排依照不同日期），每天往返1~5次，每人15美元

Ⓒ 那霍库二号游轮
Na Hoku II
10:30~17:30　每天往返5次，每人25美元/夕阳游轮每人30美元
※租借莫阿那海上自行车可以在酒店客房付费

Ⓓ 玛那凯彩虹海航
Mana Kai Rainbow Sailing
10:00~17:00（具体安排依照不同天气和日期），每天往返5次，每人20美元

01 海底有鱼群、海龟和海鳙鱼，游客可以透过窗户亲近海洋，无论是成人还是小孩都会乐在其中

ACTIVITY MENU 2 乘坐游艇航海出行

纵览广袤无垠的大海美景

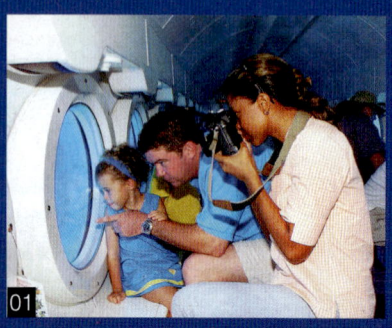
01

01 亚兰蒂斯潜水舰

为了能让游客尽情体验瓦胡岛海水的刺激，专门设有游客观光潜水舰，通常停靠在瓦胡岛湖心处。登上潜水舰可一览大海风情，游客能清楚地看到珊瑚礁、海洋生物和其他沉没船只，30米深的海底奇妙大世界令人惊叹。游客可以在希尔顿夏威夷度假中心前面的栈桥处乘坐摆渡船前往观光舰，单程大约需要30分钟。摆渡船只每天往返7次，提供语言服务。另外规定：身高在92厘米以上的游客才能乘坐观光潜水舰。

亚兰蒂斯潜水舰体验中心 ☎973-9811／普通潜水舰（乘坐48人）109美元（12岁以下45美元）、特价潜水舰（乘坐64人）124美元（12岁以下53美元）※途中需要额外支付夏威夷州税和港湾使用费/需要预约/负责游客接送/毛伊岛、夏威夷岛也有潜水舰　http://www.atlantisadventures.com　MAP●剪切地图-17，p.55-Y

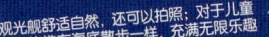

观光舰舒适自然，还可以拍照；对于儿童而言仿佛在海底散步一样，充满无限乐趣

双体船做好准备从怀基基海滩出行，航行中海浪拍击，疾驶而行，令人心情无比爽快

02

02 迈泰舷外托座双体小船

迈泰大型舷外托座双体小船停靠在怀基喜来登酒店前面的海滩处，可供47人乘坐。游客不用提前预约也能乘船出海。船头两处高悬挂着吊床形状的安全网，这里设有特等席位。坐在这里，游客可以任由海浪拍打自己，肆意享受在大海中航行的惬意。出航时间约为1小时30分。每天往返3次（除去周一、周三、周五），11:00、13:00、15:00；既有白天出海也有夜晚出海。

迈泰舷外托座双体小船体验中心 ☎922-5665（8:00~17:00）／浮潜（周一、三、五10:30~）$45、航船（11:00~仅周二、四、六、日、13:00~、15:00~）$28、日落（17:00~）$39／MAP●剪切地图-12，p.56-aa
http://www.maitaicatamaran.net

03 夕阳游轮

乘坐夕阳晚宴游轮出航,不仅可以感受平稳的海上航行,还能欣赏夕阳美景,品尝美味晚餐,观看娱乐表演,舒适惬意。游轮上准备有不同等级的料理、表演秀等服务,游客可以根据个人旅行目的,选用简易套餐或浪漫组合。从阿罗哈塔市场栈桥出航的游轮航行需2小时。如果没有游客接送服务,需要在出航45分钟前检票登船。

火奴鲁鲁星号游轮是一艘具有夏威夷风情的大型游轮,可容纳500人

游轮内有草裙舞表演和演唱会演出,游客可以随着舞者的节奏一起学习

火奴鲁鲁星号游轮 ■所要时间:2小时 费用:标准套餐94美元,3~12岁57美元;三星级套餐134美元,3~12岁80美元;五星级套餐(12岁以上)184美元,要求安排靠窗座位额外加收25美元※不含游客接送费用。咨询地点:火奴鲁鲁星号游轮办事处 ☎983-7879 http://www.starofhonolulu.com MAP ○剪切地图-36、p.58-l

NAVATAC1号游轮 ■所要时间 2小时 费用:标准晚餐套餐99美元(儿童55.65美元)※需额外缴纳夏威夷州税和港湾使用费。咨询地点:亚兰蒂斯服务中心 ☎973-1311 http://www.atlantisadventures.com MAP ○剪切地图-36、p.58-l

NAVATAC 1号游轮的料理,有很多高级酒店才会有的龙虾等美食

即使海上波浪起伏较大,游轮航行也颇为稳定,游客不妨尝试乘坐双体船1号游轮亲自体验

旅行 信息

环游夏威夷4岛的豪华游轮

游客可以夜宿大型豪华客船,环游夏威夷瓦胡岛、毛伊岛、夏威夷岛和考爱岛。大约花费7天时间,可以在环游途中加入各种有趣的旅行团体,和大家一起分享各自有趣的旅途见闻。

美国星号游轮 船内布置讲究,堪称海上的豪华度假酒店。

白沙滩是每位游客都想去的夏威夷景点之一，在此可以切身感受美妙的热带风情

01

ACTIVITY MENU 3 尽享白沙滩之美
像鱼儿一样遨游海底

01 恐龙湾

恐龙湾被认定为国家自然保护区，是夏威夷观光不可或缺的景点之一。恐龙湾的美景曾因电影《蓝色夏威夷》的拍摄取景而深受推崇。游客可以尝试浮潜、跳水等多项人气海上运动。湾内有珊瑚礁环绕，波浪平稳，因此也可以安心地带领儿童前去体验。但是有的地方可能是险滩或者深水处，游客应该倍加注意。恐龙湾景区禁止游客将香烟、鱼诱饵和珊瑚带走，游客一定要严格遵守规定才能更好地享受海滩风情。如果准备前往海滩，需要在海洋信息中心买票，而且每位游客都必须观看关于环境保护和海滩安全的录像视频。看完视频后在信息中心登录姓名，可以免除一年间的视频观看。除此之外，海滩还设有跳水体验活动，游客可以租借水中口罩、浮潜器材等设备，每星期二不能入场。详情参照p.80、p.82。

恐龙湾 ☎396-4229 / 6:00~19:00（5月最后一周星期一~9月第一个星期一；冬季~18:00） / $7.50（13岁以上） / 星期二停航 MAP p.47-L

02

大鲨鱼海湾是位于岩石地带的海滩，游客必须穿凉鞋；很多家庭带领儿童在这里戏水玩闹，非常热闹

02 大鲨鱼海湾

大鲨鱼海湾位于北岸普普科亚海滩公园的岩石地带。海水退潮后留给沙滩一片自然水塘，同时汇集了各种鱼群和海洋小生物，堪称海洋聚宝盆。大鲨鱼海湾因为地貌特征和鲨鱼头部比较相似而得名。海面夏季平稳，冬季浪头较高，出于安全考虑游客尽量避免冬季前往。游客可以在海湾附近的商店租借浮潜装置等器材，最好提前准备妥善。参照地图p.85。

游客可以在海洋信息中心参观学习海洋历史和专业知识

01

03 当日水位大约只有20厘米深,从大海眺望雄伟的科劳山脉,风景秀美。

03 砂州风景区

砂州风景区位于怀基基海滩东北部,距离卡内欧希海湾13千米。当地因独特的珊瑚礁和海龟饲养而闻名。风景区所有景点都受到州政府的法律保护,游客也会邂逅很多未经改造的自然风光。罕见的砂州景观只有在海面潮落后才会出现,多次被电视台报道和广告摄影取材,深受游客喜欢。游客可以组团前去参观。

参观时,乘坐小船从港口出发大约需要10分钟,卡内欧希湾只接待持有正规营业执照旅游公司的游客,其中蓝色船长天堂海洋旅游公司可以去距离砂州最近的地方迎接游客。游客在这里可以在海龟出没频繁的水区浮潜,这是非常难得的海边体验。很多游客会深深地被海边自然风情感动,往往选择再次前来旅行。参团旅行分为上午和下午两个时间段,均包含游客的接送和用餐(午餐为海边烧烤)。

蓝色船长天堂海洋旅游公司(不包含7-9月);普通时间段 8:30-13:00 11:30-17:30 一日往返3次/休息日、节假日休业/MAP p.47-H ☎922-2343 / 清晨5:40-10:00(只限定7-9月);现赏日出:4:30-10:00 www.tengokunoumi.com

在享受浮潜时光时和海龟偶遇

漫步砂州后体验浅滩浮潜

03

砂州周边的学校开设海上运动初级指导,商店提供租借运动器材服务

04 拉尼卡伊海滩

在夏威夷语中"拉尼卡伊"表示天堂的意思,海滩因此而得名。穿过住宅区眼前豁然开朗,低垂的白沙滩,湛蓝色的天空和大海交相辉映,可谓海天一色,风景柔美犹如人间天堂。附近还有很多不为人知的海滩,游客较少。参照地图p.47-H。

天堂海滩是美国最美海滩之一,紧邻凯卢卡亚沙滩,风景秀美,幽雅安静

04

05 凯卢阿海滩公园

凯卢阿海滩被评为美国最美海滩之一,细腻白净的沙滩映衬在祖母绿颜色的大海中,海滩沿岸草地和树荫环绕,是游客心中非常理想的休闲海滩。当地一年四季风平浪静,因而这里也被称作海上冲浪的胜地,颇负盛名。参照p.81、p.83、地图p.47-H。

05

瓦胡岛

29

丰富多彩的娱乐休闲项目

ACTIVITY MENU 4

醉心于各种海上运动项目
只有夏威夷才有的乐趣

> 跳水进入海底，游客能够遇到很多海底生物，还可以体验和海龟一起在水中漫步的乐趣
> 01

01 跳水体验

进行普通跳水运动时，一般会要求佩戴氧气瓶等空气囊装置，出示资格审查合格证件。参加跳水体验项目的游客可以自由享受跳水的乐趣。瓦胡岛当地有浅滩区半日跳水、夏威夷珊瑚礁跳水、热带风情小船跳水等很多跳水课程和不同的跳水区域。当地跳水体验学校负责接送游客往返于酒店和跳水区域。游客需要注意，体验跳水项目后，如果乘坐飞机或者参加挑战高空降落伞等高空活动时，至少需要间隔18个小时。

阳光跳水体验中心 ☎593-8865／$80（海滩跳水）、$150（小船跳水）7:00~17:00全年无休/需要预约
http://www.sunshinescuba.com

太平洋在线跳水体验中心 ☎373-7193／恐龙湾跳水（包含游客接送）$108（入园费、税费额外支付）／6:00~18:00、全年无休/需要预约 http://www.pacificislandscuba.com

02 海底漫步

接下来推荐游客头输送氧气的头盔，从卡内欧希海湾大型游轮出发，一起去体验海底漫步吧。海底漫步时头盔内含有充足氧气能够使游客站立水中，即使不擅长游泳的游客也可以轻松感受美妙的海底世界。因为佩戴头盔所以脸部不会被海水浸湿，即使戴眼镜、隐形眼镜和化妆都没有关系。游客只要满足12岁以上、身高140厘米以上、身体健康几个条件就可以轻松享受在海底漫步的乐趣。

热带海洋运动馆 ☎235-7531／节假日休息／海底漫步半日游（含乘坐香蕉船、浮潜、观察海龟）$111／需要预约

02

游轮会为游客提供专业可供氧气式头盔，游客可以轻松在海底漫步

03

佩戴大型头盔可以从上到下完全遮盖不会浸湿，女性也能够轻松体验

03 水中摩托

游客可以乘坐摩托前往水深10米的玛乌那卢亚海湾探寻海底奇观。摩托上安装有氧气瓶，可以提供氧气。另外，还有潜水指导随行，游客即使不会游泳也不用担心。每人平均海底潜行时间大约20分钟。

鲍勃夏威夷海底探险中心 ☎971-1162（8:30~17:30）／$98（负责接送游客）／需要预约／MAP p.47-H

04 赛艇分单人和双人前后乘坐两种。置身美丽的大海中,似乎船桨都变得轻快了起来

04 海上赛艇

游客可以前往排名全美第2名的凯卢阿海滩学习使用轻型桨,加入海上赛艇团体一起划行在碧波盈盈的祖母绿大海上。这样的体验不同于寻常的赛艇体验,它可以让游客近距离感受大海的秀美。海面划行大约30分钟后抵达无人岛,观赏岛屿上安静的风景后返回海滩。从海滩到目的地之间的往返都是游客自行用力完成划行,其中的快感无与伦比。

凯卢阿海上航行和赛艇 ☎262-2555 / $99(含游客接送和午餐)导游随行需额外支付$129(2小时)/ 需要预约 / MAP p.47-H http://www.kailuasailboards.com

06 高空降落伞

高空降落伞首先由海上汽船牵引,当身上的伞包瞬间被打开后,游客会感觉到一种轻盈感,此时身体已远离地面与伞身同时飘向天空。始飞时从阿拉威游艇港出发,从上空俯瞰怀基基海滩全景,会收获另一种美感。游客只要年满5岁以上都可以前去体验空中飞行的乐趣。当然,如果只乘船不体验高空降落伞也可以,费用是26美元。

夏威夷风情高空降落伞 ☎591-1280(8:00~17:00)/ $42~ / 负责游客接送 / 需要预约 / MAP 剪切地图-9, p.53-V

高空降落伞能够同时容纳两人,游客可以尝试亲子飞和情侣飞,会有一种不可思议的高空飘游感

05 尾波滑行熟练后,游客也可以尝试快艇波浪快转滑行

05 尾波滑行

尾波滑行犹如水上助力滑行一样,通常是由快艇牵引,用尾波板进行的一项水上滑行运动。因为滑行时需要双脚前后张开站稳,特别像水上雪橇。在海浪平稳的区域,在专业教练指导下,很多游客初次体验就能马上掌握滑行要领。

夏威夷水上运动中心 ☎395-3773 / 初级划行课程$69(20分钟,游客接送$10)/ 需要预约 / MAP p.47-H http://www.hawaiiwatersportscenter.com

07 鲨鱼挑战中心

从北岸的哈莱伊瓦海港乘船大约30分钟后前往海上目的地。抵达后将船上的特制升降机箱放在海平面上,游客进入后箱内后一边浮潜一边观赏大鲨鱼,整个体验过程充满逼真的刺激感。游客近距离贴近大鲨鱼时,感觉非常像观看电影《大鲨鱼》,令人窒息的紧张感油然而生。

北岸鲨鱼挑战中心 ☎226-6447 / $120(游客接送需付费$55)/ 需要预约 / MAP p.85-C http://www.samehawaii.com

瓦胡岛

31

丰富多彩的娱乐休闲项目

特制机箱周边撒满诱饵,身长2米的大鲨鱼会慢慢靠近

钻石山山顶发行登顶纪念证明书,每份两美元

01

ACTIVITY MENU
感知夏威夷美丽的大自然
蓝天白云下,尽情畅玩

01 钻石山登顶

夏威夷钻石山大约形成于30万年前,海拔232米,是一座巨大的喷火口外轮山。从登山口到山顶单程大约1.1千米,需花费40分钟左右。登山途中首先沿着羊肠小道抵达瞭望台,之后攀登76级台阶后穿越隧道,依次还有99级台阶在期待游客们的访问。隧道内比较昏暗,游客最好携带手电筒。最后登上螺旋台阶才是成功登顶。站在山顶,令人感动的360度全景赫然跃入眼帘,十分震撼。因为景区附近没有商店,游客最好自行携带饮用水。

入场费$1(登山纪念证明书$2)/登山时间段6:00~18:00(登山最后截止时间是16:30)/从怀基基乘坐市内公交58路或者22路大约15分钟,从公交站到山顶大约1小时,无轨电车也会途经钻石山(参照本书电车运行站点指南)(MAP☐剪切地图参照)/MAP○剪切地图-47,p.52-cc

从山脚到山顶有便捷小路,登顶后,欣赏美景的同时会觉得普通矿泉水也异常甜美

01

02 玛卡普乌海角山麓巡游

从玛卡普乌海角出发,眺望大海的同时还能享受40分钟的山麓游览。途中,游客会看见一块酷似椅子的岩石,据说这是夏威夷群岛的创造主神休息使用的座椅。

神椅观光 从怀基基乘坐汽车30分钟,市内公交22路、23路在海洋生活馆下车/MAP p.47-L

02

03 古兰尼牧场畅游

巴士团体环游影视拍摄基地大约需1小时,很受欢迎

03

游客在古兰尼牧场的《侏罗纪公园》拍摄基地骑马

古兰尼牧场的游玩项目有骑马、4轮轻便颠簸车、巴士团体环游影视基地和10余种专业海陆动作设计体验。游客可以尝试独立项目,也可以选择项目组合体验。其中,项目组合体验比较有人气。除此之外,推荐游客前往附近私人海滩的神秘岛观光,在这里您可以纵情于美丽的大自然,感受舒适悠闲的时光。

古兰尼牧场 ☎237-7321/半日游(2种)$89(简易餐、负责接送游客);全天团体游(4种)$149(含简易餐、负责接送游客)无休息日/需要预约/MAP p.47-G

04 瓦胡岛自行车和摩托车骑行游

首先是负责提供专业自行车和摩托车的车辆驶向山丘,游客选择合适的自行车,佩戴安全帽,接受安全骑行的说明指导。装备完成后,游客可以在约7.5千米的坡路上进行山地车滑降竞技,非常舒适惬意。之后穿越原始森林一直骑行至瀑布。当地的上坡路段较少,小学生也能够参加。

游客骑行山地车

夏威夷自行车 ☎734-4214/9:00~15:00/$110~(含午餐、接送游客)/需要预约 http://bikehawaii.com

04

05 挑战纵身一跃的高空跳伞

游客在北岸的飞机场接受高空跳伞指导，然后乘坐小型飞行机飞向4000米高空。和跳伞指导员一起，怀揣一颗恐惧的心去挑战高空。纵身一跃一气呵成，降落时速达250千米。第一次挑战会有一种不可名状的紧张感和兴奋感，而后会深受感动，会激发出想要再次挑战的冲动。另外，空中摄影需额外支付费用。

夏威夷高空特技跳伞中心　☎284-0909 / $139~（包含游客接送、高空跳伞教练陪跳费、摄影师拍摄费都需要额外支付）/ 体重90千克以下，需要预约 / MAP p.46-E / www.pacificskydivinghonolulu.com

05

虽然高空跳伞是和教练一起，但直到跳下去的一瞬间都很害怕；但在降落过程中却有莫名的兴奋

06 亲自操纵小型飞行机

游客接受约15分钟的简单指导便可以立即返回操纵席，从离开陆地到再次着陆都需要自己操纵，教练只是辅助指导。操纵不当的时候教练会帮忙，游客可以安心体验。而且，小学生以上的游客都可以挑战飞机操纵体验项目，每次能够同时容纳3名乘客。

飞行体验中心　☎836-3539 / 0120-603-226 / 30分钟（2人）$189（后座$149）~（含游客接送）/ 需要预约 / MAP p.46-J / http://www.washin-air.com

飞行体验结束后会被授予飞行课程结业证书，同时备有飞行时间记录表

08 乘水上飞行机游览

水上飞行机是以水面作为滑行航道，从火奴鲁鲁国际机场前广阔的环礁湖地带起飞，从怀基基一路飞往钻石头山、东海岸、北海岸，是让人愉快的飞行游览活动。

岛屿海洋飞行服务处　☎836-6273 / 30分钟$179　1小时$299（含游客接送和税费）/ 需要预约 / MAP p.46-J

09 夜航巡游，尽览灿烂夜景

在600米的高空俯瞰城市街道的灯光美景，具有其他旅游项目不可比拟的魅力。乘坐夜晚飞行机时间约为30分钟，火奴鲁鲁市的夜空美景尽收眼底。

军用飞行机组　☎838-0007 / 城市夜景团体游$120~（18:30~，含游客接送）/ 需要预约 / MAP p.46-J

07 乘直升飞机游览

游客乘坐直升飞机在空中游览阿罗哈塔、怀基基海滩、钻石头山和恐龙湾等景点。飞行时间分为30分钟、45分钟、60分钟等；还有其他岛内观光风景线路。

玛卡尼直升飞机游览公司　☎834-5813 / 30分钟$170.25 / 需要预约 / MAP p.47-K / http://www.makanikai.com

乘坐水上飞行机游览比乘坐直升飞机游览便宜，使其备受欢迎

瓦胡岛 丰富多彩的娱乐休闲项目

06 08
07 09

乘坐直升飞机俯瞰怀基基海滩和钻石山风景

乘坐夜晚飞行机俯瞰城市街景，闪亮的灯光犹如明珠一般璀璨漂亮，令人感动不已

01 夏威夷是高尔夫天堂，舒适的环境让人能轻松地享受高尔夫的乐趣

02 LIKELIKE course EXIT 迷你高尔夫因成员均可参加，非常受欢迎家庭

ACTIVITY MENU 6

蔚蓝的天空、碧绿的草地、醉心的球场

高球场上挥杆一击

01 高尔夫球场

夏威夷瓦胡岛上的高尔夫球场地约为30个，球场使用费用很便宜。夏威夷高尔夫球场上没有球童，使用高尔夫手推车自助打球。瓦胡岛高尔夫球场上以快速取胜，从山到大海的方向和日落的方向一致，轻击球的速度比想象得还要快。但是也有例外，当地信风很强，游客挥杆打球时应该注意风向和风速。

如何体验夏威夷高尔夫球比赛呢？通常是参加高尔夫团体。游客可以事先在国内组成参赛团体然后再打电话咨询夏威夷当地有关组织。参赛时，一般都包含游客接送服务。参加费用有高尔夫球场费、手推车使用费、保险等内容。如果是个人，可以根据自己的时间，直接申请体验当地高尔夫的具体事宜。需要注意的是，如果包括交通费、手续费和其他杂费，各个团体的收费标准不同，而且如果时逢秋冬，一些公司职员的团队旅行会使当地高尔夫球场比较混乱。

推荐的高尔夫球场

夏威夷王子高尔夫俱乐部　☒ 91-1200 Fort Weaver Rd. Ewa Beach　☏ 944-4567／F：689-4445　$ 球场费160、酒店客人97／MAP p.46-J

珍珠城乡村高尔夫俱乐部　☒ 98-535 Kaonohi St. Aiea ☏ 487-3802／$ 球场费140／MAP p.88-B

柯·奥利那高尔夫俱乐部　☒ 92-1220 Aliinui Dr. Kapolei　☏ 676-5300／F：676-4653　$ 球场费199、宾馆客人179、13:00以后139／MAP p.46-I

海龟湾海滩高尔夫俱乐部　☒ 57-049 Kuilima Dr. ☏ 293-8574／F：293-9094　$ 球场费185~（有18个球洞）、14:00以后105／MAP p.46-B

阿拉瓦伊高尔夫俱乐部　☒ 404 Kapahulu Ave.　☏ 296-2000　$ 球场费55~（有18个球洞）／MAP p.57-I

瓦伊柯勒乡村俱乐部　☒ 94-200 Paioa Pl.，Waipahu ☏ 676-9000／F：677-9839　$ 球场费140／MAP p.46-F

02 推杆高尔夫

推杆高尔夫也称为迷你高尔夫，适合家庭成员一起享受，很受欢迎。

海湾景观高尔夫公园　☏ 247-6464（迷你高尔夫）／9:00~21:00（星期一、星期二 13:00~ 18:00）／$20（18球洞）、$25（36球洞）／MAp.47-G

ACTIVITY MENU 7

大海的能量让人精神百倍

治愈身心的夏威夷海滩

01 霍克号大游轮可同时容纳149名游人乘坐，用于海豚观光

瓦胡岛 35 丰富多彩的娱乐休闲项目

01 乘坐海豚星号近距离观看海豚

瓦胡岛西部的海水清澈湛蓝，是和海豚相遇的绝佳地点。游客可以在早晨7点从怀基基出发，抵达怀厄奈海港后乘坐海豚星号游轮前往观光海豚。在这里，游客会遇到各种海豚，冬天还会遇到座头鲸。观光结束后，还可以在船上的西式小餐厅中享用美味的汉堡。因为游轮观光接待客服一直宣称"来到这里和海豚相遇的概率是90%，"所以如果没有遇到海豚还能够获得一张免费乘船票（餐费和游客接送费需额外支付）。

火奴鲁鲁星号游轮 ☎ 983-7879
参加瓦胡岛西岸团体成人$79、儿童$48，不含接送成人$22／需要预约 MAP p.46-E http://www.dolphin-star.com

游客自己制作汉堡包，可以选择自己喜欢的食材和烧烤好的汉堡肉，还可以尽情饮用水果宾治酒

02 参团去看大头鲸

每年12月至次年4月间，都会有大批座头鲸来到夏威夷海滩产卵、抚育后代。游客如果参加观光团，很有可能欣赏到涨潮美景。

火奴鲁鲁星号游轮 ☎ 983-7879 ／$33／12月15日~4月15日／夏威夷州税和港湾使用费／MAP／剪切地图-36，p.58-I

亚兰蒂斯游轮 ☎ 973-1311／$57~ ※需额外支付夏威夷州税和港湾使用费／12月20~次年4月19日／需要预约／MAP／剪切地图-36，p.58-I

03 热带丛林山麓巡游

如果游客想要亲身感受夏威夷大自然的气息，可以去当地的热带丛林漫步。早晨7点30分从怀基基出发乘车大约30分钟抵达山路地带。科劳山海拔445米，拥有广阔的原始林木，徒步线路长达4千米，需要花费大约4小时才能步行完成。游客可以一边欣赏原始丛林中的植物和生物，一边仔细聆听导游的详细讲解。原始丛林中还有野生的鳄梨和番石榴等植物果实，游客也可以当场品尝。穿越原始林来到丛林山顶，从高处俯瞰山下风景是最惬意的享受。

阿罗哈阿伊那生态旅行团 ☎ 595-6651／成人$70、儿童$45（含饮用水、雨具、背包、登山拐杖）。出游时间7:30~12:30／负责游客接送／星期六、星期日、节假日休息／需要预约 http://www.alohaainaecotours.com

04 拉尼亚凯亚海滩上邂逅海龟

在拉尼亚凯亚海滩上享受日光浴的同时，还能看见北海岸有名的动物——海龟。海龟前行时可爱的姿态令人不禁想要抚摸它的背部，但是海龟属于当地濒临灭绝的生物之一，法律保护规定，如果有行人接触海龟或者阻挡海龟前行，都会被处以罚款，缴纳高昂的罚金。游客需要谨记条例规定，远远地观看即可。详情参考地图p.85-B。

海龟经过，给拉尼亚凯亚海滩平添了一份灵动之美

秀场表演中,通过舞蹈和动画来展示每个人都会经历的一生

01

ACTIVITY MENU

男女老少都会被深深吸引

挑战夏威夷传统舞蹈

01 波利尼西亚文化中心

波利尼西亚文化中心主题公园旨在传承本民族历史和文化,占地面积约为17万平方米,广阔的领地上居住的民众分别来自大溪地岛、汤加岛、夏威夷岛、斐济岛、萨摩亚群岛、新西兰岛六大群岛。通过参观波利尼西亚文化中心,游客可以了解各个岛屿人们的生活方式、节日仪式和传统工艺等,同时能领略到波利尼西亚民族的文化和历史魅力。除此之外,文化中心为游客提供歌舞表演等娱乐节目,呈现独木舟之旅和文身绘画等其他多种精彩纷呈的娱乐要素。特别是每天14:30开始在双体船上举行的露天历史剧、太平洋剧院举行的波利尼西亚秀和HA:Bless of Life,这三大节目是游客不可错过的经典剧目。总之,文化中心经常上演五彩缤纷的波利尼西亚舞蹈和歌唱等娱乐休闲活动,节目编排豪华,内容情节细腻,有许多表演秀精彩绝伦。其中有一场大型剧目演出时间约为90分钟,演出人员多达100余人,通过舞台上主人公的人生经历表现朴实的家族感情和人生哲理,令人十分感动。

↑ 双体船上举行的波利尼西亚风情舞蹈,表演一天一次,从14:30开始

与游客互动的夏威夷休闲娱乐活动场景

📧 55-370 Kamehameha Hwy./☎ 0120-080165 (Pacific Resort)/12:00~21:00(除娱乐节目外为~18:00)/星期日休息/入场费成人$39.95(不含餐饮,含餐饮和游客接送的团体价$78.95~)/MAP p.47-C
http://polynesia.com

攀爬椰子树看似容易实则困难，当地的萨摩亚年轻男子既能够轻松地爬上椰子树又能成功钻木取火

热情而又充满朝气的演职人员在迎接游客，游客可以简单地问候或者给予微笑回应

能够感受大自然的4D体验剧场诞生了！

2013年3月，夏威夷风情游电影院开业，旨在为游客提供更多的表演节目。影院设备先进，配有可移动的坐椅、风、烟雾等；游客不仅可以观赏2D电影，还能够体验生动的4D观影氛围。上映影片多为微影视作品，取材大都来自于当地饱含夏威夷风情的大自然美景，主要有火山喷发场景、瀑布流水和深不可测的幽灵峡谷等。影视作品中壮美的自然景观和扣人心弦的音乐一定会让游客感觉不虚此行！

火山形的电影院建筑，游客需要穿过熔岩隧道才能进入到影院内部

影院微影视作品中呈现的夏威夷风景，美得令人窒息

瓦胡岛 37 丰富多彩的娱乐休闲项目

2015年1月，福吉拉乌大型综合购物商场开业

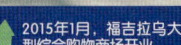

盖特威餐厅采取自助就餐形式，有萨摩亚、波利尼西亚的传统美食和西餐

02 夏威夷水上乐园

夏威夷野生水上乐园人气火爆，占地115 700平方米，设有泳池和多种水上滑道。其中，龙卷风暴水上项目管道高约为40.5米，深受游客喜欢，人气爆满。

✉ 400 Farrington Hwy., Kapolei ☎ 674-9383 / 10:30~15:30（除夏季外，星期六、星期日截止到16:00）/入园时间随季节而变动）、星期二、星期三休息 / 入园费$47.99、身高在107cm以下的$37.99、奢华游玩费用（游客接送、午餐烧烤自助、饮品自助、包含身体冲浪教程费）$94.99、3~11岁$84.99 / MAP p.46-l 🌐 www.wetnwildhawaii.com

03 射击体验馆

在射击体验馆中，游客可以体验到令人兴奋的真枪射击运动，该运动颇受女性游客和情侣游客的追捧。

夏威夷皇家射击俱乐部 ☎ 922-4122 / 11:00~23:00（星期日12:00~）、射击最晚截止时间22:15 / $60~ / 游客必须保持空腹射击 / MAP● 剪切地图-12、p.56-bb

紧邻大海的环礁湖上有海豚表演,每天从12:30开始

04 夏威夷海洋公园

来到夏威夷海洋公园,游客可以和海豚嬉戏玩闹。园区内抚摸海豚和亲吻海豚的表演节目人气爆满,儿童年满1岁都可以参加。除此之外,海豚皇家游泳项目也深受游客欢迎,当2只海豚缠绕彼此的背鳍游泳或者通过足底用力在水中移动时,游客能更多地接触到海豚。园区对观光人数有限制,游客最好提前预约。

✉ 41-202 Kalanianaole Hwy.,#7 Waimanalo / ☎ 259-7933 / 10:30~17:00 / 全年无休 / 入园费成人$31、儿童(3~12岁)$21 / MAP p.47-L http://www.pacificresorts.com/hawaii/sealifepark

海龟馆,能够近距离观赏,同时深受游客欢迎,每当游客亲近时,海龟也会自然地靠近游客

富有人气的海狮表演场景,短剧节目中扮演侦查员的海狮和演职人员配合良好

2012年6月开设的鲨鱼馆,馆内设有深约5.2米,储水量为106万升的巨型水缸,饲养着种类不同的鲨鱼

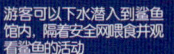

游客可以下水潜入到鲨鱼馆内,隔着安全网喂食并观看鲨鱼的活动

当游客和海豚握手或者亲吻时,可以抓住青鳍和海豚一起游泳,无论成人还是儿童都能够享受其中的乐趣

01 在夏威夷皇家文化中心内，游客花费1小时就可以掌握1个曲目表演

瓦胡岛 39 丰富多彩的娱乐休闲项目

ACTIVITY MENU 9 亲身感受夏威夷的传统文化

尝试学习充满夏威夷风情的传统艺术表演

01 草裙舞

万里迢迢来到夏威夷旅游，游客不妨向当地老师学习正宗的夏威夷草裙舞吧。面向初次接触草裙舞的游客们，夏威夷皇家文化中心开设初级课程，能够让初学者掌握草裙舞的基本动作要领。如果游客想要认真学习，可以前往怀基基交流中心接受收费课程指导。有的酒店会为游客提供草裙舞体验课程，建议游客提前向入住酒店咨询并确认具体事宜。

◀ 怀基基交流中心的那拉尼老师在认真地讲解草裙舞动作要领

◀ 学习者们伴随那拉尼老师弹奏的弦乐练习草裙舞

夏威夷皇家购物中心草裙舞课程 夏威夷皇家购物中心1层 ☎922-2299／星期二11:00～12:00、星期四16:00～17:00／免费学习／不需要预约　MAP剪切地图-19, p.56-bb

那拉尼老师的草裙舞课程 怀基基交流中心 ☎923-1802／星期一9:00～10:30游客每次$10／星期三9:30～10:30（面向初学者）游客每次$10、11:00～12:30（面向有经验者）游客每次$15／不需要预约　＊如果游客非常想要学习，建议转为会员（费用）比较经济　MAP剪切地图-6, p.57-I

02 尤克里里琴

怀基基周边有很多专营尤克里里琴的商店，为了满足游客们想要学习弹奏的兴趣，纷纷开设免费体验课程。申请体验很简单，游客只需要和店家打声招呼便可以。如果游客仍然有强烈的愿望继续学习，建议您不妨前往怀基交流中心接受更加专业的指导。

咘呀咘呀尤克里里琴教室 怀基希尔顿大厦1层/☎923-9977／体验课程星期日、星期二、星期三、星期四10:00～10:30、每日开课时间16:00～16:30（学员编排顺序依照报名先后）。收费课程需要提前咨询／不需要预约／MAP●剪切地图-12、p.56-aa※夏威夷莫阿那冲浪酒店也设有分店

尤克里里琴教室 怀基基海滩水疗度假中心1层 ☎922-2889 免费课程为周末16:00～16:30（面向初学者）、16:30～17:00（关于课程时间需要提前预约咨询）／MAP●剪切地图-13、p.56-bb

夏威夷风情尤克里里琴教室 怀基基交流中心 ☎923-1802／周五9:00～11:00（面向非初学者）／$7／不需要预约／MAP●剪切地图-6、p.57-l

02 游客们在学习弹奏尤克里里琴，教程免费，环境自由舒适

在为游客学员们讲解和弦与乐曲知识

咘呀咘呀尤克里里琴教室内，吉娜老师

尤克里里琴教室遵循小规模教授原则，课程免费，讲解仔细认真

尤克里里琴琴身独具夏威夷风情

Polon

03 制作花环

夏威夷花环制作体验教室位于商厦中心，开设有免费教程，很受大众欢迎。制作时只需用针线将夏威夷热带鲜花串联就能做出美丽的花环，简单而不失乐趣。各个场所都会准备不同的花朵种类，有白色可爱的鸡蛋花、紫色奢华的花果等。自己制作的原创花环是特别的作品，完成后可以像皇冠一样佩戴，或者戴在脖子上摄影留念。无论是花环制作过程中还是结束后，游客身上都会飘散着浓浓的花香，这也一定能够成为幸福的回忆吧。

阿罗哈周五花艺工作室 普阿雷拉尼购物商场1层／☎923-1234／星期五16:30~18:00／免费制作花环／不需要预约／MAP●剪切地图-13，p.56-bb

夏威夷皇家购物中心花环制作课程中心 夏威夷皇家购物中心A座1层／☎922-2299／星期一~星期六13:00~14:00／免费制作花环／不需要预约／MAP●剪切地图-19，p.56-bb

在普阿雷拉尼购物商厦中体验制作花环，完成并佩戴

04 夏威夷风情编织品

风情编织品是夏威夷手工艺品的代表作之一，当地设有收费培训课程，包含零基础到高级阶段；一些课程免费教授图案设计。

夏威夷皇家购物中心编织品展馆 夏威夷皇家购物中心A座3层／☎922-2299／星期二9:30~11:30／不需要预约／MAP●剪切地图-19，p.56-bb

Trading Post 夏威夷手工艺品和神石专卖店 怀基基购物商厦2层／☎922-8654／星期二、星期五17:30~19:30／材料费32美元~／不需要预约／MAP●剪切地图-12，p.56-Q

仅参加一次也可以，参加4~5次即可编织出一件像样的作品了

在交易市场编织店可以一次性完成作品，也可以通过4~5次完成

05 免费休闲活动

火奴鲁鲁市内购物中心等处每天都有免费休闲活动，游客可以观光体验，感受夏威夷的人文精神和传统文化精髓。

库西欧海滩草裙舞表演 库西欧海滩展演中心 迪克卡哈那莫库公爵雕像附近／☎843-8002／星期二、星期四、星期六18:30~19:30（11~次年1月18:00~19:00）／MAP●剪切地图-13，p.57-S

阿拉莫阿那购物中心·泰利草裙舞表演 阿拉莫阿那购物中心展演中心／☎955-9517／时间13:00~13:20／MAP●剪切地图-8，p.53-V

夏威夷皇家购物中心草裙舞表演 夏威夷皇家购物中心1层 皇家展演馆／☎922-2299／星期一~星期五、星期六18:00~19:00、星期六18:00~18:30（卡西扩古典草裙舞表演）／MAP●剪切地图-19，p.56-bb

库西欧海滩上的火把点灯仪式和草裙舞表演，气氛热烈

瓦胡岛　41　丰富多彩的娱乐休闲项目

01 夏威夷当地一款使用特殊技术研发而成的化妆乳液，内含石榴等天然植物成分，保湿效果显著，每瓶30美元。

ACTIVITY MENU 10
身心舒缓的美丽大变身
夏威夷式美容和温泉疗养

02 水疗中心的室内设计洋溢着浓浓的夏威夷风情

03 游客可以咨询护肤烦恼

01 纳霍欧拉水疗中心
Na Ho'ola Spa

纳霍欧拉水疗中心室内光线明亮，干净清新，疗养项目独具夏威夷风情，因而深受欢迎。水疗中心位于怀基基凯悦海滩水疗度假酒店5~6层，共设有16间理疗室、汗蒸房等。游客在此可以体验夏威夷式按摩护理、海草面膜护理等一系列疗养项目，保湿效果显著。推荐游客体验足部集中按摩护理，从脚尖到腿肚的理疗，80分钟215美元。

☎ Hyatt Regency Waikiki Beach Resort & Spa／☏237-6330／8:30~21:00／全年无休／MAP●剪切地图-13, p.56-bb

02 莫阿那拉尼水疗中心
Moanalani Spa

莫阿那拉尼水疗中心位于怀基基海滩大厦，风景绝佳。游客在此可以感受传统的夏威夷式按摩，90分钟275美元。

☎ Moana Surfrider, A Westin Resort & Spa／☏237-2535／全年无休／MAP●剪切地图-12, p.56-R

03 库乌布美容院
Kuub Cosmetics

从库乌布美容院远眺，风光绝伦，店内工作人员有的已经取得美容技师资格证。推荐游客体验该美容院的特色橄榄油丰胸按摩护理。按摩结束后不妨使用夏威夷当地化妆品，能够清洁肌肤表层毒素。

☎ 1750 Kalakaua Ave.世纪中心大厦37层（美容沙龙）／☏941-2410／11:00~20:00／全年无休／MAP●剪切地图-2, p.53-B

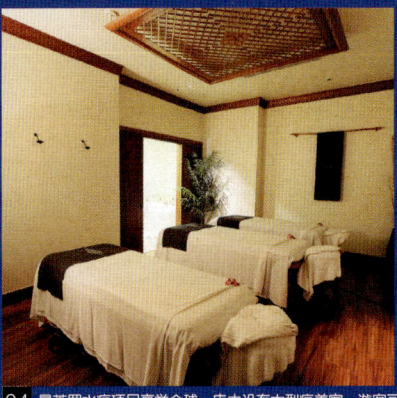
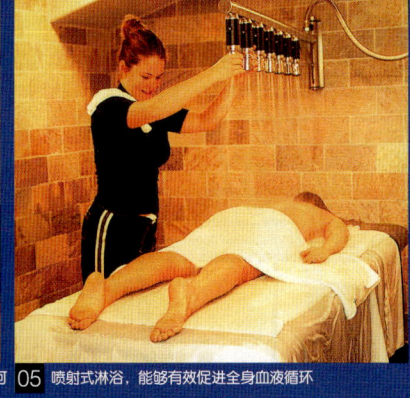

04 曼荼罗水疗项目享誉全球，店内设有大型疗养室，游客可以和3名友人同时享受服务
05 喷射式淋浴，能够有效促进全身血液循环
06 适量的岩石重量能够令体验者身心愉悦
07 阿拉莫阿那水疗中心地处夏威夷城市腹地，但是室内空间却依然安静舒适

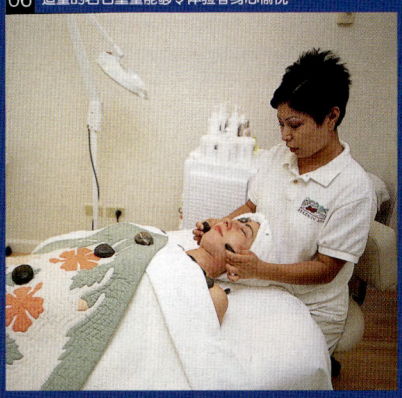
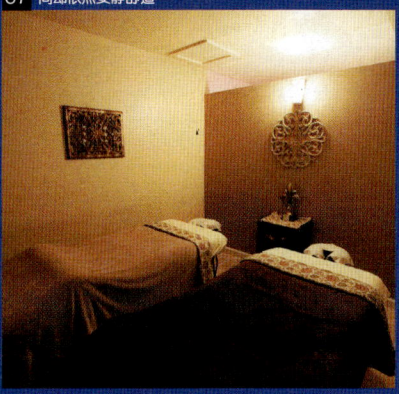

04 曼荼罗水疗中心
Mandara Spa

曼荼罗水疗中心总部位于巴厘岛，高档奢华。水疗项目种类多样，主要有矿物岩水疗和夏威夷式按摩。传统夏威夷式按摩含有独特的技术要领，能够让体验者深度放松。游客通过预约护理还可以全天免费享受中心的私人泳池、健身房、按摩浴缸。中心服务价格不一，身体按摩和面部护理的基础价都是180美元，其他服务另有收费标准。

📧 Kalia Tower4F, 2005 Kalia Rd. / ☎945-7721 / 8:00~21:00 / 全年无休 / MAP●剪切地图-10, p.54-N
http://www.mandaraspa.com

06 夏威夷水疗疗养馆
Serenity Spa Hawaii

水疗疗养馆拥有夏威夷传统按摩和矿物熔岩按摩等丰富的体验项目。其中最具人气的是芳香旅行按摩，针对游客个人肌肤状况制定，收费标准为50分钟115美元。

📧 Outrigger Reef Waikiki Beach Resort / ☎926-2882 / 9:00~19:00 / 全年无休 / MAP●剪切地图-11, p.55-Z

05 艾凡达沙龙水疗馆
Ho'ala Salon & Spa Aveda

艾凡达旗下的头发护理产品和肌肤护理产品富含100%纯天然植物元素，广为消费者熟知。艾凡达在夏威夷当地成立专属沙龙水疗馆，其中身体护理等服务项目备受好评，收费标准是50分钟130美元。

📧 Ala Moana Center 3F / ☎947-6141 / 9:00~21:00 星期日10:00~19:00 / 全年无休 / MAP●剪切地图-8, p.132-B

07 夏威夷皇家水疗中心
Spa Royal Hawaiian

2013年年末夏威夷皇家购物中心成立水疗中心，中心负责人朱莉拥有14年以上的工作经验，是瓦胡岛内一位经验丰富的理疗师，因而在当地不乏回头客，还有很多慕名而来的体验者。中心内最具人气的水疗项目是夏威夷传统按摩和面部肌肤护理。另外，每个水疗项目开始前体验者都可以免费享受15分钟的足部护理。建议游客最好安排充裕的时间来此尽情享受各式水疗服务。

📧 Royal Hawaiian Center C Building 3F / ☎926-1689 / 10:00~22:00 (9:00~10:00, 22:00~24:00 需要预约) / 全年无休 / MAP●剪切地图-19, p.56-bb
http://www.sparoyalhi.com

ACTIVITY MENU 10 体验夏威夷式美容和温泉疗养

08 夏威夷专业疗养会所
Healing Academy Hawaii

夏威夷专业疗养会所秉承当地文化传统，通过最正宗的古老按摩方式，令体验者达到身心的真正放松。其中集成第一传承人手法的按摩理疗项目收费标准是1小时80美元起价。

✉ 1750 Kalakaua Ave.,#3601. Century Center内 / ☎ 941-4243 / 9:00~21:00 / 不定时休息 / MAP● 剪切地图-2、p.53-B / http://www.healingacademyhawaii.com

08 极具人气的火罐矿物岩按摩

09 拉乌雷亚理疗会所
Laulea

夏威夷语Laulea表示宁静，因此会所开设单间理疗服务，广受好评。其中最具人气的理疗项目是热熔岩理疗和传统按摩，80分钟101.5美元（不含州税、服务费）。另外还有深受欢迎的喷射式淋浴按摩，它能够有效消除身体劳累，因此也迎来了许多回头客。

✉ Pacific Beach Hotel / ☎ 922-8885 / 10:00~23:00 / 全年无休 / MAP● 剪切地图13、p.57-S

09 温馨舒适的室内环境深受疗养体验者的好评

10 芳香按摩理疗会所
Bloom Massage Therapy

芳香按摩理疗会所是一家专业排毒按摩沙龙。推荐游客体验一次全身排毒理疗项目，费用为150美元。店内使用岩石基底为理疗床，根据体验者的体质配合使用不同的精油；另外，采用淋巴按摩还可以期待减肥瘦身的效果。

✉ Waikiki Gateway Hotel 4F#401 / ☎ 943-0700 / 10:00~20:00 / 不定时休息 / 需要预约 / MAP● 剪切地图-4、p.55-P

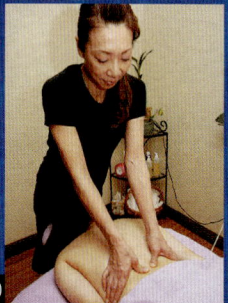
虽然大汗淋漓但是依旧非常享受按摩的舒适感 10

11 夏威夷按摩诊所
Hawaii Massage Clinic

夏威夷按摩诊所是当地州政府承认的按摩培训学校。在这家诊所中最吸引体验者的无疑是由按摩实习生带来的各项服务，他们在等待领取按摩师执证的同时提供理疗服务，价格合理，种类多样，包括夏威夷传统按摩、指压、座椅按摩等。

✉ 334 Seaside Ave. Suite 701 / ☎ 551-3973 / 9:30~20:00（星期六~17:00）/ 星期日、节假日休息 / MAP● 剪切地图-12、p.56-Q / http://lominoclinic.com

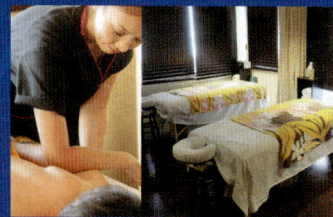
11 游客抵达夏威夷后推荐来此体验理疗服务

12 绿色有机植物美容会所
Organique Beauty House & Botanique Sanctuary

美容会所使用有机植物成分用品，另外设置有纯天然理疗护理沙龙，自然修复力极高，因而深受体验者欢迎。全身彻底护理项目中面部护理基础价为68美元，身体护理基础价为85美元。

✉ 1441 Kapiolani Blvd.Ala Moana Bldg#1320 / ☎ 946-4898 / 10:00~18:00 / 星期日、节假日休息 / 需要预约 / MAP● 剪切地图-8、p.50-Z

水疗馆位置隐秘，但人气爆满 12

13 美体会所
Dr.body

美体会所通过骨盆塑形、打通经络等为体验者提供美容美体和微整容服务。另外还有诸多按摩套餐，例如美白按摩套餐（40分钟150美元）使用美白精华和碳酸，完美新娘套餐（大约180分钟635美元）等。

✉ 2222 Kalakaua Ave.,Suite1218 / ☎ 922-5115 / 10:00~22:00（预约截止时间为19:00）/ 不定时休息 / ※成为会所会员可以享受大幅抵扣优惠 / MAP● 剪切地图-5、p.56-Q

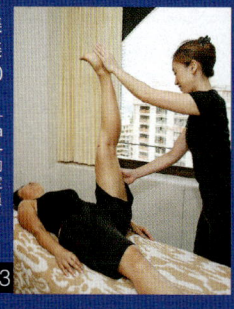
通过拉伸肌肉能够有效去除脚部水肿 13

ACTIVITY MENU 11

美丽大变身的最后一步
美美甲、化化妆

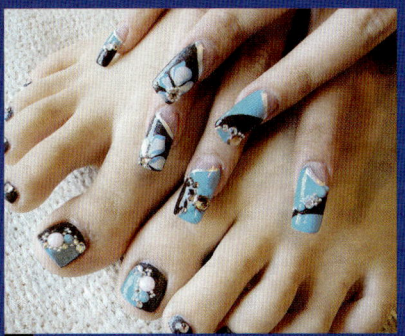

01 COCO美甲不乏明星粉丝

02 悠长假期风格的可爱型美甲

03 KOK美甲拥有实力，值得信赖

04 通过夏威夷风情化妆，实现真正的大变身

瓦胡岛 45 丰富多彩的娱乐休闲项目

01 COCO美甲会所
Ville de Coco

COCO美甲会所闻名全球，美甲师首次使用喷枪气刷为顾客美甲，奠定了其世界第一的技艺水准。店内没有固定的美甲范本，美甲师通过与客人的交流进行独特的原创设计。修甲基础价40美元，花式美甲基础价每个手指4美元。

✉ Luana Waikiki 2F／☎ 941-3732／10:00~20:00／星期一休业／需要预约 ＊可以指定COCO美甲师服务（费用增加30%）／MAP●剪切地图-11、p.55-O
http://www.villedecoco.com/

02 拉博美甲会所
Naillabo

拉博美甲店由业界大师一手创办，店内有很多美甲关联项目。美甲雕花基础价95美元，纯色美甲系列基础价70美元。

✉ Sheraton Waikiki 1F／☎ 926-6363／9:00~23:00／全年无休／MAP●剪切地图-12、p.56-aa

03 KOKO美甲沙龙会所
Nail Salon Koko

1999—2001年，KOKO美甲店老板蝉联夏威夷专业美甲大赛优胜者。会所人气修甲项目（手部护理）美丽持久，一次性收费25美元，花式美甲每个手指基础价3美元，两手手指全做基础价15美元。

✉ 441 Walina St.／☎ 923-4044／9:30~19:30／全年无休／MAP●剪切地图-5、p.56-H

04 手绘美妆会所
Expressions

手绘美妆会所内有夏威夷风、模特风等多种范本，还有专业化妆师根据顾客喜好进行发型服装设计，游客可以在此体验模特感觉。全程化妆大约需要1小时，发型设计34美元，服装造型设计和个人写真49美元不等。

✉ 98-1005 Moanalua Rd.#553 Pearl Ridge Downtown／☎ 951-7827／10:00~21:00（星期日~18:00）／全年无休／MAPp.88-B

Club House 阿拉瓦伊高尔夫俱乐部 *p.34*
Ala Wai Golf Course

Waikiki Library

I J

怀基基拉那兹酒店
usitala St.

Waikiki Community Center
Liliuokalani Gardens

那拉尼老师的草裙舞课程（培训学校）*p.39*
夏威夷风情尤克里里琴琴教室 *p.40*

leghorn St.

怀基公园高地酒店
哈伊兹烧烤之家 *p.185*
棕榈树大酒店
p.195 希尔顿怀基基海滩酒店
雅诗顿怀基基日落酒店 *p.199*
Pualani Way

文 Jefferson Elementary Sch.

Ohua Ave.
Paoakalani Ave.
Wainani Way
Ainakea Way

ABC超市 S *p.170* Mac24-7西餐厅
Kuhio Ave.
太平洋君主水上公寓酒店 *p.198*
p.198 雅诗顿怀基基蓉提树度假中心
ABC超市
Liliuokalani Ave.
夏威夷皇家花园酒店
dward St.

怀基度假中心
p.169 海洋风情餐厅
p.44 拉乌斯亚理疗会所
Koa Ave.
p.194 太平洋海滩酒店
ABC超市
雅诗顿怀基基滨海级公寓酒店 *p.199*
怀基基水上海滨酒店
ABC 超市
p.161 天堂芝士汉堡餐厅
p.104,106,158 雅诗顿怀基基圆形酒店
R Eggs'n Things 2号早餐店 *p.157*
S ABC超市
库西欧海滩草裙舞表演 *p.41*
哈那莫库公爵雕像 *p.73*

Kealohilani Ave.
p.106,110 夏威夷海洋天使之家
p.169 库西欧海滩烧烤餐厅
p.164 夕阳海鲜餐厅&苏比酒吧
p.170 d.k.烧烤美食餐厅
p.193 怀基基万豪海滩度假中心&水疗会所
哈根达斯冰激凌店
鹭娜之家甜品店
p.162 奥格斯汀教堂 St. Augustine Catholic Church
ABC 超市
S ABC超市
卡拉卡瓦街

凯悦广场怀基海滩酒店 *p.196*
Cartwright Rd.
埃迪酒店
S ABC超市
卡皮欧拉尼皇后酒店
Lemon Rd.
新型酒店
雅诗顿怀基海滨酒店 *p.194*
S ABC超市
怀基海岸公园水上酒店
S ABC超市
星巴克咖啡
R 嘉嘉怀基基冲浪主题餐厅 *p.156,187*
海上冲浪专业培训学校 *p.22*

Kapahulu Ave.
卡帕胡卢街
T

57

火奴鲁鲁动物园 *p.74*
Honolulu Zoo

怀基大酒店
R 泰迪汉堡餐厅 *p.160*

Monsarrat Ave.

卡皮欧拉尼公园 *p.73*
Kapiolani Park

Kalakaua Ave.

库西欧海滩
Kuhio Beach

卡皮欧拉尼海滩
Kapiolani Beach

卡皮欧拉尼海滩公园
Kapiolani Beach Park

cc dd

N

瓦胡岛的交通

收费标准

1日通票 (红色线路、绿色线路或蓝色线路)	成人 $20 儿童 $15
粉色线路	1回 $2
4日通票 (4号线)	成人 $59 儿童 $41
7日通票 (4号线)	成人 $65 儿童 $45

※2岁以下儿童免费乘车。3~11岁儿童乘车收费。
※购买4日、7日通票可以乘坐粉色线路、红色线路、绿色线路和蓝色线路。

交通指南

Waikiki Trolley

目前,怀基基叮当车共有4条不同颜色的线路车。(参考下图)分别为:红色线路(Red Line)——夏威夷历史景点游览专线:每50分钟一趟,全程总计大约80分钟,经停当地各大主要的历史地标性景区、观光胜地,同时途经市内大型购物中心。粉色线路(Pink Line)——怀基基阿拉莫阿那购物中心专线:大约每10分钟一趟,全程总计约1小时,同时是连接阿拉莫阿中心和怀基基DFS环球免税店的最短线路。绿色线路(Green Line)——钻石山风景游览专线:每35分钟一趟,全程总计约70分钟,从怀基基DFS环球免税店到火奴鲁鲁动物园,然后连接钻石山风景区和卡哈拉购物中心等。星期六上午在kcc农贸市场处也会停车。蓝色路线(Blue Line)——全景海岸游览专线:全程时长为2个小时30分钟,每天仅有三班车。沿岸可以欣赏瓦胡岛东海岸美丽的景色。如果提前网上预约购票会有折扣优惠。

怀基基叮当车的线路顺序经常会调整,游客需要购买当地最新线路图提前查询,确认最新线路信息。

海岸全景观光线路图

■ 停车站和观光线路

夏威夷历史景点游览专线（红色线路）是14号停车站、怀基基阿拉莫阿那购物中心专线（粉色线路）是16号停车站、钻石山风景游览专线（绿色路线）是12号停车站、全景海岸游览专线（蓝色线路）是9号停车站。怀基基市中心和DFS环球免税店旗下的T广场是叮当车发车起始站，室内停车站设有座椅，使等待时间也比较舒适。另外，萨拉托加街等地设立了粉色线路的新停车站，游客能够更加快捷利用。关于各个线路的停车站和线路、时刻表，游客可以参考随书另附的地图或者在起始站租用语音讲解机。

■ 乘车和下车

怀基基叮当车会在所有停车站停车，所以游客没有必要示意司机停车。到达站点停车后，游客可以从前门下车。

■ 乘车注意事项

乘坐露天叮当车时，游客需注意防止随身物品掉到车外。车内禁止吸烟和饮食。在叮当车行走过程中，游客不要把手和脸探出车外，以免发生危险。DFS环球免税店内的售票站有人工售票点，游客可以前去咨询有关乘车的具体事宜。

新型双层叮当车

叮当车车站内站牌清晰醒目

方便购物的粉色线路叮当车

巴士

The Bus

乘车前必须确认巴士前往的目的地

瓦胡岛堪称火奴鲁鲁市的名片，如果想要一览无余地领略海岛风光，游客最好选择乘坐巴士。巴士不仅是瓦胡岛当地人生活中不可或缺的一部分，也是旅行者出游时的一项重要交通工具。当地巴士售票没有实施分段计价标准，统一票价为2.5美元。巴士站点只有英语标示，但是普通小站没有具体标示，可能会带来一些出行不便，游客不妨掌握一些当地巴士的乘坐技巧，以有效地扩大出行范围。总之，来到瓦胡岛，乘坐巴士是经济、快捷出行的不二选择，游客可以饱览海岛风光，尽享海岛乐趣。

巴士票价

成人 $2.50

儿童 $1.25（6～17岁）

※儿童未满6岁可以免费乘车，但是2名幼儿需购买1张儿童票

■ 巴士车站和线路

写着"The Bus"字样的站牌，便是巴士候车站。和国内不同的是，站牌上没有标记具体站名。从怀基基市库西欧街始发，每隔2站都设有停车站。当地车辆和国内一样靠右行驶，乘车时请沿着右侧通行。

关于具体出行路线安排，游客可以参照本书p.65的线路图。巴士车身正面上部到乘车处左上部都标记有到站地点和具体车次。有的巴士虽然车次一样，但是到站地点不一样，游客需要事先确认好。

巴士停车站站牌在街上随处可见

■ 巴士经停站点

巴士途经岛内各处，乘坐巴士出游可以游览岛内大部分场所，但是也不是所有的站点都可以直达，有的景点需要换乘前往，但是换乘时票价一样。总之，经济出游也是出行在外应当考虑的因素之一。

需注意的是，当地有时同一车次的巴士行驶线路和前往目的地也不一定相同，而且有的巴士车次是在车身正面标记，站牌提示设在乘车处，而有的巴士站牌提示却粘贴在前挡玻璃内侧木板上，所以游客最好事先确认好乘车线路和目的地，根据具体线路来安排出行计划。

如图所示的站牌上标记有巴士停车点和巴士番号

■ 乘车方法

游客应当在各个线路的指定停车处候车，事先确认好该线路的巴士经停站点，待巴士到站后摆手示意，巴士司机随即停车等候。当地巴士站有的设有简易候车亭能够遮阳避雨，但是大多数站牌提示都贴在电线杆上，初次查找站点可能比较困难。游客也可以根据巴士图片确认乘车线路。

另外，有的车站站牌上标有"城际快车！"字样，表示该站点会有城际快速直通车（快车）停靠。

游客乘车时从前门上车，投币2.5美元，投币箱设在驾驶员座位旁边，没有人工提供找零服务，游客必须提前准备零钱。就座后建议将个人前往的目的地站点告诉司机，拜托司机提醒，这样就可以放心乘车，并且能更好地确认是否抵达站点，还不用担心提前下车或者坐过站。只是乘坐长途巴士时途中驾驶员会交接班，游客也应该自己注意是否到站。

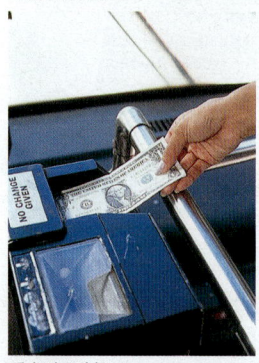

乘车时主动投币

■ 换乘方法和换乘车票

如果没有直达车前往目的地,游客可以购买换乘车票,免费换乘1次。车票有效时间一般为2小时,市内换乘最多可以延长至3小时,有时根据巴士驾驶员规定也只能延长2小时30分。

换乘时游客需要出示换乘车票,最好提前购买如右图所示的纸质换乘车票。车票上标注有购买日期、星期和具体时间等内容。游客还可以在乘车时直接向驾驶员购买换乘车票。

从怀基基始发站到火奴鲁鲁郊外的最大换乘站是阿拉莫阿那购物中心,购物中心处设有基本换乘线路。游客换乘时需要确认好位置不同的巴士站牌,建议参考本书p.66的车站图。

■ 下车

巴士的每个窗户边都安装有一根电线状的拉绳,它和驾驶员座位上部的停车指示灯感应连接,拉动后自动响铃,指示灯亮起。驾驶员收到停车信息后随即停车。最近有的车辆的电线拉绳变成了黄色按钮。

一般从中门下车,有时也可以从前门下车。有的旧式巴士需要手动打开车门;而新型巴士只要车门上方指示灯变绿后轻触车门便能够自动开门。当地车站内没有人工报站员,游客必须自己确认是否到站。如果下车时感到不放心,游客可以向驾驶员咨询、确认。

■ 车内礼仪

* 乘车时禁止携带大件行李,例如超大型行李箱、冲浪板和高尔夫装备等。但是允许携带折叠婴儿车。
* 车内禁止饮食、饮酒和吸烟。
* 老弱病残席位即使空着也最好不要乘坐。乘车时遇到需要帮助的乘客请主动让座,让座是世界通用的美德。
* 禁止在巴士行驶途中和驾驶员说话。
* 一般不可以携带自行车乘车;但有的巴士会在车身前方设有托运自行车金属架,不计车型最多可以托载2辆自行车。游客在乘车前可以和驾驶员事先确认具体事宜,托运时将车放上金属架并使车轮嵌入金属槽后固定前轮即可放心乘车。前门下车并告知驾驶员便可以取回自行车。
* 有的巴士设有轮椅对应坐席,游客可以打电话咨询消费者服务中心(848-4500、星期一~星期五 7:30~16:00、英语)。

纸质换乘车票

下车时拉动电线绳示意驾驶员停车

有的巴士可以托载自行车

● 主要观光景点、乘车指南 (以下目的地指的是一个大概的区域范围)

目的地	车站名	观光景点	去程公交与下车车站	回程公交与下车车站	备注
卡哈拉	库西欧大街临海方向车站	卡哈拉购物中心	22路HAWAII KAI/SEA LIFE PARK	22路WAIKIKI	约20分钟。也可乘坐23路
东海岸		钻石山登山口	22路HAWAII KAI/SEA LIFE PARK	22路WAIKIKI	约15分钟。也可乘坐23路。回程在下车车站的反方向,登山口至车站走路约15分钟
		恐龙湾	22路HAWAII KAI/SEA LIFE PARK	22路WAIKIKI	约45分钟。回程自下车车站乘坐至怀基基
		海洋生物公园	22路HAWAII KAI/SEA LIFE PARK	22路WAIKIKI	约1小时。也可乘坐23路。回程自公园乘坐至怀基基
阿拉莫阿那		阿拉莫阿那购物中心	8路ALA MOANA 42路EWA BEACH	8路、19路、20路、42路WAIKIKI BEACH& HOTELS	约15分钟。也可乘坐19路、20路。自下车站乘坐至怀基基
		沃德购物中心	42路EWA BEACH	19路、20路、42路WAIKIKI BEACH&HOTELS	约20分钟。也可乘坐19路、20路。回程自下车站乘坐
商业区	库西欧大街临山方向车站	比绍普博物馆	2路SCHOOL/MIDDLE STREET	2路WAIKIKI/KCC	约45分钟。自库西欧大街临山方向乘车
		商业区观光景区(华盛顿宫下车)	2路SCHOOL/MIDDLE STREET 13路LILIHA/PUUNUI AVENUE	2路SCHOOL/MIDDLE STREET 13路LILIHA/PUUNUI AVENUE	约30分钟。回程自国王大道乘坐至怀基基
		唐人街	2路SCHOOL/MIDDLE ST	2路与13路带有WAIKIKI标志的均可乘坐	约30分钟。也可乘坐13路。回程自下车车站的反方向乘坐至怀基基
		比绍普音乐厅	2路SCHOOL/MIDDLE ST	2路WAIKIKI/KCC	约45分钟。回程自下车车站的反方向乘坐至怀基基
		福斯特植物园	4路NUUANU/DOWSETT 或NUUANU/PAUOA RD.	4路UNIVERSITY/WAIKIKI	约60分钟。回程自努阿努大街乘车
		火奴鲁鲁美术馆	2路SCHOOL/MIDDLE ST	2路、13路带有WAIKIKI标志的均可乘坐	约25分钟。也可乘坐13路。在火奴鲁鲁美术馆下车。回程自南国王大道乘坐至怀基基
珍珠城		阿罗哈球场	42路EWA BEACH	20路、42路WAIKIKI BEACH&HOTELS	约1小时。也可乘坐20、62路
		珍珠城中心	42路EWA BEACH	20路、42路WAIKIKI BEACH&HOTELS	约1小时15分。也可乘坐20路。回程自卡米哈米哈高速公路临海方向乘车至怀基基
		珍珠港·亚利桑那号战舰纪念馆	42路EWA BEACH	20路、42路WAIKIKI BEACH&HOTELS	约1小时。也可乘坐20路。回程自卡美哈美哈高速公路临海方向乘车至怀基基
北岸	阿拉莫阿那中心方向车站	北岸(顺时针方向)	62路WAHIAWA HEIGHTS 或WAHIAWA	62路HONOLULU/ALA MOANA	约30分钟。回程自卡美哈美哈高速公路临海方向乘车至阿拉莫阿那
		北岸(东海岸方向)	52路WAHIAWA/CIRCLE ISLE	55路HONOLULU/ALA MOANA	1圈约4小时。在最北的海龟岛,终点提示标会变为火奴鲁鲁,52路会更换为55路
			55路KANEOHE/CIRCLE ISLE	52路HONOLULU/ALA MOANA	1圈约4小时。在最北的海龟岛,终点提示标会变为火奴鲁鲁,52路会更换为55路
		哈莱伊瓦小镇	52路WAHIAWA/CIRCLE ISLE	52路HONOLULU/ALA MOANA 55路KANEOHE/CIRCLE ISLE	约1小时30分钟。在最北的海龟岛,终点提示标会变为火奴鲁鲁,52路会更换为55路。希望原路返回的情况下,可在下车车站的反方向乘车
		波利尼西亚文化中心	55路KANEOHE/CIRCLE ISLE	55路KANEOHE/CIRCLE ISLE、55路HONOLULU/ALA MOANA	约1小时30分。自卡美哈美哈高速公路文化中心的对面乘车
换乘路线	库西欧大街临山方向车站	火奴鲁鲁美术馆	2路SCHOOL/MIDDLE ST	2路WAIKIKI/KCC	约25分钟。也可乘坐13路
		瓦科勒上品折扣中心	42路Ewa Beach →Waipahu Transit Center →433WAIKELE	433路WAIPAHU TRANSIT CENTER→42路WAIKIKI BEACH & HOTELS	约1小时40分钟。在怀帕胡换乘中心换乘。回程自Lumiaina Street临海方向车站乘车至怀帕胡

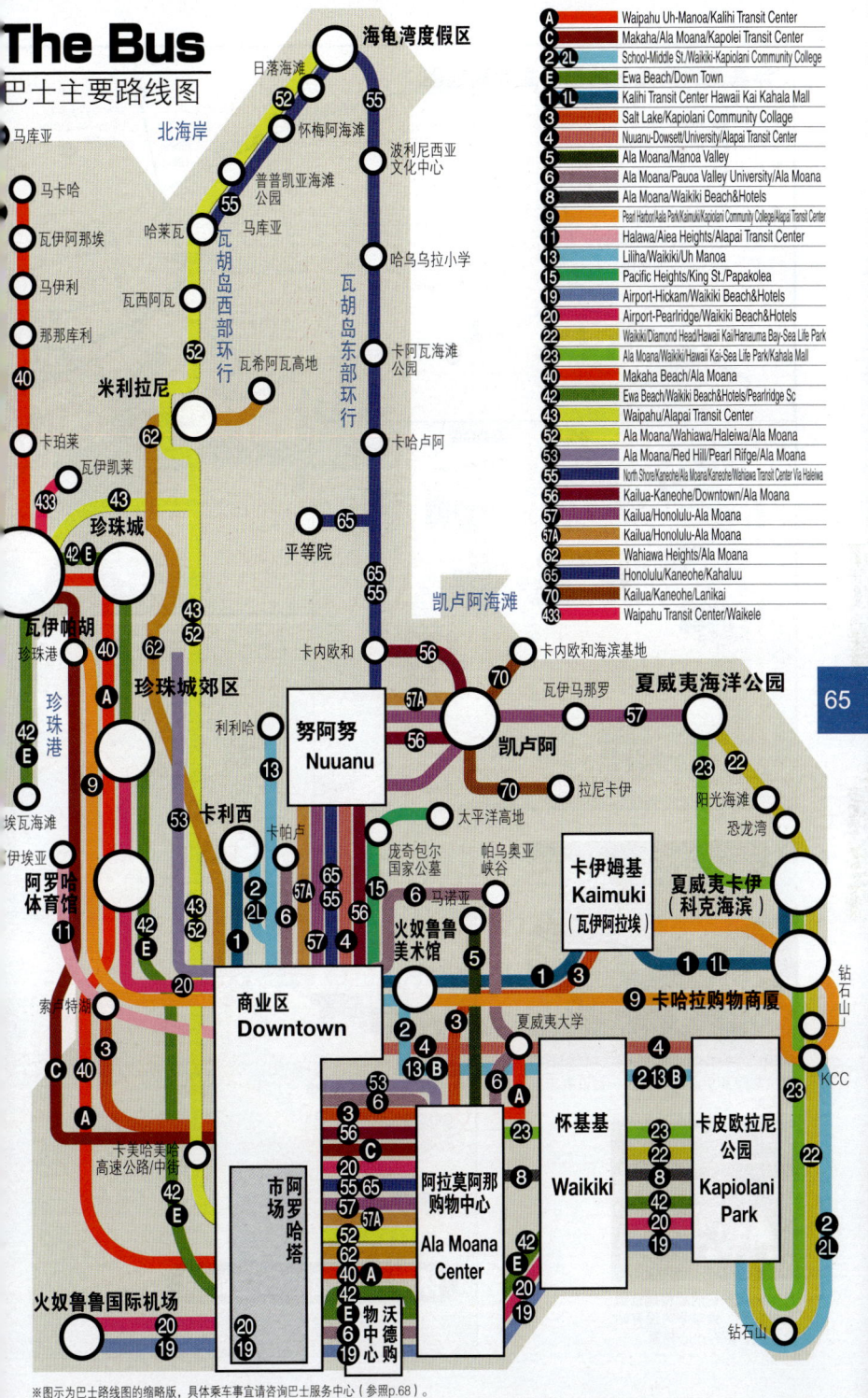

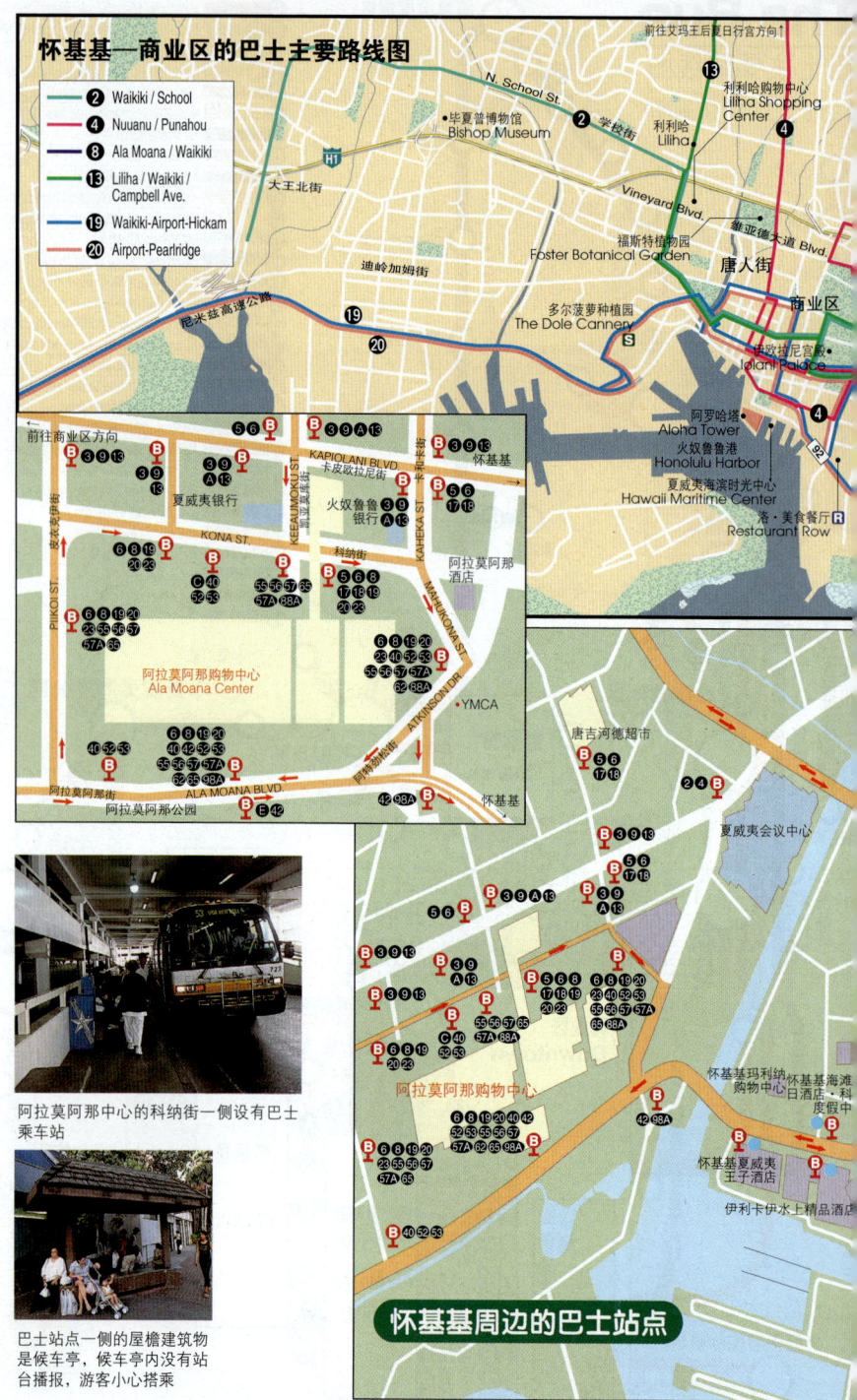

怀基基—商业区的巴士主要路线图

- ❷ Waikiki / School
- ❹ Nuuanu / Punahou
- ❽ Ala Moana / Waikiki
- ⓭ Liliha / Waikiki / Campbell Ave.
- ⓳ Waikiki-Airport-Hickam
- ⓴ Airport-Pearlridge

阿拉莫阿那中心的科纳街一侧设有巴士乘车站

巴士站点一侧的屋檐建筑物是候车亭，候车亭内没有站台播报，游客小心搭乘

怀基基周边的巴士站点

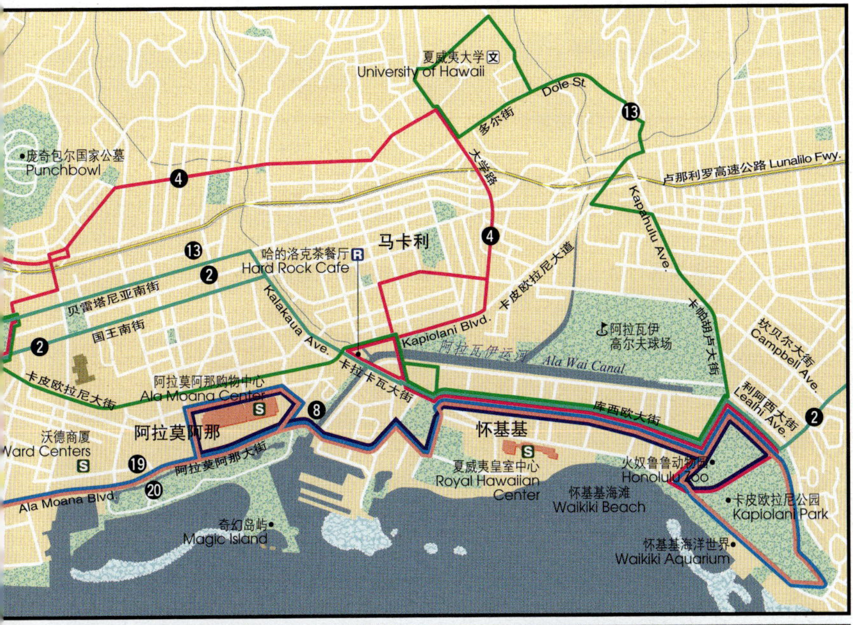

瓦胡岛的交通

上图

- 庞奇包尔国家公墓 Punchbowl
- 夏威夷大学 University of Hawaii
- Dole St. 多尔街
- 卢那利罗高速公路 Lunalilo Fwy.
- 大学路
- Kapahulu Ave. 卡帕胡卢大道
- 马卡利
- 哈的洛克茶餐厅 Hard Rock Cafe
- 贝雷塔尼亚南街
- 卡皮欧拉尼大道
- 国王南街
- Kaiakaua Ave.
- 卡皮欧拉尼大街
- 阿拉莫阿那购物中心 Ala Moana Center
- 卡拉卡瓦大街
- Kapiolani Blvd.
- 阿拉瓦伊运河 Ala Wai Canal
- 阿拉瓦伊高尔夫球场
- 库西欧大街
- 利阿西大街 Leahi Ave.
- 坎贝尔大街 Campbell Ave.
- 沃德商厦 Ward Centers
- 阿拉莫阿那
- 阿拉莫阿那大街
- 怀基基
- 夏威夷皇室中心 Royal Hawaiian Center
- 火奴鲁鲁动物园 Honolulu Zoo
- 卡皮欧拉尼公园 Kapiolani Park
- Ala Moana Blvd.
- 奇幻岛屿 Magic Island
- 怀基基海滩 Waikiki Beach
- 怀基基海洋世界 Waikiki Aquarium

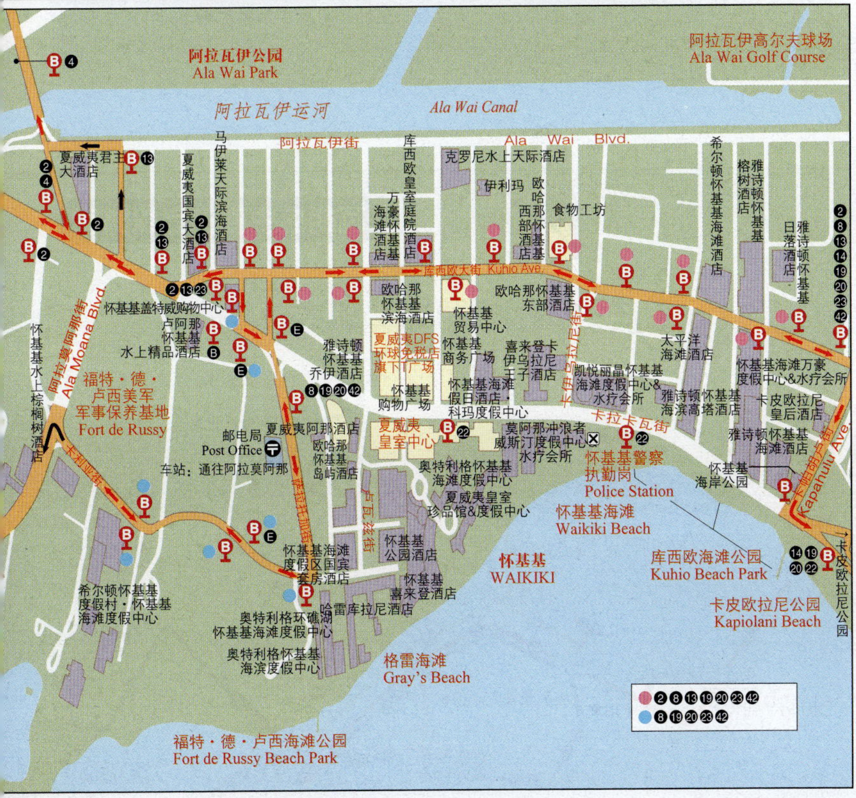

下图 阿拉瓦伊公园 Ala Wai Park / 阿拉瓦伊高尔夫球场 Ala Wai Golf Course

- 阿拉瓦伊运河 Ala Wai Canal
- 马伊莱天际滨海酒店
- 阿拉瓦伊街 Ala Wai Blvd.
- 库西欧皇家庭院酒店
- 克罗西水上天际酒店
- 夏威夷君主大酒店
- 伊利玛酒店
- 希尔顿怀基基海滩酒店
- 雅格树怀基基酒店
- 夏威夷国宾大酒店
- 哈娜西那酒店
- 食物工坊
- 日落酒店
- 万豪皇室度假海滨酒店
- 怀基基盖希特购物中心
- 欧哈那怀基基东部酒店
- 欧哈那怀基基贸易中心
- 卢阿那水上精品酒店
- Ala Moana Blvd.
- 雅诗顿怀基基乔伊酒店
- 夏威夷DFS环球免税店
- 怀基基购物广场
- 怀基基商务广场
- 威基基海滨假日酒店
- 科琵度假中心
- 凯悦晶钻怀基基海滩度假中心 & 水疗会所
- 太平洋海滩酒店
- 福特·德·卢西美军军事保养基地 Fort de Russy
- 邮电局 Post Office
- 车站 通往阿拉莫阿那
- 欧哈那怀基基岛屿酒店
- 夏威夷阿拉莫阿那酒店
- 夏威夷皇室珍品馆 & 度假中心
- 威斯汀度假村 & 水疗会所
- 怀基基警察执勤岗 Police Station
- 雅诗顿怀基基海滨度假村 & 皇后酒店
- 怀基基海岸公园
- 希尔顿怀基基度假村·怀基基海滩度假中心
- 怀基基海滩度假区·国宾豪华酒店
- 哈雷库拉尼酒店
- 怀基基海滨登海大酒店
- 奥特利格怀基基海滩度假中心
- 奥特利格怀基基海滨度假中心
- 莫尼冲浪者公园酒店
- 怀基基海滩 Waikiki Beach
- 库西欧海滩公园 Kuhio Beach Park
- 怀基基 WAIKIKI
- 卡皮欧拉尼公园 Kapiolani Beach
- 格雷海滩 Gray's Beach
- 福特·德·卢西海滩公园 Fort de Russy Beach Park

瓦胡岛 67 瓦胡岛的交通

旅行小贴士

● **巴士通票**

游客购买巴士通票后能够乘坐所有线路的巴士，有效期为1个月，从每月1日到月末截止计算。当地7-11超市和Foodland超市销售通票，成人票价60美元，青少年票价（6~17岁）30美元。

● **瓦胡岛岛内探索通行票**

如果游客计划利用巴士出行购物，推荐您购买瓦胡岛内探索通行票。游客可以在ABC超市购买，票价为35美元。需要注意的是购票后4天内能够免费乘坐任意巴士出行，比较经济划算。

咨询热线

● 巴士服务中心
● 线路咨询热线　　☎848-5555
● 遗失物件寻找热线　☎848-4444
● 消费者服务热线　　☎848-4500

※ HP www.thebus.org

巴士运行时刻表

市区主要巴士路线运行时间为5:00~24:00，其他线路大约在晚上22:00停止运行。路线不同，运行时间间隔不定。具体时间请咨询当地服务中心。

问讯处

● **火奴鲁鲁卫星城服务大厅**

火奴鲁鲁卫星城服务大厅位于阿拉莫阿那购物中心1层，工作日9:00~17:00是对外开放时间，周六日和节假日休息。游客可以在此购买巴士运行时刻表、线路图和通票。除此之外在怀基基海滩执勤岗和怀基基麦当劳等处也有部分时刻表出售。如果前往郊区出游，最好提前购买最新时刻表。

瓦胡岛主要巴士线路图

出租车 — Taxi

当地出租车很少空车行驶，游客可以在酒店内打电话预约。在阿拉莫阿那购物中心停车场、怀基基购物广场旁边也可以放心乘坐出租车。

收费标准
起步价 **$3.10**
超出部分按每英里加价 **$0.40**
＊小费支付标准：车费的 **10%~15%**

当地出租车便利、快捷

出租高级轿车 — Limousine

高级轿车的租车费用较高，但是如果是团体租用，价格会比较合理。车内环境舒适，并为乘客备有饮品。除此之外，还可以免费带领乘客参观名胜景点和购物场所。如果游客出行需要的话最好提前预约。

收费标准
根据租车内容而定
＊小费支付标准：车费的 **15%**

高级豪华轿车布置雅致

出租自行车 — Bicycle

如果想要环绕怀基基市区仔细欣赏周边风景，最便利的方式是使用出租自行车。卡拉卡瓦街和库西欧街是租车中心，随处都有商店出租自行车。游客需要注意，卡拉卡瓦街等主干道路的人行道禁止自行车通行，其余行车规则和汽车行车基本一致。

收费标准
1天 **$20**

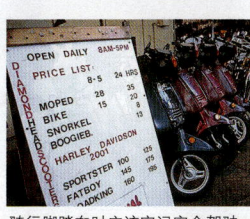

自行车最适合在街道上悠闲转悠

出租机器脚踏摩托车 — Moped

当地大都是排量约为50cc的小型机器脚踏车，很多出租自行车的商店都有出租服务，游客在骑车时应当注意驾驶安全。

收费标准
1天 **$35**

出租哈雷摩托车 — motorbike

骑行哈雷摩托车是沿海最具人气的出行方式之一。以防万一，游客最好取得国际摩托车骑行驾照后，再租用骑行。如果有想要选择的车型可以在国内通过网站提前预约。虽然没有法律明文规定，但是由于当地发生过多起游客出行交通事件，所以在骑行哈雷摩托车时最好佩戴安全帽。除了哈雷车型外，还有日系四驱车系列等。

收费标准
哈雷车型
1天 **$129~**
其他车型
1天 **$99~**
＊租借任意车型都需要缴纳保险费用

骑行脚踏车时应该牢记安全驾驶知识

◆夏威夷查斯摩托车租借处 ☎942-4273　✉355 Royal Hawaiian Ave.
🕗8:00~18:00
●剪切地图-5、p.56-Q

只要有普通摩托车驾照就可以租借大型摩托

夏威夷亲子自由行

带着孩子一起享受夏威夷之旅！

KIDS with

夏威夷有很多适合儿童娱乐的场所，堪称儿童的玩乐天堂。下面对亲子游进行全面介绍，希望能缓解初次进行亲子自由行的紧张情绪，合理规划行程，全家齐出游，尽享夏威夷旅行之美！

亲子游行程安排要领

如果打算带孩子一起前往夏威夷，制订计划时最好以儿童的作息时间为核心。顾及到儿童年龄较小，长时间飞行过程中可能会有午睡等诸多需求，所以在预约航班时第一考虑要素是飞行时间。特别是两岁以内的小孩抵抗力比较弱，最好在出行中尽量保持和家庭一样的环境；而青少年儿童的适应能力比较强，能够参加大部分的娱乐活动。总之，自由行时间充裕，可以安排一些家族海边活动、儿童项目等丰富多样的游乐方式。

夏威夷亲子游注意事项

1. 不要勉强儿童！夏威夷当地饮食大部分是美式快餐，偶尔也可以带领儿童尝试一些其他美食。
2. 不可以把儿童一个人留在宾馆酒店！坚决禁止未满12岁的儿童独处！
3. 注意儿童防晒。海边即使阴天日照紫外线也很强，不要忘记帽子和防晒衫。
4. 海滩禁止饮食。如果被发现后需缴纳罚金。游客可以利用防波堤外的野餐空间举行小型家庭聚餐。
5. 怀基基街道上没有公共卫生间，游客最好在购物时带领儿童去商场卫生间。
6. 美国一般晚上8点以后是成人时间，如果计划外出就餐最好提前预约。
7. 乘车时，4岁以下的儿童必须乘坐宝宝椅。怀抱儿童坐在副驾驶位置会被罚款。

美丽的海滩公园和丰富的娱乐活动　　**夏威夷亲子 畅游**

亲子游时尽量选择风平浪静的海滩，海滩最好有卫生间、淋浴间和救生员等。

- 怀基基海滩 →p.73
- 恐龙湾 →p.28
- 火奴鲁鲁动物园 →p.74
- 夏威夷海洋公园 →p.38
- 阿拉莫阿那海滩公园 →p.75
- 凯卢阿海滩公园 →p.81
- 怀基基海底世界 →p.74

夏威夷美食　　**夏威夷亲子 美食**

当地美食深受儿童欢迎，有的餐厅推出儿童餐，还有很多快餐店。

- 海洋风情餐厅 →p.169（西餐）
- 开放之家餐厅 →p.157（露天餐厅）
- 沃德中心莱忠士铁板烤餐厅 →p.170（西餐 酒吧）
- 东京田中屋铁板烧餐厅 →p.177（铁板烧）

温馨购物　　**夏威夷亲子 购物**

儿童的购物欲望是无止境的，出游时最好温馨控制儿童的购物冲动。休闲服饰专卖店阿拉莫阿那购物中心有很多儿童游乐场所！

- 老海军休闲服饰专卖店 →p.129
- 珍妮和杰克素装精品店 →p.131
- GAp.专卖店 →p.128
- 儿童天地精品服饰店 →p.129
- AriBuggy →p.107
- 琪琪岛 →p.112
- Up & Riding时尚潮店 →p.143

当地主要酒店内设置的儿童游乐场所　　**夏威夷亲子 住宿**

亲子游中最为关注的应该是儿童游乐设施，来到游乐场所家长放心儿童开心。游客可以提前预约带领小孩前来体验。

- 企鹅欢乐谷
  （夏威夷希尔顿度假中心）
  5~12岁/1人1日$85（含午餐）
- 凯悦欢乐谷
  （怀基基凯悦酒店度假中心&水疗会所）
  每天9:00~14:30/1人$89（含午餐，小菜，14:30以后重新收费；每延长1小时增加$25）。夏季开放（6月初~9月上旬）

夏威夷亲子
温情提示

■在夏威夷购物时最好携带环保袋！

游客平时在超市等场所购物时能够使用塑料收纳袋，但是根据夏威夷的法律规定，商店中禁止使用塑料收纳袋。目前各个岛屿依次执行中，毛伊岛和考爱岛从2011年开始实施，夏威夷岛从2014年1月开始彻底执行，瓦胡岛从2015年7月开始正式实行。如果商店违反法律规定，会被处以500~1000美元的罚金。因此，游客在购物时要记得携带环保袋。

■火奴鲁鲁美术馆之夜的盛大活动！

每月最后一个星期五18:00~21:00，火奴鲁鲁美术馆（参照p.75）都会举办夜幕艺术活动。通常是直接把屋外的空间布置成晚会现场，结合不同的主题进行装饰，音乐、舞蹈等娱乐内容五彩纷呈，美食摊位和酒吧特色各异，当地时尚人士聚集，深受大众欢迎。游客置身于户外活动现场，清爽的夜风令人心情舒畅，一边聆听现场演奏一边欣赏展览室的艺术作品，十分惬意。当然，只有在活动现场才能深刻感受非凡的快感。

游客可以和当地时尚人士一起，尽情地享受夏威夷之夜

■2015年1月波利尼西亚文化中心 开放新式大型综合活动设施

来到波利尼西亚文化中心，游客可以感受到真实的波利尼西亚历史文化（参照p.36）。2015年1月新式大型综合活动设施正式开业，中心内有以海岛风情为主题的餐厅，有当地艺术家制作的波利尼西亚工艺品展览等，各种小商店和餐厅鳞次栉比，游客在这里还可以欣赏到各式风情的音乐表演和舞蹈秀。营业时间：星期一~星期六 10:00~22:00（预订），免费入场。

文化中心的餐厅和商店提供拉埃地区特产名品的预订服务

瓦胡岛观光导览
OAHU AREA GUIDE

怀基基 *Waikiki*

怀基基海滩大概是世界上最出名的海滩。来过这里的人都会爱上这片天然海滩。在当地,无论是沙滩还是城市街道,永远都是一派热闹缤纷的景象。

怀基基市坐拥整个海滩,向东远望钻石山风光尽收眼底,得天独厚的自然环境让这里的一切都显得与众不同。海岸一侧延伸至当地主干街道卡拉卡瓦街;与之平行的有库西欧大道、阿拉瓦伊大道,它们靠近山脉一侧,主要承担巴士通行任务。高级酒店大都在怀基基海滩附近;公寓多位于库西欧大道。从卡帕胡鲁街以西到卡拉卡瓦街、库西欧街的交界处密集分布着很多酒店、商场、电影院和餐厅等,方便游客步行逛街,这里从早晨到夜晚一直都是人来人往,非常热闹。怀基基当地景点可能较少,但不乏适合家庭观光的项目,例如卡哈那莫库公爵冲浪之神雕像、火奴鲁鲁动物园和怀基基海底世界等。怀基基当地基本都是单行车道,初次驾驶会觉得道路比较复杂。另外,游客应该注意,卡拉卡瓦大街禁止停车。

ACTIVITY 活动

在怀基基海滩除了潜水外,还可以尝试海上漂流、双体浮架独木舟、浮潜、冲浪、皮划艇、站立式皮划艇冲浪、双体船和水上三轮车等各种海上运动项目。海滩附近的ABC超市销售各种便宜的海上运动器材。除此之外,弦外托座双体船从海滩出航前往怀基基海边,深受游客欢迎。

SHOPPING 购物

漫步在怀基基卡拉卡瓦街,仿佛置身于购物者的天堂,这里有夏威夷皇家购物中心、DFS环球免税店旗下的T广场、卡拉卡瓦2100街区等大型购物商厦。街道两侧热闹非凡,从奢侈名品店到夏威夷民族风情店,各种店铺鳞次栉比,商品琳琅满目,令人目不暇接。很多商场一直营业到晚上11:00,所以游客可以中午在海滩边度假,晚饭后来这里购物。

GOURMET 餐饮

怀基基美食众多,游客可以在路边简单品尝一些当地美食或者直接奔赴快餐店,也不妨选择在高级酒店体验优雅的就餐环境。总之卡拉卡瓦大街和库西欧大街沿线设有中餐厅、西餐厅、日式料理屋和快餐店等很多餐厅。另外,酒店内的餐厅也是不错的选择,如果事先仔细查询,会发现很多评价较好的高级餐厅。

在怀基基海滩畅享各种海上运动

出行参考

游乐	
观光	★★★★
活动	★★★★
购物	★★★★★
餐饮	★★★
交通	
租车	★★
巴士	★★★★
叮当车	★★★★★

区域面积

海滩区域从东部的卡皮欧拉尼公园一直延伸到西部的夏威夷公主酒店。卡拉卡瓦街和库西欧大道的交界处以东是步行街范围。

闻名遐迩的世界海滩——怀基基海滩景象一览

怀基基周边

怀基基海滩
Waikiki Beach
MAP ●剪切地图-12、p.56-R

怀基基海滩堪称夏威夷市的代名词，美丽的白沙覆盖海岸，东起卡皮欧尼拉公园西至希尔顿礁岩度假中心，与著名的钻石山隔海相望，是绝佳的摄影取景处。

夏威夷美军军事博物馆
US Army Museum of Hawaii
MAP ●剪切地图-11、p.55-Z

夏威夷美军军事博物馆由美国陆军部队管理，军事博物馆公园内保存着炮台遗址，内部展览馆陈列着夏威夷军事历史资料、战争兵器以及作战兵器。
■☎955-9522，9:00～17:00、星期日、星期一闭馆；免费参观

卡哈那莫库公爵雕像
Kahanamoku Statue
MAP ●剪切地图-13、p.57-S

卡哈那莫库公爵是当地的冲浪之神，雕像伫立在卡拉卡瓦大街道执勤岗附近，游客大都在此拍照留念。

怀基基魔法石
Wizard Stones of Waikiki
MAP ●剪切地图-13 p.56-R

怀基基魔法石是指执勤岗旁边被木栅栏围起来的4块巨石。传说4块巨石是16世纪左右4名来自大溪地岛的魔术师为当地人们带来的4块具有灵魂的巨石，可以包治百病。

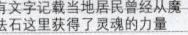
有文字记载当地居民曾经从魔法石这里获得了灵魂的力量

卡哈那莫库公爵雕像成为游客们瓦胡岛之行拍照留念的景点

卡皮欧拉尼公园
Kapiolani Park
MAP ●剪切地图-14、p.57-dd

卡皮欧拉尼公园位于怀基基城市东侧，钻石山山麓地带。公园开阔美丽，随处都是绿意盎然。辽阔的草地上有很多茂盛苍翠的秋英花树，当地居民纷纷来此读书、野餐、亲近大自然。公园附近是动物园和海底世界。

从钻石山远望公园，一片绿意葱茏

火奴鲁鲁动物园
Honolulu Zoo
MAP ●剪切地图-14 p.57-T

珍稀热带动物

火奴鲁鲁动物园位于卡皮欧拉尼公园内，动物园内有夏威夷州州鸟——内内鸟，以及各种稀有热带鸟类和双栖类动物等。

■971-7171，9:00~16:30，成人$14，儿童（3~12岁）$6，2岁以下免费参观

怀基基海底世界
Waikiki Aquarium
MAP ●剪切地图-46 p.51-bb

怀基基海底世界能够看到夏威夷热带鱼群

怀基基海底世界饲养着南太平洋生息的鱼类、植物和哺乳类动物，多达300余种。其中珊瑚类风景漂亮鲜艳，值得一看。

■923-9741，9:00~16:30（票价），成人$12，青少年$5（4~12岁），3岁以下免费参观、老年人$5（65岁以上）

夏威夷大学
University of Hawaii
MAP ●剪切地图-27 p.51-G

夏威夷大学的UH商店是必看景点

夏威夷大学是当地唯一一所州立大学，蒙那校区占地面积约为122万平方米，在校人数约为3万人，校园中心对外开放，游客可以前去参观。

从怀基基乘坐4路巴士约15分钟，驾车从怀基基前往卡帕胡路街（Kapahulu Ave.S.king St.），经大学路（University Ave.）15分钟便可抵达。

坦塔罗斯山丘
Tantalus
MAP p.50-F

坦塔罗斯山丘是晚上欣赏夏威夷夜景的绝佳地点。只是夜晚当地治安较乱，前往时建议游客最好参加团体游。

从怀基基乘车20分钟即可前往。

游客一定要来这里欣赏夜景

钻石山
Diamond Head
MAP ●剪切地图-47 p.52-cc

钻石山位于海滩东侧，是怀基基的象征，从海滩远望犹如一枚大钻石。详情参照p.32。

从怀基基乘22路巴士大约15分钟到达停车场，步行20分钟后到达。驾车从怀基基到钻石山路（Diamond Head Rd.）约15分钟。

站在钻石山上，怀基基美景尽收眼底

火奴鲁鲁美术馆之斯伯丁艺术屋
Honolulu Museum of Art, Spalding House
MAP p.50-F

火奴鲁鲁美术馆是一座现代美术馆，位于瓦胡岛的高级住宅区，庭院设计秀美，馆内展示着艺术品、写真等多种流行作品。

从怀基基乘坐2路巴士、13路巴士，然后在市区巴士中转站换乘，20分钟即可到达。

欣赏完美术作品之后可以顺道去附近的咖啡馆休息

■526-0232，10:00~16:00（星期日12:00~），星期一、节假日闭馆，成人票价$10，17岁以下青少年免费（每月第一个星期三免费参观）

阿拉莫阿那 Ala Moana

阿拉莫阿那堪称购物者的天堂，大型商场鳞次栉比，从奢侈品到个性商品应有尽有。

阿拉莫阿那购物中心汇聚了当地的知名品牌和人气潮牌，和附近众多购物商厦一起形成了颇具影响力的时尚购物区。购物中心对面是恐龙湾港口，游客可以来这里乘坐游轮或进行其他海边活动。

阿拉莫阿那海滩公园一景

ACTIVITY 休闲活动
游客可以在阿拉莫阿那海滩公园慢跑、散步等，享受各种休闲活动的乐趣。

SHOPPING 购物
来到怀基基，几乎每位游客都会驻足于五彩缤纷的阿拉莫阿那购物商区。这里既有商店也有百货店，涵盖了大部分奢侈品牌和民族品牌。西侧紧邻的沃德购物中心内，人气潮牌店比比皆是。

GOURMET 餐饮
每个购物商厦内都有各式各样的美食餐厅。商场周边也有很多知名餐厅。

出行参考

游乐	
观光	★
活动	★
购物	★★★★★
餐饮	★★★
交通	
租车	★★★
巴士	★★★★★
叮当车	★★★★★

区域面积：阿拉莫阿那时尚购物区东起阿拉莫阿那大厦，西临沃德购物中心，北至丹·奎乔桥大型百货公司。游客可以根据自己的喜好漫步购物区，也可以乘坐巴士、叮当车。

阿拉莫阿那周边 观光景点

阿拉莫阿那海滩公园
Ala Moana Beach Park

MAP 剪切地图-15 p.53-U

公园位于阿拉莫阿那商厦临海一侧，沿岸是漂亮干净的白沙海滩。当地居民纷纷来此烧烤、读书和慢跑，亲近大自然。公园内的突起部分叫神奇岛屿，是欣赏海滩夜景不为人知的好去处。

人气沙滩公园，深受当地居民欢迎

火奴鲁鲁美术馆
Honolulu Museum of Art

MAP 剪切地图-31 p.59-D

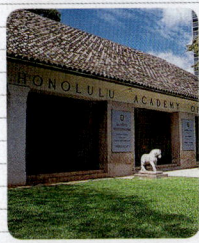
火奴鲁鲁美术馆位于伯雷塔尼亚大街

火奴鲁鲁美术馆由30余所画廊连接而成，馆内收藏着很多东方美术品。

从怀基基乘坐2号、13号巴士25分钟后到达。
从怀基基驾车20分钟到达。

☎532-8700, 10:00-16:30（星期日13:00-17:00），星期一闭馆、成人票价$10（每月第一个星期一免费参观）17岁以下青少年免费参观

科瓦罗盆地港口
Kewalo Basin

MAP 剪切地图-38 p.59-K、L

科瓦罗盆地港口是海岸入口处的一个浅水湾，也是观光游轮和海上运动的起始站。海湾附近形成的防波堤处正在整理准备修建成休闲公园。

科瓦罗盆地港口停靠着许多游轮

瓦胡岛观光导览　OAHU AREA GUIDE

商业区

Down town

集购物区、美食区、观光区于一身。

夏威夷州行政中心景观

　　瓦胡岛商业区是由购物区、美食区、观光区三大区域构成，景致迥异。区域东侧为行政中心，有州政府、伊欧拉尼宫殿等；商业街毗邻办公金融街。区域西侧一带是华人街。区域南侧是面向火奴鲁鲁港口的阿罗哈市场等，属于观光区。

ACTIVITY　●休闲活动项目

　　相比海上运动，观光商业区更吸引游客的莫过于当地的美术馆、历史建筑物等，在这里游客可以真正体验到夏威夷文化风情。火奴鲁鲁美术馆(详情见p.75)内可以组建临时馆内观光团，推荐游客一定前去参观。

SHOPPING　●购物

　　购物区中心地带位于阿罗哈市场附近，这里有很多高档商店，深受当地人欢迎。如果想要购买别具一格的夏威夷特产，可以前往中华街探寻。

GOURMET　●餐饮

　　街道上设有很多时尚美食餐厅。例如，金融街一带的风情咖啡屋浪漫美妙；中华街的中华料理店和民族特色料理店美食众多。

出行参考

游乐		区域面积
观光	★★★★	瓦胡岛商业区东起伊欧拉尼公园，西临华人街，南至阿罗哈市场。游客可以乘坐叮当车欣赏当地风光。※怀基基—伊欧拉尼宫殿巴士20分钟，叮当车约为60分钟。
活动	★	
购物	★★★	
餐饮	★★★	
交通		
租车	★★★	
巴士	★★	
叮当车	★★★★★	

商业区　●观光景点

卡美哈美哈国王雕像
King Kamehameha's Statue

MAP　●剪切地图-30　p.58-F

　　卡美哈美哈国王创建了夏威夷王朝，他至今仍深受市民喜爱。"卡美哈美哈"在夏威夷语中表示孤独的意思。国王雕像位于伊欧拉尼宫殿外，仿佛在日夜镇守王宫，其实原版雕像位于夏威夷岛的帕阿乌小镇。
从伊欧拉尼宫殿步行1分钟到达。

威风凛凛的卡美哈美哈国王雕像

伊欧拉尼宫殿
Iolani Palace

MAP　●剪切地图-30　p.58-F

　　夏威夷王朝于1882年由卡拉卡瓦国王建立的宫殿，是美国唯一一座宫殿。
从怀基基乘坐2路巴士约30分钟后在州政府下车，或者乘坐怀基基叮当车约42分钟后在伊欧拉尼宫殿下车。驾车从怀基基到南大王街约需10分钟。
■522-0832，9:00~17:00，周日闭馆　$21.75 (11:30~，需要预约)，语音服务器费用$14.75。地下美术展览馆门票$7 (仅包含地下美术展览馆)

伊欧拉尼宫殿约有100个房间

华盛顿宫
Washington Place

MAP　●剪切地图-30　p.58-B

　　1883年，夏威夷王朝的首位女王利留卡拉尼发动暴力政变失败后，被囚禁在华盛顿宫直至去世，24年间女王一直在此，度过了失意没落的人生。
从伊欧拉尼宫殿步行约1分钟到达。

来到华盛顿宫，眼前重现了悲凉的历史情境

卡韦阿哈欧教堂
Kawaiahao Church
MAP ●剪切地图-30　p.58-F

卡韦阿哈欧教堂是瓦胡岛当地最古老的教堂，建筑整体使用海洋珊瑚礁的珊瑚石，2层回廊装饰着瓦胡岛历代大王的肖像画和各种管风琴。
从伊欧拉尼宫殿步行3分钟到达。
■☎469-3000，参观时间8:00~16:30（星期一~星期五），免费参观

外国人也可在此举行结婚典礼

莫尔昌特街
Merchant Street
MAP ●剪切地图-29　p.58-E

莫尔昌特街一侧有很多古代风格的欧洲建筑物。这里曾经是外贸商业区，聚集了许多来自欧洲和美国本土的商人。
从伊欧拉尼宫步行3分钟到达。

在古老的莫尔昌特街漫步令人心情愉悦

火奴鲁鲁教会博物馆
Hawaiian Mission House Museum
MAP ●剪切地图-30　p.58-F

火奴鲁鲁教会博物馆是夏威夷州最古老的木质结构房屋。1820年由传教士修建，用于传教士住宿，至今仍对外开放。
从伊欧拉尼宫殿步行5分钟到达。
■☎447-3910，●导游陪同$10（参观时间）11:00~15:00 每隔一小时，限时参观

博物馆内陈列着传教士遗物

庞奇包尔国家公墓
Punchbowl
MAP ●剪切地图-23　p.50-O

庞奇包尔国家公墓是纪念美国军人的场所，这里安放着第一次世界大战、太平洋战争和越南战争中牺牲的军人，也被称为太平洋国家纪念公墓。

公墓内设有瞭望台

从怀基基乘坐2路、13路巴士在商业区巴士中转站换乘15路约30分后下车，步行15分钟到达。驾车从怀基基约30分到达。

阿罗哈塔
Aloha Tower
MAP ●剪切地图-29　p.58-E

阿罗哈塔修建于1926年，是火奴鲁鲁最显著的地标，同时也促成了阿罗哈塔海港购物中心的成立。购物中心内有很多人气餐厅。
从怀基基乘坐19路、20路巴士，大约25分钟后在阿拉凯亚街下车；乘坐叮当车90分钟后在阿罗哈塔市场下车。驾车从怀基基到阿拉莫阿那街约15分钟到达。
■塔顶观景台开放时间：9:00~日落，免费参观

站在塔顶能够俯瞰整个火奴鲁鲁港

毕夏普博物馆
Bishop Museum
MAP ●剪切地图-37　p.49-M

廊式博物馆大厅很有夏威夷风情

为了纪念卡美哈美哈王室最后的直系子孙——帕乌阿西公主，1889年她的丈夫查尔斯·里德·毕夏普主持成立了毕夏普博物馆。馆内收藏着大量的夏威夷艺术品和王室传家之宝。馆内还设有导游讲解。
从怀基基乘坐2路巴士约45分后到达，驾车从怀基基行走H-1、63号线约40分钟到达。
■☎847-8291，9:00~17:00，星期二闭馆，成人$19.95，儿童（4~12岁）$14.95，未满3岁免费参观

博物馆外壁由熔岩建筑而成

皇后夏日行宫
Queen Emma Summer Palace
MAP p.50-E

皇后夏日行宫修建于夏威夷王朝时代，宫殿布局充满着英伦风。宫殿是历史上曾是国王卡美哈美哈四世妻子的艾玛皇后的夏季避暑别墅。现在行宫依然对外开放。

行宫外部郁葱葱，绿树成荫

从怀基基乘坐4路巴士约1小时20分后到达，驾车从怀基基行走H-1、61号线约1小时10分到达。
■☎595-3167，9:00~16:00，全年无休，成人$8，儿童（5~17岁）$1，未满4岁免费参观

瓦胡岛　商业区

观光＋美食＋购物的一次性完美体验！

商业区 ① 日游
观光规划路线图

MAP ●剪切地图29、30、36、37、p.58-A、B、E、F、I、J

夏威夷不仅只有怀基基，
了解更多区域可以增加夏威夷旅行的乐趣。

Downtown Map

唐人街 Lunch

唐人街有很多餐厅料理美味正宗，深受中国人喜欢。最有名的当属丽晶海鲜酒楼，其中每道菜肴都堪称绝佳。

🕐 丽晶海鲜酒楼

经过庇利天尼街（S Beretania St.），便来到了唐人街。丽晶海鲜酒楼午餐时段常常客人爆满，建议迟些前往。

努阿努街和史密斯街之间的角落里酒店林立，治安比较混乱，建议游客即使白天出行也请绕道离开。

莫纳克亚市场

穿过帕乌阿西街一直向北，进入唐人街后就可以看到莫纳克亚市场。其中有茶馆、礼品店等各式商店，一片热闹的景象。
MAP●剪切地图-29、p.58-A

佩奇·霍珀画廊

佩奇·霍珀是世界知名顶级画家，画廊内陈列着他的精美画作，游客可以免费欣赏。每个月的第一个星期五画廊会举行"第一个星期五"艺术讨论会。（参照p.134）

阿罗哈塔市场

很多当地人都会来阿罗哈塔市场购物。游客可以沿着石板路一直到福特街购物商厦再返回，更加便利的是穿越尼米兹高速路沿着阿罗哈塔路标直接抵达市场。
MAP●剪切地图-29、p.58-E

9:30	10:00	11:10	11:50	11:55	12:15
怀基基出发	乘坐巴士约20分钟 到达火奴鲁鲁美术馆	休息时间（乘坐怀基基叮当车约5分钟） 威夷州州政府	步行1分钟 伊奥拉尼宫殿夏	步行3分钟 国王卡美哈美哈雕像	步行15分钟 卡韦阿哈欧教堂 莫尔昌特街
START!!	参照p.75 Tea Break	参照p.76	参照p.76	参照p.77	参照p.77

旅行线路介绍

旅行开始时,可以从怀基基乘坐巴士,也可以途中换乘怀基基叮当车,其实大部分还需要步行。商业区景点集中,即使走路也不觉得太累。

便利的商业区

前往商业区的交通方便快捷,除了有公共巴士,还可以乘坐怀基基叮当车。

时间不太充裕的游客

如果游客时间不太充裕,可以在唐人街品尝美食或者悠闲散步。推荐游客前往阿罗哈塔市场或者洛美食餐厅。除此之外,游客还可以前往伊欧拉尼宫、卡美哈美哈国王雕像等景区参观当地历史名胜古迹。

艺术鉴赏区

商业区有夏威夷州最大的州立美术馆和多处艺术画廊,古老的建筑物内部改装成现代艺术画廊。游客可以一边散步一边欣赏年轻艺术家的作品。

如果想要夜间活动

阿罗哈塔市场内的餐厅设有夕阳晚餐,餐厅主题生动鲜明。温馨提示游客:去洛美食餐厅就餐时最好不要拿着购物袋。

夏威夷州州政府/伊欧拉尼宫殿

街道对面是华盛顿宫(参照p.76)。伊欧拉尼宫殿位于州政府旁边,穿过街道直走就可以看到

火奴鲁鲁美术馆

参观火奴鲁鲁美术馆时,领取门票后可以直接领取馆内游览示意图。2层是特殊艺术品展览区。馆内设有咖啡屋,游客可以稍作休息。

Tea Break

卡美哈美哈国王雕像

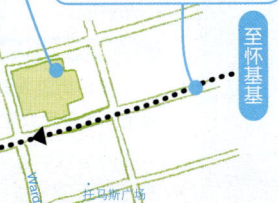

卡美哈美哈国王雕像位于街道左边,穿过伊欧拉尼宫正门即可看到,这里是人气纪念摄影点。

开始

库西欧街上有巴士站,游客可以乘坐2路、13路、B(西站)。

至怀基基

卡韦阿哈欧教堂

从卡美哈美哈国王雕像一直到夏威夷州最高法院,右转直走就可以看到卡韦阿哈欧教堂。教堂旁边是夏威夷教会博物馆。

莫尔昌特街

莫尔昌特街历史氛围浓郁,随处可见19世纪的砖瓦建筑群和建筑物,游客可以在这里悠闲漫步。

有时间的话

卡韦阿哈欧教堂旁边是火奴鲁鲁教会博物馆(参照p.77)。游客不仅可以参观19世纪初夏威夷的原始风貌,还可以到附近的人气商店购买夏威夷风情纪念品。

瓦胡岛

79 商业区一日游观光规划路线图

	12:30		12:40		13:50		14:30		17:20
步行15分钟	亚莫纳市场克	步行5分钟	丽晶海鲜酒楼午饭时间	步行10分钟	画廊佩奇·霍珀	步行20分钟	市场阿罗哈塔	乘坐怀基基叮当车约50分钟	返回怀基基
	参照p.78		Lunch 参照p.173		参照p.134		参照p.78		GOAL!!

夏威夷卡伊海湾 *Hawaii Kai*

夏威夷卡伊海湾位于瓦胡岛的东部，风景秀美，深受游客欢迎。

卡伊海湾位于瓦胡岛东部，面向恐龙湾处是高级海景房区，秀丽的海边风光吸引了很多外国游客。恐龙湾一带海水明亮，鱼群丰富，不仅有人气阳光沙滩，还有夏威夷海洋公园，在这里游客可以和海豚亲密接触。总之，卡伊海湾是夏威夷开心旅途中不可缺少的一站。

ACTIVITY 休闲活动

椰树林风景区内有各式各样的海边活动，还开设有深受欢迎的夏威夷卡伊高尔夫大众休闲区。

SHOPPING 购物

卡拉尼亚那欧勒72号线公路沿线有夏威夷卡伊商业区、椰树林风景区等，但几乎没有知名品牌专卖店，只有一些购物中心和商厦。

GOURMET 餐饮

商场内设有餐厅，但是游客一般都去当地知名餐厅或者人气餐厅。

出行参考

游乐	
观光	★★★★
活动	★★★★
购物	★★
餐饮	★★
交通	
租车	★★★★★
巴士	★★★★
叮当车	★★★★★

区域面积：从怀基基到夏威夷卡伊海湾（椰树林）约13千米（25分钟）；从夏威夷卡伊海湾到夏威夷海洋公园约10千米（20分钟）。※从怀基基驾驶车行驶卡拉尼亚那欧勒72号线公路

夏威夷卡伊海湾周边 观光景点

恐龙湾 *Hanauma Bay*
MAP p.47-L

恐龙湾的景色美得令人窒息

恐龙湾属于自然生态保护区，海水平静，适合和小孩一起前来玩乐。游客需要注意：恐龙湾全面禁止吸烟、喂鱼，离开时禁止携带珊瑚。

从怀基基乘坐22路巴士约45分钟到达；驾车从怀基基出发沿着H-1公路经由卡内奥赫公路约45分钟到达。

■ 396-4229，6:00-19:00（10月至次年3月开放时间截止到18:00），星期二不对外开放、入场费$7.50

哈罗娜风洞 *Halona Blow Hole*
MAP p.47-L

哈罗娜风洞堪称大自然鬼斧神工的杰作。风洞成因简单：因为岩石长期被海浪拍打侵蚀成洞，随着海风的作用力，波浪奔涌而来产生的一种现象。风洞的高低起伏也会随着波浪的大小和潮水的涨落有所不同。

从恐龙湾乘车5分钟到达。

阳光沙滩公园 *Sundy Beach Park*
MAP p.47-L

美丽的大海

阳光沙滩公园起始于椰树林风景区东侧，洁净漂亮的白沙滩绵延约1千米，附近海域海浪较强，不适合游泳。

从恐龙湾乘车5分钟到达。

夏威夷海洋公园 *Sea Life Park Hawaii*
MAP p.47-L

夏威夷海洋公园有海豚、海獭的表演，并设置浅水区供游客和海洋动物亲密接触。

从怀基基乘坐22路巴士到达；乘坐23路巴士1小时20分在海洋公园站下车；驾车从怀基基沿72号公路约30分钟到达。

■ 259-7933，10:30-17:00，全年无休，成人和青少年$31、儿童（3~12岁）$21

和海豚亲密接触

东海岸 East Coast

夏威夷东海岸常年海风强劲，气候多变，游客不妨体验一次海岸自驾游。

美丽的凯卢亚海滩风光

夏威夷东海岸一年四季都会有来自东北方向的贸易风登陆，被称为"风上的海岸"。除了凯卢亚海滩，还有很多观光景点，最有名的莫过于古兰尼牧场，曾是电影《侏罗纪公园》的拍摄基地。除此之外，还有以波利尼西亚文化为主题的波利尼西亚文化馆。

ACTIVITY 休闲活动

游客可以在凯卢亚海滩冲浪，也可以在卡内奥赫湾享受1日海边度假。在古兰尼镇的古兰尼牧场内可以体验陆地和海上休闲活动。

SHOPPING 购物

东海岸主要有凯卢亚购物中心，剩下的购物店都集中在卡内奥赫湾商业街。穿过商业街沿着836号海岸线走，一路几乎没有商店，游客最好提前做好准备。

GOURMET 餐饮

东海岸一带餐厅很少，餐厅主要集中在凯卢亚街道和卡内奥赫湾商业街，游客不妨在火奴鲁鲁提前准备午餐。当地旅游项目基本包含午餐，游客可以放心前往。

出行参考

游乐		区域面积
观光	★★★★★	从怀基基到努阿努帕里瞭望台行程11千米，乘车约需30分钟；从努阿努帕里瞭望台到波利尼西亚文化馆行程35千米，乘车约需50分钟。※驾车从怀基基行驶经由61号线帕里公路、83号线阿和库里公路。
活动	★★★★	
购物	★★	
餐饮	★★	
交通		
租车	★★	
巴士	★★★★	

夏威夷东海岸的周边景点 观光景点

努阿努帕里瞭望台
Nuuanu Pali Lookout
MAP p.47-L

努阿努帕里瞭望台曾是国王卡美哈美哈征服瓦胡岛时最后的决战地，这里常年风力强劲，被称为风谷之地，独特的地势使其成为观赏凯卢亚、卡内奥赫湾、太平洋的绝佳之地。

■ 9:00～16:00

驾车从怀基基出发沿着61号线公路约30分钟到达。

虽然是观景佳地但也要注意强风

凯卢亚海滩公园
Kailua Beach Park
MAP p.47-H

在海滩上放眼望去，到处都是美丽的白沙滩和清澈蔚蓝的海水，景色优美。凯卢亚海滩被评为全美第二大美丽海滩，同时也是海上冲浪运动的胜地之一。

从阿拉莫阿那购物中心乘56路、57路巴士到达凯卢亚站后换乘70路巴士约40分钟到达。驾车从怀基基出发经由61号线公路约40分钟到达。

清澈的海水无边无际，大自然的魅力令人莫名感动

平等院
Byodo-in Temple
MAP p.47-G

夏威夷的平等院为日式风格，是仿照日本的宇治平等院修建的。

从阿拉莫阿那购物中心乘65路巴士约1小时30分钟后在平等院下车，步行约20分钟到达。驾车从凯卢亚出发约3分钟到达。

■ ☎ 239-8811, 8:30～17:00，纪念品商店营业时间9:00～17:00（星期日10:00～16:00），全年无休，成人$3、儿童（1～12岁）$1、65岁以上2美元

葱翠的绿林和红色建筑物交相辉映

拉尼卡伊海滩
Lanikai Beach
MAP p.47-H

拉尼卡伊海滩一直延伸至凯卢亚海滩，风光旖旎，这一带的大海被称作"天国的大海"。经常有当地人前来游玩，但美丽安静的海滩却少为游客所知，值得一看。

驾车从凯卢亚海滩约5分钟到达。

拉尼卡伊海滩人流稀少，游客可以在此休闲地享受海边假日

瓦胡岛 夏威夷卡伊海湾/东海岸

东海岸 1 日游漫步规划路线图

碧海蓝天、海风拂面的美丽东海岸

MAP p.47-H

东海岸拥有清澈透明的蓝色海洋、轻快凉爽的海风以及全美第二大美丽海滩——凯卢亚海滩,独一无二的海洋生态环境令人不禁感慨大自然的魅力。

 努阿努帕里瞭望台

历史上,努阿努帕里瞭望台是卡美哈美哈国王征战瓦胡岛的最后决战地。这里常年风力强劲,视线良好,是观景的绝佳之地。

East Coast Map

START!! 从怀基基出发前往东海岸

🚌 从库西欧巴士站乘坐22路、23路巴士。22路巴士路线混乱,建议游客在阿拉莫阿那巴士站乘车。

🚗 从怀基基往北行驶,进入H-1公路东海岸方向(普通道路即可),然后保持方向到72号线公路后进入恐龙湾方向。

 卡哈拉购物商厦

卡哈拉购物商厦因附近的高级住宅区而闻名,游客可以在这里购物、喝茶,还可以欣赏从身边经过的富人太太们,她们的着装打扮为商场平添了几分色彩。

 恐龙湾

恐龙湾有美丽的珊瑚礁岩,游客可以在此体验海上冲浪和潜水项目。夏威夷叮当车不经过恐龙湾,游客可以在哈罗娜风洞下车后直接前往即可。

巴士	9:30 出怀基基 START!!	➡ 乘坐巴士 约25分钟	10:00 卡哈拉购物商厦 参照p.142	➡ 约25分钟	11:00 恐龙湾 参照p.80	➡ 约5分钟	哈罗娜风洞 参照p.80	➡ 约5分钟	➡
驾车	9:00	➡		➡	9:20	➡	10:30	➡	➡

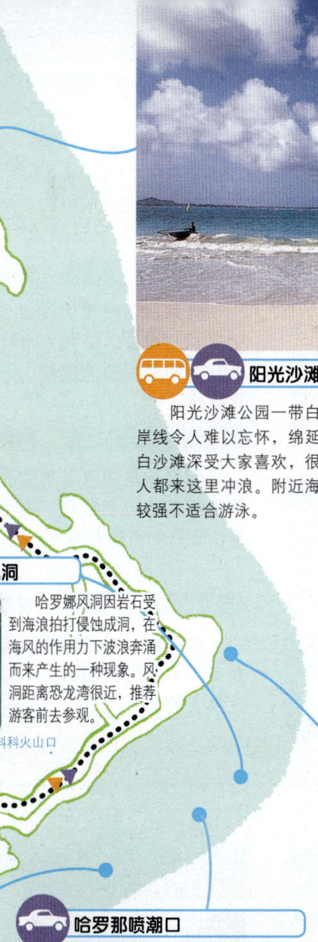

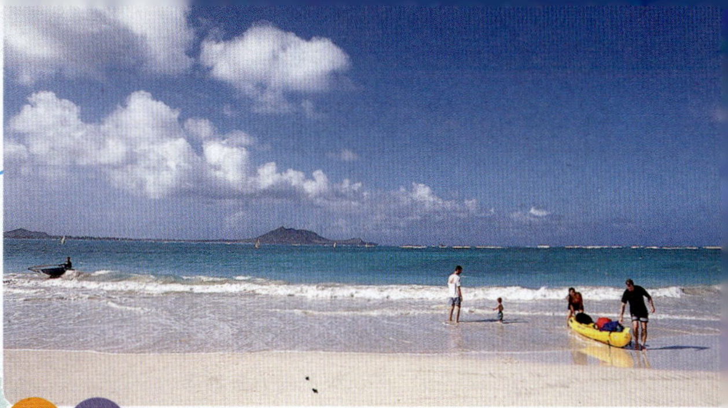

阳光沙滩公园

阳光沙滩公园一带白色的海岸线令人难以忘怀，绵延不断的白沙滩深受大家喜欢，很多当地人都来这里冲浪。附近海域海浪较强不适合游泳。

哈罗娜风洞

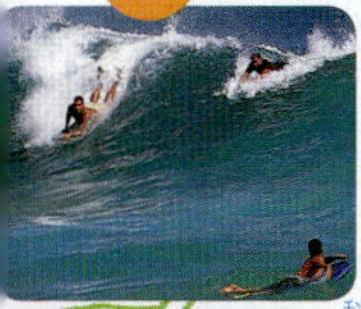

哈罗娜风洞因岩石受到海浪拍打侵蚀成洞，在海风的作用力下波浪奔涌而来产生的一种现象。风洞距离恐龙湾很近，推荐游客前去参观。

科科火山口

哈罗那喷潮口

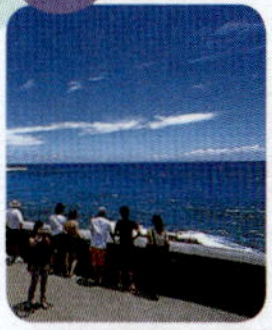

因潮水侵蚀而成的岩石洞穴。可在此处欣赏到潮水打在石头上、水花向上溅起的景色。距恐龙湾很近，可顺路游览。

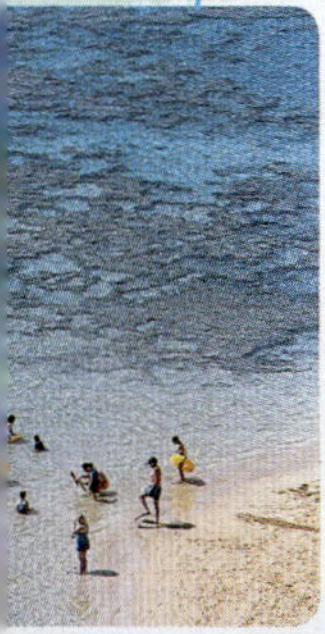

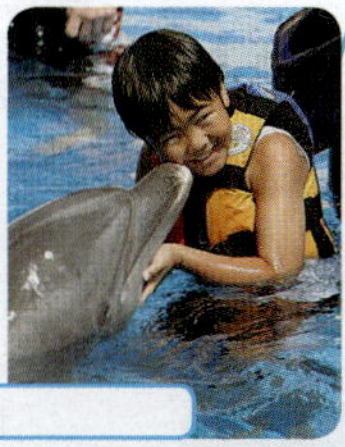

夏威夷海洋公园

夏威夷海洋公园位于瓦胡岛最东端的玛卡普乌海角，有海豚、海獭的表演，还有浅水区供游客和海洋动物亲密接触。

巴士观光计划

陶醉在夏威夷的大海美景中！

游客可以在库西欧车站乘坐22路巴士、23路巴士：22路巴士路线混乱，最好在阿拉莫阿那购物中心附近的巴士站乘车；乘23路巴士下车后，需要爬一段坡路到恐龙湾站，相比之下还是建议游客乘坐22路巴士。从阳光沙滩出发乘坐22路巴士前往海洋生态公园，结束后换乘57路巴士前往凯卢亚。返回时可以乘坐56路、57路巴士前往阿拉莫阿那购物中心换乘8路巴士返回怀基基。从怀基基到卡哈拉购物商厦之间，有叮当车前往钻石山方向。

租车自驾游观光计划

爽快的海滩自驾游！

从怀基基出发驾车沿海岸路线行驶，穿过钻石山山麓地带后沿着72号线公路行驶即可。游客可以在驾驶中欣赏海滩美景，沉浸在夏威夷海滩度假的欢乐中。

瓦胡岛 83 东海岸1日游漫步规划路线图

瓦希阿瓦北海岸

Wahiawa North Shore

夏威夷北海岸是海上冲浪运动的胜地，城市氛围悠闲，风情小镇吸引了无数游客。

夏威夷北海岸是冲浪运动胜地

结束H-1公路行程，映入眼帘的景象和都市风景截然不同。经过瓦希阿瓦小镇，一片红色土地广阔无垠，不远处的前方是湛蓝色的海水。北海岸作为冲浪运动胜地闻名全球，冬季甚至还会有浪峰超过6米的大浪袭来。北海岸入口处的哈莱伊瓦小镇充满怀旧风情，同样吸引了无数游客。

ACTIVITY 休闲活动闲项目

哈莱伊瓦阿里伊沙滩公园的冲浪中心设有初学者冲浪路线；非比寻常的鲨鱼之旅从瓦伊亚卢亚湾起航，一定会令游客惊喜不断。

SHOPPING 购物

北海岸是冲浪运动的胜地，83号线公路附近购物方便快捷，有北海岸市场、哈莱伊瓦购物商厦等冲浪商店。

GOURMET 餐饮

购物商场内不乏富有个性的餐厅，有夏威夷库阿阿伊那人气汉堡包店、松本冰激凌店等。

出行参考

游乐
- 观光 ★★★★
- 活动 ★★★★
- 购物 ★★★★★
- 餐饮 ★★★★★

交通
- 租车 ★★
- 巴士 ★★★★

区域面积
怀基基到瓦希阿瓦40千米（1小时）；
瓦希阿瓦到哈莱伊瓦14.4千米（15分钟）；
哈莱伊瓦到日落海滩14.4千米（15分钟）；
*驾车行驶H1、H2，99号线卡美哈美哈公路。

瓦希阿瓦周边 观光景点

都乐种植园
Dole Plantation
MAP p.46-F

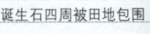
都乐种植园是前往北海岸的中转地

都乐种植园内部有世界上最大的迷宫和蒸汽机车。园内销售的菠萝果汁和菠萝冰激凌清爽可口，人气火爆。
从阿拉莫阿那中心乘坐52路巴士约1小时20分钟到达；驾车从怀基基出发45分钟到达。
■☎621-8408，9:30~17:30 菠萝快车（成人$8.50、4~12岁儿童和青少年$6.50）

哈莱伊瓦小镇
Haleiwa Town
MAP p.85-C

怀旧气息浓郁的哈莱伊瓦小镇

哈莱伊瓦小镇位于北海岸，街道两边大市场、购物中心和木质店铺整齐排列，洋溢着浓郁的怀旧气息。
从阿拉莫阿那购物中心乘坐52路巴士约1小时30分钟；从瓦希阿瓦驾车约10分钟即可到达。

王室诞生石
Sacred Birth Stones
MAP p.46-F

诞生石四周被田地包围

王室诞生石是指夏威夷王室房屋遗址上的巨石群，巨石群所在地曾经是王室的诞生地。
从80号线和韦特莫亚街交界处的红绿灯左转有一片菠萝地，诞生石位于其中。从怀基基驾车约45分钟。

怀梅阿湾海滩公园
Waimea Bay Beach Park
MAP p.85-B

怀梅阿湾上流瀑布湍流直下

怀梅阿湾海滩公园位于波涛汹涌的北海岸，整个海湾风平浪静，很多当地游客常来海难度假，这里也是当地为数不多的可以进行海水浴的沙滩。
从阿拉莫阿那购物中心乘坐52路巴士约1小时40分钟在怀梅阿艺术馆下车；驾车从哈莱伊瓦约7分钟。

普欧玛胡卡圣殿
Puu O Mahuka Heiau
MAP p.85-B

普欧玛胡卡圣殿位于怀梅阿溪谷,是瓦胡岛现存最大的古代圣殿。

驾车从哈莱伊瓦经由83号线公路行驶,在普普凯亚街右转,看到指示牌后再右转,约10分钟。

普欧玛胡卡圣殿至今仍然是神圣的场所

伊布凯海滩公园
Ehukai Beach Park
MAP p.85-A

伊布凯海滩公园位于北海岸,附近因设有壮观美丽的输油管道而闻名夏威夷。12月至次年2月当地会举办冲浪大赛,游客可以选择9月至次年4月参观公园景致。

驾车从哈莱伊瓦约10分钟。

夏季的海滩公园风平浪静

怀梅阿峡谷
Waimea Valley
MAP p.85-B

怀梅阿峡谷瀑布湍流直下,生态自然公园位于茂密的森林深处,内部有保存完好的古代夏威夷居住区。游客可以前来参加郊游远行,景区会安排向导指引。

从哈莱伊瓦驾车约10分钟,经由83号线公路,在怀梅阿峡谷入口处附近即可到达。

■☎638-7766,9:00~17:00 门票成人$15、儿童和青少年(4~12岁)老年人(60岁以上)$7.50

森林中野鸟生息,生态良好,游客不妨来郊游散步

哈莱伊瓦—怀厄利
Haleiwa-Waialee

北海岸 1 日游
漫步规划路线图

欣赏美丽的菠萝田地和迷人的海滩

MAP p.46, p.47

北海岸堪称"冲浪者的天堂",有很多景点值得前去欣赏。东西区域路径迥异,东部地区适宜租车自驾,西部地区适宜乘坐巴士观光。

卡胡库虾场

如果来到北海岸,一定不能错过卡胡库虾场。这里养殖大量鲜虾,游客可以捕获鲜虾后拜托虾场餐厅烹制。

哈莱伊瓦小镇

哈莱伊瓦小镇是冲浪达人聚集的大本营。小镇氛围悠闲,咖啡店、餐厅和商店鳞次栉比,还有著名的松本冰激凌店。

North Shore Map

都乐种植园

都乐种植园建立在一片菠萝地中,是北海岸的人气景区之一。推荐游客来到这里一定要品尝菠萝果汁和菠萝冰激凌。另外,植物园内部还设有迷你植物园和迷宫。

珍珠城

当地人经常前往珍珠城的大型购物商场消费,游客可以直接参观亚利桑那州纪念馆等景区。

驾车 START!!	9:00 怀基基出发	约80分钟	通过化尼经中西过亚波文利 参照p.36	约20分钟	Tea Break 11:00 休息时间卡胡库海角 参照p.182	约20分钟	12:00 北海岸 参照p.84	约20分钟	Lunch 13:00 哈莱伊瓦小镇 参照p.84
GOAL!! 巴士	18:30	约30分钟	14:40	约20分钟	通过	约40分钟	13:30	约10分钟	11:30 Lunch

租车自驾游观光计划

悠闲的海岸自驾游！

游客如果想要更加真切地感受夏威夷的魅力，不妨开启一次夏威夷北海岸自驾游。北海岸一带除了怀基基景区，还有商店、餐厅等很多服务设施，游客可以放慢车速静静地欣赏独特的海滨美景。

观光、美食、旅游——充满无限乐趣的北海岸旅游

来到北海岸，除了欣赏美丽的风景、感受舒适的海滩，游客一定要去体验当地居民经常光顾的商场和人气餐厅。北海岸境内每个商店都有独特的风情，让人即使去过仍然还想再去。

巴士观光计划

美好的景观值得长途跋涉

52路巴士环岛绕行至瓦胡岛北上方，游客乘坐巴士能够欣赏到与怀基基不尽相同的别样风景。一路行驶中，大片的红土地和蔚蓝的天空交相辉映，美丽的景致令人难以言说。行程比较长，大约需要4小时，游客可以尽情地享受北海岸巴士之旅！

一定要事先确认个人行程中会经过的景点

从阿拉莫阿那购物中心出发，沿路经过珍珠港、珍珠城中心、都乐植物园、哈莱伊瓦小镇、北海岸沙滩、波利尼西亚文化中心等景点。

北海岸/日落沙滩

北海岸沙滩连绵，是冲浪爱好者憧憬的天堂。每当夕阳西下，海天一色的秀丽风景令人陶醉；这里夏季海岸风平浪静，而冬季来临时海边大约有10米高的巨浪。

波利尼西亚文化中心

来到波利尼西亚文化中心，观光项目多样，内容精彩纷呈。其中有很多以夏威夷、萨摩亚和波利尼西亚群岛为主题的文艺演出；除此之外，还可以尝试惊险刺激的独木舟漂流团。

START!! 从怀基基出发前往北海岸

沿海岸方向驶入帕里公路、830号线和83号线。游客可以在驾车的同时欣赏瓦胡岛内海美景，度过悠闲的海边自驾游。

乘坐8路巴士前往阿拉莫阿那站，换乘52路巴士前往北海岸。

瓦胡岛

87

北海岸1日游漫步规划路线图

哈莱伊瓦莉乌卡拉尼教堂，游客可以看到著名的月下美人的拱门景点

| 15:00 都乐种植园 约10分钟 参照p.84 10:20 | 16:30 珍珠城 约20分钟 参照p.88 通过 | 19:00 返回怀基基 约25分钟 约80分钟 9:00 |

约20分钟

约10分钟

驾车 GOAL!!

START!! 巴士

瓦胡岛观光导览　OAHU AREA GUIDE

珍珠城

Pearl City

珍珠城深受回头客欢迎，游客可事先做好购物计划。

前来观光的游客被真正的战舰深深吸引

珍珠城位于珍珠湾沿岸，曾经是太平洋战争的爆发地，亚利桑那纪念馆氛围庄严肃穆。市区99号公路沿线设有珍珠城大型购物中心，由7个规模不同的现代购物商场构成。购物中心的平均物价比怀基基商场便宜许多，颇具消费魅力。

ACTIVITY　休闲活动

珍珠城的高尔夫乡村俱乐部地势较高，游客可以一边打球一边俯瞰珍珠湾全景，深受游客欢迎。

SHOPPING　购物

珍珠城商场云集，是购物者的天堂。夏威夷奥特莱斯名品折扣店，人气火爆；珍珠城大型购物中心，坐拥两大购物商场，热闹非凡。

GOURMET　餐饮

大型商场设有餐厅和美食城，珍珠城购物中心周边有许多家庭餐厅，主要经营当地特色美食。

出行参考

游乐
观光　★★
活动　★
购物　★★★★★
餐饮　★★

交通
租车　★★
巴士　★★★★

区域面积
怀基基到珍珠港 20千米（约35分钟）；
珍珠港到夏威夷种植园博物馆10千米（约20分钟）；
＊驾车行驶H-1、90号线法灵顿公路。

珍珠城周边　观光景点

珍珠港
Pearl Harbor
MAP p.88-A

卡美哈美哈王朝时期珍珠港因盛产珍珠而得名，之后却成为太平洋战争爆发的导火索而被全球知晓，万分遗憾。游客可以参观当地的战争博物馆、纪念馆。

现在仍然有军舰停靠在港口

从怀基基乘坐20路、42路巴士约1小时；从阿拉莫阿那购物中心乘坐40路、40A路、62路巴士约50分钟后在哈拉瓦站下车到达。驾车从怀基基经由H-1、99号线公路约35分钟到达。

亚利桑那纪念馆
USS Arizona Memorial
MAP p.88-B

　　1941年12月7日，日军偷袭珍珠港，亚利桑那战舰被击沉大海。为了纪念牺牲人员，在战舰沉没处的水上修建了亚利桑那纪念馆。
从哈拉瓦站步行2分钟到达。
■7:00~16:30（团体游、亚利桑那战舰开放时间8:00~13:00）、无休息日、免费入场。游客服务中心租借语音讲解服务器费用$7.50。☎422-3300

亚利桑那纪念馆庄严肃穆

波芬号潜艇博物馆
The USS Bowfin Submarine Museum & Park
MAP p.88-B

　　"二战"时美国军舰波芬号潜艇曾经披挂上阵，现在游客可以登舰参观内景，还可以看到当时宝贵的资料和照片。
从亚利桑那纪念馆步行3分钟到达。
■7:00~16:30、$12、4~12岁$5。无休息日、潜水艇・博物馆团体游 ☎423-1341　密苏里号战舰通票$35

舰艇内部船身狭窄，游客进入可以真切感觉到

夏威夷种植园博物馆
Hawaii's Plantation Village
MAP p.46-J

　　夏威夷种植园博物馆再现了20世纪初，中国、韩国、日本和菲律宾等国移民在甘蔗农场劳作的场景，参观室外博物馆让人不禁回忆往昔岁月。
从怀基基乘坐8路巴士，在阿拉莫阿那购物中心换乘43路巴士约1小时到达，驾车经由H1、90号线公路约1小时到达。从阿罗哈露天体育场行驶经由99号线、90号线约30分钟到达。
■10:00~14:00，星期日休息、$13、62岁以上$10、4~11岁$5、3岁以下免费参观。☎677-0101

密苏里号战舰纪念馆
Battleship Missouri Memorial
MAP p.88-B

　　"二战"结束后，日本在密苏里号战舰上签署了无条件投降文书，因此，大众一致认为密苏里号战舰见证了"二战"的终结。
从哈莱伊瓦乘坐专用摆渡车约5分钟到达。
■8:00~16:00（6~8月~17:00）、无休息日、$25、4~12岁$13、波芬号潜艇博物馆通票$35。☎1-877-644-4896 导游陪同和租借语音讲解器需要另外支付费用

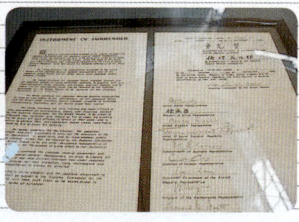

阿罗哈露天体育馆
Aloha Stadium
MAP p.88-C

　　阿罗哈露天体育馆最多可以容纳5万人，在这里曾经举办了美式橄榄球联赛等赛事。体育馆配有大型音响设备和可移动舞台，还可以举行大型演唱会等活动。
从哈莱伊瓦步行约10分钟到达，体育场设有停车场。

停车场内每周举办3次跳蚤市场（参照p.141）

博物馆内有语音讲解员，不需要预约

瓦胡岛观光导览 OAHU AREA GUIDE

西海岸

西海岸新区海滩秀美宁静，主题公园也备受大家喜欢。

West Coast

柯·奥利那高尔夫俱乐部

夏威夷西海岸位于瓦胡岛西侧，怀阿纳埃岭山脚，常年降雨量稀少，是瓦胡岛气候最稳定的地区。当地利用自身得天独厚的自然条件修建了柯·奥利那度假区、迪士尼度假和柯·奥利那高尔夫俱乐部，设施完备齐全，是时下最受瞩目的休闲度假区。

ACTIVITY 休闲活动项目

夏威夷水上乐园面向儿童开放，内部配有游泳池、水上滑翔道和U形旋转舱等娱乐设施。游客还可以在柯·奥利那和玛卡哈享受高尔夫运动。

SHOPPING 购物

西海岸柯·奥利那度假区和93号公路沿线有太平洋购物商厦、怀安奈购物商场等；街道两侧零星分布着便利店等小型商店。

GOURMET 餐饮

西海岸柯·奥利那度假区内有万豪酒店餐厅等。商场餐厅基本集中在93号公路沿线，游客出游时最好买好快餐或面包，提前做好饮食准备。

出行参考

游乐
- 观光 ★
- 活动 ★★
- 购物 ★
- 餐饮 ★

交通
- 租车 ★★★★★
- 巴士 ★★★★

区域面积
线路 怀基基到柯·奥利那度假区 48千米（50分钟）；柯·奥利那度假区到玛卡哈海滩公园约18千米（20分钟）。
＊驾车行驶H-1、93号线法灵顿公路。

西海岸周边  观光景点

柯·奥利那度假区
Ko Olina Resort
MAP p.46-I

柯·奥利那度假区约260万平方米，占地面积大，景致优美。度假区有万豪海滨伊西拉尼度假中心、艺术水疗会所和其他高级水疗中心，深受好评，游客可以前去放松身心。
驾车从怀基基约40分钟到达。

度假区的浅海湾风平浪静，风光旖旎

夏威夷野生水上乐园
Wet'n Wild Hawaii
MAP p.46-I

夏威夷水上乐园占地宽广，设备全新，有多达10余种的游乐项目。无论成人和儿童都可以在这里体验水上乐园带来的快乐。
驾车从怀基基50分钟到达。
■☎674-9283，成人$47.99，儿童（身高在107cm以下）$37.99

乐园水上滑行道相当于6层楼高，惊险刺激

夏威夷铁路社会
Hawaiian Railway Society
MAP p.46-J

夏威夷铁路社会前身是一辆运行往来于瓦胡岛内的区间车，现在被用为游客观光车。每周日的13点和15点前往瓦joe，途中经过高尔夫球场，行程约为10千米。在飞驰的火车上，遥望远方，美丽的自然风景令人感觉无比开心。

驾车从怀基基约40分钟到达。
■☎681-5461，成人$12 儿童和青少年（2〜12岁）$8，星期日13:00〜、15:00〜（90分钟）

火车设有露天座席，游客可以自由乘坐

瓦胡岛购物指南

眼花缭乱的名牌奢侈品

夏威夷购物最大的乐趣莫过于奢侈品消费。游客可以在夏威夷专柜中发掘出很多国内很难买到的超人气商品和当地限量品等。

BRAND SHOP GUIDE

优雅的成人时尚服饰

■ **伊夫圣罗兰专卖店**
Yves Saint Laurent rive gauche

卡拉卡瓦2100街区 ｜ 名品

伊夫圣罗兰是法国优雅服饰的杰出设计师，夏威夷专卖店陈列着设计师的最新作品，每件服饰都保留了圣罗兰设计师优美的世界观印象，时尚而不失文雅。（参照p.118）

MAP● 剪切地图-4，p.55-P
✉ 2114 Kalakaua Ave. ☎ 924-6900
营 10:00～22:00 休 无

休闲放松的购物氛围

■ **卡地亚专卖店**
Cartier

阿拉莫阿那购物中心 ｜ 名品

卡地亚品牌享誉全球，是英国王室和其他各国王室的御用品。专卖店的珠宝饰品和手表设计优雅、品质高端。游客一定不能错过店内的夏威夷专供配饰品！

MAP● 剪切地图-8，p.133-G
✉ Ala Moana Center 2F
☎ 955-5533 营 10:00～21:00（星期日11:00～18:00）
休 无

品牌标志压纹模式　时尚漂亮

■ **香奈儿专卖店**
Chanel

阿拉莫阿那购物中心 ｜ 时尚品

迄今为止，香奈儿旗下的人气美包数不胜数。怀基基当地有两家专卖店，其中阿拉莫阿那分店各式名品齐全，有化妆品、服饰等，商品保证是当季最新，魅力无限。香奈儿人气挎包品牌标志采用压纹模式，明亮的色彩更突显品牌的时尚诱惑力，是一款粉丝们不可错过的美丽单品。

MAP● 剪切地图-8，p.133-G
✉ Ala Moana Center 2F ☎ 942-5555
营 10:00～21:00（星期六9:30～、星期日10:00～19:00）
休 无　＊卡拉卡瓦2100街区设有分店。

设计亲肤
芬迪专卖店
Fendi

| 阿拉莫阿那购物中心 | 时尚品 |

芬迪服饰选用上等皮革,既保留了意大利的传统工艺又添加现代设计灵感。商品造型独特,俘获了众多消费者。阿拉莫阿那芬迪店经常会有新品上市。

MAP●剪切地图-8、p.133-G
- Ala Moana Center 2F
- 973-3311　9:30~21:00（星期日10:00~19:00）
- 休 *夏威夷皇家购物中心也设有分店。

新品的世界
蔻驰专卖店
Coach

| 卡拉卡瓦大街 | 时尚品 |

火奴鲁鲁蔻驰专卖店除了销售常见的背包产品,最大的特点是销售男女商品：男女靴、男女服饰和方便出行的豆豆鞋等。总之,这里有很多新品国内没有发售。

MAP●剪切地图-12、p.56-Q
- 2335 Kalakaua Ave.（Outrigger Waikiki Beach Resort）
- 923-0549　9:30~23:00
*DFS环球免税店T广场、阿拉莫阿那购物中心、凯悦酒店、卡拉卡瓦2100街区设有分店。

令人憧憬的新品最早上市
爱马仕专卖店
Hermès

| 夏威夷皇家购物中心 | 时尚品 |

爱马仕女包中铂金包系列最受女性消费者欢迎。当地爱马仕专卖店位于夏威夷皇家购物中心

2层,店内有披肩、手表、文具用品等小物件。

MAP●剪切地图-12、p.117-A-1,2F
- Royal Hawaiian Center A Building 1,2F
- 922-5780　10:00~22:00　休无
*阿拉莫阿那购物中心设有分店。

扩大专柜面积　再现巴黎总店风潮
迪奥专卖店
Christian Dior

| 阿拉莫阿那购物中心 | 时尚品 |

阿拉莫阿那迪奥专卖店经过扩大商店面积及内部装修设计,再现巴黎总店风潮,给人耳目一新的感觉。店内销售服装、珠宝、配饰、挎包和化妆品。

MAP●剪切地图-8、p.133-G
- Ala Moana Center 2F　943-6900
- 9:30~21:00（星期日10:00~19:00）　休无

时尚优雅与质量并重
菲拉格慕专卖店
Salvatore Ferragamo

| 夏威夷皇家购物中心 | 时尚品 |

菲拉格慕的商品色泽偏意大利风格,设计明亮华美。该品牌的潮鞋既能满足时尚者对美的追求,舒适指数又令人爱不释手,因此深受世界名人喜爱。现在,菲拉格慕产品已扩展至男女时装、手袋等,同样获得了众多追随者的喜爱。（参照p.115）

MAP●剪切地图-12、p.117-B-1,2F
- Royal Hawaiian Center B Building 1,2F
- 971-4267　10:00~22:30　休无
*阿拉莫阿那购物中心设有分店。

令人憧憬的珠宝品牌

■ 蒂芙尼专卖店
Tiffany & Co.

| 阿拉莫阿那购物中心 | 珠宝 |

蒂芙尼是优雅的代名词,是每个少女都憧憬的珠宝品牌。蒂芙尼珠宝深受追捧的秘密在于:品牌旗下的所有珠宝设计都会根据佩戴者的个性,进行简洁而富有创造性的剪裁。蒂芙尼珠宝中有些银色小物件最适合送礼物,游客可以事先确认选定。

MAP●剪切地图-8、p.133-G
✉ Ala Moana Center 2F ☎ 943-6677
🕘 9:30~21:00(星期日10:00~19:00)
休 无 *卡拉卡瓦2100街区没有分店。

充满纽约风味的皮包

■ Dooney &Bourke专卖店
Dooney & Bourke

| 阿拉莫阿那购物中心 | 女包 |

Dooney &Bourke奢侈品牌在美国广为人知,尤其在纽约女性白领中深受欢迎。Dooney &Bourke女包时尚的设计理念、经典的剪裁、跳跃的色彩和耐久的品质吸引了无数消费者。

MAP●剪切地图-8、p.133-H
✉ Ala Moana Center 2F ☎ 949-4700
🕘 9:30~21:00(星期日10:00~19:00)
休 无

夏威夷唯一的缪缪专卖店

■ 缪缪专卖店
MIU MIU

| 阿拉莫阿那购物中心 | 时尚品 |

夏威夷缪缪专卖店成立于2009年,位于阿拉莫阿那购物中心,只此一家别无分店。缪缪是意大利品牌的杰出代表,品牌女包采用亮丽的颜色彰显高品质设计。店内宽敞明亮,商品多样,有优雅的女裙、小牛皮女包、钱包、女鞋、凉鞋等许多以年轻女性为核心的轻奢品,游客可以慢慢选购。

MAP●剪切地图-8、p.132-B
✉ Ala Moana Center 3F ☎ 955-8880
🕘 9:30~21:00(星期日10:00~19:00)
休 无

历史感和现代范儿交融的人气品牌

■ 古驰专卖店
Gucci

| 卡拉卡瓦2100街区 | 时尚品 |

古驰女包严格精选皮革等原材料,采用传承至今的意大利古老传统手工艺制作而成。店内有服饰、皮件、饰品和香水等各式产品,美丽优雅的女装和配饰品深受全球时尚人士的追捧。

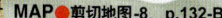

MAP●剪切地图-4、p.55-P
✉ 2118 Kalakaua Ave.
☎ 921-1000
🕘 10:00~22:00 休 无
*卡拉卡瓦2100街区没有分店。

瓦胡岛 93 购物指南

散发持久魅力
■普拉达专卖店
Prada

| 卡拉卡瓦大街 | 时尚品 |

普拉达专卖店位于卡拉卡瓦大街,室外采用大面积玻璃,给人以通透开放的感觉。室内氛围设计宛如度假会所,悠闲自在;专柜摆放和间接照明互为衬托,美丽舒心。总而言之,店内男士和儿童的商品丰富多样,摆放清晰;服饰、包、靴子和小物件等奢侈品应有尽有。

MAP● 剪切地图-11、p.55-P
✉ 2174 Kalakaua Ave. ☎ 921-0200
⏰ 10:00~23:00　休 无

光彩闪耀的珠宝和手表
■宝格丽专卖店
BVLGARI

| 阿拉莫阿那购物中心 | 名品 |

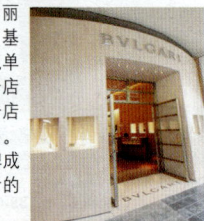

宝格丽品牌诞生于1884年的意大利罗马,继而独创推出兼具希腊风和罗马风的珠宝设计,华丽富贵。夏威夷宝格丽专卖店珠宝样式多样,基本涵盖了国内所有人气单品,即使阿拉莫阿那分店没有也可以通过其他分店协调,并为游客邮寄。另外,店内为纪念品牌成立130周年而特别设计的珠宝深受消费者欢迎。

MAP● 剪切地图-8、p.133-G
✉ Ala Moana Center 2F　☎ 941-8383　⏰ 9:30~21:00
(星期日10:00~19:00)　休 无　HP www.bulgari.com

不可或缺的夏威夷名品购物站
■路易威登专卖店
Louis Vuitton

| 卡拉卡瓦大街 | 包 |

路易威登专卖店的Monogram手袋堪称经典款挎包,除此之外还有皮风衣、T恤衫、毛衣等服饰和鞋子。如果幸运的话,游客能买到当日的人气新品。专卖店其他超人气商品国内基本难以买到,游客可以仔细确认,争取早日买到属于自己的心仪女包。

MAP● 剪切地图-12、p.56-Q
✉ 2200 Kalakaua Ave.
☎ 971-6880
⏰ 10:00~23:00
休 无
＊阿拉莫阿那购物中心、夏威夷希尔顿度假中心设有分店。

兼具时尚与高品质

凯特·丝蓓专卖店
Kate Spade

| 夏威夷皇家购物中心 | | 女包 |

凯特·丝蓓最初只是纽约时尚品牌，继而因可爱的造型和高端的品质风靡全球。店内空间宽敞明亮，整齐地摆放着靴子、太阳镜、写真海报等日常杂货和小物件。许多人气限量品走俏，游客最好事先确认，提前预约。

MAP● 剪切地图-12、p.117-B-1·2F
✉ Royal Hawaiian Center B Building 1、2F
☎ 922-3390　営 10:00~23:00　休 无

主要奢侈品牌一览表

品牌名称	阿拉莫阿那购物中心	尼曼·马卡斯购物中心	卡拉卡瓦2100街区	卡拉卡瓦街周边	DFS环球免税店旗下T广场	夏威夷皇家购物中心	夏威夷奥特莱斯店
伊夫圣罗兰			●				
爱马仕	●	●				●	
卡地亚	●	●			●	●	
古驰	●	●	●				
迪奥	●	●					
蔻驰	●	●	●	●		●	●
菲拉格慕	●	●	●				
香奈儿	●	●	●				
蒂芙尼	●	●					
Dooney&Bourke							
巴宝莉	●					●	
芬迪	●	●				●	
普拉达	●	●			●		
宝格丽	●	●					
路易威登	●				●		
罗意威	●						
宝缇嘉	●	●	●				
圣巴里	●						
赛琳							
托德斯	●				●		
缪缪	●						
莫罗·伯拉尼克		●					
璞琪(Emilio Pucci)		●					
tori bachi	●					●	
Folli Follie	●				●		
凯特·丝蓓		●			●	●	
阿玛尼		●					
DKNY		●					
makkusu maara				●			

夏威夷风情特产

C 椰子树搭配独木艇，独具夏威夷风格的衬衫设计深受欢迎。

D 蓝底搭配白色的木槿花图案，同样也是夏威夷衬衫的热销款。

开启夏威夷之旅的必备服饰

夏威夷衬衫最早可以追溯到19世纪末，由当时日本移民的服饰演变而来，之后逐渐形成夏威夷特色服饰并成立专卖店销售。穿上夏威夷衬衫一起感受真正的夏威夷风潮吧！

Aloha Shirts

阿罗哈衬衫

游客可以通过阅读《夏威夷阿罗哈衬衫》，更直观、更容易地了解夏威夷衬衫的历史。

瓦胡岛 97 购物指南

B 雷恩斯普纳夏威夷衬衫款式设计以神话为主题。

C 里克斯夏威夷衬衫白色波浪款式，清爽舒适。

A 科纳海湾品牌的夏威夷衬衫图案以红色钻石山为主题。

B 雷恩斯普纳夏威夷衬衫店
Reyn Spooner
MAP○剪切地图-8、p.133-H

雷恩斯普纳夏威夷衬衫店位于阿拉莫阿那购物中心，衬衫选用原生布料，色泽暗淡，反映出一种服饰变革的精神理念。

✉ Ala Moana Center 2F ☏ 949-5929 ⌚ 9:30~21:00（星期日10:00~19:00）休 无

C 里克斯夏威夷衬衫店
Rix Island Wear
MAP○剪切地图-13、p.56-bb

里克斯夏威夷衬衫穿着轻便、时尚漂亮、纯棉质地令人舒心惬意。衬衫图案大多源自过去的印刷物图画，人气火爆。所有衬衫统一标价为59.50美元。

✉ Pualeilani Atrium Shops 1F ☏ 926-8728 ⌚ 9:00~23:00 休 无

D 阿凡提夏威夷衬衫店
Avanti shirts
MAP○剪切地图-11、p.55-P

阿凡提夏威夷衬衫店仿照1930—1960年有名的衬衫品牌制作设计，柔光丝面料穿着凉爽轻快。

✉ 2164 Kalakaua Ave. ☏ 926-2323 ⌚ 9:00~23:00 休 无

※很多商品有时候会脱销。

Ukulele
尤克里里琴

伴随着乐手的弹奏，尤克里里琴演绎出充满夏威夷风情的音乐，音色优美、旋律动人、令人深深地沉醉其中。如果游客有兴趣，可以去探访当地的尤克里里琴商店。

一定要试着用尤克里里琴弹奏一曲！

A 阿那欧勒传统工艺的尤克里里琴，外观简单朴素，很容易上手。

B 1920—1939年的卡玛卡尤克里里琴，琴身轻盈，制作精良。

B 专业人士爱用的现代卡玛卡尤克里里琴，普通夏威夷当地人也能轻松上手。

A 夏威夷制作的纯天然红木尤克里里琴。

C 靠垫花型设计多样，美丽大方。

C 鲜艳的绿色搭配椰子壳纽扣，一款温馨时尚的手提袋。

D 可爱的木槿花造型适用于挎包、水杯外套和防烫大号手套等。

Hawaiian Quilt
夏威夷手工艺品

大自然主题的夏威夷风情编织品

夏威夷手工艺品制作讲究，一针一线都凝聚着设计者的独特构思，据说有时候只看外表就可以知道作品出自哪位设计师。当地的手工艺品融入了浓浓的夏威夷风情，很适合赠送给女性友人。

A 尤克里里琴教室
Ukulele House

尤克里里琴教室是一家专业讲解尤克里里知识的小课堂，深受爱好者的追随而逐渐闻名。普通的尤克里里琴是每支40美元起价；夏威夷本土制造的尤克里里琴每支450美元不等。周六日免费提供学习课程；初学学员 16:00~16:30、经验学员 16:30~17:00。

MAP 剪切地图-13，p.56-bb
✉ Pualeilani Afrium Shops 1F
☎ 922-2889 ⌚ 9:00~23:00 休无

B 夏威夷岛吉他之家
Island Guitars

夏威夷岛吉他之家有大量不同款式的卡玛卡尤克里里琴、吉他等。该店获得了当地人的信任，每日客流络绎不绝。店内提供尤克里里琴私人指导，游客需要提前预约，收费标准是30分钟25美元。

MAP 剪切地图-37，p.59-K
✉ Ward Warehouse 2F ☎ 591-2910 ⌚ 10:00~20:00（星期日~18:00）

C 夏威夷杂货之家
Hawaiian Quilt Collection

夏威夷杂货之家位于阿拉莫阿那购物中心4层，店内布置温馨舒适，有床罩、绘本等。游客可以选购一些化妆品、零钱包等赠送亲友。

MAP 剪切地图-8，p.133-D
✉ Ala Moana Center 4F ☎ 946-2233 ⌚ 9:30~21:00（星期日10:00~19:00）休无

夏威夷风情特产

E
G.斯蒂芬手镯深受消费者欢迎。

E
菲利普·理查德首饰
色泽丰富，有黄金、
白金、粉金和绿金。

戒指款式多样，有 **E**
不同的大小、样式
和颜色。

深受欢迎的夏威夷珠宝首饰

夏威夷珠宝首饰和夏威夷编织品一样，设计造型主题以夏威夷大海和动植物为主；个性设计拥有超人气，游客可以在回国后装饰佩戴，彰显异国时尚风情。

Hawaiian Jewerly

夏威夷风情
珠宝首饰品

瓦胡岛　99　购物指南

F 洛诺神首饰店首饰种类丰富，十字架项链造型极具存在感、精致的鸡蛋花吊坠设计感饱满，游客可以开心选购。

D Trading Post 夏威夷手工艺品和神石专卖店
Trading Post

夏威夷手工艺品和神石专卖店内的工艺品大都是手工编制，有桌旗和日用小包等，色彩亮丽，造型可爱，非常适宜馈赠亲友。店内不仅有原创设计图形，还有免费教程。

MAP 剪切地图-12，p.56-Q
✉ 2250 Kalakaua Ave.,Waikiki Shopping Plaza2F ☎922-8654
🕘 9:30~21:30　休 无

E 火奴鲁鲁菲利普&理查德精美首饰店
Philip Rickard Honolulu

菲利普&理查德首饰店追求高端品质，打造出一系列具有夏威夷风情的白银、白金、14k、18k黄金首饰。店面内部是制作工坊，一般从下单到送货约2天，可以在首饰上镌刻姓名，店铺还接受网络预订。

MAP 剪切地图-8，p.133-K
✉ Ala Moana Center 3F ☎946-6720　🕘 9:30~21:00（星期日10:00~19:00）　休 无

F 洛诺神首饰店
Lono God of Peace

在夏威夷神话中，洛诺神是和平的象征。Chain and Charm挂饰可以自由组合；许多设计以十字架或者心型为主题，时尚个性的造型深受模特和艺人的喜欢。

MAP 剪切地图-11，p.55-P
✉ 2125 Kalakaua Ave.#7 ☎923-7770　🕘 10:00~23:00　休 无

※很多商品有时候会脱销。

夏威夷当地特色服饰

先确定行李箱是否有空间

游客可以前往当地人常去的服装店购买夏威夷特色服饰,这里有很多国内买不到的设计款式,适合购买赠送亲友。

B 土著潮流T恤衫背部印有夏威夷州旗,胸前是不显眼的品牌名称。

B 黑灰色搭配红色的一款土著潮流T恤衫,经阴影处理后的品牌名称愈发明显。

空气湿度低的夏威夷是T恤衫的王国

T恤衫设计通过不同的标语、图形、色彩等内容彰显个性,游客可以仔细挑选一款属于自己的T恤衫

T-Shirts

T恤衫

A 88T恤衫胸前印有主题画和巨大的品牌标志。

A 88T恤衫的女士吊带背心骑缝处做工良好,人气源自细节。

C 夏威夷岛屿制造品牌T恤衫背部图形是船身搭配巨浪。

C 夏威夷岛屿制造品牌T恤衫背部文字图案较大,胸前品牌标志却很小。

A 88T恤衫专卖店
88 Tees

88夏威夷T恤衫品质超群,款式丰富,当季衬衫非常热销,特别是花型独特的T恤衫备受女性消费者好评。

MAP● 剪切地图-11,p.55-P
✉ 2168 Kalakaua Ave. ☎ 922-8832
⏰ 10:00~23:00 休 无 *设有库西欧分店(☎ 922-8822)。

B 土著潮流T恤衫专卖店
Local Motion

土著潮流T恤衫源自夏威夷本土冲浪运动品牌,深受当地居民喜欢。店内还有很多和冲浪运动相关的产品,冲浪板、冲浪齿轮调节器、冲浪衫等一应俱有。除此之外,还有更多男士短裤、儿童沙滩衫等。

MAP● 剪切地图-8,p.132-A
✉ Ala Moana Center 3F
☎ 979-7873 ⏰ 9:30~21:00(星期日10:00~19:00)
休 无
*瓦伊凯莱设有其他3家分店。

C 夏威夷岛屿制造品牌T恤衫专卖店
Hawaiian Island Creations

夏威夷岛屿制造品牌T恤衫是一家岛内原创品牌,旗下有十余种款式丰富的人气冲浪品牌。多样的T恤衫每件18美元起;最新款式的冲浪板售价约549美元。

MAP● 剪切地图-8,p.132-J
✉ Ala Moana Center1F ☎ 973-6780
⏰ 9:30~21:00(星期日10:00~19:00)
休 无
*怀基基海滩休闲店设有分店。

夏威夷当地特色服饰

D 可爱的海边比基尼造型，白色面料搭配橙子圆点。Peal Props

D 白棕条纹比基尼成熟大方。Linda

E 土著潮流品牌旗下的海边比基尼，波浪和花纹交织，很有视觉冲击力。Koi Boy

F 胸前的椰子树花朵彰显时尚风潮。

F 多彩的比基尼图案在海边阳光的映衬下更加鲜艳明亮。

时尚比基尼，会让您成为耀眼的海边明星

在夏威夷蓝色海水的映衬下，亮丽的比基尼更加鲜艳明亮。带上齐全的海边装备，摇身变成夏威夷美女吧！

D 夏威夷风情凉拖。Leaf Toe Ring Slipper

E 夏威夷风情凉拖。Star Sandal

Beach Wear
泳装

F 时尚的茶色搭配大型木槿花，不失为一款靓丽的海边比基尼。

E Ceppelli品牌的草帽，用来抵挡海边紫外线。Nat Cro Seagrass

D 本土精品海滩用品店
Loco Boutique

本土精品海滩用品店深受当地人和游客的欢迎，目前在国内也逐渐成立了分店。店内商品更新及时，同样的设计只有一款，游客需要认真挑选自己喜欢的款式，不要错过漂亮的海边服饰哦。

MAP 剪切地图-5、p.56-Q
✉ 358 Royal Hawaiian Ave., Ohana Malia Hotel　☎ 926-7131
🕘 9:00~23:00　休 无
＊阿拉莫阿那购物中心、沃德大型仓储超市（夏威夷奥特莱斯名品折扣店）设有分店。

E 夏威夷水花泳装店
Splash Hawaii

夏威夷当地人对泳装异常挑剔，尽管如此，水花品牌的泳装依然博得了夏威夷大众的推崇。整体设计时尚亮丽，款式多样，有基础泳装、沙滩凉拖、遮阳帽等丰富的海边装备。除此之外还有儿童泳装和亲子泳装，可爱漂亮，深受消费者喜欢。

MAP 剪切地图-8、p.133-K
✉ Ala Moana Center1F　☎ 942-1010
🕘 9:30~21:00（星期日10:00~19:00）　休 无

F 火奴鲁鲁普亚拉尼泳装店
Pualani Honolulu

火奴鲁鲁普亚拉尼泳装品牌深受全球比基尼泳装爱好者的追捧，面料选材兼具伸缩性，使用女性内衣专用材质，从而实现了泳装在水中不变形的超群品质。泳装时尚性超群，也是很多知名人士喜欢的单品。

MAP 剪切地图-46、p.51-bb
✉ 2863 Kalakaua Ave., New Otani Kaimana Beach Hotel 1F
☎ 923-0753　🕘 9:00~19:00　休 无

※很多商品有时候会脱销。

瓦胡岛　101　购物指南

萃取纯天然果园的恩惠

自然派的首选佳品

在纯天然的大自然环境中，夏威夷的大地、花草植被都受到了精心的呵护，各种产品原材料萃取自纯天然营养元素，不失为馈赠亲友的佳品。

F 椰子壳储米器
椰子壳储米器不仅防潮，还会飘出清香的椰子味。

C Liliko's Butter & 手工果酱
夏威夷水果经过强烈的太阳光照射，深加工制成的黄油和果酱风味独特。

H 椰子油身体清洗液
椰子油身体清洗液富含高纯度椰汁，清香的椰子味沁人心脾。

F 诺丽果汁
诺丽果汁100%纯天然，是您身体的"清道夫"！

B 那尼·美洗面奶
那尼洗面奶萃取夏威夷热带植物成分，敏感肌肤也可以放心使用。

F 水果味白糖
游客可以品尝到杧果、菠萝和荔枝风味的白糖。

自然派的首选佳品

G 尤克里里耳环
循环使用尤克里里原材料制作而成的耳环，设计新颖独特。

B EHA药膏 缓解疼痛
EHA药膏采用夏威夷纯天然药性植物，具有缓解疼痛的功效。

B MUA美白凝胶
MUA美白凝胶是当地知名品牌，萃取夏威夷原产植物精华，具有美白、除皱和除疤痕的功效。

E 身体喷雾剂
身体喷雾剂采用纯天然植物精油，清新喷雾能带来好心情。

旅游结束后把夏威夷的纯天然佳品一起带回家吧

夏威夷岛环境幽雅，可以治愈身心的疲倦；源自夏威夷纯天然素材的各种天然产品，包装可爱，一直使用，会感觉身心得到舒缓，清爽舒畅。

Natural Goods

纯天然日用品

A 椰汁牛奶洗发液
椰汁牛奶洗发液由精选纯天然椰汁和牛奶搭配而成，柔滑清香，对肌肤无刺激副作用。

D 夏威夷石栗油乳液&化妆水
完美的肌肤护理套装选用夏威夷本土坚果石栗精华液制作而成，是赠送亲友的人气伴手礼。

D 诺利薰衣草乳液&化妆水
诺利是含药性水果植物，可用于防晒，具有肌肤保养的功效。

A Longs Drugs日用品店
Longs Drugs
MAP●剪切地图-8，p.132-F
Longs Drugs日用品店商品种类多样，有化妆品、常用药、杂货、食品、海滩用品等。
✉ Ala Moana Center 2F ☎ 941-4433 ⏰ 6:00~23:00 休 无

B Belle Vie美妆店
Belle Vie
MAP●剪切地图-12，p.56-Q
Belle Vie美妆店有很多美妆产品选自原生态植物精华，深受美妆爱好者的欢迎，很多产品在国内没有销售。
✉ 2250 Kalakaua Ave.,Waikiki Shopping Plaza 1F ☎ 926-7850 ⏰ 10:00~22:30 休 无

C 夏威夷特产专卖店
（珍珠城）→参照p.146

D 玛丽有机美食茶餐厅
（怀基基）→参照p.162

E 北海岸果蜜皂工坊
（北海岸）→参照p.148

F 夏威夷蓝色生活之家
（阿拉莫阿那）→参照p.131

G 沐沐天堂服饰店
（凯卢亚）→参照p.145

H K·玛特超市
（商业区）→参照p.104

※很多商品有时候会脱销。

瓦胡岛 购物指南

浓浓的夏威夷风情
不可或缺的人气小礼品

夏威夷土特产是旅游回国馈赠亲友不可缺少的礼品，每种产品都洋溢着浓浓的夏威夷风情。当然，这些产品也非常适合自己留用。

B 阿罗哈酱油，一直深受夏威夷当地人喜爱。

A 杧果黄油独特的气味中飘散着沁人心脾的香味，有很多种使用方法。

C 椰子酱，面包的最佳拍档。

可爱系列产品大集合

夏威夷很多特产有着令人意想不到的可爱包装，令每位消费者都会不由自主地有想购买的冲动；大部分产品都是自用的佳品。

Souvenirs 礼品

C 肉汁卤味的原材料。

F FIVE-O品牌遮阳帽，时尚又有格调。

F FIVE-O品牌专卖店的特色T恤衫。

A 100%纯天然海盐，迷你包装便于携带。

E 菠萝椰子和百香果口味的速食蛋糕，游客可以回国再现夏威夷热带风味。

A ABC超市
（怀基基）→参照p.106

B Food Pantry美食生鲜超市
Food Pantry
MAP 剪切地图-5，p.56-H
Food Pantry美食生鲜超市位于国王度假中心附近，有生鲜食品、饭团、日式套餐等各种美食和酒水饮品。
✉ 2370 Kuhio Ave. ☎ 923-9831
🕐 6:00～次日1:00 休 无

C 唐吉可德超市
Don Quijote
MAP 剪切地图-1，p.53-A
唐吉可德超市位于阿拉莫阿那购物中心，附近设有邮局，属于日系超市，有很多日本美味食材。
✉ 801 Kaheka St. ☎ 973-4800
🕐 24小时营业 休 无

D K·玛特超市
K mart
MAP 剪切地图-44，p.49-N
K·玛特超市主营生活用品，当地人经常光临，游客可以在这里寻找自己心仪的美式用品。
✉ 500.N.Nimitz.Hwy. ☎ 528-2280
🕐 7:00～23:00 休 无

E 沃尔玛超市
Walmart
MAP 剪切地图-32，p.50-P
沃尔玛超市是全美规模最大的超市，大型卖场内整齐地摆放着各种商品，游客可以尽情挑选。
✉ 700 Keeaumoku St. ☎ 955-8441
🕐 24小时营业 休 无

不可或缺的人气小礼品

B 当地蔗糖不使用香料，柔软细腻，非常有人气。

D 大蒜和辣椒香辛味的海盐，风味独特。

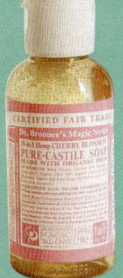

A 超市专供大块魔法皂，100%纯天然植物皂，比国内零售便宜。

E 可爱的冰箱贴，是旅游馈赠亲友的最佳选择。

E 夏威夷怀旧风情明信片，很适合家居装饰。

E 把自己喜欢的装饰品用丝带穿成漂亮的花环，同样也是馈赠亲友的不二选择。

D 办公桌草裙舞人偶，缓解紧张氛围。

C 夏威夷品牌红茶，两种不同的水果风味。

D 比基尼芭比人偶独具夏威夷风情，适合自己收藏和赠送亲友。

E 漂亮的夏威夷风情手袋适合礼品包装。

瓦胡岛 购物指南

F 吉姆·克里斯特尔纪念品店
Crystal Gems
MAP● 剪切地图-17、p.54-X
　吉姆·克里斯特尔纪念品店销售夏威夷FIVE-O品牌系列产品，游客可以提前确认。
✉ Hilton Hawaiian Village Waikiki BeachResort & Spa ☎ 945-2802
🕘 9:00~21:00 休 无

※很多商品有时候会脱销。

时尚的特色限量品

留意国内没有上市的限量新品

在旅游地购买当地特色限量品是旅游最好的纪念！夏威夷有很多时尚可爱的人气限量新品！

B 指甲油和润唇膏含有干花装饰，芳香迷人。润唇膏的香味汇集西瓜、菠萝等水果香气，在干燥的夏威夷非常实用。

C 西班牙产的女式凉鞋和凉拖，亮丽的颜色时尚、充满魅力，是当地旅行必备的人气单品！

I 蕾丝花边鞋跟部分搭配白色鞋身，可爱款式的高跟鞋令人欲罢不能；绿松石青绿色凉拖漂亮大方，即使回国后也是方便搭配的时尚单品。

G 夏威夷本土潮牌哈帕服饰，大大的品牌标志新颖可爱，上身后顿时会有浓浓的夏威夷风情。该品牌只在夏威夷开设专卖店，人气火爆。

H 浅蓝色海玻璃制作而成的首饰，美丽大方。图中首饰均出自夏威夷海洋天使之家。

A 乐播诗专卖店
LeSportsac
MAP● 剪切地图-12，p.56-Q

乐播诗女包上可爱的花纹深受全球消费者喜欢，包包轻便结实，弄脏后可以水洗，非常方便。

✉ 2250 Kalakaua Ave.,Waikiki Shoping Plaza 1F ☎ 971-2919
🕐 9:00~23:00

B ABC超市
ABC Store
MAP● 剪切地图-13，p.57-S

ABC超市在怀基基有很多连锁店，几乎每个街区都有。超市内有杂货、食品等日用品。

✉ 2424 Kalakaua Ave. ☎ 926-5241
🕐 6:30~次日0:30 休 无

C 阿卡库拉时尚鞋店
AKaKuRa HOUSE
MAP● 剪切地图-11，p.55-P

阿卡库拉鞋业得益于自身一流的品质，夏威夷当地分店销售很多超人气限定新品。

✉ 280 Beacwalk ☎ 922-5980
🕐 10:00~22:00 休 无

※ 很多商品有时候会脱销。

时尚的特色限量品

D 有机婴儿连体服以夏威夷丰富的自然资源为理念设计制作。

D 全球有名的婴儿手推车,以蔓生植物为推车花纹,鲸为坐垫花纹,是夏威夷的限定品。

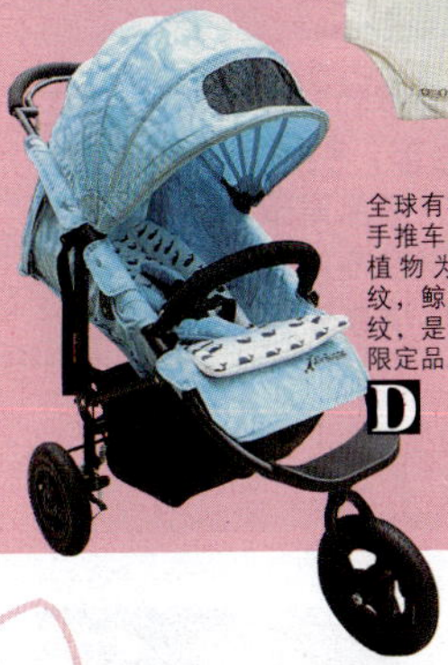

F 怀基基当地独家销售的夏威夷风情蛋糕,有可爱的阿罗哈衬衫形曲奇饼干、南国水果味杯形蛋糕等。

购买店内唯一性的商品或者瓦胡岛的限定品

购买包装可爱的曲奇饼干或者夏威夷风情手包等限定品,无论送亲友还是自己收藏,都令人非常开心。接下来为您介绍几种国内不常见的特殊纪念品!

Limited Products

限定品

A 夏威夷当地限定的乐播诗女包、化妆包等,设计充满了浓郁的夏威夷风情,无论自己用还是送亲友都是不错的选择。

E 夏威夷曲奇饼干采用岛上特有的马卡达姆坚果仁和高级黄油制成,是馈赠亲友的最佳礼品。

瓦胡岛 购物指南

D 海滩漫步区婴儿用品专卖店
AriBuggy
MAP● 剪切地图-11、p.125-D
海滩漫步区婴儿用品专卖店销售各种婴儿用品和婴儿车等,夏威夷有机婴儿服饰是旅游馈赠亲友不错的选择。
✉ 226 Lewers St. (怀基基海滩步道2F)
☎ 533-9070 🕐 10:00~22:00
休 无

E 大岛糖果店
Big Island Candies
MAP● 剪切地图-8、p.133-K
大岛糖果店只在瓦胡岛独家销售,没有分店。其中最有名的曲奇饼干选用当地特有的马卡达姆坚果和黄油制成,可口细腻。
✉ Ala Moana Center 1F ☎ 946-9213 🕐 9:30~21:00 (星期日10:00~19:00)
休 无

F 霍库拉尼手工烘焙店
(凯悦酒店)→参照p.122

G 哈帕风潮精品店
(国王村)→参照p.112

H 夏威夷海洋天使之家
→参照p.110

I FLAG-J精品鞋履店
(阿拉莫阿那购物中心)→参照p.130

AHU Is. SHOP GUIDE
瓦胡岛购物指南

怀基基
● Waikiki

卡拉卡瓦街周边是怀基基的繁华购物区,也是夏威夷州的时尚先锋地带,引领当地潮流风尚。购物区商店鳞次栉比,商品琳琅满目,各种时尚个性物件一应俱全。很多商店营业时间持续到深夜,游客可以在这里尽情享受购物的愉悦。

怀基基 | 时尚品
缪斯·黎沫女装精品店
MUSE by rimo

时尚优雅的女装精品大集合

夏威夷缪斯·黎沫女装精品店是洛杉矶人气时尚女装黎沫品牌的第二分店。品牌旗下的女装设计兼具淑女范儿和性感范儿,深受追捧,追捧者中不乏知名人士。

MAP ●剪切地图-5、p.56-G
- 2310 Kuhio Ave.
- 926-9777
- 10:00~23:00
- 休 无

卡拉卡瓦购物区 | 首饰品
火奴鲁鲁莫尼精品店
Moni Honolulu

原创首饰精品集合

火奴鲁鲁莫尼精品店首饰由当地老手艺人手工打造,原创精品极具夏威夷风情。其中一款粉金首饰堪称镇店之宝,做工细致精美,很多明星都前来购买收藏。

MAP ●剪切地图-11、p.55-P
- 2131 Kalakaua Ave.
- 926-9006
- 10:00~23:00
- 休 无 *夏威夷风情首饰手工定做预约须1周左右。

卡拉卡瓦购物区 | 保健品
内欧药妆店
Neo Plaza

追求美和健康的双重保养需求

内欧药妆店内有很多当地特产和美国原产的美白产品和减肥产品,摆放有序,疗效和口碑甚好,很多回头客专程前来选购。超级胶原蛋白是店内的明星产品,具有美白功效,每支18.99美元;真肌护理系列保养效果出众,游客可以购买体验夏威夷保健品的功效。

MAP ●剪切地图-12、p.56-Q
- 2250 Kalakaua Ave., Waikiki Shopping Plaza 1F
- 971-0030
- 10:00~22:30 (星期六、星期日14:30~)
- 休 无

| 怀基基 | 时尚品 |

Crazy Shirts专卖店
Crazy Shirts

美国民众的本土品牌

夏威夷Crazy Shirts T恤设计多样，有的衬衫主题以椰子风味咖啡、火山灰、鸡尾酒寓意的蓝色夏威夷、美元等当地特色元素为主；有的衬衫款式图形经过UV加工，浸湿后才会显现；还有的衬衫是海滨艺术家和迪士尼的收藏品，总之，夏威夷Crazy Shirts是一家深受美国民众喜欢的人气老牌店。

MAP ● 剪切地图-10、p.54-W

- 1777 Ala Moana Blvd., Modern Honolulu 1F
- 973-4061
- 9:00~22:00
- 休 无
- HP www.crazyshirts.com

| 怀基基 | 时尚品 |

杰尼斯时尚之家
Genius Outfitters

可爱的商品一应俱全

怀基基杰尼斯时尚之家上下两层，主营服装、帽子、凉拖、生活杂货等可爱时尚物品。店主每月都会前往洛杉矶海淘潮流新品，是爱美女性不可错过的夏威夷时尚大本营。店内设计以"女性的一天"为主题，集齐了美国、印度、韩国等世界各地的时尚用品。漫步其中，游客宛如置身于自己的爱家中一样轻松自如，不知不觉沉浸在购物的美好环境中。

MAP ● 剪切地图-4、p.55-P

- 346 Lewers St.
- 922-2822
- 11:00~23:00（星期日~22:30）
- 休 无

| 怀基基 | 时尚品 |

帕仕玛女装品牌店
PASHMA

适合度假的时尚优雅披肩

帕仕玛女装和披肩色泽亮丽，柔软亲肤。品牌选用山羊绒、丝绸和棉麻等高品质天然素材，搭配印度手艺人的精湛技法，颇受欢迎。夏威夷皇家酒店设有披肩专卖店，进店选购还会赠送配饰品。

MAP ● 剪切地图-12、p.56-aa

- 2259 Kalakaua Ave., The Royal Hawaiian, a Luxury Collection Resort 1F
- 931-7234
- 9:00~21:00
- 休 无
- HP www.pashma.com

瓦胡岛 购物指南

库西欧街 | 时尚品
夏威夷卢瓦那精品店
Luwana Hawaii

本土时尚、价格亲民

夏威夷卢瓦那精品店时尚品丰富多样，从凉拖到首饰一应俱全。女装色彩丰富、质地轻柔。上衣30美元起价、短裤38美元起价格不等。店内商品价格亲民，有很多当地消费者光顾。

MAP ●剪切地图-5，p.56-H

✉ 2310 Kuhio Ave.,#139
☎ 926-1006 🕐 10:00~22:00 休 无

卡拉卡瓦街 | 时尚品
夏威夷海洋天使之家
Angels by the Sea Hawaii

海滨度假时尚单品大集合

夏威夷海洋天使之家店内装饰充满夏威夷风情，单品时尚可爱而又不失迷人魅力。店内许多原创服饰和珠宝首饰都出自老板兼设计师霓娜之手；个性的背包添加刺绣元素，亮丽不俗；还有使用海玻璃制成的耳饰挂件等。总之，店内的夏威夷风情手工时尚品会为您的海边度假平添几分乐趣。

MAP ●剪切地图-13，p.57-S

✉ 2552 Kalakaua Ave., Waikiki Beach Marriott Resort & Spa 1F
☎ 922-9747 🕐 8:00~22:00 休 无
🌐 angelsbytheseahawaii.com

海滨大道 | 美妆用品
美妆之家
Kuub Cosmetics

专业美妆用品，质地精良

夏威夷美妆之家秉承质量第一的宗旨，汇集了很多制作精美的日化用品，堪称肌肤旅行的得力助手。店内不仅有高品质药妆用品和有机美妆品，还有深受顾客欢迎的旅行美妆套餐，售价25美元起。

MAP ●剪切地图-12，p.56-Q

✉ 333 Seaside Ave.,#140
☎ 926-6666 🕐 11:00~22:00 休 不定时休息

怀基基 | 鞋履品牌
Flip Flop人字拖鞋专卖店
Flip Flop Shops

凉鞋专卖店，源于加州

Flip Flop人字拖鞋专卖店只销售做工优良的凉鞋，有成人皮革凉鞋和步行凉鞋、儿童凉鞋和亲子凉鞋，以及Flip Flop徒步旅行凉鞋，它最为显著的特点是即使长时间行走也不会累脚，所以是游客进店的必选款式之一。

MAP ●剪切地图-13，p.56-R

✉ 2377 Kalakaua Ave. ☎ 237-2590
🕐 9:00~22:00
🌐 www.flipflopshops.com

卡拉卡瓦街 | 手表
Japaha手表专卖店
Japaha

男士时尚腕表系列

夏威夷Japaha男士腕表品牌创立于1996年，是怀基基购物出游不可错过的精品店铺之一。设计师超群的时尚理念迎来了许多回头客，店内很多手表源于瑞士机芯和美国制作，还提供定期保养服务。

MAP ●剪切地图-5，p.56-G

✉ 2310 Kuhio Ave. ☎ 922-1717 🕐 10:00~21:00
休 ＊游客可以登录Japaha官网订购。
🌐 www.japaha.com

| 怀基基 | 纪念品 |

吉姆·克里斯特尔纪念品店
Crystal Gems

夏威夷刑警剧周边纪念品

吉姆·克里斯特尔纪念品店位于夏威夷希尔顿酒店刑警剧《Hawaii Five-O》拍摄场区。游客可以进店购买印有电视剧名的帽子、马克杯和T恤衫等旅游纪念品。

MAP ●剪切地图-17、p.54-X

✉ Hilton Hawaiian Village Waikiki Beach Resort & Spa
☎ 921-0044　🕘 9:00~21:00　休 无

| 怀基基 | 休闲服饰 |

大卫&歌利亚服饰专卖店
David & Goliath

设计可爱独特的T恤和小物件

大卫&歌利亚服饰品牌设计师从最初的多方探索到固定主题，最终成功创立品牌。店内T恤衫以《圣经》故事中小男孩对战高大猛男的故事为主题元素，绘有个性插画和短语，售价约为20美元不等，物美价廉，深受顾客欢迎。另外还有居家服和内衣等系列服饰。

MAP ●剪切地图-12、p.56-R

✉ 2371 Kalakaua Ave., Moana Surfrider, A Westin Resot & Spa　☎ 971-2957　🕘 9:30~22:30　休 无

| 库西欧街 | 瑜伽服饰 |

莫阿尼瑜伽服饰店
moani yoga

精品瑜伽服饰，展示成熟女性美

莫阿尼瑜伽服饰品牌源于夏威夷当地，服装设计清新自然，使用有机棉制作，穿着舒适。另外还有连衣裙等多种服饰可供选择。

MAP ●剪切地图-5、p.56-G

✉ 2310 Kuhio Ave.,#131
☎ 926-9775　🕘 12:00~20:00　休 无

| 怀基基 | 时尚品 |

绿松石时尚精品店
Turquois

亚裔设计师创立的时尚潮牌

继成立拉斯韦加斯两家店铺后，绿松石时尚精品店创建了夏威夷怀基基分店。店内服饰轻盈舒适，还有汤姆鞋和萨姆达拉品牌鞋履强势入驻。

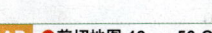

MAP ●剪切地图-12、p.56-Q

✉ 333 Seaside Ave., #150　☎ 922-5893
🕘 10:30~23:00
🌐 www.turquoise-shop

瓦胡岛　111　购物指南

夏威夷国王村购物中心

King's Village

MAP ●剪切地图-13、p.56-R

131 Kaiulani Ave.
944-6855
9:00~23:00
无
www.kings-village.com

夏威夷国王村是卡拉卡瓦大王的住宅宫邸遗址，现代的仿古欧洲风建筑群仿佛诉说着曾经的历史岁月。购物中心建筑物里设有很多长椅，游客可以惬意地休闲购物。每天傍晚18:15都会举行城堡卫兵交接仪式，独特的形式值得游客驻足欣赏。

国王村购物中心 / 夏威夷风情编织品

皇室时尚精品店
Regal Decor

夏威夷特色纪念品的最佳代言

如果游客想要购买夏威夷特色纪念品，首推瓦胡岛皇室时尚精品店。店内不仅有款式多样的夏威夷手工艺编织品，还有靠垫、零钱包、水杯杯套和眼镜盒等琳琅满目的时尚精品。其中，最受消费者欢迎的当属店家别具一格的原创设计品和纯羊毛制品。店内的小物件售价1美元起，较低的价格令人开心指数爆棚。

MAP ●剪切地图-12、p.56-R
King's Village 2F 924-9291
10:00~22:00 休无

国王村购物中心 / 礼物

哈帕风潮精品店
Hapa Style

人气火爆的本土时尚潮牌

哈帕潮牌源自怀基基，只在当地设立实体店，人气火爆。品牌商标形象是一个可爱的漫画人物手持冲浪板奔跑。店内有很多男士用品和女士用品，哈帕潮牌的T恤衫、时尚背包、帽子等甚至受到一些艺人和模特的喜欢，很多消费者也专程前往店内为自己选购礼物。

MAP ●剪切地图-12、p.56-R
King's Village 2F 922-1110
10:00~22:00 休无

国王村购物中心 / 儿童用品

琪琪岛
Kiki Land

儿童度假服饰专卖店

琪琪岛专营普通儿童服饰，星条旗帜的水手服是店内人气商品，还有充满摇滚风潮的夏威夷阿罗哈儿童衬衫和穆穆袍等。

MAP ●剪切地图-5、p.56-R
King's Village 1F 926-4811
10:00~22:30 休无

国王村购物中心 / 皮革制品

PIPELINE精品店
Pipeline

鞋履品牌和背包，定制自己的专属礼物

PIPELINE精品店专售可汗、其乐等品牌精品鞋履和长靴，游客可以向店员咨询。

MAP ●剪切地图-12、p.56-R
King's Village 2F 926-6888
10:00~22:30 休无

夏威夷皇家购物中心
Royal Hawaiian Center

夏威夷皇家购物中心位于怀基基核心地带,设有一流品牌专售区、餐饮区、射击休闲娱乐区和大型会务活动区。

MAP ● 剪切地图-12 , P 56-Q
✉ 2201 Kalakaua Ave.
☎ 922-0588
🕐 10:00~22:00
休 无
HP www.royalhawaiiancenter.com

夏威夷皇家购物中心 | **时尚背包**

乐播诗专卖店
LeSportsac

轻便结实 旅途适用

乐播诗背包图案简单可爱,质地轻盈结实、适宜水洗,携带方便,深受消费者喜欢。设计款式丰富多样,令人目不暇接,有化妆包、零钱包、旅行行李包、男士商务背包等,其中游客最关心的莫过于夏威夷当地的限定款。店内几乎所有产品都是子母包,每款均附有用相同材质制作的零钱包,人性化的设计令人购物愉快。

MAP ● 剪切地图-19, p.116-C-1·2F
🏢 Royal Hawaiian Center C Building 1·2F
☎ 971-2920　🕐 10:00~22:00
休 无

夏威夷皇家购物中心 | **西部风情**

西部经典专卖店
Western Classics

**改变日常服饰
挑战西部风情装**

西部经典专卖店深受潮流消费群体追随,游客可以进店购买独具美国西部特色的装饰品、腰带和长靴,还可以尝试改变自己的日常服饰,挑战豪迈狂野的西部风情装。

MAP ● 剪切地图-12, p.117-A-3F
🏢 Royal Hawaiian Center A Building 3F
☎ 923-1294
🕐 10:00~22:00
休 无

夏威夷皇家购物中心 | **休闲服饰**

怀基基戴维森哈雷机车用品专卖店
Waikiki Harley-Davidson

**很多原创商品
哈雷车手不可错过!**

怀基基戴维森哈雷机车用品专卖店商品多样,有印有商标品牌的T恤衫、皮夹克、腰带和背包等,美国本土很难淘到的赛车用品也可以在此预约订购。店内还有很多女士用品。

MAP ● 剪切地图-19, p.117-A-2F
🏢 Royal Hawaiian Center A Building 2F　☎ 791-7880
🕐 10:00~22:00　休 无
※ 该品牌表设计简单,深受欢迎,人气指数呈上涨趋势。

夏威夷皇家购物中心 | **时尚品**

夏威夷皇家射击俱乐部直营店
Royal Hawaiian Shooting Club Shop

**射击休闲
兼军需品商店**

游客可以在夏威夷皇家射击俱乐部体验射击,在直营店内选购射击T恤衫、马球衫和帽子,其中很多T恤印有格洛克枪支制造商的品牌标志,款式设计也有女装。

MAP ● 剪切地图-19, p.117-A-4F
🏢 Royal Hawaiian Center A Building 4F
☎ 922-4122
🕐 11:00~23:00(星期日12:00~)

夏威夷皇家购物中心 — 美妆用品
爱情文艺复兴美妆店
Love Renaissance

美妆新提议
自然美容液

爱情文艺复兴美妆品牌源自夏威夷当地，倡导从洁面到保湿所有护肤程序都使用美容液，从而达到保湿功效。品牌旗下8大系列美妆护肤品采用玄米精华液等自然提取物。例如，最高级别美妆系列"VERDI"将橄榄叶等7种纯天然植物营养液按照一定比例调配，美容效果良好。

MAP ●剪切地图-19、p.116-C-1F
✉ Royal Hawaiian Center C Building 1F
☎ 923-0991
营 10:00～22:00
休 无

夏威夷皇家购物中心 — 时尚品
火奴鲁鲁珂亦时尚精品店
Koi Honolulu

汇聚时下话题潮牌

珂亦精品店汇聚了众多人气时尚潮牌，其中不乏知名品牌，因而深受好莱坞名媛喜欢。

驻足店内，可以淘到整个夏威夷都少见的时尚品。

MAP ●剪切地图-19、p.117-B-1F
✉ Royal Hawaiian Center B Building 1F
☎ 923-6888　营 10:00～22:30
休 无

夏威夷皇家购物中心 — 泳装
艾露尔泳装专卖店
Allure

款式多样

艾露尔泳装被评为全球泳装知名品牌，店内泳装设计精良，不乏很多夏威夷限定品。泳装号码齐全，最小至XS码，身材娇小的消费者可以认真挑选自己喜欢的款式。

MAP ●剪切地图-12、p.116-C-1F
✉ Royal Hawaiian Center C Building 1F
☎ 926-1174　营 10:00～22:00
休 无

夏威夷皇家购物中心 — 时尚背包
Lanai Transit包
Lanai TRANSIT HAWAII

夏威夷本土品牌　多功能性引人注目

Lanai Transit包源自夏威夷本土，设计理念集合便携性、功能性、实用性和时尚性，丰富的色彩款式极具消费魅力。店内使用特殊技术加工而成的尼龙背包，防水效果良好，方便日常使用。包身设计追求细节，通过圆形晶片贴片提升色彩，并在上层覆盖塑料包膜以防晶片钩挂衣服。

MAP ●剪切地图-19、p.117-A-1F
✉ Royal Hawaiian Center A Building 1F
☎ 923-3380　营 10:00～22:00
休 无

| 夏威夷皇家购物中心 | 知名品牌 |

菲拉格慕专卖店
Salvatore Ferragamo

鞋履设计气质高雅

菲拉格慕专卖店鞋履设计精美，穿着舒适，以高性能而闻名全球。店内宽阔明亮，摆放着包和服饰等周边商品，还有新开设不久的珠宝专柜。

MAP ●剪切地图-19、p.117-B-1、2F
Royal Hawaiian Center B Building 1F、2F
971-4267　10:00~22:30　休无

| 夏威夷皇家购物中心 | 手表 |

夏威夷劳力士专卖店
Rolex Kaimana Kea

汇聚劳力士旗下各种型号手表

夏威夷劳力士专卖店手表单只售价3000~25万美元。购买时游客可以详细咨询店内导购，也可以事先确定型号后前去购买。

MAP ●剪切地图-19、p.116-C-1F
Royal Hawaiian Center C Building 1F
971-2986　10:00~22:45　休无

| 夏威夷皇家购物中心 | 女式内衣 |

丹丹公主女式内衣专卖店
Princess Tam Tam

高品质内衣搭配亲民的价格

丹丹公主内衣专卖店囊括了法国和美国等地各种各样的原创设计款式。游客可以按照夏威夷当地价格购买。店内商品尺寸齐全，涵盖30/A到大码。女士内衣25美元起不等，女式短裤10美元起不等。

MAP ●剪切地图-19、p.117-A-3F
Royal Hawaiian Center A Building 3F
922-3330　10:00~22:00
休无

| 夏威夷皇家购物中心 | 珠宝饰品 |

科亚那尼夏威夷珠宝旗舰店
Koa Nani

设计主打现代夏威夷风情

科亚那尼夏威夷珠宝品牌主要以热带海滨的花草树木和浪花为设计主题，精美的粉钻饰品、纯银饰品和白金饰品由设计师手工打造，个性而不失优雅。

MAP ●剪切地图-19、p.116-C-1F
Royal Hawaiian Center C Building 1F
923-8889　10:00~22:00
休无

| 夏威夷皇家购物中心 | 时尚品 |

阿罗哈爱娜精品店
ALOHA aina BOUTIQE

可爱的度假休闲服饰

阿罗哈爱娜精品店内汇聚了当地20~30岁年轻服装设计师的精美作品，不乏很多时尚的度假服饰。店内商品色彩明亮，商品聚焦时下潮流女性的流行风尚，有舒适轻盈的连衣裙以及珠宝、背包等非常百搭的商品。

MAP ●剪切地图-12、p.116-C-2F
Royal Hawaiian Center C Building 2F
924-4333　10:00~22:30
休无

夏威夷皇家购物中心

MAP ●剪切地图-12、p.56-Q

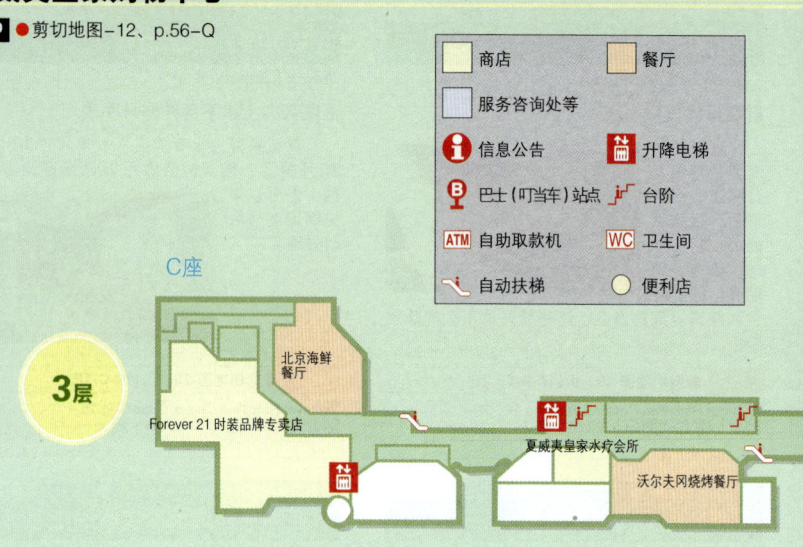

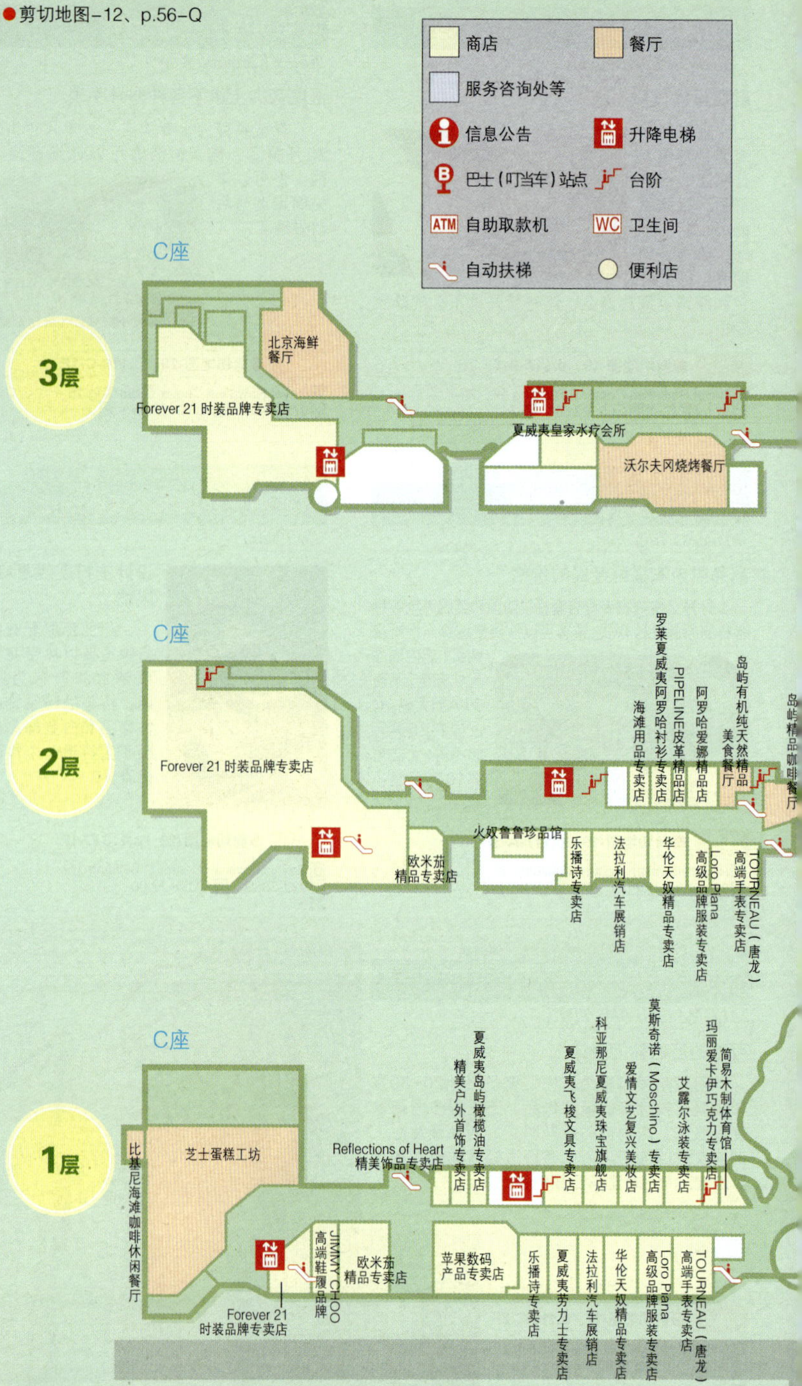

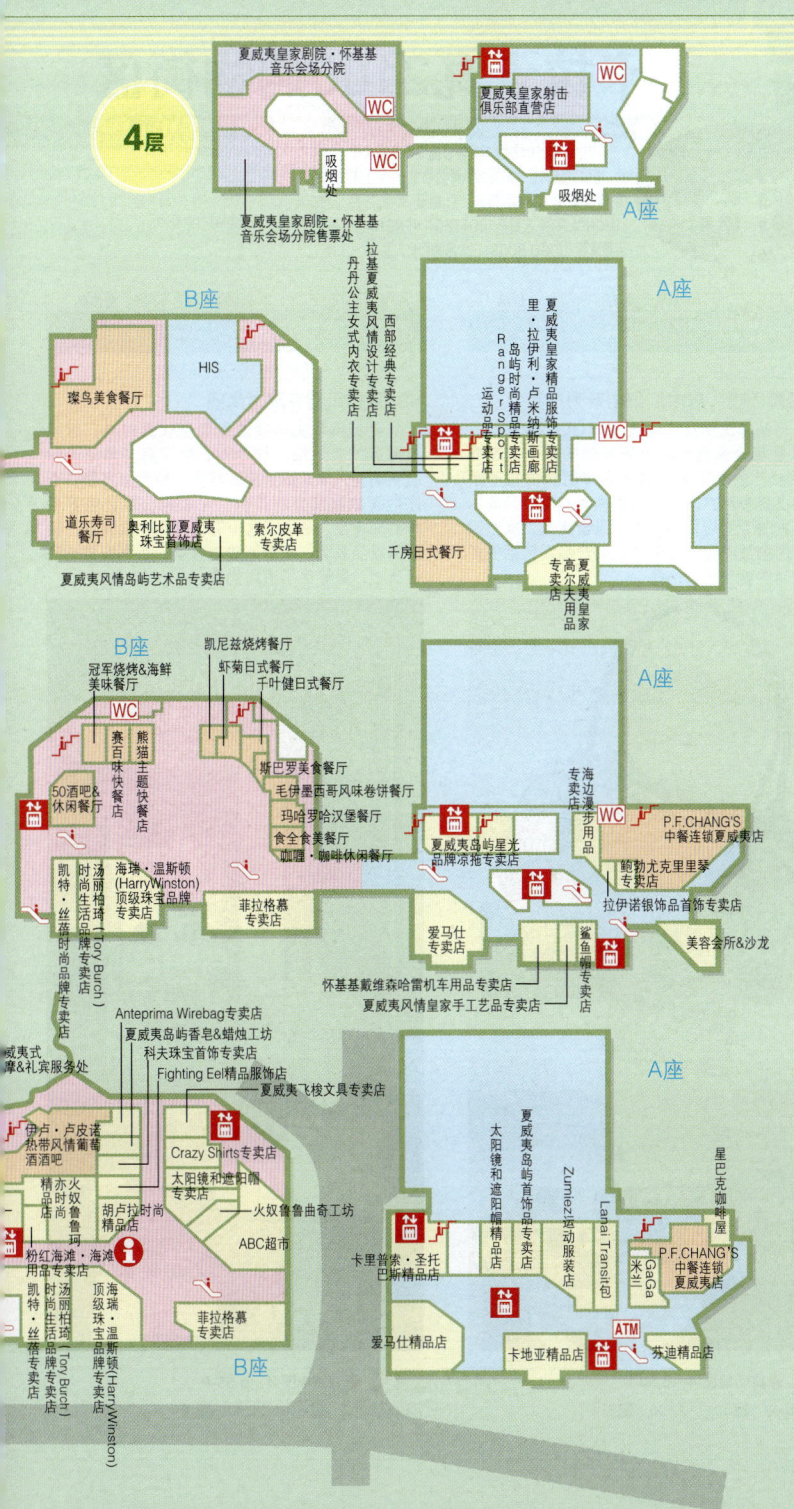

AHU Is. SHOP GUIDE 瓦胡岛购物指南

卡拉卡瓦2100购物街区

2100 Kalakaua Avenue

MAP ●剪切地图-11，p.55-P

卡拉卡瓦2100购物街区奢侈品专卖店鳞次栉比，堪称夏威夷最大的高端品牌购物中心。除了本书接下来介绍的品牌外，近期还有蒙克莱（MONCLER）、宝缇嘉（BOTTEGA VENETA）、雨果博斯（HUGO BOSS）三大品牌强势入驻。

📧 2100 Kalakaua Ave.
📞 550-4449
🕐 10:00~22:00
休 无
🌐 www.2100kalakaua.com

卡拉卡瓦2100购物街区　　奢侈品

古驰专卖店
Gucci

店面沿街而设　店内汇聚全系列产品

古驰品牌深受女性欢迎，"GG"字样的品牌标志是每个系列产品不可或缺的存在。在尊重传统设计的基础上，古驰品牌团队日益不断地开发出更多新产品，一直引领时尚潮流风尚。夏威夷古驰专卖店临街而设，天窗高大，宽敞明亮。店内摆放着古驰品牌全系列产品，包括很多高档时尚的腕表及首饰品。

MAP ●剪切地图-4，p.55-P
📞 921-1000　🕐 10:00~22:00　休 无

卡拉卡瓦2100购物街区　　奢侈品

伊夫圣罗兰专卖店
Yves Saint Laurent rive gauche

YSL百搭风情弄潮时尚圈

夏威夷伊夫圣罗兰专卖店优雅时尚，店内布置宛如美术馆一样令人心生宁静。单品设计清新明亮，非常适合旅游休闲。柜台上方整齐有序地摆放着漂亮的背包、化妆包、零钱包等各种时尚单品。总之，这里有很多国内没有发行销售的新品系列，深受消费者喜爱，游客如果有购买计划，最好尽早进店挑选。

MAP ●剪切地图-4，p.55-P
📞 924-6500　🕐 10:00~22:00　休 无

卡拉卡瓦2100购物街区　奢侈品
香奈儿专卖店
Chanel

汇聚香奈儿经典系列

香奈儿是全球顶级高端奢侈品，世界范围内无数粉丝一直追随相伴。夏威夷香奈儿专卖店占地1100平方米，分为上中下3层，布局优雅，宽敞明亮。店内有当季新品、私人定制品、背包、首饰、手表、美妆用品等。当地限定品非常热销，一经上市立马售罄。来到夏威夷，香奈儿专卖店是您观光购物不可错过的一站。

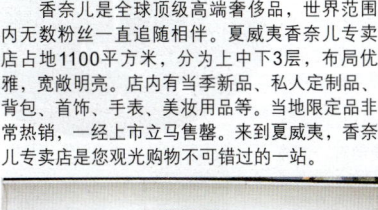

MAP ●剪切地图-4、p.55-P
☎923-0255　⌚10:30~22:30
休 无

卡拉卡瓦2100购物街区　珠宝首饰品
蒂芙尼专卖店
Tiffany & Co.

全球最大规模的品牌直营店

夏威夷蒂芙尼专卖店是该品牌在全球范围内最大规模的精品直营店。蒂芙尼珠宝首饰品牌源自纽约，店内有FINE JEWELRY高级珠宝系列、银饰品、精品文具和夏威夷风情首饰品。店面面积堪称世界最大，宽阔的销售空间里陈列着私人定制品和当季新品。蒂芙尼珠宝售后服务齐全，游客可以放心购买，回国后也依然能够享受珠宝售后保养服务。

MAP ●剪切地图-4、p.55-P
☎926-2600
⌚10:00~22:00
休 无

卡拉卡瓦2100购物街区　奢侈品
蔻驰专卖店
Coach

高性能人气背包

夏威夷蔻驰专卖店人气火爆，经典背包系列的主题图案中C字样的品牌标志是不可或缺的元素之一。店内商品样式丰富，有手包、肩挎包、男女服饰、首饰、珠宝和太阳镜等。店面宽敞明亮，游客可以进店悠闲选购。

MAP ●剪切地图-4、p.55-P
☎924-1677　⌚10:00~22:00
休 无
* 阿拉莫阿那购物中心、怀基基奥特瑞格海滩酒店、凯悦酒店均设有分店。

AHU Is. SHOP GUIDE 瓦胡岛购物指南

夏威夷DFS环球免税店旗下T广场

T GALLERIA HAWAII by DFS　MAP　剪切地图-12、p.56-Q

T广场购物氛围浓厚
可尽情享受夏威夷怀基基购物之旅

夏威夷DFS环球免税店占地面积颇为惊人，约有19 510平方米，同时也是世界最大规模的免税店。免税店内各种商品应有尽有，从高端奢侈品到服饰、珠宝首饰品、化妆品以及很多T广场限定品和其他国家未发行出售的新品等，可以说几乎囊括了所有日用品。店内购物氛围轻松愉悦，有语言导购员方便游客。游客在店内购买的品牌返回国后依然可以享受售后质保。特别是2010年1月开始，所有免税店商铺在结算时都不再额外加收夏威夷州税，从而使消费者的购物越发便利快捷。

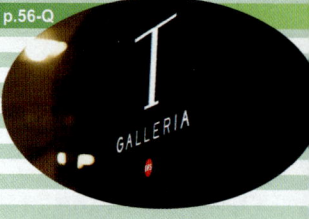

✉ 330 Royal Hawaiian Ave.
☎ 931-2700
⏰ 9:00~23:00
休 无

1层　怀基基奢侈品专卖区
1层卖场概况

1层卖场有蔻驰、马克·雅可布、巴宝莉等世界知名奢侈品专卖店强势入驻。宽敞明亮的设计布局衬托出店内高端大气的购物环境。据说在夏威夷当地，即使很难入手的专柜精品在环球免税店也可以找到。除此之外，还有限定品和其他国家尚未发行上市的新品。每个楼层都设有旅游纪念品购物区。

1层卖场内知名奢侈品专卖店并排相邻

2层　美妆用品专卖区
2层卖场概况

2层卖场是夏威夷规模最大的美妆用品销售区，有香奈儿、迪奥等人气品牌和最佳畅销美妆品。此外还有很多夏威夷限定品和T广场限定品，游客需要在购物时事先确认。2层美妆购物区所有商品结算时都不加收任何税金，对于购买者而言非常优惠！

2层美妆品卖场和店面柜台宽敞明亮

3层　免税区
3层卖场概况

夏威夷T广场购物中心内，3层免税区所有商品实施免税优惠政策，因而最能吸引消费者的视线。卖场有宝格丽、卡地亚、普拉达和巴黎世家等高级品牌入驻。此外还有皮革制品、手表和珠宝饰品等许多夏威夷限定品，游客最好事先确认自己想要的款式和型号。

上：梵克雅宝珠宝饰品专卖店
左：法国著名奢侈品品牌梵克雅宝强势入驻3层卖场

美容达人
免费诊断肌肤问题，提供按摩服务
T广场内轰动一时的美容机构经济实惠

经常有很多美容达人光顾T广场的人气美容护肤机构，游客可以免费体验1对1私人定制美容护肤项目，设有最新仪器诊断肌肤，可进行手脚护理、化妆等。店家人气火爆，游客最好提前预约。

☎ 931-2595（※接受预约，提供语言服务。）
⏰ 10:00~23:00　休 无

左：店员与顾客轻松交流肌肤保养方法
右：按摩椅可以横着打开，游客可以体验至尊按摩服务

夏威夷DFS环球免税店旗下T广场

MAP ●剪切地图-12、p.56-Q

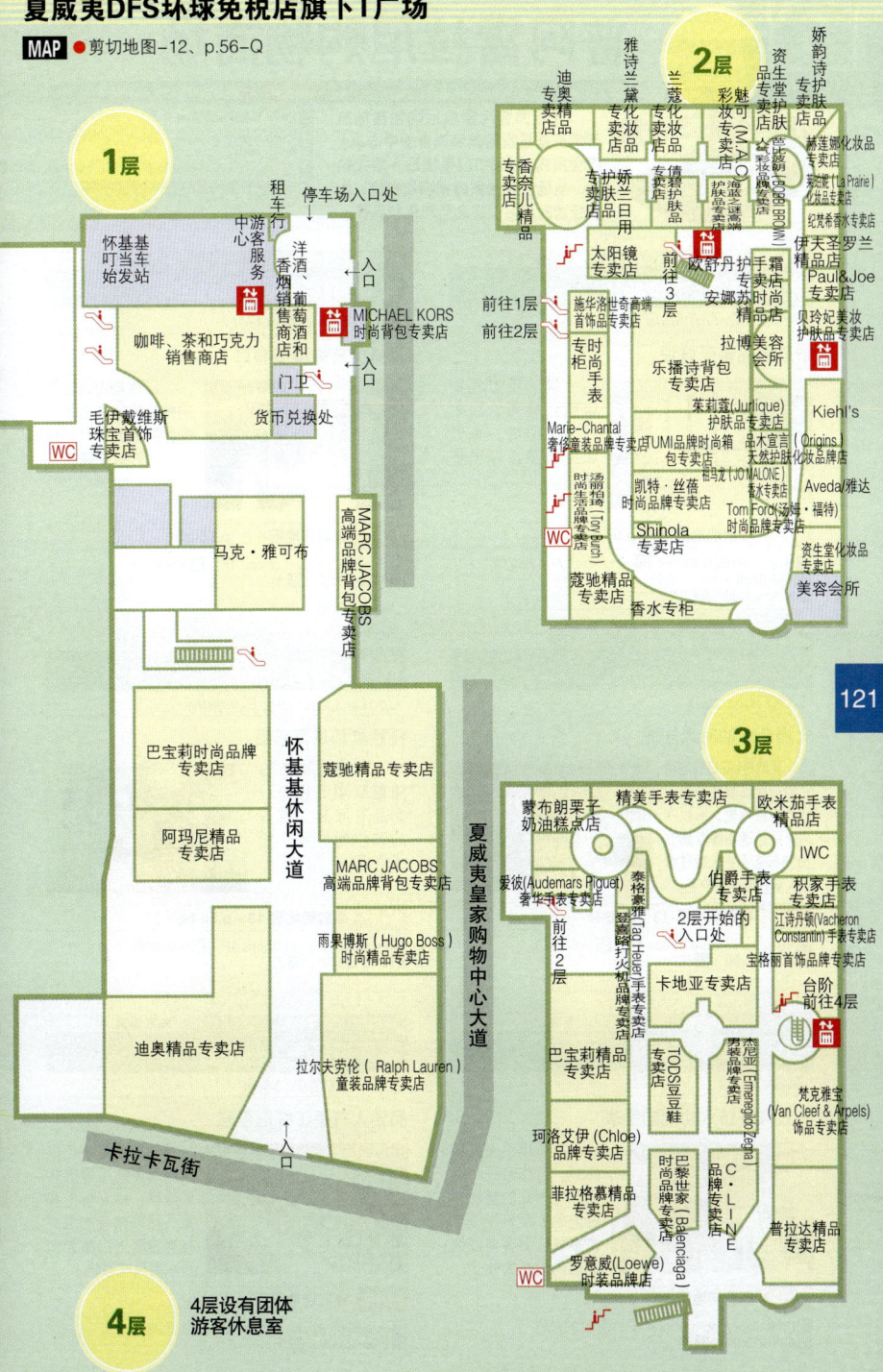

AHU Is. SHOP GUIDE 瓦胡岛购物指南

普阿雷拉尼购物商场

Pualeilani Atrium Shops

MAP ●剪切地图-13、p.56-R

✉ 2424 Kalakaua Ave.
☎ 923-1234
🕘 9:00~23:00
休 无
🌐 www.pualeilanishops.com/shopping

夏威夷普阿雷拉尼购物商场位于怀基基凯悦丽晶海滩度假中心&水疗会所内，上下3层呈拱形开放式构造。商场内50余家商铺鳞次栉比，主要经营时尚品、纪念品和化妆品等。

普阿雷拉尼购物商场 | 时尚品
娜·霍拉礼物精品店
Na Ho'ola Gift Shop

护肤用品备受好评

娜·霍拉礼物店精致典雅，店内有瑜伽服饰、香皂和纯天然按摩橄榄油。

MAP ●剪切地图-13、p.56-bb
✉ Hyatt Regency Waikiki Beach Resort And Spa 5F
☎ 237-6350
🕘 9:00~21:00 休 无

普阿雷拉尼购物商场 | 珠宝首饰品
夏威夷传统黄金饰品店
Hawaii Tradition Gold

夏威夷首饰琳琅满目

店铺售卖高品质的传统夏威夷首饰。推荐购买有三种颜色的华丽彩虹手镯。

MAP ●剪切地图-13、p.56-bb
✉ Pualeilani Atrium Shops 1F ☎ 924-6763
🕘 8:00~23:00 休 无

普阿雷拉尼购物商场 | 鞋履
UGG专卖店
UGG Australia

火爆全球的时尚短靴

夏威夷UGG雪地靴专卖店商品款式经典，舒适的雪地靴，可以在冲浪后迅速温暖双脚。2013年店面扩大后陆续加入更多系列新产品。

MAP ●剪切地图-13、p.56-R
✉ Pualeilani Atrium Shops 1F ☎ 926-7573
🕘 9:00~23:00 休 无

普阿雷拉尼购物商场 | 杯形蛋糕
曲奇服饰商贸总汇
Cookie's Clothing Company

任意款都是百搭品

曲奇服饰店追随最新潮流风尚，商品有服装、首饰品和小物件等，价格合理。

MAP ●剪切地图-13、p.56-bb
✉ Pualeilani Atrium Shops 1F ☎ 922-2665
🕘 9:00~23:00 休 无

普阿雷拉尼购物商场 | 手表
斯沃琪手表专卖店
Swatch

各式具备防水功能的手表

斯沃琪手表品质高端，价格亲民，因而深受大众的喜欢。店内各式手表设计丰富多样，游客可以选购国内没有的款式。

MAP ●剪切地图-13、p.56-bb
✉ Pualeilani Atrium Shops 1F ☎ 923-3390
🕘 9:00~23:00 休 无

普阿雷拉尼购物商场 | 杯形蛋糕
霍库拉尼手工烘焙店
Hokulani Bake Shop

品尝人气手工杯形蛋糕

霍库拉尼手工烘培店有多彩可爱的杯形蛋糕、曲奇饼干和番石榴等热带水果，推荐游客进店品尝南国水果风味蛋糕。

MAP ●剪切地图-13、p.56-bb
✉ Pualeilani Atrium Shops 1F ☎ 923-2253
🕘 9:00~23:00 休 无

怀基基海滩漫步区

● Waikiki Beach Walk

怀基基海滩漫步区毗邻卢瓦兹大街,附近大约有40余家商店、8家餐厅&水疗会所、4所酒店及休闲场所。漫步区设施齐全,街道上散发着浓郁的夏威夷风情。

MAP 剪切地图-11、p.55-P、Z
✉ 226、227 Lewers St.
🕘 9:00~23:00(具体时间因商家而定) 休 无
HP www.waikikibeachwalk.com

怀基基海滩漫步区 | 奢侈品
芙丽芙丽专卖店
FOLLI FOLLIE

首饰、手表闪耀着女性的光辉

芙丽芙丽品牌源自希腊,集设计、制作、销售为一体,首饰、手表及时尚配饰秉承"让女性魅力更加闪耀"的时尚理念,美丽不俗。夏威夷芙丽芙丽专卖店深受时尚女性欢迎,高端腕表优雅迷人,售价约为200美元不等;项链95美元起价;手镯最低150美元。店内有语言导购,游客可以放心购物。

MAP ● 剪切地图-11、p.125-C
✉ 226 Lewers St.,Suite24
🕘 9:00~22:00 休 无 ☎ 922-0124
HP www.follifollie.com

怀基海滩漫步区 | 纪念品
奥时裳生活精品馆
Oasis Lifestyle

将夏威夷风情带回家

奥时裳生活精品馆秉承"美丽&放松"的经营主题,店内商品高端大气,有精油香薰、夏威夷风情珠宝饰品、服饰等。

MAP ● 剪切地图-11、p.125-E
✉ 226 Lewers St.,Suite145
☎ 924-6675 🕘 9:30~22:00
休 无

怀基海滩漫步区 | 纪念品
火奴鲁鲁曲奇饼干店
Honolulu Cookie Company

超人气曲奇饼干 旅游必选礼物

来到火奴鲁鲁曲奇饼干店,菠萝形状的面包、曲奇深受消费者喜爱,也是赠送亲友的佳品。店内曲奇有菠萝味、马卡达姆坚果味、白巧克力坚果咖啡味、葡萄味等16种不同风味。

MAP ● 剪切地图-11、p.125-C
✉ 227 Lewers St.,Suite125
🕘 9:00~23:00 休 无 ☎ 924-6651
HP www.honolulucookie.com

怀基海滩漫步区 | T恤衫
玛利布T恤衫
Malibu Shirts

冲浪良品

玛利布T恤衫是毛伊岛的人气运动品牌,近期在怀基开设分店,店内新款复古衫人气爆满。店内摆设得宛如冲浪博物馆,装备齐全,有冲浪大赛奖杯、冲浪板等冲浪用品。

MAP ● 剪切地图-11、p.125-C
✉ 226 Lewers St.,Suite115
☎ 923-0306 🕘 9:00~22:00 休 无
HP www.malibushirts.com

瓦胡岛 购物指南

怀基基海滩漫步区 — 时尚品

马希娜服饰精品店
Mahina

洛杉矶风尚　物美价廉

马希娜服饰精品店老板每周都会前往洛杉矶选购潮流服饰和首饰,毛伊岛有3家分店,随着日益高涨的人气,2009年火奴鲁鲁也开设了新分店。店内很多连衣裙和服饰配件色彩明亮,质地精良,物美价廉。普通服装25~50美元,首饰品9~22美元,游客可以进店选购,开心体验时尚之旅。

MAP ●剪切地图-11、p.125-C

226 Lewers St., Suite136　924-5500
9:30~22:00（星期五、星期六~22:30）　休无

怀基基海滩漫步区 — 泳装

阳光海滩泳装专卖店
Sunshine Swimwear

泳装造型设计丰富多样

阳光海滩泳装品牌深受年轻女性喜欢,造型多样,店内有专门为已婚女士设计的遮挡体型泳装以及儿童泳装、亲子泳装、男士泳装、凉拖及遮阳帽。

MAP ●剪切地图-11、p.125-C

227 Lewers St., Suite123
924-3888
9:00~22:00　休无

怀基基海滩漫步区 — 巴拿马草帽

Truffaux巴拿马草帽
Truffaux

源自澳大利亚巴拿马的草帽专卖店

Truffaux品牌的巴拿马草帽专卖店全部出自手工编织,质地精良。店内摆放的草帽类型大约有200种,从XS到XXXL码的不同尺寸应有尽有。进店选购后店员会根据个人头型为您打造属于自己的巴拿马草帽。

MAP ●剪切地图-11、p.125-E

227 Lewers St., Suite128　921-8040
10:00~24:00　休无
www.truffaux.com

怀基基海滩漫步区

MAP ●剪切地图-11、P55-P,Z

1层 A

2层 B

卡拉卡瓦街

夏威夷银行快捷点

库伊库银饰饰品店

怀基基霍库拉尼蛋糕店

ABC超市

ATM

芝士烘焙店・怀基海滩漫步区

毛伊戴维斯珠宝首饰店
Crazy Shirts专卖店
那霍库珠宝首饰店
玛利布T恤衫
皮特・里克画廊

岛屿・首尔时尚潮店

夏威夷传统指压按摩会所/
巧克力・菠萝・瑜伽运动工作室

阿罗哈美甲会所

Sacred Jewels of Mu 饰品店

米娜・西西里亚美食餐厅

唐霍路

海滩漫步区

高品质生活会所

125

卡伊瓦特色酒吧
卡伊瓦餐厅

WC

芙丽芙丽专卖店

怀兰特画廊

耐克专卖店

普鲁茵时尚店

P 停车场入口

诺亚诺亚时尚精品店

夏威夷风情手工艺品店
海滩漫步区婴儿用品专卖店

赛百味快餐店
库伊库银饰收藏点
水手珍宝收藏点
马希娜服饰精品店
岛屿・首尔时尚潮店
2cherrys 时尚泳装店
奥时裳生活精品馆

Giovanni Pastrami 美食餐厅

夏威夷特产咖啡豆&茶叶专卖店
国王首饰品店
阳光海滩泳装专卖店
火奴鲁鲁曲奇饼干店
多来购物店
纳普亚精美首饰品店
Truffaux巴拿马草帽
蓝姜服饰店

克亚树荫精品店

露丝・克里斯烧烤之家

ATM

套房怀基酒店海滩国宾

赫卢莫亚路

停车场出口
怀特朗普国际酒店&怀基基海滩漫步区

庭院之家美食餐厅

怀漫步区国宾套房酒店

科克科夫时尚精品店

卢瓦兹街

ABC超市

怀基大酒店王室

P 停车场入口

草裙舞乐活体验中心

怀基基洛伊兹美食餐厅

迪尼兹美食餐厅

茶阿罗哈餐厅幸福

卡利亚街

图例	
商店	自动扶梯
游客服务中处等	餐厅
ℹ 信息公告	升降电梯
Ⓑ 巴士（叮当车）站点	台阶
ATM 自助取款机	WC 卫生间

阿拉莫阿那商业圈
Ala Moana Around

阿拉莫阿那商业圈毗邻卡皮欧拉尼街、阿拉莫阿那购物中心、沃德购物商厦等建筑群，当地人经常光顾购物。附近商铺规模较小，布局精致，货源充足。

阿拉莫阿那商业圈 | 时尚品

Ross Dress For Less 折扣店
Ross Dress For Less

服装家居用品　心动的折扣价

Ross Dress For Less是一家居家服饰和日用品系列折扣店，深受当地人喜欢。店内S、M尺寸不多，找到后不妨立即购买吧。

MAP 剪切地图-32、p.50-P

✉ 711 Keeaumoku St. ☎ 945-0848
🕐 8:00~22:00（星期五、星期六~22:30、星期日9:00~21:30）休无

阿拉莫阿那商业圈 | 名优精品

We are Iconic 时尚精品店
We Are Iconic

精品新店　令当地时装造型师瞩目

We are Iconic时尚精品店由一位亚裔女性开设，店主曾经居住洛杉矶并长期开设同名服饰网店。成立之初，夏威夷实体店就受到当地消费者的众多关注。店内设计别具一格，洋溢着浓郁的西海岸风情。游客可以在此选购到很多国内没有的知名品牌，服饰以黑、白、灰等安静素雅的色彩为主，适宜各种场合穿着。

MAP 剪切地图-38、p.50-Z

✉ 1236 Waimanu St., #B ☎ 799-6433
🕐 11:00~19:00 休星期五休息（电话预约的话会开门服务）

阿拉莫阿那商业圈 | 名优精品

土著天空精品店
Bamboo Sky

以洛杉矶名品为主

土著天空精品店店主每年多次去洛杉矶选购时尚服饰，从休闲风到正式装，风格多样，时尚百变，深受当地消费者喜欢。

MAP 剪切地图-38、p.59-L

✉ 401 Kamakee St. ☎ 591-8003
🕐 11:00~18:00（星期日12:00~17:00）休无

阿拉莫阿那商业圈 | 跑步用品

Runners Route 跑鞋专卖店
Runners Route

跑鞋种类数量堪称第一

Runners Route几乎占领夏威夷跑鞋市场第一位，种类齐全。每星期二下午店铺都会组织跑步运动，可以免费参加。

MAP 剪切地图-32、p.50-Z

✉ 1322 Kapiolani Blvd. ☎ 941-3111
🕐 10:00~20:00（星期日~18:00）休无

阿拉莫阿那商业圈 | 冲浪用品

夏威夷南海岸冲浪用品专卖店
Hawaiian South Shore

冲浪爱好者的胜地

夏威夷南海岸冲浪用品专卖店是当地冲浪爱好者的御用品牌，服饰选材精良，各种配件齐全，商店设计得宛如名优精品店。

MAP 剪切地图-37、p.59-K

✉ 320 Ward Ave. ☎ 597-9055 🕐 10:30~19:00（星期日10:00~18:00）休无

AHU Is. SHOP GUIDE 瓦胡岛购物指南

阿拉莫阿那购物中心
Ala Moana Center

MAP ●剪切地图-8、p.53-K

阿拉莫阿那购物中心堪称夏威夷购物的代名词，知名高端品牌店鳞次栉比，还有很多其他国家没有上市的潮流品牌。这里每天人流如织，热闹非凡，是当地人和游客心中的人气购物场所。

📍 1450 Ala Moana Blvd.
📞 946-2811
🕐 9:30～21:00（星期日10:00～19:00）
休 无
HP www.alamoanacenter.com

安·泰勒精品店
Ann Taylor
阿拉莫阿那购物中心 | 知名品牌

清爽的纽约品牌　深受白领女性追捧

安·泰勒精品服饰是纽约白领女性的知名御用品牌，设计简单清爽，端庄大方，店内有正装、女裙和配饰等，搭配协调。单品服饰约100美元，鞋子50美元起不等。

MAP ●剪切地图-8、p.132-B
📍 Ala Moana Center 3F（诺德斯特龙连锁百货）
📞 949-7260
🕐 9:30～21:00（星期日10:00～19:00）　休 无

百利皮革精品店
Bally
阿拉莫阿那购物中心 | 知名品牌

造型时尚新颖

百利皮革奢侈品品牌源自瑞士，女包造型新颖独特，饱含女性主题，兼具创造性和功能性。店内男女背包都堪称经典，值得游客前去选购。

MAP ●剪切地图-8、p.133-H
📍 Ala Moana Center 2F（梅西百货公司）
📞 941-1187　🕐 9:30～21:00（星期日10:00～19:00）
休 无

贺曼贺卡店
Amy's Hallmark
阿拉莫阿那购物中心 | 贺卡・文具用品

美丽贺卡大汇集！

贺曼贺卡制作新颖独特，有生日卡、结婚卡等，按照用途分门别类摆放，便于寻找。店内贺卡种类齐全，还有很多不常见的贺卡，例如专用特大贺卡、90岁生日贺卡和发光贺卡等。

MAP ●剪切地图-8、p.132-A
📍 Ala Moana Center 3F 📞 949-2413
🕐 9:30～21:00（星期日10:00～19:00）　休 无

阿贝克隆比&费奇品牌店
Abercrombie & Fitch
阿拉莫阿那购物中心 | 知名品牌

人气暴涨的新型休闲服饰

阿贝克隆比&费奇休闲服饰的关注度日益上涨，店内T恤衫选用纯棉质地，亲肤柔滑，穿着舒适。

MAP ●剪切地图-8、p.132-A
📍 Ala Moana Center 3F 📞 946-5655
🕐 9:30～21:00（星期日10:00～19:00）
休 无

丝芙兰专卖店
Sephora
阿拉莫阿那购物中心 | 美妆品

俘获女性的美妆大世界

夏威夷丝芙兰专卖店试装小样众多，包含身体乳和其他知名系列美妆品，色彩丰富，种类齐全。进店选购仿佛来到美妆大世界，让人不禁流连忘返。

MAP ●剪切地图-8、p.132-F
📍 Ala Moana Center 2F
📞 944-9797
🕐 9:30～21:00（星期日10:00～19:00）
休 无

阿拉莫阿那购物中心 — 珠宝首饰品

那·霍库珠宝店
Na Hoku

夏威夷本地珠宝品牌 高端优雅

那·霍库是夏威夷老牌珠宝商,珠宝造型简单,选材讲究,设计细致独特,优雅时尚,值得每一位消费者珍爱一生。店内戒指和项链等首饰选用大溪地稀有珍珠,美到令人窒息。

MAP ●剪切地图-8、p.132-F
Ala Moana Center 2F ☎946-2100
営9:30~21:00(星期日10:00~19:00) 休无

阿拉莫阿那购物中心 — 时尚品

玖熙专卖店
Nine West

每周六上新 值得关注

夏威夷玖熙鞋履专卖店深受消费者喜欢,商品有包、太阳镜、亮色系凉鞋等,种类缤纷,价格适中,游客可以进店集中选购。

 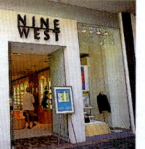

MAP ●剪切地图-8、p.132-F
Ala Moana Center 2F ☎944-5152
営9:30~21:00(星期日10:00~19:00)
休无 ＊有折扣区与奥特莱斯店

阿拉莫阿那购物中心 — 名品服饰

BeBe休闲服饰专卖店
Bebe

引领海滩时尚潮流

夏威夷BeBe休闲服饰专卖店源于圣弗兰西斯科,店内服饰设计简单,主打性感潮流,从休闲服饰到外套都十分时尚,深受大众欢迎。店内印有品牌商标的T恤衫是明星产品,售价34美元起。

MAP ●剪切地图-8、p.132-F
Ala Moana Center 2F ☎946-2323
営9:30~21:00(星期日9:00~19:00) 休无

阿拉莫阿那购物中心 — 休闲服饰

幸运号牛仔服专卖店
Luckey Brand Jeans

牛仔系列深受全美欢迎

夏威夷幸运号牛仔服专卖店有男女牛仔服和休闲服系列,服饰没有年龄限制。店铺经常为人气电视连续剧、电影提供服饰造型,深受消费者喜欢。

MAP ●剪切地图-8、p.132-B
Ala Moana Center 3F(诺德斯特龙连锁百货)
☎951-1067 営8:30~21:00(星期日9:00~19:00)

阿拉莫阿那购物中心 — 休闲服饰

GAP专卖店
Gap

**设计简单
价格合理**

GAP堪称美国休闲服饰的领军品牌,亲民的价格愈发凸显品牌魅力。夏威夷专卖店牛仔服系列50美元起,印有"GAP"字样的T恤衫起价19.50美元。游客可以进店在打折区仔细挑选。

MAP ●剪切地图-8、p.132-A
Ala Moana Center 3F ☎949-1933
営9:30~21:00(星期日10:00~19:00) 休无

阿拉莫阿那购物中心 — 休闲服饰

霍利斯特休闲服专卖店
Hollister

A&F (Abercrombie & Fitch) 旗下品牌　西海岸休闲风

霍利斯特品牌隶属于美国高端休闲服饰品牌A&F(Abercrombie Fitch),A&F品牌主打东海岸公主范儿,霍利斯特品牌更加趋向于西海岸沙滩休闲风系列。夏威夷霍利斯特专卖店有男女服饰,款式丰富。游客最好在店内有打折活动时选购。

MAP ●剪切地图-8、p.132-B
Ala Moana Center 3F(梅西百货公司)
☎955-4041
営9:30~21:00(星期日10:00~19:00) 休无

| 阿拉莫阿那购物中心 | 礼物纪念品 |

岛屿最佳礼品店
The Islands' Best

正宗的夏威夷纪念品

夏威夷当地有很多便宜的纪念品,大部分是中国和印度尼西亚制造。岛屿最佳礼品店的商品是真正的夏威夷产纪念品,琳琅满目,从巧克力食品到装饰物,应有尽有。

MAP ●剪切地图-8、p.133-K
✉ Ala Moana Center 1F(阿拉莫阿那街沿海一侧)
☎ 949-5345 🕘 9:30~21:00(星期日10:00~19:00)
休 无

| 阿拉莫阿那购物中心 | 休闲服饰 |

老海军休闲服饰专卖店
Old Navy

日常休闲服饰

继GAP之后老海军荣升全美第二大休闲服饰品牌,主打日常休闲款。店内有成年男女服饰、青年男女服饰和童装,价格实惠,推荐游客一次性多多选购。

MAP ●剪切地图-8、p.132-J
✉ Ala Moana Center 1F ☎ 951-9938
🕘 9:00~21:00(星期日10:00~20:00)
休 无

| 阿拉莫阿那购物中心 | 童装 |

儿童天地精品服饰店
The Children's Place

童装可爱时尚不输成人装

儿童天地童装品牌面向新生儿~14岁少年群体,时尚亮丽的服装造型引发无数成人的购买欲望。夏威夷专卖店价格合理,深受当地消费者喜欢。如果遇到打折季,游客可以买到更多实惠商品,有的单件服饰价格几乎低于1美元。

MAP ●剪切地图-8、p.132-B
✉ Ala Moana Center 3F(阿拉莫阿那街沿海一侧)
☎ 947-0003 🕘 9:30~21:00(星期日10:00~19:00)
休 无 HP www.childrensplace.com

| 阿拉莫阿那购物中心 | 沐浴液 |

BBW护肤品专卖店
Bath and body works

人气洗手液香氛浓郁 种类缤纷

BBW 肌肤护理品牌源于美国,店内洗发液、洗手液有西瓜味、椰汁味等众多夏威夷热带水果味,商品种类缤纷多样,经济实惠,游客可以选购一些作为旅游纪念品馈赠亲友。

MAP ●剪切地图-8、p.133-H
✉ Ala Moana Center 2F(梅西百货商店)
☎ 946-8020 🕘 9:00~22:00(星期日10:00~20:00)
休 无

| 阿拉莫阿那购物中心 | 时尚品 |

J.库鲁休闲服饰精品店
J.Crew on the island

简单可爱风潮

J.库鲁休闲服饰品牌源于美国,这里是夏威夷的首家分店。简单的服饰造型令出游的心情更加蠢蠢欲动。游客可以根据店内模特的服饰搭配进行选择。

MAP ●剪切地图-8、p.133-G
✉ Ala Moana Center 2F(诺德斯特龙百货商店)
☎ 949-5252 🕘 9:30~21:00(星期日10:00~19:00)
休 无

| 阿拉莫阿那购物中心 | 体育用品 |

露露柠檬运动品牌店
Lululemon athletica

时尚运动风潮

露露柠檬运动品牌服饰多彩明亮,造型时尚;选材精良,柔软吸汗,适宜运动弹跳。店内服饰适用于跑步、远足、瑜伽、舞蹈、旅行等。

MAP ●剪切地图-8、p.133-G
✉ Ala Moana Center 2F(诺德斯特龙百货商店)
☎ 946-7220 🕘 9:30~21:00(星期日10:00~19:00)
休 无

阿拉莫阿那购物中心　百货店
诺德斯特龙百货店
Nordstrom

源于西雅图　遍布全美的高级百货店

夏威夷诺德斯特龙百货店每天都会有钢琴现场演奏，购物氛围优雅舒适。2层卖场是首选购物区，有美妆品、珠宝首饰品、女装等。其中，珠宝首饰专柜面积达到卖场的三分之一，数量丰富，品质精美。

MAP ●剪切地图-8、p.132-B、133-C、G

✉ Ala Moana Center 1~3F
☎ 953-6100　🕘 9:30~21:00（星期日11:00~19:00）　休 无

阿拉莫阿那购物中心　百货店
尼曼梅西百货店
Neiman Marcus

限定品丰富

夏威夷尼曼梅西百货店商品种类多样，有很多品牌商品、男女装、化妆品和礼品等。商场

内的独家入驻品牌限定品非常值得游客前去选购，具体事宜请咨询2层消费者服务柜台处。

MAP ●剪切地图-8、p.132-B、133-G

✉ Ala Moana Center 2~4F　☎ 951-8887　🕘 10:00~20:00（星期六~19:00、星期日12:00~18:00）　休 无
＊如果成为百货店会员，根据购买商品的积分情况还会获赠礼品

阿拉莫阿那购物中心　珠宝首饰品
Ponte Veccbio Hotta珠宝店
Ponte Vecchio Hotta

人气首饰品牌　时尚高雅

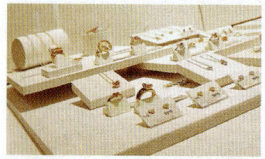

夏威夷Ponte Veccbio Hotta品牌饰品光彩熠熠，设计新颖独特，品质高端，深受当地消费者好评。店内限定品以海豚和夏威夷自然风情为主题，灵动美丽，游客可以进店仔细选购。

MAP ●剪切地图-8、p.133-G

✉ Ala Moana Center 2F（诺德斯特龙连锁百货）
☎ 943-6300　🕘 9:30~21:00（星期日10:00~19:00）　休 无

阿拉莫阿那购物中心　鞋履品牌
FLAG-J精品鞋履店
FLAG-J

舞鞋价格亲民

夏威夷FLAG-J精品鞋履店面向20岁左右的年轻女性，主打可爱风。店内女鞋种类从无系带轻便舞鞋到平底鞋，丰富多样，游客可以进店选购夏威夷限定品。

MAP ●剪切地图-8、p.133-K

✉ Ala Moana Center 1F　☎ 955-2500
🕘 9:30~21:00（星期日10:00~19:00）　休 无
🌐 www.flag-j.net

阿拉莫阿那购物中心　特色美食
科纳鲍鱼特产专卖店
Kona Abalone

夏威夷岛生长的美味鲍鱼

科纳鲍鱼特产风靡夏威夷KCC农贸市场，近来专卖店入驻阿拉莫阿那购物中心。科纳鲍鱼

生长在深海中，捕捞后经过加工处理制成罐头，便于携带即食。

MAP ●剪切地图-8、p.133-K

✉ Ala Moana Center 1F　☎ 941-4120
🕘 9:30~21:00（星期日10:00~19:00）　休 无
🌐 bigislandabalone.com

阿拉莫阿那购物中心　厨具用品
威廉姆斯・索诺玛厨具精品店
Williams Sonoma

专营厨房用品　深受料理师喜爱

威廉姆斯・索诺玛厨具精品店主营厨房时尚用品，店内摆放着各种厨具、桌布和免费橄榄

汤。进店选购厨具后，还会收到店家赠送的食谱书籍。

MAP ●剪切地图-8、p.132-B

✉ Ala Moana Center 3F（诺德斯特龙连锁百货）
☎ 951-0088　🕘 9:30~21:00（星期日10:00~19:00）
休 无

阿拉莫阿那购物中心 — 童装

珍妮和杰克童装精品店
Janie & Jack

设计精致、备受瞩目的新品牌

夏威夷珍妮和杰克童装品牌面向新生儿到6岁左右的儿童，服饰有刺绣、蕾丝点缀，精美多样，类型涵盖日常装、旅游时尚装等。

MAP ●剪切地图-8、p.132-B
Ala Moana Center 3F（诺德斯特龙百货商店）
949-4053　9:30~21:00（星期日10:00~19:00）
休 无

阿拉莫阿那购物中心 — 童装

卡哈拉服饰专卖店
Kahala

知名阿罗哈衬衫品牌　历史悠久

夏威夷卡哈拉服饰品牌创立于1936年，最初是阿罗哈衬衫的制造商之一，店内印有冲浪之神卡哈那莫库公爵的衬衫最为有名，阿罗哈儿童T恤衫每件38美元，深受欢迎。

MAP ●剪切地图-8、p.133-G
Ala Moana Center 2F（诺德斯特龙百货商店）
941-2444　9:30~21:00（星期日10:00~19:00）
休 无

阿拉莫阿那购物中心 — 礼物纪念品

夏威夷蓝色生活之家
Blue Hawaii Lifestyle

崇尚自然风潮　极富夏威夷风情

蓝色生活之家所有商品均产自夏威夷，店内护肤品、化妆品萃取自天然植物成分；店内还有咖啡、果酱、果汁等当地特产的原生态健康食品。

MAP ●剪切地图-8、p.133-G
Ala Moana Center 2F（诺德斯特龙百货商店）
949-0808　8:30~21:00（星期日9:00~19:00）
休 无

阿拉莫阿那购物中心 — 背包

乐播诗专卖店
LeSportsac

款式多样

夏威夷乐播诗背包使用降落伞材料，轻便结实，即使长时间携带也不会感到疲倦，堪称旅行最佳背包。最近，品牌团队加入了知名设计师，又增添了新的流行风尚，新品陆续上市。店内有零钱包、波士顿手提包（小型手提包）、斜挎包、主妇大包以及很多国内没有的新款背包，种类丰富，款式新颖别致。另外，该品牌包更新较快，如果看到自己中意的产品，建议及早购买。

MAP ●剪切地图-8、p.133-H
Ala Moana Center 2F
（梅西百货商店）
973-6306
9:30~21:00
（星期日10:00~19:00）
休 无

阿拉莫阿那购物中心 — 背包

Anteprima Wirebag专卖店
Anteprima Wirebag

价格相对便宜

Anteprima Wirebag意大利知名人气品牌由旅居米兰的日本时装设计师荻野泉创立。夏威夷专卖店价格相对便宜，有经典款、新款和当地限定品，适合休闲出行和正式搭配，尤其在观看演出时更能凸显背包华丽的魅力。

MAP ●剪切地图-8、p.133-G
Ala Moana Center 2F（诺德斯特龙百货商店）
983-3886　9:30~21:00（星期日10:00~19:00）
休 无

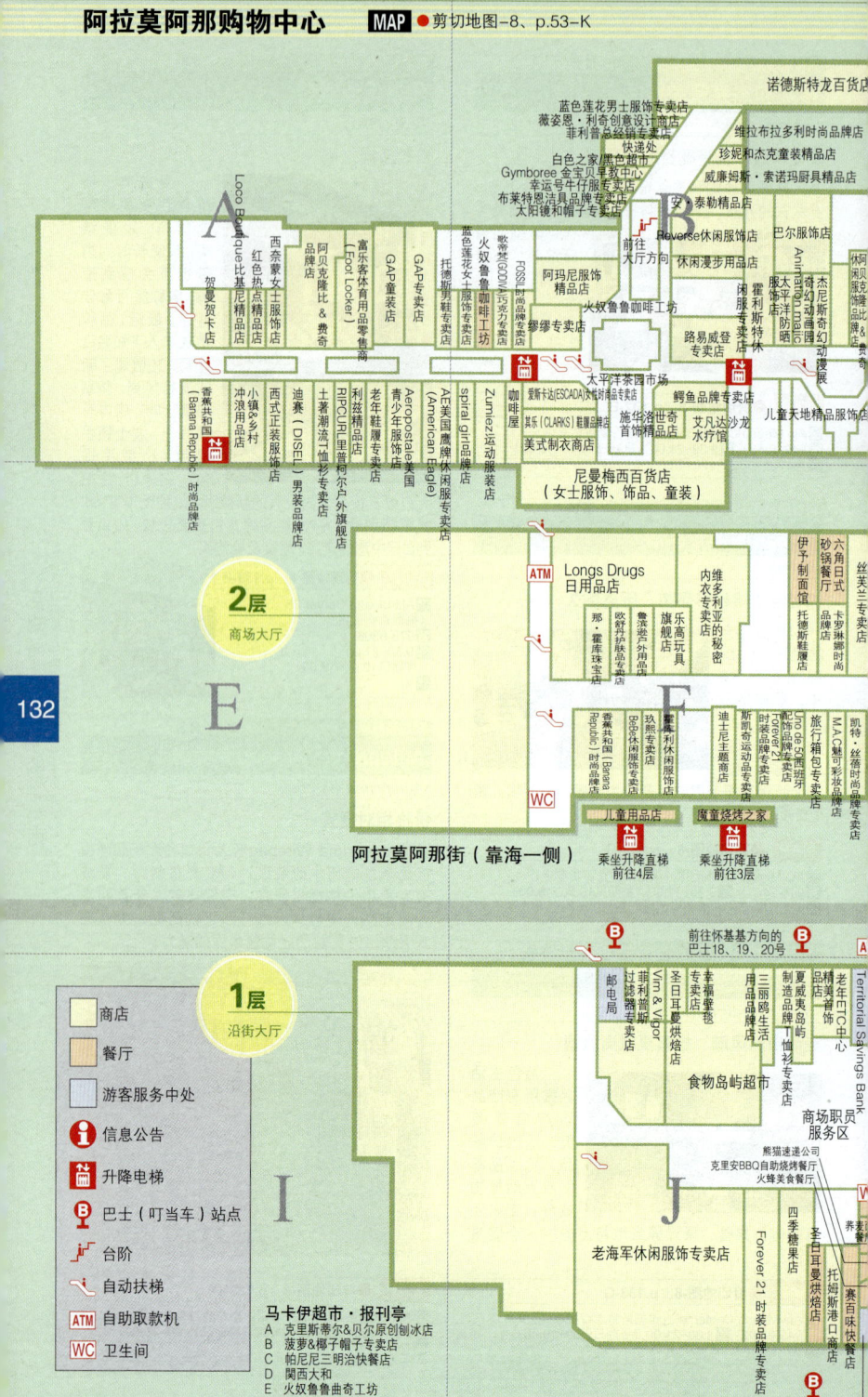

商业区—唐人街
Downtown-Chinatown

商业区到唐人街一带有很多个性商店，购物氛围轻松愉快。但是，即使白天来到唐人街观光购物，游客也最好注意安全。每个月的第一个星期五，附近会举办"第一个星期五（First Friday）"艺术展，热闹非凡。

佩琦·霍珀画廊
The Pegge Hopper Gallery
（唐人街／画廊）

旅居夏威夷的女性画家作品

女画家佩琦·霍珀在世界享有极高声誉，目前旅居夏威夷。画廊改装自古老的建筑物，别有一番风味，展览的系列作品运用前卫大胆的艺术手法，色彩丰富明亮，展现出不一样的夏威夷女性群体。游客来到画廊可以静静地赏析每幅作品。原创艺术品每幅1000美元起价，临摹作品每幅30美元起。2层商店销售绘本、绘画书等。

MAP ●剪切地图-29、p.58-A
- 1164 Nuuanu Ave.
- 524-1160
- 11:00～16:00（星期六-15:00）
- 休 星期日、星期一定期闭馆

夏威夷卡玛卡尤克里里琴工坊
Kamaka Hawaii
（商业区／尤克里里琴）

在传统的尤克里里琴工坊中聆听美妙的音色

夏威夷卡玛卡尤克里里琴工坊历经3代传承。这里的商品只能在实体乐器店购买，运气好的话可以买到音色完美的琴，游客可以进店询问。另外，可以预约参观工坊尤克里里琴制作现场，师傅们专注工作的场景很有震撼力。

MAP ●剪切地图-37、p.58-J
- 550 South St.
- 531-3165
- 8:00～16:00
- 休 星期六
- *免费参观工坊：星期二～星期五（约45分钟）

夏威夷飞梭文具店
Fisher Hawaii
（唐人街／文具）

令人开心的办公室文具总汇

夏威夷飞梭文具用品专卖店位于唐人街的商业街，狭小的空间内摆放着各种办公事务用品，整齐有序，令人舒心。店内打折优惠幅度较大，游客可以购买一些物品回国馈赠亲友。

MAP ●剪切地图-29、p.58-E
- 1072 Fort St.Mall 524-0700
- 7:00～17:30（星期三～18:00、星期六8:30～16:00）
- 休 星期日休息

| 唐人街 | 时尚品 |

Fighting Eel服饰精品店
Fighting Eel

两名女性设计师合作的人气品牌

Fighting Eel夏威夷本土品牌由两名女性设计师合作创立而成,秉承女性潮流风尚,穿着舒适。品牌自2003年创建以来迅速获得消费者青睐,2010年开设实体店。店内商品种类缤纷,连衣裙售价约为110美元,还有首饰、腰带、帽子等搭配物件,时尚亮丽的服饰搭配彰显了设计师杰出的美感。

MAP ●剪切地图-29、p.58-A

1133 Bethel St.
738-9300
10:00~18:00
(星期日10:00~16:00)
休 无

| 唐人街 | 古董艺术品 |

Tin Can Mailman古董艺术品店
Tin Can Mailman

夏威夷古董数量惊人

Tin Can Mailman古董艺术品店空间狭小,摆放着许多贵重的夏威夷风情古董。店内有20世纪50年代的煤油灯、珠宝饰品、亚麻制品和广告等,如果侧耳倾听,店主愿意为您娓娓道来每件宝贝背后的故事,令很多古董爱好者如痴如醉。

MAP ●剪切地图-29、p.58-E

1026 Nu'uanu Ave.
524-3009
11:00~17:00 (星期六~16:00)
休 星期一

| 唐人街 | 花环 |

琳·花环小屋
Lin's Leishop

花环专卖店 颜色五彩缤纷

琳·花环小屋是夏威夷花环专卖店,主打手工制作,由5名工作人员用针串联各种鲜花,香气四溢。店前的花环由鸡蛋花、双瓣茉莉花等制作而成,售价6.5美元起。游客还可以根据个人喜好进店定制属于自己的花环。在结婚典礼上或者在街边散步时佩戴花环,会提升您的时尚度,游客不妨体验一次夏威夷风情装扮吧。

MAP ●剪切地图-29、p.58-E

1017 Maunakea st.
537-4112
7:00~20:00 (星期日~18:30)

| 商业区 | 古董服饰 |

凯瑟琳古董精品馆
Catherines Closet Vintage Boutiquw

高档优雅的古董服饰

凯瑟琳古董精品馆以经典和优雅为主题。店内出售古老的欧洲时尚服饰,历史可以追溯到20世纪20年代,浪漫飘逸。店主凯瑟琳女士收藏有很多套装、珠宝饰品、帽子等,质地精良,品位非凡。店内很多服饰都具有唯一性,建议游客购买收藏自己喜欢的。

MAP ●剪切地图-29、p.58-E

125 Merchant St.
521-0772 (预约386-2746)
周五11:30~17:00
休 星期四~星期六、节假日休息
※如果电话预约会开店营业

瓦胡岛 购物指南

沃德购物商业区

AHU Is. SHOP GUIDE 瓦胡岛购物指南

● Ward Centers　　MAP ● 剪切地图-37、38、p.50-Y

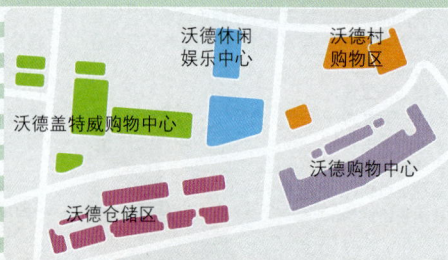

沃德购物商业区由5个购物休闲场所构成，分别是沃德购物中心、沃德仓储区、沃德盖特威购物中心、沃德村购物区和沃德休闲娱乐中心。

沃德购物中心 ✉1200 Ala Moana Blvd. ／沃德仓储区 ✉1050 Ala Moana Blvd. ／沃德盖特威购物中心 ✉333 Ward Ave. ／沃德村购物区 ✉1170 Auahi St. ／沃德娱乐城 ✉1044 Auahi St.
☎591-8411　⏰10:00~21:00（星期日~18:00）
休 无　HP www.wardcenters.com

沃德村购物区　｜时尚品

T.J.Maxx上品折扣连锁店
T.J.Maxx

全美最大的上品折扣品牌

T.J.Maxx上品折扣店在全美设有1000余家连锁分店，是美国规模最大的名品折扣店。夏威夷分店成立不久，店内货源充足，新品不断，有名牌包、鞋、服饰、热带沙滩风情泳装、儿童用品和当地特产等。和百货店相比价格优惠，知名品牌商品比百货店便宜40%，非常划算。夏威夷除了沃德分店，还有珍珠城盖特威分店、珍珠岭分店，游客可以进店选购，性价比良好。

MAP ● 剪切地图-38、p.59-L
✉Ward Village Shops 3F
☎593-1820
⏰9:30~21:30（星期日11:00~20:00）
休 无

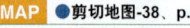

沃德村购物区　｜时尚品

诺德斯特龙百货店
Nordstrom Rack

人气百货商店

夏威夷诺德斯特龙百货店经常有当地消费者光顾，2层经营服饰、包等上千种商品。名品折扣区高级品牌优惠幅度大，折扣为30%~70%，经济实惠，游客可以认真选购。

MAP ● 剪切地图-38、p.59-L
✉Ward Village Shops 1F　☎589-2060
⏰9:30~21:00（星期五、星期六、星期日~22:00）
休 无　HP shop.nordstrom.com/c/nordstrom-rack

火奴鲁鲁巧克力工坊
Honolulu Chocolate Company

深受妈妈一族喜欢

火奴鲁鲁巧克力工坊秉承手工制作传统，生产的巧克力是瓦胡岛妈妈一族送礼必选。店内的人气甜点Orco巧克力曲奇饼干外围全部由巧克力覆盖，香甜可口，每块售价1美元。

MAP ●剪切地图-38、p.59-L
Ward Centre 1F　591-2997
10:00~21:00（星期日~18:00）
休 无

Martin & Mac Arthur高端家具专卖店
Martin & MacArthur

夏威夷上等相思木制品

Martin & Mac Arthur高端家具专卖店选材优良，工艺精湛，家具和饰品均选用夏威夷特有的相思木树。匠人师傅技艺娴熟，手工制作的家具和刀具极富厚重感，高端品质家具是您一生购买的最优选择。店内家具1000美元起，价格不等，店家负责货运；家具饰品100美元起，价格不等，游客可以选购赠送亲友。

MAP ●剪切地图-38、p.59-L
Ward Centre 1F
591-1949　10:00~21:00（星期日~18:00）
休 无

菲莱尔珠宝专卖店
Jewel Flair

精选高品质原始珠宝

夏威夷菲莱尔珠宝首饰品专卖店空间狭小但不失高级奢华感。店内珠宝饰品均出自15名本土设计师，独特新颖，人气火爆。游客可以进店选购心仪的珠宝饰品作为旅游纪念，还可以当场选定款式制作属于自己的私人手镯。

MAP ●剪切地图-38、p.59-L
Ward Centre 1F
593-1800　10:00~21:00（星期日~18:00）
休 无

瑟丹娜香薰饰品专卖店
Sedona

香薰治愈品专卖店

瑟丹娜香薰饰品专卖店很多商品利于舒缓身心，有橄榄油香薰、按摩用品和治愈心灵的音乐碟等，如果提前预约，还可以根据游客需求提供心理精神治疗。

MAP ●剪切地图-38、p.59-L
Ward Centre 1F　591-8010
10:00~21:00（星期日~18:00）
休 无

瓦胡岛　137　购物指南

沃德购物中心 — 杂货礼物
红葩萝生活之家
Red Pineapple

店内商品彰显店主不俗品位

红葩萝生活之家的奇珍异宝是店主从世界各地收购而来,当然也包括夏威夷本土艺术作品。店内经营食物、餐具、装饰物、婴儿用品等,游客可以进店选购馈赠亲友。店内提供礼物包装有偿服务,包装制作精良,如果有需要可以申请。

MAP ●剪切地图-38、p.58-L

Ward Centre 1F　593-2733
10:00~21:00(星期日~18:00)
休 无
HP www.redpineapple.net

沃德购物中心 — 休闲服饰
潘多拉之星服饰专卖店
MisFortune Hawaii

款式独特新颖

夏威夷潘多拉之星服饰专卖店引领洛杉矶、纽约、伦敦等大都市风潮,该品牌连衣裙和吊带衫属人气商品,深受消费者欢迎。除此之外店内还有很多首饰搭配,游客可以认真选购。

MAP ●剪切地图-38、p.59-L

Ward Centre 1F
593-7886　10:00~21:00(星期日~18:00)
休 无

沃德仓储区 — 厨房用品
橱柜精品馆
Executive Chef

高效能兼具时尚性

沃德橱柜精品馆成立于20余年前,当时狭小的店铺如今已经发展成为阿拉莫阿那商业圈周边最大的厨房用品之家。店内厨具用品偏欧美风格,有意式咖啡浓缩机、曲奇制作模型等,可供选择购买的商品种类多样。

MAP ●剪切地图-37、p.59-K

Ward Warehouse 1F　596-2433
10:00~21:00(星期日~18:00)
休 无

沃德仓储区 — 杂货
岛屿香皂&蜡烛香薰专卖店
Island Soap & Candle Works

原生态香皂
芳香润肤

沃德岛屿香皂精选大自然原生态植物,汇集50余种热带香薰,沿用传统工艺手法,制作过程严格,使用后令人心旷神怡。另外,店内还设有蜡烛制作工坊,制作过程对外开放,游客可以参观学习。

MAP ●剪切地图-37、p.59-K

Ward Warehouse 1F　591-0533
10:00~21:00(星期日~18:00)
休 无

沃德仓储区 — 休闲服饰
月桂女神服饰店
Cinnamon Girl

夏威夷本土设计

月桂女神服饰专卖店出自夏威夷当地一名女性服装设计师,每件服饰都彰显了设计师不俗的品位和精湛的工艺。店内基本款小碎花连衣裙和亚麻服饰深受消费者喜欢,除此之外还有儿童款式,游客可以挑选购买亲子装。

MAP ●剪切地图-37、p.59-K

Ward Warehouse 1F　591-6532
10:00~21:00(星期日~18:00)
休 无

沃德仓储区 / 时尚品
本土狂热时尚精品店
Local Fever

物美价廉

本土狂热（Local Fever）时尚精品店面向年轻女性，经营凉鞋、首饰及款式多样的潮流服饰，价格便宜，连衣裙每件15美元起，即使买很多价格也不会太贵。

MAP ●剪切地图-37、p.59-K
✉ Ward Warehouse 1F ☎ 593-0477
🕙 10:00~21:00（星期日~18:00）
休 无

沃德仓储区 / 书、杂货
夏威夷那·米亚书屋
Native Books/Na Mea Hawai'i

通过图书和工艺品切实感受夏威夷

那·米亚书屋以夏威夷风情为主题，经营传统牛皮纸工艺品、岩石雕花配饰、精美物件、当地艺术家的手工艺品、特色纪念品以及历史上曾经使用过的稀有武器设备等，商品琳琅满目，宛如迷你博物馆。其中，店内深处设有书屋，有很多与夏威夷相关的书籍，在此静静地阅读是十分有趣的体验。

MAP ●剪切地图-37、p.59-K
✉ Ward Warehouse 1F ☎ 596-8885
🕙 10:00~21:00（星期日~18:00）
休 无

瓦胡岛

139

购物指南

沃德娱乐城 / 音响设备
博世娱乐中心
Bose Entertainment Center

新品层出不穷

博世品牌致力于研发高端音响设备，沃德博世娱乐中心是该品牌在夏威夷的唯一专卖店，店内新品不断，价格相对便宜。游客还可以进入专卖店的音乐小剧场，届时各种音响设备会为您呈现出扣人心弦的音乐。

MAP ●剪切地图-38、p.59-L
✉ Ward Entertainment Center 1F
☎ 591-2673 🕙 10:00~21:00（星期日~18:00）
休 无

沃德盖特威购物中心 / 体育用品
Sports Authority体育用品店
Sports Authority

网罗各种体育用品

夏威夷Sports Authority体育用品店外观设计酷似大型仓库，店内摆设分门别类，整齐有序。鞋子销售区款式多样，有耐克和锐步等很多品牌运动鞋。游客如果想要淘到心仪的运动品，至少需要半小时。

MAP ●剪切地图-38、p.59-L
✉ Ward Gateway Center ☎ 596-0166
🕙 9:00~21:30（星期日~21:00）
休 无

AHU Is. SHOP GUIDE 瓦胡岛购物指南

怀基基周边
Waikiki Around

游客在饱览怀基基市区风情后，还可以前往周边购物区。周边购物区特色鲜明，卡帕胡卢大道有很多人气潮店，深受年轻人喜爱；国王南街趣味专卖店鳞次栉比；瓦伊阿拉艾大道上零星设有中古服饰店和回收店，备受游客青睐。

国王南街 / **超市**

回归自然有机食品超市
Down to Earth

有机蔬菜和纯天然食品

回归自然有机食品超市（Down to Earth）源于毛伊岛，致力于销售有机蔬菜和纯天然食品，深受当地居民喜爱。在超市内销售区可以称量购买副食品和巴西野莓水果，还可以购买营养保健品和自然派化妆品。

MAP ●剪切地图-27、p.51-Q
✉ 2525 S.King St. ☎ 947-7678
⏰ 7:30～22:00 休 无

卡帕胡卢大道 / **鞋履商品**

Running Room跑鞋专卖店
Running Room Hawaii

精挑细选
一双合适的跑鞋

Running Room品牌专卖店为跑步人士设计专业跑鞋。根据实际的鞋码误差，店员会为您介绍适合个人的运动型跑鞋。游客可以进店放心购物，挑选一双适合自己的专业跑鞋。

MAP ●剪切地图-35、p.51-R
✉ 819 Kapahulu Ave.
☎ 737-2422
⏰ 10:00～19:00（星期六、星期日～17:00）
休 无

卡帕胡卢大道 / **时尚品**

拓·柯伊时装精品店
Tokei Boutique

时尚百搭的
夏威夷流行服装

拓·柯伊时装精品店品牌名称源自设计师的名字，设计师柯伊擅长设计高级女装系列。店内有品牌原创连衣裙、衬衫等，精致干练，无论逛街还是上班都十分百搭。

MAP ●剪切地图-35、p.51-R
✉ 619 Kapahulu Ave.#201
☎ 735-9827
⏰ 11:00～17:00（※需要预约）
休 星期日、节假日休息

瓦伊阿拉艾大道 / **中古服饰**

好运来中古服饰店
Goodwill

价格便宜
开始淘宝吧

好运来（Goodwill）中古服饰店经常有当地消费者惠顾，店内有男女服饰，很多展示品销量良好。店内商品价格便宜，如果仔细甄选有可能收获不错的大牌服饰。游客不妨进店享受淘宝式的购物乐趣吧。

MAP p.52-S
✉ 3638 Waialae Ave.
☎ 737-3284
⏰ 9:00～19:00（星期日～17:00）
休 无

| 国王南街 | 冲浪运动品 |

冲浪运动品车库商城
Surf Garage

令爱好者着迷的巨型冲浪板

冲浪运动品车库商城专营成人使用的巨型冲浪板，店内整齐有序地摆放着许多知名品牌的冲浪板，令爱好者欲罢不能。游客进店选购后，只要提前预约都可以享受保养维护。除此之外，购买冲浪帆板还赠送配套运动衣，游客最好检查齐全。

MAP ●剪切地图-27，p.51-Q
- 2716 S. King St.
- 951-1173
- 10:00~19:00（星期日11:00~17:00）
- 休 无

| 国王南街 | 运动品牌 |

麦克卡利自行车&运动品专卖店
McCully Bicycle & Sporting Goods

运动商品缤纷多样

麦克卡利运动品专卖店主要经营自行车及其相关运动品，山地车因价格甜美而被消费者熟知。店内还有经典轻跑鞋、网球用品和钓鱼渔具等，种类多样，深受游客青睐。

MAP ●剪切地图-26，p.51-Q
- 2124 S.King St.
- 955-6329
- 9:00~20:00（星期六~18:00，星期日10:00~17:00）
- 休 无

旅行 小贴士

体验夏威夷当地跳蚤市场，收获意外的惊喜！

如果游客在夏威夷的大型百货商场已经没有了购物欲望，不妨前往当地居民区的跳蚤市场，深切体验真正的夏威夷生活风情。每逢周末早晨会聚集起很多迷你跳蚤市场。其中阿罗哈露天体育馆附近的跳蚤市场最为知名（详细地址参照地图p.88-c）。这里的跳蚤市场多半已经商业化，虽然面向游客，但是深受当地居民欢迎，游客不妨仔细挑选，会有意想不到的收获。当你在一堆破烂儿中发现自己心仪的宝贝时，一定会感到格外惊喜。每次开放时间是星期三、星期六、星期日的6:00~15:00。游客可以租借游览车，不用担心买多了。

只是在跳蚤市场随便走走看看也非常开心

批量购买一些日常服饰价格会非常优惠

游客如果有中意的商品，可以和卖家讨价还价

瓦胡岛 购物指南

AHU Is. SHOP GUIDE 瓦胡岛购物指南

卡哈拉购物中心

Kahala Mall

卡哈拉高级住宅区豪华别墅鳞次栉比,深受当地贵妇女士喜爱。附近很难看到嘈杂的人群,游客可以享受安静悠闲的购物之旅。

MAP p.52-I
4211 Waialae Ave.
732-7736
10:00~21:00(星期日~18:00)
休 无

卡哈拉购物商厦 / 杂货・鞋履

卡哈拉理查斯精品店
Riches Kahala

空间精致 包罗万象

卡哈拉理查斯精品店空间窄小但不失雅致,在店主的精心布置下成为了深受当地消费者青睐的知名格子屋。店内有首饰、凉拖、帽子等精品,摆放整齐,质感良好。很多精品销量紧俏,看到自己心仪的物品最好立即购买,以免因脱销造成遗憾。

MAP p.52-I
Kahala Mall 1F 737-3303
10:00~21:00 (星期日~18:00)
休 无

卡哈拉购物商厦 / 时尚品

迷你裙女装精品店
LBDB (Little Black Dress&Bikini)

时尚女装设计甜美性感

迷你裙女装精品店开业于2011年,主营各种休闲潮流服饰。店内有性感的海军装、成熟大方的长裙,推荐喜欢的游客前往选购。

MAP p.52-I
Kahala Mall 1F 737-3337
10:00~21:00 (星期日~18:00)
休 无

卡哈拉购物商厦 / 休闲服饰

奥赫洛女装精品店
Ohelo Road

**寻找适合每日
出行的休闲服饰**

奥赫洛女装精品店主打女士休闲服饰,精品阿罗哈衬衫裁剪合适;女式短裙50美元起;毛衣外套38美元起价,色彩种类多样,价格合适,激起无数消费者的购买欲望。

MAP p.52-I
Kahala Mall 1F
735-5525
10:00~21:00 (星期日~18:00)
休 无

卡哈拉购物商厦 / 时尚精品

旋转木马甜品店
Carousel Candyland

彩色蛋糕纷呈

旋转木马甜品店有各种精美的美式可口甜点,游客经过店家门口会不自觉地驻足停留。店内M&M's巧克力豆1磅(约450克)约15美元;果冻0.25磅约3.25美元;除此之外还有人气火爆的香草味爆米花。

MAP p.52-I
Kahala Mall 1F 734-7799 10:00~21:00 (星期日~18:00) 休 无

| 卡哈拉购物商厦 | 杂货 |

卡哈拉极简主义杂货店
Simply Organized

居家产品　方便实用

　　卡哈拉极简主义杂货店主营设计简单的家居产品，方便实用。店内空间宽敞明亮，摆放整齐，有打扫工具、厨房用具、收纳箱等整理神器和很多独具美国特色的精美礼物。

MAP p.52-I

✉ Kahala Mall 1F　☎ 739-7007
🕙 10:00～21:00(星期日～18:00)　休 无

| 卡哈拉购物商厦 | 时尚精品 |

33蝴蝶时尚女装店
33Butterflies

都市女装时尚精致

　　33蝴蝶时尚女装店氛围宛如纽约现代写字楼，清新舒适。品牌面向成熟女性消费群，服装造型时尚新潮，每周都会推出新品。另外店内还有很多精美的首饰品和护肤品等。

MAP p.52-I

✉ Kahala Mall 1F　☎ 380-8585
🕙 10:00～21:00(星期日～18:00)　休 无

| 卡哈拉购物商厦 | 时尚精品 |

Up&Riding时尚潮店
Up & Riding

儿童冲浪用品店

　　Up&Riding时尚潮店主营儿童运动品，有泳装、T恤、冲浪用品和其他海滩运动设备等，其中不乏Quicksilver、Roxy、Vol-com、BILLABONG等人气冲浪休闲品牌新品。服饰设计新颖，时尚帅气程度可以和成人服饰相媲美。

MAP p.52-1

✉ Kahala Mall 1F
☎ 447-9985
🕙 10:00～21:00（星期日～18:00）
休 无
🌐 www.upandriding.com

| 卡哈拉购物商厦 | 超市 |

卡哈拉全食超市
WHOLE FOODS MARKET KAHALA

当地人气超市

　　卡哈拉全食超市主营有机食品和纯天然食品，另外还有日用品、化妆品、杂货等，其中新鲜时蔬最受消费者欢迎。每个分店的环保购物袋设计风格不尽相同，游客可以购买回国赠送亲友。同时，店内夏威夷特产咖啡使用煎豆研磨而成，是馈赠亲友的不错选择。

MAP p.52-I

✉ Kahala Mall 1F　☎ 738-0820
🕙 7:00～22:00　休 无
🌐 www.wholefoodsmarket.com

瓦胡岛　购物指南

夏威夷卡伊—东海岸
Hawaii Kai-East Coast

夏威夷东海岸主要旅游城市有卡伊、凯卢亚。其中，卡伊是夏威夷东海岸最具特色的海边度假区，汇集购物、海边娱乐等休闲活动；凯卢亚拥有各式各样的特色纪念品，游客可以在开车途中停留选购，可能会收获意外的惊喜哦。

夏威夷卡伊度假区 | 购物中心

珂珂玛利那购物中心
Koko Marina Center

面向卡伊湾的地标性商厦

珂珂玛利那大型购物中心面向卡伊海湾，终点临近恐龙湾，建筑设计极具当地色彩。商厦内设有商店、餐厅和影院等，游客可以在此咨询和预约关于海边休闲娱乐项目的具体事宜。

MAP p.47-D
✉ 7192 Kalanianaole Hwy. ☎ 395-4737
🕒 10:00~21:00（星期日~18:00、具体时间因商店而异）
休 无

夏威夷卡伊度假区 | 超市

好市多百货超市
Costco

大型连锁会员制仓储超市，货源充沛

夏威夷好市多百货超市宽敞明亮，宛如大型体育馆。超市内商品琳琅满目，摆放整齐有序，有食品、服饰、电器制品等。超市实行会员制，价格便宜，同时异地会员也可以享受价格优惠活动。

MAP p.47-D
✉ 333-A Keahole St. ☎ 394-3312 🕒 10:00~20:30（星期六9:30~18:00、星期日10:00~18:00）
休 无

珂珂玛利那购物中心 | 泳装

时尚泳衣店
Cosmopolitan Sun Shop

款式多样　居民首选

夏威夷卡伊时尚泳衣店已经拥有20余年的时尚泳衣店营业史。店内泳装款式多样，从儿童到成人应有尽有，价格亲民，均为70~80美元。其中，最具人气的防晒泳衣一套88美元，防晒指数为10，功能强大，穿着去海边后不用担心会留有晒印。

MAP p.47-D
✉ Koko Marina Center
☎ 395-4269
🕒 10:00~19:00（星期六、星期日~17:30）
休 无

珂珂玛利那购物中心 | 礼品

卡伊海岛珍宝店
Island Treasures at the Marina

堪称礼品宝岛　令人目不暇接

卡伊海岛珍宝店位于珂珂玛利那购物中心，店内大型家具设计独特，由旅居当地的艺术家使用夏威夷稀有的科阿相思树木制作而成；店内还有特色风情手工艺品、背包、玻璃工艺品、戒指等各种精美首饰，适合游客购买留作旅游纪念。另外，店家销售的纯天然香皂和乳液等护肤品非常值得推荐，游客不妨购买体验。

MAP p.47-D
✉ Koko Marina Center
☎ 396-8827 🕒 10:00~18:00（星期日11:00~16:00）
休 无

凯卢亚	装饰品 纪念品

夏威夷珍宝艺术画廊
Island Tresure Art Garelly

旅居夏威夷的艺术家作品展

夏威夷珍宝艺术画廊主营旅居当地的艺术家的手工艺品和夏威夷特色礼品，价格适中，游客可以随意挑选一些独具特色的艺术品馈赠亲友。

MAP p.47-L

📧 602 Kailua Rd.
☎ 261-8131
🕙 10:00~18:00　休 无

凯卢亚	护肤品礼物

拉尼凯洗浴护肤品店
Lanikai Bath & Body

回程时携带夏威夷特有的香味

拉尼凯洗浴护肤品萃取有机原液制作而成，香气源于植物天然成分，许多消费者一经使用便会爱不释手，游客不妨进店试用选购。

MAP p.47-H

📧 600 Kailua Rd., Kailua　☎ 262-3260
🕙 10:00~18:00（星期六17:00，星期日~16:00）
休 无　HP www.lanikaibathandbody

凯卢亚	时尚品 杂货

缪斯之家饰品店
Muse Room

以"人鱼之家"为主题的可爱小店

缪斯之家饰品店店空间狭窄，店内摆放着各式各样的服饰、时尚小物件和家具装饰品。店内一角设有婚礼用品销售区，有摄影拍照的道具、颜色亮丽的连衣裙，吸引了很多准新娘前来光顾选购。另外，还有其他很多充满海边风情的小物件，一定会勾起游客对夏威夷海边的无限遐想。

MAP p.47-H

📧 332 Uluniu St., #A Kailua　☎ 261-0202
🕙 10:00~17:00　休 无
HP museroomkailua.blogspot

凯卢亚	时尚品

沐沐天堂服饰店
Mu'umu'u Heaven

中古服装大变身

沐沐天堂服饰店利用中古服饰和阿罗哈衬衫的原材质，制作出风格多变的女士服装，环保实用。店内设计干净清爽，有很多可爱的小物件。店内首饰很多取材于废弃的尤克里里琴琴弦，造型独一无二。店内服饰70美元起，首饰30美元起。这家精品店非常适合时尚女士光顾，进店会有意外的收获。

MAP p.47-L

📧 767 Kailua Rd., #100　☎ 263-3366
🕙 10:00~18:00（星期日11:00~16:00）　休 无

夏威夷西海岸—北海岸
West Coast-North Shore

夏威夷西海岸的大型珍珠城百货公司深受当地居民喜欢,而在北海岸只有在哈莱伊瓦小镇才可以体验到当地的特色风情。如果游客已经领略过火奴鲁鲁的美景,不妨驾车前往更远的地方,感受非同寻常的热带风光吧。

珍珠城 | 购物中心
珍珠城海兰士购物中心
Pearl Highlands Center

服饰、家庭用品超便宜

珍珠城海兰士购物中心商品物美价廉,休闲实用。内部设有会员制酒吧、Ross Dress for Less等世界名牌折扣店等,中央区设有餐饮店。另外,购物中心距离瓦伊凯雷奥维特莱斯名品折扣店很近,游客可以顺便前往购物旅行。

MAP p.46-F
- 1000 Kamehameha Hwy.　☎ 456-1000
- 具体时间因店家情况而定
- 休 无

珍珠城 | 礼物特产
夏威夷特产专卖店
Made in Hawaii Foods

可品尝百香果口味的黄油

夏威夷特产专卖店是百香果黄油的制作工厂和直营店,店内的人气产品当属百香果黄油。百香果黄油提取热带水果百香果果汁凝固而成,每份6.49美元。另外,还有百香果果冻芝士、杜果果冻等手工黄油和果冻约30余种。只有盛产水果的夏威夷才会有如此多的美味,游客还可以品尝店内的人气草莓饼。

MAP p.88-A
- 98-718 Moanalua Rd.,#A18
- ☎ 484-0052
- 12:00～17:00
- (星期六、星期日10:00～15:00)
- 休 无

珍珠城 | 百货商店
珍珠城百货商店
Pearlridge Center

巨型卖场内设有单轨列车

珍珠岭百货商店由上城区和下城区两座巨型购物商厦组合而成,单轨列车横跨其中。巨型卖场内涵盖大约170余家商业店铺、40余家餐饮店和16家多功能影院,其中不乏梅西百货等知名百货店和各式商品专卖店。附近观光客比较少,游客可以进入卖场,寻找怀基基当地的紧俏热销商品。

MAP p.88-B
- 98-1005 Moanalua Rd.　☎ 488-0981
- 10:00～21:00 (星期日～18:00) *具体时间因店家情况而定
- 休 无

珍珠城 | 休闲服饰卖场
牛仔休闲服卖场
Jeans Warehouse

休闲服廉价而又可爱

珍珠城的牛仔休闲服卖场深受当地消费者欢迎,卖场内有各类多样的女士牛仔休闲服和小女孩服饰,售价低廉,T恤、针织衫和牛仔女裙等只需5美元左右,可以和品牌折扣店的价位相媲美,推荐游客在此为自己选购心仪的牛仔休闲服饰。

MAP p.46-F
- Pearl Highlands Center 2F　☎ 456-7882
- 9:00～21:00 (星期日10:00～20:00)
- 休 无

| 卡利西 | 巧克力工厂礼品中心 |

美纳福纳巧克力工坊
Menehune Mac

巧克力手工制作工坊

　　美纳福纳巧克力工坊创立于1939年，是夏威夷当地颇有历史的知名工坊之一。店内30名专业糖果匠人纯手工打造当日销售的各式甜点。游客如果提前一天预约还可以体验巧克力手工制作。工坊附属礼品中心销售口味多样的巧克力礼包，游客可以购买巧克力限量品和周边商品。

MAP ●剪切地图-44、p.49-M

✉ 707 Waikamilo Rd. ☎ 841-3344
🕐 8:00~17:00（星期六9:00~14:00）
休 星期日　※观光体验团费用10美元，需要提前一天预约。儿童7岁以上可以报名。提供多国语言讲解服务。
HP www.menehunemac.com

| 卡利西 | 咖啡礼品 |

狮子咖啡工坊
LION COFFEE

浓郁的咖啡芳香沁人心脾

　　夏威夷狮子咖啡是美国知名咖啡品牌，历史悠久，出口全球。参观狮子咖啡工坊，在了解咖啡种植历史的同时还可以观看烤咖啡豆等工艺的制作过程。除此之外，游客还可以试饮调制的新鲜美味咖啡；在礼品中心可购买限量版咖啡和周边商品作为纪念。

MAP ●剪切地图-44、p.49-M

✉ 1555 Kalani St.
☎ 847-3600
🕐 6:00~17:00
（星期六9:00~15:00）　休 星期日休息
※观光体验团约30分钟，每周星期一~星期五13:00开始。

| 卡利西 | 尤克里里琴 |

柯阿罗哈尤克里里琴工坊
KoAloha

聆听柯阿罗哈迷你音乐会

　　柯阿罗哈(Koaloha)是夏威夷尤克里里乐器的三大制造商之一，该品牌乐器因深受尤克里里琴弹奏大师Herb Otha Jr.喜爱而逐渐被大众认可。游客在工坊内除了购买乐器和主题T恤衫，还可以参观制作流程，聆听柯阿罗哈尤克里里琴演绎的迷你音乐会，感受浓郁的夏威夷阿罗哈热带风情。工坊观光团面向游客开放，内容精彩纷呈，不容错过，需要预约。

MAP ●剪切地图-44、p.49-M

✉ 744 Kohou St., Unit K ☎ 847-49-11
🕐 8:00~17:00　休 星期六、节假日休息 * 免费观光体验团（星期一~星期五10:00和13:00），收费观光体验团需要预约，9:00开始，需4名游客组团，成人15美元、儿童10美元、5岁以下免费

旅行小贴士

参观热带海域鱼群！

　　火奴鲁鲁海鲜市场的水产品来自夏威夷近海，暖流海域促使许多大型鱼类繁衍生息。每逢清晨6:00~6:30分结束捕鱼后，市场内经常会上演斗鱼的精彩场面。游客如果运气好的话，还可以看到渔商争斗巨型金枪鱼。作为全美海鲜水产品的总经销地之一，环绕火奴鲁鲁港建立了38个埠头大型储藏室仓库，市场氛围犹如建筑工地，民风淳朴。

市场内红身鱼比较多，还有各式各样的金枪鱼和鲯鳅、大白鲳等高级鱼类。

MAP ●剪切地图-44、p.49-M

✉ 1131 N Nimitz Hwy.　☎ 536-2148
🕐 5:30~8:00　休 星期日休息　个人免费参观（谢绝观光团）　※禁止穿着凉鞋进入市场；室内温度较低，需要准备上衣。

| 瓦希阿瓦 | 土特产 |

夏威夷风情展览馆
Hawaiian Sign Gallery

设计独特的旅游纪念品

夏威夷风情展览馆位于瓦希阿瓦冲浪商店的一角，店内制作和销售手工打造的木质招牌。店家会根据个人喜好，以夏威夷的自然风情和动植物为主题设计各式多样的招牌挂件。游客可以选购店内的样品，售价约为28美元不等。另外，成品制作结束后可以邮寄回国，只是物流比较慢，通常1个小件需要1~2天，所以建议游客购买后最好直接送达至下榻的酒店。

MAP p.46-F

✉ 518 California Ave., Wahiawa
☎ 621-0136
🕙 10:00~18:00（星期日~15:00）
休 无

| 哈莱伊瓦 | 礼品 |

波利尼西亚珍宝馆
Polynesian Treasures

波利尼西亚艺术品款式多样

波利尼西亚珍宝馆收集的艺术品和手工艺作品，款式多样，每件珍品都散发着浓郁的夏威夷热带风情。店内很多首饰和装饰品使用鲨鱼的牙齿、贝壳制作而成，是旅游馈赠亲友的最佳礼物。除此之外，夏威夷传统护身符也是人气商品，深受消费者的欢迎。

MAP p.85-C

✉ 66-250 Kamehameha Hwy., North Shore Market Place
☎ 637-1288　🕙 10:00~18:00（星期日~17:30）
休 无

| 瓦伊阿卢阿 | 礼品 |

北海岸果蜜皂工坊
The North Shore Soap Factory

纯手工天然果蜜皂润滑肌肤

北海岸果蜜皂工坊前身是制造砂糖的瓦伊阿卢阿甘蔗工厂，1996年，工厂改造成纯天然香皂制造基地。果蜜皂源自椰果精油和夏威夷火山果精油，与当地的有机植物原液调配制作而成。店内的纯天然浴液和泡澡浴盐深受消费者欢迎。如果进店选购5块香皂的话，店家还会赠送唇膏小礼物。

MAP p.46-A

✉ 67-106 Kealohanui St., Waialua
☎ 637-8400
🕙 9:00~18:00
　（星期日10:00~17:00）
休 无

| 瓦伊阿卢阿 | 礼品 |

夏威夷岛屿X咖啡纪念品店
Island X Hawaii

瓦胡岛名品咖啡

夏威夷岛屿X咖啡纪念品店的咖啡原料采摘自纯天然咖啡种植园，制作出的瓦伊阿卢阿咖啡苦味偏浓，口感没有任何酸涩味。从怀基基到北海岸的公路对面曾经是一片菠萝种植园，现在变成了广阔的咖啡种植园，盛产的瓦伊阿卢阿咖啡备受瞩目。另外，游客可以在店内试饮咖啡、品尝巧克力。

MAP p.46-A

✉ 67-106 Kealohanui St., Waialua
☎ 637-2624
🕙 9:00~17:00（星期六8:00~星期日9:00~）　休 无
※店内有巧克力饮品、咖啡饮品；接待迷你参观团。

冲浪海上用品专卖店
Surf & Sea
哈莱伊瓦 / 冲浪服饰

商店前摆放着各式各样的冲浪帆板

哈莱伊瓦冲浪海上用品专卖店成立于1965年，是当地一家老字号名品店。店内摆放着各式各样的冲浪用品，还有很多人气冲浪休闲服饰。店内经常会有打折优惠，游客最好提前确认。另外，店家还提供冲浪和潜水的培训课程。

MAP p.85-C
- 62-595 Kamehameha Hwy.
- 637-9887
- 9:00~19:00
- 休 无

玛拉玛市场
Malama Market
哈莱伊瓦 / 超市

冲浪爱好者喜欢的本土市场

玛拉玛市场商品种类齐全，有肉类和蔬菜等生鲜食品、日用杂货、饮品和夏威夷风味美食，游客可以在此体验当地居民的日常生活情趣。

MAP p.85-C
- 66-190 Kamehameha Hwy.
- 637-4520
- 7:00~21:00
- 休 无

强劲水流冲浪用品店
Strong Current
哈莱伊瓦 / 冲浪商店

信息丰富的专业冲浪用品店

强劲水流冲浪用品店位于冲浪爱好者的运动胜地——夏威夷北海岸。店内有冲浪滑板和其他相关商品，店主还提供具体的冲浪位置、冲浪线路以及海面情况等信息。每逢冬季会有很多专业冲浪运动者相聚在此共享运动的快乐。

MAP p.85-C
- 66-214 Kamehameha Hwy.
- 637-3410
- 10:30~18:30
- 休 无

巴塔哥尼亚户外品牌折扣店
Patagonia
哈莱伊瓦 / 户外用品

可以选购国内没有的商品

巴塔哥尼亚户外品牌折扣店不仅有限定折扣品，还有很多夏威夷阿罗哈衬衫等服饰，游客可以选购一些国内没有的服饰。

MAP p.85-C
- 66-250 Kamehameha Hwy., North Shore Market Place
- 637-1245
- 10:00~18:00
- 休 无

旅行小贴士

在自然公园里品味咖啡的醇香

从怀基基出发沿着卡美哈美哈高速公路行驶，前往北海岸途中会经过怀梅阿大峡谷自然公园。怀梅阿大峡谷自然公园内绿意葱翠，值得驻足，游客可以在此享用咖啡，参观商店。详情参照p.85。

怀凯莱名品折扣中心

Waikele Premium Outlet

MAP p.46-J

人气火爆
顶级知名品牌比比皆是 堪称购物者的天堂

夏威夷怀凯莱名品折扣中心占地面积广阔，商场规划有序，50余家商铺汇聚了全球知名品牌商品，有儿童服饰、珠宝首饰品等。商场内商品价格极具诱惑力，优惠力度为原价的25%~65%。游客如果有中意的商品一定要毫不犹豫地购买。卢密阿那街对面是怀凯莱购物中心，也是当地消费者经常光顾的商业区。附近的品牌专卖店性价比良好，有老海军（Old Navy）休闲服和Sports Authority运动服等知名品牌。商业区内设有免费购物观光专用无轨电车，方便快捷。

📍 94-790 Lumiana St., Suite 100, Waipahu
📞 676-5656
🕘 9:00~21:00（星期日10:00~18:00）
休 无

香蕉共和国奢侈品工坊
Banana Republic Factory Store

香蕉共和国奢侈品工坊主营女士用品，高端品质演绎不俗的时尚休闲品牌，人气火爆，深受潮流人士追捧。

巴尼斯纽约精品店
Barneys New York

巴尼斯纽约精品店是一家世界知名的高档百货连锁店，店内有阿玛尼等众多一线品牌店。

里维斯名品折扣店
Levi's Outlet Store

里维斯名品折扣店备受消费者青睐，店内有限量牛仔服饰和儿童服饰。

快捷观光购物指南
和乘坐免费无轨列车攻略！

游客抵达怀凯莱名品折扣区后，首先会看到中央位置的游客咨询处，这里会提供多国语言服务、地图和购物区的最新信息，还会告知游客使用指定银联卡可以享受的购物优惠信息。游客咨询处后方是便民餐饮服务区，游客可以坐在桌椅处候餐，十分方便。

当开始观光购物时，推荐游客使用免费无轨列车，循环行驶购物区，途经怀凯莱名品折扣店等其他9处站点。

免费无轨列车停车站位于游客咨询处前方

游客如果充分利用游客咨询处，可以享受较多的优惠价

如何前往
怀凯莱附近的路线
前往怀凯莱有多种路线——参团或者租车

游客前往怀凯莱购物商业区通常会选择租车或者参团等。一般入住的酒店会提供接送游客服务，费用有一定的优惠幅度。人气最高的还是参团自助游，游客最好提前预约。另外，还可以预约加入怀凯莱无轨电车观光团，乘坐40~50分钟，期间可以欣赏道路美景而且无须换乘，只需一趟车即可到达目的地。往返费用22美元，可以提前预约（03-3544-5170/太平洋度假中心）。租车可从H-1高速路行驶，在第7个路口处（怀凯莱/怀帕胡）下高速，大约需要30分钟车程。

怀凯莱名品折扣中心

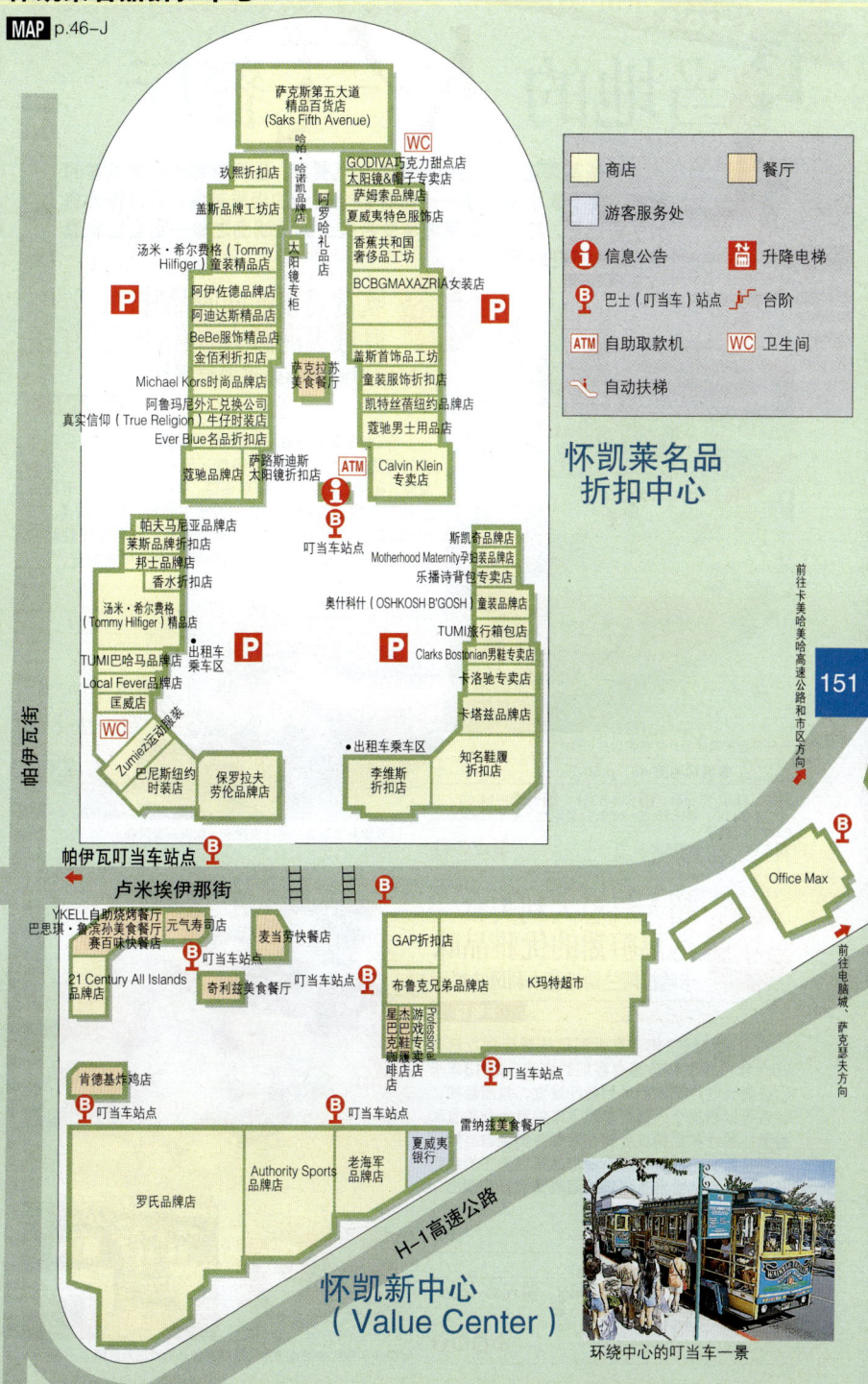

瓦胡岛美食指南 夏威夷不容错过的美食集锦

Loco's Favorite Restaurant

当地的人气餐厅

怀基基周边区相继推出许多人气餐厅，备受游客和当地食客的青睐。接下来小编为您一一推荐各个时令的当季美食，可以作为您的午餐选择。总之，尽情地享受舌尖上的瓦胡岛之旅一定会让您流连忘返，不枉此行。

太平洋美食

欣赏美景的同时品味
夏威夷海鲜大餐和西式下午茶
53 By The Sea美式海鲜餐厅

53 By The Sea　　　　　　　　　阿胡伊街

穿过53 By The Sea美式海鲜餐厅入口处，优美恬静的海边风光映入眼帘。餐饮区视野开阔，毗邻怀基基海滩，和美丽的钻石山隔海相望。餐厅菜品丰富，有海鲜大餐和西餐，选材源自当地的新鲜食材，造型精美，搭配独具匠心。游客可以一边享用美食，一边欣赏现场音乐演奏，在优雅的气氛中度过浪漫的海边美食时光。

海鲜拼盘和鸡尾酒，菜名和店名一样

一边欣赏海边美景一边品尝甜点，别有一番风味

MAP ●剪切地图-45、p.50-Y

53 Ahui Street　536-5353　11:00~14:00、17:00~22:00，酒吧16:00~24:00（星期五、星期六~次日2:00）　休 无
午餐$19~、晚餐$90~

意大利美食

超人气意大利美食
远离喧嚣的优雅品味
卡哈拉阿兰切诺意大利风味餐厅

Arancino at The Kahala　　　卡哈拉

卡哈拉阿兰切诺意大利风味餐厅创立已有20余年，深受怀基基食客们的喜欢。2013年卡哈拉意大利风味精品系列餐厅设立，氛围轻松，游客可以根据个人喜好享用正宗的意大利美食和美酒。餐厅菜品精选食材，海鲜鱼类源自当地，培育基地种植的有机蔬菜令您品味到真正的绿色菜肴。餐厅还会准备现场调酒表演和音乐演出，为您呈现精彩的美食之旅。

蔬菜拼盘中搭配14种新鲜时蔬，色彩鲜明

MAP p.52-T

5000 Kahala Ave.　380-4400　11:30~14:30、17:00~22:30（最晚入店~21:30）　休 无
午餐$39~、晚餐$56~

鲹科海水鱼和金枪鱼拼盘，造型摆盘充满威尼斯风情

尼泊尔美食&印度美食

辛辣暗黑料理闪耀登场
令食客们迷恋不已！
喜马拉雅印度风味餐厅
Himalayan Kitchen

 卡伊姆基街

餐厅曾经荣获夏威夷美食大奖，传统民族风情。设计最重要的是能够充分弥补食客的食欲。辛辣美味的食物

　喜马拉雅印度风味餐厅主厨是尼泊尔籍厨师，美味的菜式深受当地食客们喜欢。店内烤囊筋道美味，传统料理使用特色草药、胡椒和辣椒烹制而成，餐厅中弥漫着浓郁的印度风情，席间摆放的古董装饰品熠熠生辉，带来了不一样的东方风情。

MAP ●剪切地图-40、p.51-R

1137 11th Ave. ☎735-1122 ⏰11:00～14:00、17:30～22:00 ※午餐只在星期二~星期五营业 休无
$ $8～

 法式海鲜料理

水煮海鲜料理
手抓品尝
法式海鲜风味餐厅
Kickin Kajun

 阿拉莫阿那

进行一次毫无节制的饮食吧，丰富多样的菜品内容

　法式海鲜风味餐厅内各种辛辣口味的水煮海鲜料理都放置在塑料袋内，分量充足，游客可以直接用手抓，豪爽地享用地道的海鲜料理，十分尽兴。推荐游客品尝店内的墨西哥玉米饼，使用大量海鲜烹制而成，售价约为40美元起。

MAP ●剪切地图-32、p.50-P

1518 Makaloa St. ☎946-2787 ⏰12:00～22:00（星期四～星期六~24:00）
休无 $午餐$10～、晚餐$20～

---

153 瓦胡岛 美食指南

西餐

宽松愉悦的氛围
中品尝新鲜海味
肖尔美式海鲜风味餐厅
SHOR American Seafood Grill

怀基基

餐厅推荐海鲜浓汤菜肴，使用龙虾、螃蟹、生蚝、鲍鱼等食材烹调而成

　肖尔美式海鲜风味餐厅人气火爆，各式菜品均选用夏威夷当地新鲜捕获的鱼类和蔬菜为原材料，尽量保持食材的原汁原味。在餐厅可以遥望怀基基海滩旖旎的风光，用餐的同时令身心得到真正的放松。

MAP ●剪切地图-13、p.56-bb

Hyatt Regency Waikiki Beach Resort & Spa 3F ☎237-6145 早餐5:30～11:00、晚餐18:00～22:00 休无 $ $30～ hyattwaikiki.com

自助餐

和米奇一起
享用自助早餐
马卡西奇餐厅
Makahiki

柯·欧利那

Disney

享用早餐的时候，米奇和米妮环绕左右，令人欢乐无限

　柯·欧利那区开设有迪士尼主题餐厅和夏威夷风味餐厅。游客可以在享用早餐的同时和迪士尼卡通人物合影留念。餐厅只为酒店入住者开放，人气火爆，游客最好提前预约。

MAP p.46-J

92-1185 Ali'inui Drive, Kapole ☎674-6200 ⏰星期二~星期日7:00～11:00（卡通人物登场） 休无（星期一没有卡通人物表演） $卡通人物快餐成人$32、儿童（9岁以下）$18

瓦胡岛美食指南

Organic & Healthy Food

健康美味的天然有机美食

自然风味有机餐厅

夏威夷海碧天蓝，清风徐徐，美景处处，令人心旷神怡。沉醉于大自然美景的同时，享用美食是一件无比惬意的事情，所以一份心仪的菜肴将是您悠闲假日里不可或缺的一部分。

舌尖上的
特色健康美食餐厅
小镇餐厅
Town

小镇餐厅位于"美食之路"瓦伊阿莱街，2006年荣获夏威夷美食大奖，继而崭露头角博得大众的一片好评。餐厅菜品只选用夏威夷当地特产食材，尽可能使用有机食物。虽然很多菜品中加入了意大利风味和地中海风味，但是仍然坚持在烹制过程中只选用有机健康食材。餐厅布置得轻松舒适，惬意的用餐环境是其吸引消费者的魅力之一。

餐厅从早晨开始营业，一天中都很热闹

白身鱼和蔬菜搭配制作的特色拼盘，分量十足

MAP ● 剪切地图-39，p.51-R

3435 Waialae Ave. 735-5900 7:00~14:30，17:30~21:30（星期五、星期六~22:00） 星期日 午餐$15~、晚餐$35~

女性喜爱的西式茶餐厅
特色美味蔬菜令人流连忘返
和平茶餐厅
Peace Cafe

和平茶餐厅菜品在烹制过程中选用大量有机食材和夏威夷特色蔬菜，主营有机海鲜美味菜肴。店内用原木作装饰，用餐环境温馨舒适。午餐和人气美食三明治使用新鲜蔬菜，除正餐外还有手工烘焙豌豆黄曲奇饼、脆皮松饼、果酱小甜点等可口的点心。餐厅提供外卖服务。

韩国风味的人气菜肴，米饭搭配凉拌青菜

MAP p.51-Q

2239 S.King St. 951-7555 11:00~21:00（星期日~15:00） 无休

餐厅设有就餐的长方形桌子，可供读书

需要预约　提供语言服务　菜单有外文翻译　设有衣物存放处

定制夏威夷专属菜肴
阿罗哈沙拉餐厅
Aloha Salads

阿罗哈沙拉餐厅在瓦胡岛设有4家分店,位于凯卢亚购物中心的凯卢亚1号店,人气火爆。餐厅内有莴苣、番茄、杧果等50余种新鲜食材,大都是夏威夷本土蔬菜。消费者可以根据个人喜好进行选择,餐厅会为您定制一份私人专属蔬菜沙拉。除此之外,店内也有三明治菜品。

MAP p.47-H
600 Kailua Rd., #103　262-2016
10:00~21:00　休无
※卡哈拉购物中心也有分店

兼顾素食主义和非素食主义者
乌梅凯市场茶餐厅
Umeke Market

乌梅凯市场茶餐厅主打健康美味元素,深受当地美食爱好者喜欢。餐厅菜品丰富,兼顾素食者和非素食者,还有可口的甜点和三明治等。套餐售有小菜、米饭和沙拉,每份售价8.95美元不等。

MAP 剪切地图-29、p.58-F
1001 Bishop St. #110
522-7377　7:00~15:00
星期六、星期日

尽情享受绿色素食美味
维纳斯绿色餐厅
Greens & Vines

维纳斯绿色餐厅秉承素食主义理念,拒绝使用肉、鸡蛋和黄油等一切动物油脂性食物。菜品食材选用当地农家种植的蔬菜,搭配天然酿造的美酒一起享用,回味无穷。

MAP 剪切地图-31、p.59-H
909 Kapiolani Blvd.　536-9680
11:00~14:00、17:00~21:00　休星期日

品尝人气菜肴感受不同食材的美味
回归自然有机食品超市餐厅
Down To Earth

回归自然有机食品超市餐厅是夏威夷最大的自然风味连锁店,餐厅秉承素食主义理念,拒绝使用肉类和鱼类。沙拉食材丰富,有巴西莓冰沙搭配香蕉、苹果汁、法国香子兰、杏仁酥等,售价只需6.99美元,堪称店内最健康的人气菜品。

MAP 剪切地图-27、p.51-Q
2525 S.King St.　947-7678
7:30~22:00　休无

人气风味茶餐厅独特美丽
钻石山海湾绿色茶餐厅
Diamond Head Cove Health Bar

钻石山海湾绿色茶餐厅位于蒙沙雷特大道,周围绿林环绕,环境幽雅。店内菜品冰沙、沙拉选用各式新鲜的水果和蔬菜,健康清新。其中,人气最旺的是海湾冰沙,含有巴西莓等富含美肌效果的水果食材,每份约为7.50美元不等。

MAP 剪切地图-47、p.51-bb
3045 Monsarrat Ave.　732-8744
9:00~20:00 (星期二、星期四、星期日~23:00)
※夜晚有现场演奏表演
休无

瓦胡岛美食指南
Restaurant for Breakfast

欢乐的一天从美味早餐开始

深受好评的早餐

游客外出旅游时，也许会选择在入住酒店的餐厅就餐或者前往超市购买早餐。来到怀基基，早餐有很多种选择，从自助快餐到酒店优雅假日套餐，内容缤纷多彩，美味可口。

欣赏海景的同时品味可口的早餐
露露怀基基冲浪主题餐厅
西餐 | Lulu's Waikiki Surf Club | **怀基基**

露露怀基基冲浪主题餐厅位于卡拉卡瓦街（卡皮欧拉尼公园一侧），早餐截止到上午11点。菜品丰富多样，热气腾腾的蛋包饭套餐每份8.95美元；还有华夫饼、煎饼和法式吐司等。在餐厅用餐可以欣赏大海美景，临窗席位可以为游客保留。

MAP ● 剪切地图-14、p.57-dd
✉ 2586 Kalakaua Ave. ☎ 926-5222 🕐 7:00～次日2:00
休 无 $ $10～

人气海边餐厅
迪克皮划艇主题餐厅
西餐 | Duke's Canoe Club | **怀基基**

迪克皮划艇主题餐厅环境悠闲，自助早餐每位售价15.95美元，人气火爆。游客可以享用店内的新鲜水果、煎饼和现场烹制的蛋包饭。餐厅露天席位非常受欢迎，开阔的视野可以尽览怀基基的海滩美景，就餐环境十分舒适。

MAP ● 剪切地图-12、p.56-R
✉ 2335 Kalakaua Ave., Outrigger Waikiki Beach Resort 1F ☎ 922-2268 🕐 7:00～24:00（早餐～10:30、午餐11:00～15:00、晚餐16:45～22:00、酒吧11:00～24:00）
休 无 ● 晚餐最好提前预约

酒店餐厅　特色华夫饼
希尔顿逸林餐厅・酒吧
西餐 | Tree Restaurant & Bar | **怀基基**

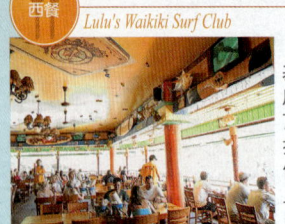

希尔顿逸林餐厅・酒吧位于怀基基阿拉那希尔顿酒店二层，店内光线明亮，就餐环境舒适，美味早餐开启快乐的一天。餐厅早餐是自助形式，有蛋包饭、华夫饼、粥品和新鲜的水果等许多主打菜品，游客可以尽情享用。

● 剪切地图-10、p.54-N
✉ 1956 Ala Moana Blvd., DoubleTree by Hilton Alana Waikiki 2F ☎ 941-7275 🕐 6:00～10:00（星期六、星期日7:00～）、17:00～22:00
＊17:00～19:00是欢乐时光 休 无
$ 早餐$14～、晚餐$14～

周日早晨人气火爆，值得排队等待
拉纳伊海生态餐厅
西餐 | Hau Tree Lanai | **怀基基**

拉纳伊海生态餐厅远离怀基基市区的喧嚣，安静的就餐环境让您充分享受悠闲的假日时光。餐厅中央桌椅摆放在木槿树树荫下，游客可以一边眺望碧海晴空一边品尝火腿蛋松饼，别有一番风味。

MAP ● 剪切地图-46、p.51-bb
✉ 2863 Kalakaua Ave., New Otani Kaimana Beach Hotel 1F ☎ 921-7066 🕐 7:00～10:45、11:45～14:00（星期日12:00～）、17:30～21:00
休 无 $ 早餐$14～、午餐$16～、晚餐$41～

远眺游艇港口美景 恬静舒适地享用早餐
皇家酒店餐厅

Prince Court Restaurant 怀基基

皇家酒店餐厅主打精品自助早餐,菜品丰富,有日式料理、各种特制煎饼等。餐厅特等席位和游艇港口隔窗相望,在此就餐能够领略到海边广阔无垠的美景。

MAP ●剪切地图-9,p.54-W

✉ 100 Holomana St., Hawaii Prince Hotel Waikiki 3F ☎ 944-4494 🕒 6:00~10:30(星期日6:00~8:30)、11:30~14:00(星期日10:00~13:00)、18:00~21:30(星期五~星期日 海鲜自助17:30~) 休无 $早餐自助每位$23.50、周末午餐自助每位$42、晚餐自助每位$47、海鲜自助每位$50

在"开放之家"享用舒心的早餐
开放之家餐厅
西餐
House Without a Key 怀基基

开放之家餐厅位于哈雷库拉尼露天泳池1层,夜晚有著名的海边比基尼秀。早晨来临后,游客可以在美丽的庭院中一边眺望平静的大海,一边享用自助早餐,气氛安宁舒适。早餐自助每位32美元。

MAP ●剪切地图-12,p.56-aa

✉ 2199 Kalia Rd., Halekulani 1F ☎ 923-2311 🕒 7:00~21:00、早餐自助~10:30 (星期日~11:30) 休无 $$20

久负盛名的煎饼店
Eggs'n Things 2号早餐店
西餐
Eggs 'n Things 怀基基

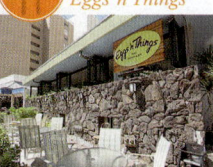

Eggs'n Things早餐店久负盛名,2号分店位于怀基基海滩前面。餐厅菜品丰富,分量十足,有煎饼、华夫饼、夏威夷式米饭汉堡、金枪鱼煎蛋铁板烧等。餐厅门外每天早晨都有人排长队等候就餐,人气火爆。就座后可以欣赏到窗外漂亮的大海风景,享用美味的同时可以度过悠闲惬意的假日早晨时光。

MAP ●剪切地图-13,p.57-S

✉ 2464 Kalakaua Ave.,Waikiki Circle Hotel 1F ☎ 926-3447 🕒 6:00~14:00、16:00~22:00 休无 $$13~

令人欲罢不能的美味煎饼
卡伊拉茶餐厅
美味煎饼
Cafe Kaila 卡皮欧拉尼大道

卡伊拉茶餐厅荣获2011年最佳早餐金奖,并被当地杂志评为美食嘉奖,继而引发广大美食爱好者的追捧,每天准时开业,人气火爆。餐厅水果煎饼派最受消费者喜爱,薄脆的煎饼上涂抹一层浓浓的果酱,包裹着大量新鲜水果,美味诱人。除此之外,蛋包饭和火腿蛋松饼等菜品同样很受欢迎。

MAP ●剪切地图28,p.51-Q

✉ Market city shopping center,2919Kapiolani Blvd. ☎ 732-3330 🕒 7:00~15:00 休无 $$8.50~

瓦胡岛美食指南
Plate Lunch & Local Food

美味又可口的
快餐

注意控制时间和预算！

夏威夷快餐是全世界不同美食融合的产物，含有夏威夷式米饭汉堡、午餐肉、配菜等。因此，最初品尝夏威夷的大众午餐时，总有一份莫名的异国文化感，但它们确实是夏威夷特色美食的最佳代表。

不容错过的正宗夏威夷式米饭汉堡！
孜皮士餐厅 Zippy's

孜皮士（Zippy's）餐厅主营夏威夷特色美食，夏威夷式米饭汉堡中米饭搭配巨型汉堡，中间涂抹着一层浓郁的肉汁，大大的煎蛋覆盖最顶层。图示的米饭汉堡每份售价8.95美元。

MAP● 剪切地图-35，p.51-R
📍601 Kapahulu Ave. ☎733-3725 ⏰24小时营业 休无

午餐肉饭团填饱饥饿的小腹
ABC超市 *ABC Store*

夏威夷当地人最爱的午餐肉饭团是将辛辣味的罐装午餐肉、米饭和海苔三种食材简单翻卷制作而成。通常在超市和便利店销售。图示中是ABC超市销售的午餐肉饭团，含有午餐肉、鸡蛋卷和鱼粉拌紫菜，每个售价2.35美元。

MAP● 剪切地图-13，p.57-S
📍2424 Kalakaua Ave. ☎926-5241 ⏰6:30~24:30 休无

当地人喜爱的大众餐厅
Like Like Drive 特色餐厅
Like Like Drive Inn

Like Like Drive 特色餐厅深得夏威夷当地人厚爱，夏威夷拉面搭配酱油味汤汁，辅料有中华烧肉、煎蛋卷、香葱，图示的海鲜拉面每份售价7.70美元。

MAP● 剪切地图-32，p.50-P
📍745 Keeaumoku St. ☎941-2515 ⏰6:00~22:00（星期四、星期六24小时营业）休无

人气快餐连锁店——瓦胡岛内设40余家分店
L&L Drive餐厅 *L & L Drive Inn*

L&L Drive餐厅连锁店的最新分店已经走向美国各地，十足的分量吸引了当地美食爱好者。餐厅有面向游客提供的迷你快餐。图示的BBQ混合套餐每份售价11.95美元。

MAP● 剪切地图-38，p.59-H
📍Ward Entertainment Center 1F ☎597-9088 ⏰8:00~21:00（星期五、星期六~23:00，星期日10:00~21:00）休无

足量肉、蔬菜、芝士打造的大众墨西哥卷饼
墨西哥卷饼特色餐厅
Bowles Burrito

墨西哥卷饼使用小麦粉烹制而成，之后添加肉、蔬菜、芝士等。可以单手直接拿饼，非常方便，所以驾驶、出游时很多人会选择使用。图示的巨型墨西哥卷饼每份售价7.75美元。

MAP p.47-L
📍270 Kuulei Rd. ☎888-8841 ⏰11:00~20:00（星期五、星期六、星期日8:00~20:30）休无

牛尾汤
卡皮欧拉尼咖啡餐厅
Kapiolani Coffee Shop

当湖客没有食欲时，推荐您品尝卡皮欧拉尼咖啡餐厅的夏威夷牛尾汤。汤中的香菜和大葱利于调养肠胃，喝汤时，可以蘸着准备好的秘制酱料品尝肉片，也可以把米饭放入汤中当作杂烩粥享用。

MAP p.88-B
📍98-020 Kamehameha Hwy. Waimalu Shopping Center ☎488-7708 ⏰6:30~22:00（星期五~23:00，6:00~23:00，周日6:00~22:00）休无

夏威夷美食散发着淳朴风味
欧诺夏威夷特色餐厅
Ono Hawaiian Foods

欧诺夏威夷特色餐厅的拉乌拉乌传统食品一般是用芋头叶包鲑鱼,加上猪肉、牛肉、鸡肉蒸熟。拉乌拉乌午餐拼盘配有甘甜的椰奶布丁,口味宜人。

MAP● 剪切地图-35、p.51-R
✉ 726 Kapahulu Ave. ☎ 737-2275 ⏰ 11:00~20:00 休 星期日

增加旅行途中蔬菜摄入量
自然素食风味餐厅
Veggie Star Natural Foods

自然素食风味餐厅主营绿色健康菜肴,摒弃肉类、芝士和鸡蛋,以蔬菜为所有菜肴的主要食材。餐厅还推出改良版三明治,面包和填充内容都进行了特殊处理。

MAP● 剪切地图-5、p.56-H
✉ 417 Nahua St. ☎ 922-9568 ⏰ 10:00~18:00 休 星期日

人气火爆的秘诀——营养均衡
卡卡阿克风味餐厅
Kakaako Kitchen

夏威夷传统快餐容易导致蔬菜摄入不足,餐厅在配菜中设置沙拉或者通心粉;主食选用黑米饭或者白米饭。营养搭配均衡,比较健康,深受消费者喜爱。

MAP● 剪切地图-38、p.59-L
✉ Ward Centre 1F ☎ 596-7488 ⏰ 10:00~21:00(星期五、星期六~22:00 星期日~17:00)休 无

怀基基乌梅干白饭
萨姆餐厅
Sam's Kitchen

萨姆餐厅因夏威夷电视节目"阿罗哈天堂"而被大众熟知,这里的乌梅干便当堪称瓦胡岛北海岸地区名吃之一。餐厅设有露天座椅,游客可以尽情品尝。

MAP● 剪切地图-5、p.56-Q
✉ 333 Royal Hawaiian Ave. ☎ 923-2244 ⏰ 11:00~23:00 休 无

配菜新鲜美味
先锋餐厅
Pioneer Saloon

先锋餐厅的夏威夷快餐含有新鲜油炸的香酥小排、汉堡搭配筋道的米饭和两种不同口味的沙拉。米饭有白米、糙米、玄米等,每份快餐售价8美元起。

MAP● 剪切地图-47、p.51-bb
✉ 3046 Monsarrat Ave. ☎ 732-4001 ⏰ 11:00~20:00 休 星期一

瓦胡岛 美食指南

瓦胡岛美食指南
The King of Hamburger

不可或缺的美国食品，午餐的最佳拍档！

夏威夷汉堡王大比拼

美国人日常生活中最方便的食品莫过于汉堡，食用汉堡不分时间地点，而且非常有饱腹感。接下来小编从口味、大小、价格和营养方面深度剖析不同的汉堡，您喜欢哪种口味的汉堡呢？

汉堡王
(Jack in the box)

- 满意指数 ★★★
- H 健康指数 ★★

杰克汉堡王价格让人心动，每份售价仅为3.29美元，容量不可小觑，面饼内添加洋葱、莴苣和大量腌酸菜，虽简单不起眼却独有一番美味。

价格 $7.59
重量 450g
直径 15cm

价格 $3.13
重量 210g
直径 11cm

巨无霸
Teddy's Bigger Burgers

- 满意指数 ★★★★★
- H 健康指数 ★★★★★

泰迪巨无霸体积堪称汉堡界冠军，内容丰盛，口感绝佳。巨大的法式馅饼涂抹着浓浓的酱汁，番茄片搭配腌酸菜更加衬托出西式熏猪肉的诱人美味，非常适合填饱饥饿的空腹。

价格 $9.89
重量 227g
直径 12cm

火奴鲁鲁蓝色汉堡
(火奴鲁鲁汉堡餐厅)

- 满意指数 ★★★★★
- H 健康指数 ★★

火奴鲁鲁蓝色汉堡是夏威夷人气最火爆的汉堡，有芋头面饼等多种口味，其中牛肉面饼包裹着秘制蓝色芝士和烤洋葱圈，堪称经典蓝色汉堡。

泰迪汉堡餐厅
Teddy's Bigger Burgers

泰迪汉堡体积大小不同，游客可以根据个人饭量进行选购。另外，凯卢亚也设有分店。

MAP 剪切地图-14 p.57-T
134 Kapahulu Ave., Waikiki Grand
1F ☎926-3444 ⏰10:00~21:00 休无

火奴鲁鲁汉堡餐厅
Honolulu Burger Company

火奴鲁鲁蓝色汉堡被瓦胡岛旅游杂志评选为美味汉堡王，汉堡肉身只选用夏威夷境内的牛肉，酱汁地道，面饼筋道，深得大众喜欢。

MAP p.52-I
4210 Waialae Ave.
☎735-5202
⏰10:30~21:00（星期五、星期六~22:00 星期日~20:00）休无
🌐honoluluburgerco.com

Jack in the box 汉堡餐厅
Jack in the box

杰克汉堡王中香辣鸡肉堡最美味，每份售价4.69美元。

MAP 剪切地图-35 p.51-R
633 Kapahulu Ave. ☎735-2696
⏰5:00~24:00（24小时提供免下车服务）休无

价格 $6.99
重量 240g
直径 12cm

芝士汉堡
(天堂芝士汉堡餐厅)

😊 满意指数 ★★★★★
H 健康指数 ★★★★

　　芝士汉堡无可挑剔，面饼松软，上层涂抹着浓浓的海鲜酱汁，新鲜的莴苣搭配厚厚的番茄片，蔬菜摄入量丰富，即使冷却后也非常可口。

价格 $6.27
重量 380g
直径 15cm

双层猪肉堡
(国王汉堡餐厅)

😊 满意指数 ★★★★
H 健康指数 ★★★

　　双层猪肉堡上下面饼都有胡麻辅料，270克的肉身增强饱腹感，足量的蔬菜保持营养均衡，不凡的综合指数有压倒性的优势。

汉堡 (库阿阿伊纳汉堡餐厅)

😊 满意指数 ★★★★★
H 健康指数 ★★★★★

　　库阿伊纳餐厅的汉堡面饼大，面身丰富，浓浓的酱汁浸透整个面饼，进入嘴里绵软香浓，烧烤味的洋葱更加提升独特风味，品尝后令人欲罢不能。

价格 $7.40
重量 300g
直径 11cm

国王汉堡餐厅
Burger King

在美国，国王汉堡餐厅的人气指数可以和麦当劳快餐店相媲美，餐厅内有很多巨无霸汉堡体积超大，令人印象深刻。

MAP 剪切地图-5、p.56-R
King's Village ☎ 922-3198
24小时（星期日、星期一5:00~次日3:00）休 无

库阿阿伊纳汉堡餐厅
Kua'aina

库阿阿伊纳汉堡是夏威夷的本土人气汉堡，餐厅内还有墨西哥鸡肉卷、黑小麦汉堡等多种供选择。

MAP 剪切地图-38、p.59-L
Ward Centre 1F ☎ 591-9133
10:30~21:00（星期二、星期日~20:00）休 无

天堂芝士汉堡餐厅
Cheese Burger in Paradise

天堂芝士汉堡餐厅充满浓郁的夏威夷风情，餐厅汉堡最负盛名的是对于新鲜烘焙的面饼和浓浓的肉汁，除此之外还有夏威夷米饭汉堡和热狗。

MAP 剪切地图-13、p.57-S
2500Kalakaua Ave. ☎ 923-3731
7:00~23:00（星期五、星期六~24:00）休 无

瓦胡岛

美食指南

休憩小站 美味甜点 Dessert

当地有很多甜品店都备受好评，接下来为您一一介绍。

$3 刨冰

刨冰是夏威夷当地的人气甜品，最适合缓解旅途中的干渴。其中，最不容错过的是岛内的特色甜品——彩虹刨冰。

瓦伊欧拉刨冰店 Waiola Shave Ice
MAP● 剪切地图-28、p.51-R
3113 Mokihana St. ☎735-8886 ⏰11:00~18:00（夏季每天10:00~18:30）休 星期二

特色甜品 $7.01~

巨型甜筒风暴是夏威夷的一大特色甜品，通常会在冰激凌基础上添加各种配料直至顶层，浓厚的奶油味十分诱人，适合女性品尝。

Cold Stone 甜品店 Cold Stone Creamery
MAP● 剪切地图-28、p.51-Q
888 Kapahulu Ave. ☎738-5020 ⏰11:00~22:00 休 无

$1 夏威夷马拉萨达甜甜圈

夏威夷马拉萨达甜甜圈店经过简单的油炸，外酥里嫩，白砂糖馅料口感柔滑，店内还有锡兰肉桂口味，深受大众喜欢。

雷娜孜面包工坊 Leonard's Bakery
MAP● 剪切地图-28、p.51-R
933 Kapahulu Ave. ☎737-5591 ⏰5:30~22:00（星期五、星期六~10:00）休 无

6个 $6.15 磨缇甜点

磨缇甜点五彩缤纷，洋溢着浓郁的热带风情，有番石榴抹茶味、巧克力味等12种不同口味的甜点。

芭比士甜品店 Bubbies
MAP● 剪切地图-27、p.51-Q
1010 University Ave. ☎949-8984 ⏰12:00~24:00（星期五、星期六~凌晨1:00 星期日~23:30）休 无

煎饼冰激凌 $10.25~

煎饼冰激凌是夏威夷的知名美食之一，松软的煎饼上覆盖着厚厚的搅打奶油冰激凌，清新的菠萝粒、可可豆搭配果酱，爽口怡人。

Eggs'n Things 1号早餐店 Eggs'n Things
MAP● 剪切地图-11、p.55-P
343 Saratoga Rd. ☎923-3447 ⏰6:00~14:00, 16:00~22:00 休 无

(S) $6.95 (L) $12.98 巴西莓冰沙

巴西莓富含丰富的营养价值，当地的巴西莓冰沙是夏威夷权威甜品之一，酸甜可口，美味健康。

玛丽有机美食茶餐厅 Marie's Health Food Organic Café
MAP● 剪切地图-11、p.55-P
2113 Kalakaua Ave. #201 ☎921-2320 ⏰8:00~20:00（星期日11:00~19:00）休 无

55美分（约28.35 g） 冰镇酸奶冰激凌

冰镇酸奶冰激凌店计量销售，平均1杯约5美元，店内有16种不同口味的甜品供选择，游客可以尽情享受！

酸奶之家甜品店 Yogurtland
MAP● 剪切地图-13、p.57-S
2490 Kalakaua Ave. ☎922-2626 ⏰10:00~23:00（星期五、星期六~24:00）休 无

AHU Is. RESTAURANT GUIDE
瓦胡岛美食指南

太平洋美食
Pacific Rim

太平洋美食选用当地新鲜食材和亚洲特殊香料，使用欧洲料理烹饪手法制成。

- 需要预约
- 提供语言服务
- 菜单有外语翻译
- 需穿着正装

阿拉莫阿那购物中心 | **太平洋特色美食**

玛丽珀莎地中海餐厅
Mariposa

融合地中海文化的创新菜式 非常可口

　　玛丽珀莎地中海餐厅位于阿拉莫阿那购物中心的内曼·马库斯高级百货店，主打太平洋美食。餐厅料理以夏威夷产的海鲜和蔬菜为主，摄入意大利、希腊等地中海元素，样式缤纷，摆盘造型优雅，味蕾体验丰富，游客可开启一次愉快的美食之旅。餐厅宽敞明亮，设有开放式的海洋风格露天就餐席位。傍晚日暮时分，游客可以在最高处享用美食，热闹非凡。玛丽珀莎地中海餐厅是当地一家知名餐厅，游客前往就餐前最好提前预约。

MAP 剪切地图-8、p.53-U

- 1450 Ala Moana Blvd., Ala Moana Center 3F
- 951-3420
- 11:00~21:00　休 无
- 午餐$25~、晚餐$50~

瓦胡岛　163　美食指南

怀基基　太平洋特色美食
拉奈伊冲浪主题茶餐厅
Surf Lanai

感受海风拂面的同时品味度假美食

拉奈伊冲浪主题茶餐厅位于夏威夷皇家酒店的泳池附近，餐厅前方是一片漂亮的海边沙滩，视线开阔，怀基基的海滩美景一览无余。餐厅正宗美味的现代西餐使用夏威夷当地的新鲜时蔬，地道、味美。

MAP ●剪切地图-12、p.56-aa
- The Royal Hawaiian, a Luxury Collection Resort 1F
- ☎921-4600
- 営6:30~11:00, 11:30~14:00 (最后进店时间截止到13:45)
- 休无　S早餐$6~、午餐(含前菜)$10~

怀基基　太平洋特色美食
夕阳海鲜餐厅&苏比酒吧
Sansei Seafood Restaurant & Sushi Bar

极具独创性的创意菜品

夕阳海鲜餐厅&苏比酒吧由亚裔移民3代开创经营，餐厅主营海鲜料理和寿司，有米饭和味噌汤，还可以帮顾客预订隔壁烧烤店的烤肉。游客可以进店品尝各种感兴趣的美食。

MAP ●剪切地图-13、p.57-S
- 2552 Kalakaua Ave., Waikiki Beach Marriott Resort & Spa 3F　☎931-6286　営17:30~22:00 (星期五、星期六次日1:00)　休无　S$28~
- HP www.sanseihawaii.com

阿拉莫阿那购物中心　太平洋特色美食
菠萝派美食餐厅
The Pineapple Room

超级厨师打造的料理大放光彩

菠萝派美食餐厅监制主厨黄志光被称为夏威夷现代西餐的先驱者，餐厅料理风味深受其夏威夷籍的父亲和亚裔母亲的影响。餐厅以法国料理为基础，大多选用夏威夷产的新鲜食材，适合亚裔群体口味。游客可以进店品尝美食，感受餐厅料理丰富的创造性。

MAP ●剪切地图-8、p.53-K
- 1450 Ala Moana Blvd., Macy's 3F　☎945-6573
- 営11:00~20:30 (星期六8:00~、星期日9:00~15:00)
- 休无　※星期日不提供晚餐　S午餐$25~、晚餐$40~

大王街　太平洋特色美食
黄志光美食餐厅
Alan Wong's

实力亚裔厨师
制作各国美味料理

黄志光美食餐厅的黄主厨坚持健康自然的餐饮原则，拒绝使用化学调味品；餐厅所有料理包括面包、甜品冰激凌等都使用手工制作；当日菜品会根据蔬菜和海鲜的进货情况发生变动等。餐厅主厨蝉联多届夏威夷地区年度现代西餐大赛最高奖，堪称世界富有创造性的厨师之一。

MAP ●剪切地图-26、p.50-P
- 1857 S.King St., 3F　☎949-2526
- 営17:00~22:00　休无　S$50~

| 瓦伊阿莱大道 | 太平洋特色美食 |

3660海边日出餐厅
3660 On The Rise

精致的餐点值得专门品尝

3660海边日出餐厅曾经荣获夏威夷地区现代西餐最佳奖，连续多年获得美食料理嘉奖。餐厅料理缤纷多彩，从日本料理、中华料理到纽约风味美食，菜品多样。煎炸金枪鱼海苔卷每份14.95美元，巧克力蛋糕8.50美元，丰富的甜品深受女性消费者好评。

MAP ●剪切地图-40、p.52-S

🏠 3660 Waialae Ave.　☎ 737-1177　🕐 17:30~20:30
休 星期一　$ 晚餐$40~

| 卡哈拉 | 太平洋特色美食 |

霍库兹海上餐厅
Hoku's

欣赏海景的同时
享用美味至极的午餐

霍库兹海上餐厅拥有全球各国VIP消费阶层，是夏威夷霍库兹酒店&度假中心的主要就餐区，进入餐厅可以一边欣赏大海美景一边品尝特色美味大餐。餐厅的料理会给您以视觉上的冲击和味觉上的震撼，每道菜品都极尽材料之精华，努力打造出独特的美味口感。另外，餐厅下午茶人气爆满，游客最好提前预约。

MAP p.52-T

🏠 5000 Kahala Ave., The Kahala Hotel & Resort
☎ 944-4714　🕐 18:00~21:00
休 星期一　$ 晚餐$85~、每位酒水$18.50~

| 大王街 | 太平洋特色美食 |

马布洛餐厅
Chef Mavro

精品菜系可
媲美米其林三星标准

马布洛餐厅入选世界美味餐厅前10名，精品菜系改良创新自现代西餐，严格精选夏威夷特产的新鲜食材，无论味觉、外观、香味还是造型都堪称完美，可以和米其林三星标准相媲美。游客不妨进店仔细品味厨师的精湛手艺，品尝美食带来的旅行乐趣。

MAP ●剪切地图-26、p.50-P

🏠 1969 S.King St.　☎ 944-4714　🕐 18:00~21:00
休 星期一　$ 晚餐$85~、每位酒水$18.50~

| 怀基基 | 太平洋特色美食 |

珈蓬果亚洲美食餐厅
Japengo

追逐亚洲
新派美食

珈蓬果亚洲美食餐厅氛围惬意宁静，店内有日本、中国、韩国和泰国等亚洲各国新派料理，花样缤纷。餐厅设有寿司区，有新鲜海鲜鱼类做成的散寿司和生鱼片刺身等。菜单菜品标记清楚，适合全家一起前来品尝。

MAP ●剪切地图-13、p.56-bb

🏠 Hyatt Regency Waikiki Beach Resort & Spa 3F
☎ 237-6145　🕐 18:00~22:00（寿司区17:30~）
休 无　$ $25~

AHU Is. **RESTAURANT** GUIDE　瓦胡岛美食指南

意大利和法国特色美食
Italian & French

怀基基周边的意大利美食餐厅五彩缤纷，高级餐厅琳琅满目；很多的普通小店也可以品尝到正宗的比萨和意面。法国料理主要集中在商业区，味道精美。

怀基基　意大利特色美食
萨雷恩托斯餐厅
Sarento's

夜景会给人留下难忘的浪漫回忆

萨雷恩托斯餐厅氛围轻松舒适，在餐厅游客可以欣赏钻石山夜景，恬静安宁。餐厅厨房透明开放，在主餐区可以看到厨师精心烹制料理的场景。餐厅除了美食，美酒也令人十分陶醉。游客如果想要就座靠窗席位最好提前预约。

MAP ●剪切地图-10，p.54-W

✉ 1777 Ala Moana Blvd., Ilikai Hotel & Suites ☎ 955-5559　⏰ 17:30~21:00（星期五、星期六17:00~21:30，酒吧17:00~）　休 无　$ $30~　＊餐厅设有包间，可以举办迷你派对。

阿拉莫阿那购物中心　意大利特色美食
布卡·贝卜餐厅
BUCA di BEPPO

摆设讲究　菜品美味

布卡·贝卜餐厅菜品为意大利精品菜式，分量十足，深受消费者喜欢，意大利扁面条海鲜作料丰富多样，小份26.99美元，大份39.99美元；人气比萨当属意大利腊香肠口味，每份18.99美元不等。餐厅设计独具匠心，就餐环境轻松愉悦。

MAP ●剪切地图-38，p.59-H

✉ 1030 Auahi St., Ward Entertainment Center ☎ 591-0800　⏰ 11:00~22:00（星期五、星期六~23:00）　休 无　$ $10~
＊餐厅必须提前预约，小桌2~3人，大桌4~6人。

怀基基海滩漫步区　意大利特色美食
陶尔米亚西西里餐厅
Taormina Sicilian Cuisine

品味意式海鲜美味

陶尔米亚西西里餐厅主打西西里岛海鲜料理。料理选用新鲜海鲜鱼类，竭尽各种烹饪手艺制作而成，菜品简单但美味精致。餐厅有很多人气料理，肉末酱汁意面使用黑葡萄醋制作而成，每份23美元，烤仔羊肉香草每份49美元。另外，高级侍酒师严格挑选150余种美酒珍藏，期待游客前去品尝。餐厅装饰简洁明快，比较适合休闲用餐。

MAP ●剪切地图-12，p.56-Q

✉ 227 Lewers St.　☎ 926-5050　⏰ 11:00~22:00（星期五、星期六~23:00）　休 无　$ 午餐$20~、晚餐$50~

怀基基　意大利特色美食
阿兰切诺意大利餐厅
Arancino

正宗意大利美味深受当地美食爱好者喜欢

阿兰切诺意大利餐厅菜品以海鲜料理为主，意式风味正宗，深受当地美食爱好者（其中不乏很多知名人士）喜欢。餐厅厨师曾经在亚洲和意大利修学研究料理，制作的碳烤意面筋道十足，比萨美味。店内还有每份18美元的玛格丽特比萨，可口松脆。游客如果想要进店品尝正宗的意式美味，一定不要忘记提前预约！

MAP ●剪切地图-11，p.55-P

✉ 255 Beachwalk　☎ 923-5557　⏰ 11:30~14:30、17:00~22:00　休 无　$ 午餐$17~、晚餐$25~

瓦伊阿莱大道 | 意大利特色美食
赛布丽娜美食餐厅
Sabrina's Restaurant

意大利面食
备受好评

赛布丽娜美食餐厅老板来自罗马，夫妇二人独家制作的意大利面食深受好评。菜品源自意大利本土人气美食，每晚都会更新特别菜肴。餐厅选用的芝士、橄榄等食材全部直接进口自意大利。

MAP ●剪切地图-28、p.51-R

✉ 3036 Waialae Ave., #3B　☎ 739-0220　🕐 17:30~22:30　休 星期一　$ 晚餐$35~

商业区 | 法国特色美食
迪克法国料理餐厅
Duc's Bistro

法国和亚洲风味融合的时尚晚餐

迪克法国料理餐厅融合越南美食风味，藏品丰富，是当地一家颇有知名度的现代西餐厅。餐厅装饰充满格调，白色的墙壁搭配红色隔断，照明灯饰嵌入其中，高处天井悬挂着巨型狮子造型，令人想象无穷。餐厅双鲜料理售价17美元起；肉类料理售价24美元起。

MAP ●剪切地图-29、p.58-A

✉ 1188 Maunakea St.　☎ 531-6325　🕐 11:30~14:00, 17:00~22:00（星期六、星期日只提供晚餐）　休 无　$ 午餐$30、晚餐$40
＊如果只点开胃菜，进入餐厅酒吧即可。

瓦伊阿莱大道 | 法国特色美食
米罗咖啡茶餐厅
Cafe Miro

美味令人心动

米罗咖啡茶餐厅打造精致生活理念，从食材选择、采购到烹饪制作都由店长亲力亲为，餐厅只有43美元套餐和54美元套餐，其中每份套餐有6种前菜、5种主菜可供选择。

MAP ●剪切地图-40、p.51-R

✉ 3446 Waialae Ave.　☎ 734-2737　🕐 17:30~22:30　休 星期一　$ $38~
＊餐厅提供酒水服务，也可以外带饮用。每瓶外带酒水需支付20美元费用（最多允许外带2瓶）。

怀基基 | 意大利特色美食
贝尔尼尼餐厅
Bernini Honolulu

传播夏威夷
当季风味美食

贝尔尼尼意大利人气美食餐厅总店位于日本东京，火奴鲁鲁分店位于夏威夷。店内主厨醉心于夏威夷当地的新鲜食材，致力于制作最完美的夏威夷式意大利美食。餐厅美食数不胜数，有酥香松脆的碳烤比萨、清蒸时蔬和烧烤安格斯牛肉等，每道菜肴的美味都令人无比着迷；正餐过后，甜点有碳烤苹果馅饼等。餐厅装饰风格明快，游客可以在此品尝美味的晚餐，度过浪漫之夜。

MAP ●剪切地图-38、p.50-Z

✉ 1218 Waimanu St.　☎ 591-8400　🕐 17:30~21:30（最后进店时间）　休 星期一　$ $50~

怀基基 | 意大利特色美食
米歇尔餐厅
Michel's

老牌餐厅——拥有绝佳的
用餐位置　可以遥望大海

米歇尔餐厅创立于1962年，是当地一家老牌意大利美食餐厅，引领了夏威夷美食界的潮流，推动着当地美食业的前进，拥有经久不衰的人气粉丝。餐厅以法式料理为基础，加入欧陆式料理风格。无论前往几次，每次都会有新的美食感动。

MAP ●剪切地图-46、p.51-bb

✉ 2895 Kalakaua Ave., Colony Surf　☎ 923-6552　🕐 17:30~21:00（星期五、星期六9~21:30）※每月的第一个星期日10:00~13:00提供早中餐　休 星期一　$ $38~
http://michelshawaii.com

其他西餐
Western Food

西餐主要以肉类和海鲜为主。不同风味的餐厅竭尽所能，使用各种烹饪手法制作精美的西式正餐。美式西餐分量充足，餐厅风格多样，有的适合家庭聚餐，有的适合情侣约会。接下来小编为您介绍当地经过严格筛选的高品质西餐厅。

怀基基 西餐

欧克德西餐厅
Orchids

精品餐厅　值得憧憬

欧克德西餐厅位于夏威夷最有名的哈利库拉尼酒店1层，面向怀基基海滩，环境幽雅。在露天特等席位就餐，可以欣赏风光秀美的钻石山和怀基基海滩景致，感受夏威夷恬静的海风，还可以享受至尊无上的服务待遇。餐厅选用夏威夷食材，由一流的厨师打造精品美味，每道菜都令人回味无穷。餐厅早餐备受好评，早中餐人气爆满，食客需排长队等候，游客最好提前预约享用。

MAP ●剪切地图-12、p.56-aa
- 2199 Kalia Rd., Halekulani 1F
- 923-2311　7:30~11:00、11:30~14:00（早中餐9:30~14:30）、18:00~22:00
- 无休
- 早中餐成人$57、儿童$29（5~12岁）

怀基基 烧烤

BLT烧烤餐厅
BLT Steak

全美备受好评的烧烤店
黑牦牛美味令人无限沉醉

BLT烧烤餐厅由世界知名主厨罗兰·特·朗德鲁创立。黑牦牛烧烤骨肉相连在高温中焖烤，肉汁饱满，口感柔嫩，每份售价49美元起，价格不等。餐厅包括酒水共有200余种菜品。在充满现代风格的优美环境下就餐，如梦幻一般。

MAP ●剪切地图-11、p.55-Z
- Trump International Hotel Waikiki 1F
- 683-7440　17:30~22:00（星期五、星期六~23:00）
- 无　$80~
- HP www.bltsteak.com

怀基基 酒吧&烧烤

热带风情酒吧&烧烤餐厅
Tropics Bar & Grill

藏在酒店内的
美味餐厅

热带风情酒吧&烧烤餐厅位于夏威夷希尔顿度假中心，店内宽敞明亮，设计布置充满浓浓的乡情。餐厅设有开放的露天就餐席位，游客可以遥望海滩，眺望日落，感受时间的流逝。餐厅的美味菜品使用夏威夷当地的新鲜食材制作而成，搭配特制鸡尾酒。餐厅最吸引顾客的是提供希尔顿酒店式的贴心服务，帮忙看护儿童。

MAP ●剪切地图-17、p.54-X
- Hilton Hawaiian Village Alii Tower 1F
- 949-4321　7:00~22:00
- 无　$9~

库西欧海滩烧烤餐厅
Kuhio Beach Grill
新鲜食材搭配热带风情环境

库西欧海滩烧烤餐厅位于怀基基万豪海滩度假中心1层。餐厅自助餐制作风味独具创造性。早餐分量十足，餐厅会在顾客面前展示蛋包饭的制作过程，蛋包饭堪称绝品，另外还有华夫饼、薄煎饼。每晚都会有不同的自助餐主题，主厨研发的精美牛肉切片是餐厅最佳美食，游客一定不要错过哦。

MAP ●剪切地图-13、p.57-S
2552 Kalakaua Ave., Waikiki Beach Marriott Resort
921-5171　5:00~11:00、17:00~22:00　休无
早餐$20~、晚餐$25~（星期五、星期六、星期日$30~）

滨鸟西餐厅&海滩酒吧
Shore Bird Restaurant & Beach Bar
主打新鲜食材

滨鸟西餐厅位于怀基基海滩附近，视野开阔，绝佳的地理位置令许多美食爱好者慕名前来。餐厅自助早餐有手工制作的面包、新鲜水果等，健康的饮食开启愉快的一天。晚餐时分迎来了日落风光，食客们在恬静的夕阳映照下享受美味的海滩烧烤，有精选海鲜料理和大型烤肉，还可以体验自助烤肉的乐趣。

MAP ●剪切地图-11、p.55-Z
2169 Kalia Rd., Outrigger Reef Waikiki Beach Resort
922-2887　7:00~次日2:00　休无　$12.95~

芝士蛋糕工坊
The Cheesecake Factory
全美人气餐厅夏威夷分店

芝士蛋糕工坊风靡全美，夏威夷1号店位于夏威夷皇家中心，拥有600个坐席，规模堪称夏威夷州最大。包括独家芝士蛋糕在内的40种甜品，餐厅共有200余种菜品。芝士蛋糕每份售价7.50美元起，价格不等，所有菜品均提供外卖服务。

MAP ●剪切地图-12、p.116-C-1F
2201 Kalakaua Ave.,Royal Hawaiian Center.C Building 1F　924-5001　11:00~23:00（星期五、星期六~24:00、星期日10:00~）　休无　$15~

海洋风情餐厅
Oceanarium
人气海鲜餐厅　经常有长队等候

海洋风情餐厅在当地超级有人气，进入餐厅可以一边享受美味的自助晚餐，一边欣赏巨型水槽中游动的鱼群。餐厅有生鱼片刺身、蒸蟹等海鲜菜品，还有沙拉、烤牛肉、意大利面食、甜点等，美食缤纷。餐厅只在星期五、星期六、星期日提供自助午餐，星期六和星期日自助午餐营业时间为11:00~15:00，每位29.95美元。

MAP ●剪切地图-13、p.57-S
2490 Kalakaua Ave.,Pacific Beach Hotel 1F　921-6111、922-1233　6:00~10:00、11:00~15:00（星期六、星期日）、16:30~22:00　休无　早餐$21.50~、晚餐$41.95~

| 怀基基 | 烧烤 |

沃尔夫冈烧烤餐厅
Wolfgang's Steakhouse

高级烧烤餐厅

沃尔夫冈烧烤餐厅选用美国认定的5级最高级牛肉，经过28天旨在提炼出肉质精华的烟熏烘烤制成。牛肉入口即化，绝佳的口感值得前去品尝。

MAP ●剪切地图-12、p.116-C-3F
✉ Royal Hawaiian Center C Building 3F
☎ 922-3600　⏰ 11:00~22:30（最后进店时间 星期五、星期六~23:30）
休 无　$ 午餐$10~、晚餐$40~

| 怀基基 | 烧烤&海鲜料理 |

查特美食之家
Chart House

美丽的港口餐厅
夕阳景致无限好

查特美食之家地理位置绝佳，进入餐厅可以一边欣赏瓦伊阿莱皮艇港附近的夕阳美景，一边品味浪漫的晚餐，十分惬意。餐厅主营海鲜料理和烧烤等休闲菜品，大龙虾价格适中，分量充足，是餐厅的人气菜品。

MAP ●剪切地图-9、p.54-W
✉ 1765 Ala Moana Blvd.,Ilikai Marina　☎ 941-6669
⏰ 16:30~24:30（星期五、星期六~次日2:00，星期六、星期日17:00~）　休 无　$ $35~

| 怀基基 | 西餐 |

Mac24-7餐厅
Mac24-7

后现代餐厅

Mac24-7餐厅位于库西欧大道的怀基基希尔顿王子酒店，主打欧陆式风格料理，设有普通餐椅和条形餐椅。餐厅巨型煎饼直径为30厘米，令人震惊，游客不妨挑战一下自己的实力！

MAP ●剪切地图-6、p.57-S
✉ 2500 Kuhio Ave.,Hilton Waikiki Beach 1F
☎ 921-5564　⏰ 24小时营业　休 无　$ $20
HP www.mac247waikiki.com

| 怀基基 | 西餐 |

d.k.烧烤美食餐厅
d.k. Steak House

品尝独特的
牛排烧烤

d.k.烧烤美食餐厅采用干燥熟成烹饪手法，竭尽肉质全部精华，三成熟和四成熟的牛排是餐厅的招牌特色，餐厅还会为游客准备贴心的儿童菜品。

MAP ●剪切地图-13、p.57-S
✉ 2552 Kalakaua Ave., Waikiki Beach Marriott Resort & Spa 3F
☎ 931-6280　⏰ 17:30~22:00　休 无
$ $50~
HP dksteakhouse.com

| 阿拉莫阿那购物中心 | 西餐 |

沃德中心莱恩士烧烤餐厅
Ryan's Grill at Ward Center

当地人欢度周末的人气场所

沃德中心莱恩士烧烤餐厅90%的客源来自当地美食爱好者。餐厅分为普通就餐区和酒吧区，菜品丰富多样，独具特色，特制的意大利风味面包馅料充足，是每位食客的必点美食之一。

MAP ●剪切地图-38、p.59-L
✉ 1200 Ala Moana Blvd.,Ward Centre 2F　☎ 591-9132
⏰ 11:00~24:00　休 无
$ $15~

| 怀基基 | 西餐 |

庭院之家美食餐厅
Yard House

在夏威夷畅饮全球各种生啤！

庭院之家美食餐厅风靡全美，有夏威夷本土啤酒、日本麒麟、朝日啤酒等130余种世界各地的不同生啤，同时还有美味可口的料理，颇具艺术美的摆盘造型令人赏心悦目。

MAP ●剪切地图-11、p.125-E
✉ 226 Lewers St.,Waikiki Beach Walk Suite 148
☎ 923-9273　⏰ 11:00~次日1:00（星期五、星期六~次日1:20）　休 无

怀基基　西餐
哈德洛克茶餐厅
Hard Rock Cafe

摇滚粉丝的美食胜地

哈德洛克茶餐厅是夏威夷唯一一家摇滚乐主题餐厅，2层的露天席位可以遥望卡拉卡瓦大街，空间开阔明亮。餐厅的招牌汉堡每份售价17.75美元，美味的肉汁令人赞不绝口。晚上17:00~19:00现场会有摇滚演出。

MAP ●剪切地图-11，p.55-P

- 280 Beach Walk
- ☎955-7383
- 11:00~24:00（星期五、星期六~次日1:00）
- 休 无
- $ $12~　HP hardrock.com

怀基基　西餐
莫阿那海滨餐厅
Beachhouse at the Moana

享受海边美景
度过惬意的用餐时光

莫阿那海滨餐厅是一家海岛烧烤餐厅，有最高级的烧烤安格斯牛、新鲜的海鲜料理和备受好评的原创鸡尾酒。餐厅前方视线开阔，游客可以一边欣赏落日美景一边享用美餐，无比惬意。

MAP ●剪切地图-12，p.56-R

- Moana Surfrider, A Westin Resort & Spa 1F
- ☎921-4600　17:30~21:00（最后进店时间）（酒吧区~22:00）
- 休 无　$ $80~

阿拉莫阿那　西餐
达夫&巴士特美食餐厅
Dave & Buster's

美味的饮食搭配愉快的桌游

达夫&巴士特美食餐厅引领全美餐饮时尚，美味的饮食搭配愉快的桌游，令人感觉十分舒适。餐厅有烧烤和海鲜料理等特色菜品，还有100余种游戏可供游客体验。

MAP ●剪切地图-38，p.59-H

- 1030 Auahi St.,Ward Entertainment Center 2F
- ☎589-2215
- 11:00~24:00（星期三、星期五、星期六~次日2:00）
- 休 无　$ $12

商业区　西餐
胡塔斯美食餐厅
Hooters

美味料理搭配健康美女服务令人无限沉醉

胡塔斯火奴鲁鲁美食餐厅在美国深受欢迎，餐厅美女服务员身穿吊带背心和迷你短裤，清凉的装束打扮在当地引起轰动，餐厅氛围健康舒适，给人感觉良好，女性消费者也可以放心就餐。

MAP ●剪切地图-36，p.58-I

- 1 Aloha Tower Dr.,Aloha Tower Market Place 1F
- ☎524-4668　10:30~22:00（星期三~星期六~23:00）
- 休 无　$ 午餐和晚餐$15~

阿拉莫阿娜　墨西哥料理
瓦胡士鲜鱼卷饼餐厅
Wahoo's Fish Taco

墨西哥风味健康美食

瓦胡士鲜鱼卷饼餐厅总店位于加利福尼亚，餐厅菜式经过改良，清淡可口，许多墨西哥菜品中融入了中华料理风味。餐厅菜肴分量十足，如果不是空腹就餐，基本1盘菜都可以满足两人的需求。

MAP ●剪切地图-38，p.59-L

- 940 Auahi St.,Ward Gateway Center
- ☎591-1646
- 11:00~21:00（星期五、星期六~22:00）
- $ $10~

阿拉莫阿那　西餐
The Stage美食餐厅
The Stage

在美丽的落日
余晖中享用美餐

The Stage美食餐厅位于火奴鲁鲁设计大厦，桌椅、照明等设计风格特异，独树一帜。餐厅主营新鲜欧式海鲜料理，另外，还有100余种美酒可供游客细细品味。

MAP ●剪切地图-31，p.59-H

- 1250 Kapiolani Blvd.　☎237-5429
- 11:30~13:30（星期一~星期五）、17:30~20:30
- 休 星期日、星期一
- $ $35

AHU Is. RESTAURANT GUIDE 瓦胡岛美食指南

各民族特色美食
Ethnic Foods

除了唐人街，夏威夷其他地方也有很多中华料理。茶餐厅最为热闹，多以广东、上海、四川和北京等各地料理为主。另外，东南亚正宗民族特色餐厅也是数不胜数。

王子街 / 越南料理

巴克那姆美食餐厅
Bac Nam

菜肴分量十足、味道鲜美

巴克那姆美食餐厅菜肴蔬菜丰富，分量十足，价格合理，深受美食爱好者的好评。人气菜品荷叶包小虾沙拉每份售价9.50美元，香辣烧烤小牛排每份售价11.95美元，香浓美味的椰汁是餐厅菜肴的最佳搭档，品尝后一定会令您欲罢不能。除此之外，还有特色三明治、越南风味面和每份售价为9.95美元的咖喱鸡肉饭。

MAP ● 剪切地图-31，p.59-D
1117 S.King St. ☎597-8201 11:00~14:30、17:00~21:00 休星期日 S$15~
＊菜单中没有酒水，可以自行携带。

阿拉莫阿那 / 中华料理

皇家花园餐厅
Royal Garden

东南亚各国美食混搭

皇家花园中华料理餐厅位于阿拉莫阿那酒店，创立已有30余年，深受当地消费者喜欢。餐厅的人气美食有甜点萨其马（1盘3.1美元）、鲜虾烧卖、芝麻团子和寓意好运的枸杞蒸糕。餐厅较为宽敞，设有包间，适合工作会餐和家庭聚餐等各种形式的集体餐饮活动。

MAP ● 剪切地图-9，p.53-L
Ala Moana Hotel 3F ☎942-7788 11:00~14:00（星期六、星期日10:00~）、17:30~21:30 S午餐$15~、晚餐$25~

怀基基 / 韩国料理

宋公洞韩式餐厅
So Gong Dong

韩国本土的知名餐厅

宋公洞韩式餐厅位于玛库利（Mccully）购物中心，餐厅有水豆腐、烤肉和韩式小辣椒等菜品，让游客可以在夏威夷品尝到正宗的韩式美味。如果感觉菜肴太辣，可告知服务员帮忙调节。

MAP ● 剪切地图-32，p.50-P
627 keeaumoku St. ☎946-8306 10:00~22:00 休 S$7.50~

怀基基 / 中华料理

北京海鲜餐厅
Beijing Chinese Seafood Restaurant

品尝正宗的中华美味

北京海鲜餐厅有广东、上海和四川料理，中午可以饮茶、吃茶餐。餐厅最美味的莫过于海鲜料理，游客可以进店选购巨型水缸中养殖的水产品，品尝鲜美的烤龙虾等海鲜大餐（时价）。另外，正宗的北京烤鸭是不容错过的美食，每份售价58美元。

MAP ● 剪切地图-12，p.116-C-3F
2301 Kalakaua Ave.,Royal Hawaiian Center C Building 3F ☎971-8833 11:30~21:30（星期六17:00~） 休 S午餐$10~、晚餐$30~

| 阿拉莫阿那 | 韩国料理 |

萨拉伯尔餐厅
Sorabol

24小时营业餐厅

萨拉伯尔餐厅美食由韩国厨师亲自烹饪制作,正宗地道。餐厅就餐区宽敞明亮,大约可以容纳220桌,同时设有寿司简易就餐区。菜品丰富多样,有韩式烤肉、海鲜卷饼、韩式寿喜锅和海鲜小火锅等,游客可以悠闲地品味熟悉的美味韩餐。餐厅24小时营业,游客可以在夜晚享用美餐,十分方便。

MAP ●剪切地图-32、p.50-P

805 Keeaumoku St. 947-3113 24小时营业 休无 午餐$10.99~、晚餐$30~

| 怀基基 | 民族特色料理 |

火锅天堂餐厅
Hotpot Heaven

汤汁和食材丰富多样的专门火锅店

火锅天堂餐厅是一家由越南人经营的火锅专营店。游客可根据自己的喜好选择锅底,有豆乳锅、夏威夷锅、泰国锅和菌汤锅等。游客可从冰柜中自主选择涮锅食材,有鱼类、肉类、蔬菜和面食等80余种。游客可以根据食材所用的盘子颜色来判断价格,餐厅氛围休闲,适合轻松用餐。

MAP ●剪切地图-33、p.54-C

1960 Kapiolani Blvd., #116 941-1115 11:00~14:00、17:00~23:00(星期五、星期六~24:00) 休无 午餐$15~、晚餐$20~

| 唐人街 | 中华料理 |

丽晶海鲜酒楼
Legend Seafood Restaurant

正宗的香港茶食餐厅

丽晶海鲜酒楼秉承港式茶餐厅服务标准,每天午餐时分都会有小餐车穿梭在大厅内为顾客依次提供点餐服务。茶食物美价廉,每份售价不同,有2.75美元、3.75美元、4.75美元、5.75美元、7.95美元,游客可以尽兴品尝店内美食。晚餐可以根据个人喜好按照菜单点餐,还可以吃到近海区域捕获的新鲜鱼类海鲜料理。

MAP ●剪切地图-29、p.58-A

100 N.Beretania St.,#108 Chinatown Cultural Plaza 532-1868 10:30~14:00(星期五、星期日8:00~)、17:30~21:00 休无 午餐$15~、晚餐$20~

瓦胡岛 美食指南

贝雷塔尼亚街　　中华料理
麒麟中华料理餐厅
Kirin Chinese Restaurant

海鲜料理性价比良好

麒麟中华餐厅的招牌菜品是海鲜料理，经常有很多游客慕名前来。食材选自全美各地，新鲜美味。进入餐厅，游客可以品尝到来自北京、四川、上海等地的美食，十分惬意。

MAP ●剪切地图-26、p.51-Q

- 2518 S.Beretania St. ☎ 942-1888
- 11:00~15:00、17:00~23:00（星期日~22:30）
- 休 无　晚餐$30~　＊18:30~21:00用餐人数较多，最好提前预约。21:00以后提供中华粥品。

卡伊姆基　　越南料理
哈雷越南美食餐厅
Hale Vietnam

不容错过的健康美食餐厅

哈雷越南美食餐厅经常都是一片热闹的景象，米粉的日销售量高达500碗，每份9.69美元。餐厅菜品口味清淡，多用新鲜蔬菜，营养健康。

MAP ●剪切地图-40、p.51-R

- 1140 12th Ave. ☎ 735-7581
- 10:00~21:45　休 无
- 午餐$12~、晚餐$15~

商业区　　古巴料理
索乌卢古巴茶餐厅
Soul de Cuba Cafe

火奴鲁鲁唯一的古巴料理餐厅

索乌卢古巴茶餐厅店内绘画设计令人浮想联翩，单色影像照片装饰着墙壁四周，古巴音乐缓缓播放，用餐环境舒适安静。餐厅最有人气的料理内容丰富，有炸鸡肉、鲜水果和黑豆等，每盘18美元。

MAP ●剪切地图-29、p.58-E

- 1121 Bethel St. ☎ 545-2822
- 11:00~22:00（星期五、星期六~23:00，星期日~20:30）
- 休 无　午餐、晚餐$15

大王街　　泰国料理
清迈美食餐厅
Chiang-Mai

辛辣口感的传统泰国美食

清迈美食餐厅传承泰国北部的传统料理理念，选用糯米和其他上等食材，与南部料理相比，食材制作方法截然不同，口味偏辛辣。餐厅装饰充满民族风情，设有开放式厨房，游客可以放心品尝美食。

MAP ●剪切地图-26、p.51-Q

- 2239 S.King St. ☎ 941-1151
- 11:00~14:00（星期一~星期五）、17:30~21:30
- 休 无
- 午餐$10~、晚餐$15~20

大王街　　中华料理
东方天堂餐厅
Eastern Patadise Restaurant

在充满艺术感的空间内轻松享受中华料理

东方天堂餐厅主营中华料理，装饰风格充满艺术风情。餐厅有饺子、春卷和炒饭等家常菜品，价格合理，推荐游客前去品尝。除此之外，最有人气的菜品莫过于肉汁饱满的手工饺子搭配拨丝地瓜。餐厅深受当地美食爱好者的喜欢，游客最好提前预约。餐厅老板曾经在亚洲生活，语言交流没有问题。

MAP ●剪切地图-32、p.50-P

- 1403 S.King St. ☎ 941-5858
- 10:30~21:30　休 星期一
- 午餐$15~、晚餐$25~

阿拉莫阿那　韩国烤肉
兄弟烤肉餐厅
Hyung Joe Restaurant

质和量的高级升华

兄弟烤肉餐厅的摆设充满浓浓的家庭氛围，有烧烤五花肉、里脊肉和牛舌，分量十足，售价都是26.50美元，还有放在金属小碗里的辣白菜、腌萝卜条等7种小菜。

MAP ●剪切地图-32、p.50-Z

- 636 Sheridan St.
- 591-1827
- 11:00～24:00　休 无
- 午餐$20～、晚餐$25～

怀基基　泰国料理
暹罗广场美食餐厅
Siam Square

品尝正宗的泰国料理

暹罗广场美食餐厅坚持制作原汁原味的泰国风味，深受当地美食爱好者喜欢。菜品有咖喱、面条、酸辣虾汤等，餐厅还提供外卖服务。

MAP ●剪切地图-4、p.55-F

- 408 Lewers St.
- 923-5320
- 10:00～22:00　休 无
- $18～

大王街　夏威夷风味
乌洛兹美食餐厅
Willow's

充满夏威夷风情的世外桃源

乌洛兹美食餐厅庭院内小泉汩汩流淌，绿树环绕制造出一片开阔的休闲空间。餐厅整体设计充满夏威夷风情，轻松舒适的用餐环境备受美食爱好者的好评。餐厅美食以自助餐为主，内容丰盛，有寿司、夏威夷细面、咖喱饭等。特定日期还会上演夏威夷迷你音乐会，游客可以提前确认。

MAP ●剪切地图-27、p.51-Q

- 901 Hausten St.
- 952-9200
- 11:00～14:00，17:30～21:00（星期六、星期日10:00～、17:00～）　休 无
- 午餐$23.95（星期六$28.95、星期日$37.95）、晚餐$39.95　＊餐厅设有酒吧区。

阿拉莫阿那　越南料理
越南西贡河粉餐厅
Pho Saigon

轻松用餐　享用地道的越南风味

越南西贡河粉餐厅的春卷每份售价5.75美元，人气高涨；海鲜烤荞麦面每份售价12.50美元；云吞面每份售价8.95美元；还有种类多样的面食，可供选择。

MAP ●剪切地图-32、p.50-P

- 1534 Kapiolani Blvd.
- 955-1069
- 9:00～23:00　休 无
- 午餐$6～、晚餐$10～

旅行小贴士

来到马卡伊市场享受轻松愉快的美餐之旅

马卡伊市场位于阿拉莫阿那购物中心1层的美食区，适合购物途中饮食休憩。市场内汇集了全球各地的美食：有意大利风味美食、日本料理、韩餐和中餐等。餐厅采用咖啡茶餐厅模式，价格合理，经常有家族聚餐等活动，热闹非凡。其中，最有名的餐厅是熊猫之家美食餐厅、韩式BBQ烧烤餐厅、日式荞面屋。

AHU Is. RESTAURANT GUIDE 瓦胡岛美食指南

日本料理
Japanese Food

夏威夷的日本料理正宗美味，堪称高水平的盛宴。当地很多厨师来自日本，拥有丰富的日本餐饮工作经验和技巧。如果厌倦了西餐，游客可以选择清淡的日本料理。

怀基基 | 炸猪排·和式套餐

银座梅林餐厅
Ginza Bairin

夏威夷唯一的猪排专营餐厅

银座梅林老字号餐厅历经3代人，蓄势待发成功后登陆怀基基市场。虽然远在夏威夷海外市场，依旧坚持传统原则，明星菜品有猪排套餐、炸肉盖饭和油炸丸子，美味程度名不虚传，备受好评。

- MAP ●剪切地图-11、p.55-P
- 255 Beach Walk　926-8082
- 11:00~21:30（星期五、星期六~23:30）　休 无
- $25~

怀基基 | 日本荞麦面

心玄餐厅
Shingen

人气堪比东京惠比寿拉面馆

荞麦面被赞为一种最好的饮食，心玄餐厅致力于制作精良的荞麦面，面汤搭配合理，面条筋道十足，入口后荞麦清香满口。店内的炸虾荞麦面套餐值得品尝，每份18.80美元（照片所示/3只炸虾搭配当季蔬菜）。

- MAP ●剪切地图-11、p.55-P
- 255 Beach Walk　926-0255
- 午餐11:30~14:15、17:30~21:15　休 无

王子街 | 和式套餐·小酒馆

乐·美味餐厅
Gaku

超人气日式料理店 必须提前预约

乐·美味餐厅的主厨来自夏威夷当地人气日本料理店"今成亭"和"万屋"，系列菜品深受夏威夷当地人和各国游客喜爱。餐厅有生鱼片刺身套餐、炸鸡肉套餐和当地特色原创料理等。另外，只有冬季才会推出美味无穷的关东煮；正宗的寿司尝过之后让您无法忘记它的美味。

- MAP ●剪切地图-32、p.50-P
- 1329 S.King St.　589-1329
- 17:00~23:00　休 星期日、每月第二个星期一
- $35~
- *餐厅设有铺着席子的日式包间。

怀基基 | 新派日式料理

道乐寿司餐厅
Doraku Sushi

新派日式料理丰富多样

道乐寿司餐厅总店位于迈阿密海滩，最新开设怀基基分店。餐厅主打新派日式料理，引入热带民族菜肴风味制作而成的料理独具特色；日本清酒搭配枇果、菠萝等热带水果果汁，清爽可口；寿司和套餐十分受欢迎。总之，充满创意的新派日式料理只有在怀基基分店才有机会品尝。

- MAP ●剪切地图-12、p.117-B-3F
- Royal Hawaiian Center B Building 3F　922-3323
- 12:00~22:00（星期五、星期六~23:00）、14:30~17:00只提供特定菜品）　休 无　寿司$5~、套餐$21~、经济小菜$6~

| 怀基基 | 铁板烧・新派寿司 |

卡伊瓦餐厅
Kaiwa

**铁板烧和寿司，
黑色系料理的绝妙组合**

　　卡伊瓦餐厅主营铁板烧和寿司，其中新派寿司每份售价12美元起；香草沙朗牛排铁板烧、鲍鱼铁板烧和鹅肝铁板烧正宗美味，每份售价34美元。正宗地道的日式料理期待每位游客前去品尝。

| MAP ●剪切地图-11，p.125-D |

- 226Lewers St., Waikiki Beach Walk, Suite215
- 924-1555　11:30～14:00，17:00～22:15
- 午餐$15～、晚餐$40～　休无　*建议晚餐提前预约。

| 王子街 | 日本料理 |

今成亭日本料理餐厅
Imanasu Tei

提前预约！在现代风装饰中享用美味！

　　今成亭的店主来自日本名古屋，制作的日式味十分正宗。餐厅的海鲜沙拉最有人气，每份售价6.50美元；味增炸肉串3个6美元；芳香海鲜烧烤套餐每份11.50美元；除此之外，还有寿司、日式寿喜锅、大拍扑什锦火锅等美味菜式。

| MAP ●剪切地图-27，p.51-Q |

- 2626 S.King St.　941-2626　17:00～23:30
- 星期日　$30～
- *餐厅的明星菜品有寿司、寿喜锅和什锦火锅等。

| 怀基基 | 日本料理 |

诺布现代日式餐厅
Nobu Waikiki

美食家钟爱的日式美味大集成

　　诺布现代日式餐厅深受全球知名美食家钟爱，餐厅设施完善，设有寿司餐区、酒吧和包间。餐厅用餐环境幽雅、明亮，松久信主厨的拿手菜品是选用夏威夷特色新鲜食材调制而成，值得前去品尝。

| MAP ●剪切地图-12，p.56-aa |

- Waikiki Parc Hotel 1F　237-6999　17:30～22:00（星期五、星期六～22:30）酒吧17:00～24:00
- 休无　$75～

| 阿拉莫阿那 | 铁板烧 |

东京田中屋铁板烧餐厅
Tanaka of Tokyo West

**华丽的烹饪技巧登陆
阿拉莫阿那购物中心**

　　东京田中屋设有3家分店，餐厅严格挑选铁板烧所需的海鲜、牛肉等食材，以华丽而又精湛的手法将美食展现在食客面前，堪称完美。但是，只有购物中心西侧的分店才提供午餐。

| MAP ●剪切地图-8，p.133-D |

- Ala Moana Center 4F　945-3443　11:00～14:00，17:00～（休业时间根据预约就餐时间而不同）　休无
- 午餐$18～、晚餐$30～　怀基基购物广场和王子度假中心设有分店。

| 大学路 | 丸子・炉端烧 |

丸子之家
Tsukuneya

名古屋的人气丸子之家　初次登陆夏威夷

　　丸子之家烹饪制作的丸子使用鲜肉、鲜鸡肉、山芋等食材搅拌制成，口感柔滑，有照烧味、芥末味、味增奶油味等20余种不同口味，美味健康，每份售价1.80美元，游客可以尽情品尝。

| MAP ●剪切地图-26，p.51-Q |

- 1442 University Ave.　943-0390
- 17:00～23:00（星期五、星期六～24:00）　休无
- $30～40

王子街 | 寿司
佐佐舟寿司餐厅
Sushi Sasabune

不提供菜单，完美演绎江户前寿司！

佐佐舟寿司餐厅秉承日本国内高级寿司餐厅的标准，完美演绎江户前寿司的魅力，菜品有加利福尼亚寿司卷等种类多样的寿司，但是只提供寿司，没有其他菜式。

MAP ●剪切地图-32，p.50-P

📧 1417 S.King St. ☎ 947-3800 🕐 12:00~14:00（星期二~星期五），17:30~22:00 休 星期日、星期一
💲 $100　*店内食客较多，最好提前预约。

怀基基 | 煎饼
千房日式餐厅
Chibo

即使在夏威夷也可以品尝关西美味

千房日式餐厅是日本知名的煎饼连锁餐厅，菜单多年未变，一直都是千房煎烤和现代煎烤。游客不妨进店体验，品尝夏威夷热带风味的铁板龙虾。

MAP ●剪切地图-12，p.117-A-3F

📧 2201 Kalakaua Ave.,Royal Hawaiian Center A Building 3F ☎ 922-9722 🕐 11:30~21:30（星期五、星期六~24:30，酒吧区~次日2:00）休 无
💲 午餐$15~、晚餐$25~

阿拉莫阿那 | 日本料理
六角日式砂锅餐厅
Rokkaku

米饭香甜美味

六角日式砂锅餐厅由幸存厨师独家创造，是东京·麻布的知名美食店。店内的经济小菜丰盛可口，最著名的莫过于砂锅白米饭，制作讲究，通常将白米盛放在砂锅上用沸水蒸煮，香甜美味。鲑鱼砂锅煲仔饭有4种不同汤汁，每份34美元。游客可以尽情品尝。

MAP ●剪切地图-8，p.132-F

📧 1450 Ala Moana Blvd., Ala Moana Center 2F
☎ 946-3355 🕐 11:00~13:45（星期六、星期日11:30~），17:30~21:00 休 无 💲 午餐$8~、晚餐$45~

阿拉莫阿那 | 日本料理&特色美食
朝日烧烤餐厅
Asahi Grill

价格合理 用餐舒适

朝日烧烤餐厅主厨制作的特色美食和日式料理深受欢迎，推荐游客前往餐厅品尝牛尾汤，每份售价13.95美元；炒米饭每份售价6.95美元；香辣鲍鱼盖饭口味偏辣，每份售价11.95美元。

MAP ●剪切地图-38，p.59-K

📧 515 Ward Ave.
☎ 593-2800
🕐 6:30~22:00（星期五~23:00）
休 无 💲 $8~

旅行小贴士

夏威夷正宗的日本拉面馆

过去曾经流传一句话："不要期待在夏威夷能够遇到好吃的拉面。"如今已经完全不同，夏威夷当地开设了很多正宗的拉面馆，味道鲜美。

Ramen 芝麻拉面屋 *Gomaichi Ramen*　　MAP ●剪切地图-32，p.50-P

芝麻拉面屋的招牌担担面，作料使用炒芝麻和手工辣油，香辣筋道，每份售价8.83美元。口感滑嫩的叉烧肉，使用历经12小时腌制的五花肉制作而成，入口即化，十分美味。

📧 631 Keeaumoku St. ☎ 951-6666 🕐 11:00~14:00, 17:30~21:00 休 星期日 💲 午餐$10~、晚餐$15~

Ramen 中村拉面屋 *Ramen Nakamura*　　MAP ●剪切地图-11，p.55-P

中村拉面屋总店位于日本北海道，猪骨汤拉面主要有3种不同口味，分别是售价9.80美元的酱油汤拉面、售价9.80美元的咸汤拉面和售价10美元的味增汤拉面；拉面没有一丝肉腥味，十分筋道，口感清爽。除此之外，还有人气铁板烧牛排，每份15.90美元；东京清汤面不使用猪骨汤，每份9.80美元。

📧 2141 Kalakaua Ave. ☎ 922-7960 🕐 11:00~23:30 休 无 💲 $10~

AHU Is. **RESTAURANT** GUIDE　瓦胡岛美食指南

咖啡屋
Cafe

夏威夷瓦胡岛是科纳咖啡的原产地，拥有很多本土原创品牌咖啡屋。咖啡屋主要集中在怀基基周边和购物商厦等场所附近；另外瓦伊阿莱大道也有很多设计精美的知名咖啡屋。

商业区　咖啡屋
茱莉亚咖啡屋
Cafe Juria

怀旧的用餐空间
令人沉醉

茱莉亚咖啡屋曾是女基督教青年会，室内设计高雅，餐厅的杂煮料理使用新鲜蔬菜、鱼和鸡蛋等，味道鲜美。

MAP ●剪切地图-29，p.58-F

✉ 1040 Richards St.　☎ 533-3334　🍴午餐：星期一~星期五11:00~14:00，晚餐：星期五16:00~21:00 ＊16:00~18:00是欢乐时光，所有菜品半价优惠。　休 星期六　$ 午餐$20~、晚餐$40~

商业区　茶沙龙
1024茶餐厅
Tea At 1024

享用优雅的下午茶时光

1024茶餐厅老板整合个人环球旅行经验，最后开设了一家主题为"维多利亚早晨"的茶沙龙餐厅。店内装饰使用粉色和绿色，尊贵而不失可爱。约上好友，选用心仪的茶杯，一起度过惬意的下午茶时光。餐厅所有美食都是老板自己制作，有司康饼、布丁蛋糕和沙拉等，每份下午茶20.95美元不等。餐厅还设有露天就餐区，开阔的视野令人心情愉悦。

MAP ●剪切地图-29，p.58-E

✉ 1024 Nu'uanu Ave.　☎ 521-9596　🍴 11:00~14:00（星期六~15:00）　※星期日可以提前预约，可以办有20余人的私人聚会。　休 星期一　$ $10.95~

商业区　咖啡&沙龙
经典咖啡屋&高级酒吧
BambuTwo Cafe and Martini Lounge

画廊咖啡馆

在咖啡屋内可以一边欣赏艺术作品一边度过惬意的时光，店内有三明治等午餐零食，但是最有名的莫过于马天尼酒。

MAP ●剪切地图-29，p.58-A

✉ 1144 Bethel St.　☎ 528-1144　🍴 17:00~次日2:00　休 星期日、星期一　$ 酒水$3~

瓦伊阿莱大道　咖啡
JJ小酒店&法式酥皮糕点店
JJ Bistro & French Pastry

夏威夷超人气店

JJ小酒店&法式酥皮糕点店的主厨曾经在巴黎马克西姆学习甜品制作，经过个人创新，金字塔形状的糕点深受欢迎，每份5.95美元；店内总计有30余种不同口味的糕点。

MAP ●剪切地图-40，p.51-R

✉ 3447 Waialae Ave.　☎ 739-0993　🍴 10:00~21:00（星期日~11:30）　休 无　$ 蛋糕$1.75~

瓦胡岛　179　美食指南

值得远道而去的餐厅&咖啡厅

> **离**开怀基基，去别的地方悠闲度假

卡伊地区和东海岸比较偏远，有很多当地特色小餐厅，游客可以抛开怀基基的喧嚣，欣赏沿途的秀丽风光，品尝各种美味。如果驾车前往的话，推荐您去以下餐厅，一定会感到不虚此行。

Restaurant & Cafe

夏威夷卡伊地区—东海岸

瓦胡岛内品尝原产地科纳啤酒的唯一餐厅

珂珂玛利纳购物中心 | 啤酒吧

科纳啤酒工坊
Kona Brewing Co.

科纳啤酒工坊位于夏威夷岛科纳啤酒原产地，有12种不同口味的啤酒，可以从中挑选4种试饮比较，每份样品9美元，经济划算。此外，还有巧克力口味和香蕉口味的啤酒。料理方面，小菜搭配手工比萨每份售价11美元起；草莓菠菜沙拉的美味令人意外惊喜，每份售价9美元。总之，游客可以在此畅饮啤酒并享用美餐。

MAP p.47-H

- 7192 Kalaniana'ole Hwy.,Koko Marina Center
- 396-5662
- 11:00~22:00
- www.konabrewingco.com

正宗的广东料理

珂珂玛利纳购物中心 | 中国料理

海港渔村餐厅
Harbor Village Cuisine

海港渔村是一家广东料理餐厅，主营海鲜美食，人气火爆。餐厅招牌菜竭尽各种烹饪手法，选用附近海域的龙虾、螃蟹、贝类等食材制作而成，种类丰盛，新鲜美味，吸引了夏威夷卡伊周边高级住宅区的客人和其他观光客。

MAP p.47-H

- 7192 Kalaniana'ole Hwy.,Koko Marina Center
- 395-2311 10:00~21:00（星期六、星期日9:00~）
- 休 无   午餐$20、晚餐$30   *海鲜类参考时价

品尝分量十足的汉堡包

凯卢亚 | 烧烤

巴滋烧烤之家
Buzz Steak House

巴滋烧烤之家四周绿色环绕，餐厅有烧烤和汉堡，深受当地居民欢迎。其中，每份售价10.95美元的巴滋奢华超级堡和照烧猪肉堡最有人气！

MAP p.47-L

- 413 Kawailoa Rd. 261-4661 11:00~21:00（星期五、星期六、星期日~21:00，15:00~16:30只提供酒吧服务和限定菜品）
- 休 无 $7~

荣获最佳早餐奖的人气餐厅

凯卢亚 / 西餐

西奈蒙家庭餐厅
Cinamon's Family Restaurant

西奈蒙家庭餐厅获得当地杂志评选的2012年度最佳早餐奖，红色的天鹅绒煎饼搭配班尼迪克蛋酱汁，美味令人欲罢不能。餐厅就餐区装饰优雅，露天座椅宽敞明亮，非常适合家族聚餐。

MAP p.47-H
315 Uluniu St. 261-8724 7:00~14:00 休无
$10~

不知道罗西料理不足以点评太平洋美食圈

夏威夷卡伊 / 太平洋美食圈

罗西美食餐厅
Roy's

罗西美食餐厅由罗西·山口创立，精美的太平洋美食深受大众好评，料理制作理念天马行空，颇具艺术自由魅力，料理造型犹如绘画一般优美。用餐空间简洁明亮，菜品使用新鲜食材、精炼浓汤，餐厅每天都会有不同的主厨为食客们提供当日特色菜肴。餐厅人气火爆，就餐前必须提前预约。

MAP p.47-D
6600 Kalanianaole Hwy., HawaiiKai Corporate Plaza
396-7697 17:30~21:00（星期六、星期日17:00~、星期五、星期六~21:30） 休无 $20~40

珂珂玛利那购物中心的休憩小站

珂珂玛利纳购物中心 / 刨冰

椰果刨冰屋
Kokonuts

椰果刨冰屋深受当地爱好者喜欢，店内有香蕉、百香果、泡泡糖、棉花糖等26种稀有口味的刨冰。刨冰小杯售价2.50美元、中杯售价3美元、大杯售价4美元、超大杯售价5.50美元。

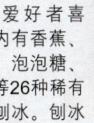

MAP p.47-H
7192 Kalaniana'ole Hwy., Koko Marina Center 396-8809
10:30~19:30（星期五、星期六~21:00、6~8月每日~21:00） 休无

使用大量新鲜食材制作的果汁和冰沙

凯卢亚 / 果汁

兰尼凯果汁店
Lanikai Juice

兰尼凯果汁店使用新鲜水果和蔬菜制作果汁和冰沙，最值得推荐的是草莓冰沙和蓝莓冰沙，冰冰凉凉的沁人心脾。

MAP p.47-H
600 Kailua Rd. 262-2383
6:00~20:00（星期六、星期日7:00~19:00） 休无
＊卡哈拉店 夏威夷希尔顿风情度假中心

西海岸—北海岸

独特的大蒜风味及香辣风味

| 卡胡库 | 小龙虾 |

卡胡库小龙虾美食餐厅
Famous Kahuku Shrimp Track

卡胡库小龙虾美食餐厅采用独特的料理烹饪法，有大蒜黄油口味和香辣口味，每份都是11美元，美味的香气能够让人增加无限食欲。餐厅采用夏威夷快餐形式，游客可以轻松享用。

MAP p.46-B

📧 56-565 Kamehameha Hwy. ☎ 389-1163
🕙 10:00~18:00　休 无　💲 $11

可眺望海港美景

| 哈莱伊瓦 | 海鲜料理 |

哈莱伊瓦乔治海鲜烧烤餐厅
Haleiwa Joe's Seafood Grill

哈莱伊瓦乔治海鲜烧烤餐厅是专业冲浪运动员凯丽斯雷特团队的御用餐厅。推荐游客就坐露天餐椅，一边享用海鲜料理和美式大餐，一边眺望哈莱伊瓦海港美景。

MAP p.85-C

📧 66-011 Kamehameha Hwy. ☎ 637-8005
🕙 11:30~21:30　休 无

健康、分量足！

| 哈莱伊瓦 | 汉堡包 |

库阿阿伊纳美食餐厅
Kua'aina

库阿阿伊纳美食餐厅位于北海岸，最有名的是手工制作的汉堡包和三明治。餐厅有各种菜式，充满异域风情的汉堡包有鳄梨、小龙虾和大量蔬菜，购买一个就可以满足大胃王。

MAP p.85-C

📧 66-160 Kamehameha Hwy. ☎ 637-6067
🕙 11:00~20:00　休 无　💲 $5~
＊阿拉莫阿那沃德中心、卡博雷柯蒙士也开设有分店。

品尝夏威夷快餐中香酥劲脆的小龙虾！

| 卡胡库 | 小龙虾 |

乔凡尼小龙虾餐厅
Giovanni's

乔凡尼小龙虾餐厅为白墙造型，室内桌椅环绕四周，人气火爆，每到中午总是有人群排长队等候店内美食。餐厅小龙虾来自附近养殖场，经过简单的调味，旨在还原鲜虾的原汁原味，搭配米饭十分可口。

MAP p.47-C

📧 56-505 Kamehameha Hwy. ☎ 293-1839
🕙 10:30~18:30　休 无　💲 $13~
※哈莱伊瓦也设有分店。

旅行小贴士

在卡胡库钓虾

卡胡库附近有一些小虾养殖基地，游客可以在10:30~18:00这个时间段内享受小虾垂钓。团体游项目组合，夏威夷快餐和垂钓总共费用是45美元。钓虾方法基本和钓鱼一样，游客如果想要参观北海岸风光，可以参加北海岸观光和钓虾组合的团体游项目，费用为85美元（只在星期一、星期五、星期日开设）。详情可以登录网址仔细查询。（G.T国际热线）

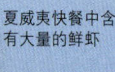
夏威夷快餐中含有大量鲜虾

游客捕获的虾可以拜托餐厅烧烤

值得远道而去！

冲浪运动者的休息小站

哈莱伊瓦 / 咖啡屋
哈莱伊瓦咖啡屋
Cafe Haleiwa

哈莱伊瓦咖啡屋深受当地居民和冲浪运动者的青睐，店内氛围恬静，游客可以在此度过悠闲的假日时光。咖啡屋早餐有蛋包饭、煎饼；午餐有玉米卷饼等墨西哥美食。

MAP p.85-C
- 66-460 Kamehameha Hwy.
- 637-5516　7:00~13:45
- （星期三~星期六还提供晚餐18:00~21:00）
- 休 无　$5~

海鲜餐厅氛围美好

哈莱伊瓦 / 海鲜
吉姆逊海鲜餐厅
Jameson's by the Sea

吉姆逊海鲜餐厅主营海鲜料理，作旧的装饰衬托出店内氛围的无限美好，深受情侣食客们的欢迎。游客可以白天在露天餐椅就餐，一边眺望大海和阳光一边品尝美食，十分惬意。

MAP p.85-C
- 62-540 Kamehameha Hwy.　637-4336
- 11:00~21:00（星期日9:00~）
- $20~

风格独特的家庭餐厅

珍珠城 / 西餐
安娜·米勒士家庭餐厅
Anna Miller's Restaurant

安娜·米勒士家庭餐厅坚持24小时全天营业，早、中、晚料理丰富，有各种口味的馅饼派和蛋糕。

MAP p.88-B
- 98-115 Kaonohi St., Aiea　487-2421　24小时营业
- 休 无　午餐$6~、晚餐$7~

设有就餐椅的面包房

利利哈 / 面包房
利利哈面包店
Liliha Bakery

利利哈面包店最有名的莫过于泡芙，售价1.49美元。店内设有简易就餐区，顾客可以在条形桌椅上就餐。面包店24小时营业，当地人经常光顾，比较嘈杂。

MAP ●剪切地图-37、p.49-N
- 515 N. Kuakini St.　531-1651　24小时营业（星期二6:00~、星期日~20:00）
- 休 星期一

夏威夷的夜晚更加欢乐
夜幕下，酒吧里的表演依次登场

夏威夷是一座不眠之城，夜幕来临时空气中欢乐的气氛上升到极致，游客可以在人气酒吧观看秀场，可以在夜店热舞、尽情开怀，享受美好的假日之夜。

Dinner & Cooktail Show
晚餐&鸡尾酒表演秀

火跳舞非常吸引游人的眼球

怀基基星光野猪烧烤宴
Waikiki Starlight Luau

MAP ●剪切地图-10、p.54-X

星光闪耀
表演华丽生动

怀基基星光野猪烧烤宴大型表演活动中，除了上演夏威夷、萨摩亚、塔希提等传统舞蹈外，还有丰盛的自助餐供游人享用。总之，长达2小时的表演期间最有名的莫过于烧烤美食。

☎ Hilton Hawaiian Village　☏ 941-5828 (7:30~16:00)　🗓 星期日~星期四17:30~20:00（雨天暂停表演）　休 星期五、星期六　$ 成人$399~，儿童(4~11岁) $49.50~，3岁儿童以下免费

传奇音乐会之摇滚草裙舞
Rock-A-Hula

MAP ●剪切地图-19、p.56-bb

多功能剧院内欣赏
怀基基的大型夏威夷艺术风情表演！

传奇音乐会以夏威夷草裙舞为背景，融合波利尼西亚舞蹈、火跳舞和摇滚乐，表演极具震撼力，让人备受感动。

☎ 629-7469　☏ Royal Hawaiian Center4F　🗓 普通观看席18:00~、VIP晚餐观看席18:15~、露天观看席18:30~、传奇鸡尾酒表演 19:30~（※表演时间20:00~21:15、表演结束后~21:00在演员休息室内接受演员的招待）　休 星期一　※需要提前询问票价

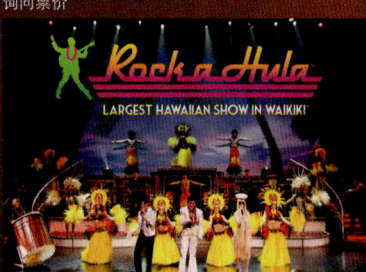

豪华的表演搭配最新的音响和照明

热带风情
鸡尾酒
图示

在夏威夷夜幕来临时分，鸡尾酒是必不可少的装饰物。在夏威夷当地畅饮会感觉更加甜美可口，沁人心脾！

Chi Chi
奇奇鸡尾酒

奇奇鸡尾酒也被称作夏威夷风味冰镇果汁朗姆酒，用伏特加添加果子露、菠萝汁调制而成，入口后热带水果果汁味道醇香，冰凉的感觉可口舒适。

Blue Hawaii
夏威夷蓝色妖姬鸡尾酒

夏威夷蓝色妖姬鸡尾酒最初是为巨星猫王、由夏威夷希尔顿度假中心的调酒师精心调制，之后在各地风靡传播。通常配酒使用朗姆酒，希尔顿酒店使用的是伏特加酒，颜色清爽，深受大众喜欢。

夏威夷酒吧
Hawaiian Live

哈伊兹烧烤之家	MAP● 剪切地图-6，p.57-I
塔帕酒吧	MAP● 剪切地图-10，p.54-X

**聆听知名艺术家
制作的夏威夷音乐**

　　夏威夷酒吧经常有很多当地知名音乐人前去献唱、举办迷你音乐会。

哈伊兹烧烤之家 ✉ 2440 Kuhio Ave.Waikiki Park Heights 1F ☎ 922-5555 营 17:00～22:00
$ $50～ ＊Audy Kimura 音乐会周日～周五 17:30～22:00

塔帕酒吧 ✉ Hilton Hawaiian Village Waikiki Beach Resort ☎ 949-4321 营 10:00～23:00
$ $10～

Tour
晚间游览

夜晚团体观光项目：天堂丛林野猪烧烤宴
Paradise Cove Luau

MAP p.46-I

　　天堂丛林野猪烧烤宴在瓦胡岛西海岸附近举办，进入园中，游客可以感受到传统的波利尼西亚文化风情，因此这里也被称为夏威夷民俗村。游客们一起享用野猪烧烤宴后，还有精美的晚餐和波利尼西亚风情歌舞表演等待着大家。
☎ 924-4433（夏威夷歌舞表演团） $ $77～

夏威夷大餐和坦塔洛斯山丘
Dinner & Tantalus

　　游客可以参加组合团体游项目，通常是乘坐高级轿车来到坦塔洛斯山丘享受浪漫的晚餐时光；或者在滨鸟海滩烧烤餐厅、米歇尔知名法式餐厅享用美食；另外，也可以只选择前往坦塔洛斯山丘而不去用餐。
$ $65～

在塔帕酒吧露天席一边饮酒，一边畅想假日之夜

出色的夏威夷弹唱艺术表演，令人不禁沉醉其中

温馨 提示

**只允许21岁以上的
成人进行夜间娱乐活动**

　　夏威夷当地的夜间娱乐场所主要集中在现代化建筑群中，怀基基和阿拉莫阿那商业区的停车费用比较高，所以最后的娱乐费用也会增加。当然，夏威夷也有相对刺激的娱乐场地，只是这些娱乐通常在23时以后才会上演。游客需要注意：很多俱乐部、迪斯科舞厅规定，未满21周岁不允许进入娱乐场所；进店时需要检查护照原件（复印件不可以）；有些店内不允许穿着短裤和凉鞋进入。

Mai Tai
迈泰鸡尾酒

　　迈泰鸡尾酒最早源自夏威夷皇家购物中心的迈泰酒吧，使用传统的调配方法将朗姆酒调配成棕色；有时候会加入柑橘果汁，须小心饮用。

Strawberry Margarita
草莓玛格丽特鸡尾酒

　　草莓玛格丽特鸡尾酒是最具西班牙特色的鸡尾酒，将高度数的特奎拉酒按照一定比例搭配草莓果汁调配而成，口感舒适，但要注意控制饮酒量。

餐厅 & 酒吧

从左到右

杰斯酒吧&烧烤休闲餐厅
Genius Lounge Sake bar & Grill

MAP ●剪切地图-12、p.55-P

女性一个人也可以轻松就餐
晚餐味美价廉

杰斯酒吧&烧烤休闲餐厅位于T环球广场免税店附近，有意大利面食、烧烤和松肉汤等，分量十足，深受当地居民喜欢。餐厅氛围休闲宁静，适合女性一个人前往就餐。

✉ 346 Lewers st. ☎ 626-5362 🕐 16:00～次日2:00 休 无

←餐厅沙拉每份 $ 6.99
↓餐厅设有露天座椅

卡尼卡皮拉烧烤餐厅
Kani Ka Pila Grill

MAP ●剪切地图-11、p.55-Z

感受舒适的夏威夷风
沉浸在浓浓的热带风情中

在夏威夷语中，卡尼卡皮拉表示"一起玩音乐"。餐厅现场表演时间从18点开始，游客能够聆听到夏威夷顶级音乐家的精彩演奏。

✉ Outrigger Reef Waikiki Beach Resort 1F ☎ 924-4992 🕐 6:30～21:45（10:30～11:00休息） 休 无 $ 午餐$15、晚餐$20

朗姆・火酒吧
RumFire

MAP ●剪切地图-12、p.56-aa

在香醇的朗姆酒中醉斜阳

朗姆・火酒吧店内拥有101种朗姆酒，酒吧创立时间悠久，享有盛誉。下午15:00～17:00（节假日除外）期间，游客可以畅享酒吧的欢乐时光，酒水饮品享受价格优惠；17:00～20:00有乐队现场演奏。

✉ Sheraton Waikiki ☎ 922-4422 🕐 10:00～23:30（LO），星期五、星期六～次日1:00（LO） 休 无

泳池酒吧
Swim

MAP ●剪切地图-13、p.56-bb

泳池边清凉畅饮
度假氛围浓郁

酒吧和凯悦酒店的泳池相连接，呈开放形式，有热带鸡尾酒、热狗和三明治等快餐，游客可以享受美好的热带酒吧氛围。

✉ Hyatt Regency Waikiki Beach Resort & Spa 3F ☎ 237-6145 🕐 5:30～11:00、18:00～22:00 休 无

→餐厅允许身着泳装就餐，夜晚有现场表演 ↓餐厅料理足量，鸡尾酒每份$9～

卡伊乌拉尼
公主鸡尾酒

卡伊乌拉尼公主鸡尾酒是经典的夏威夷热带饮品，由菠萝、柠檬汁等果汁调制而成，颜色亮丽，味道上口。

火山
熔岩鸡尾酒

火山熔岩鸡尾酒基酒使用朗姆酒，搭配香蕉、草莓等水果汁和椰奶，味道甘甜，十分适合女性饮用。

热带
风浪鸡尾酒

热带风浪鸡尾酒使用深色鸡尾酒和浅色鸡尾酒调配而成，颜色犹如落日余晖一样美丽，含有刺激性水果，口感绵柔适中。

迈泰酒吧
Mai Tai bar
MAP ●剪切地图-12、p.56-aa

白天观海景
夜晚聆听现场优雅的演奏

迈泰酒吧位于夏威夷粉色宫殿，历史悠久。置身酒吧可以眺望怀基基海滩美景和钻石山风光，还可以聆听现场艺术家演奏，度过梦一般的美好时光。

✉ The Royal Hawaiian,a Luxury Collection Resort 1F ☎ 921-4600 ⏰ 10:00~23:15、现场演奏时间（除去星期三 18:30~21:50）休无

↑游客可以享用秘制鸡尾酒和美味西餐

戈登·比奇啤酒餐厅
Gordon Biersch Brewery Restaurant
MAP ●剪切地图-36、p.58-l

自家酿造的美味啤酒
游客可以选择自己喜欢的口味畅饮！

戈登·比奇啤酒餐厅一直经营自家酿造的啤酒，人气火爆，店内有比尔森啤酒、麦芽啤酒、雪顶原浆小麦黑啤等多种口味。另外，餐厅演出通常是隔天表演。

✉ Aloha Tower Market Place 1F ☎ 599-4877 ⏰ 11:00~23:00（星期五、星期六~24：00）休无

露露怀基基冲浪主题餐厅
Lulus Waikiki Surf Club
MAP ●剪切地图-14、p.57-dd

营业至深夜2点
可以品尝美食

怀基基露露冲浪酒吧营业至深夜2点，2层露天餐厅设有窗户，迎着晚风品尝火山熔岩鸡尾酒，悠闲惬意，每份8美元不等。除此之外，酒吧还提供夏威夷式快餐等消夜。

✉ 2586 Kalakaua Ave. ☎ 926-5222 ⏰ 7:00~次日2:00 休无 $ $10

日暮时分，
一边欣赏草裙舞一边品尝鸡尾酒

怀基基海滩的许多酒店基本上从17时开始都会在泳池附近的酒吧举行草裙舞表演和夏威夷音乐现场演奏，游客只需要支付酒水费，就可以尽情享受夏威夷的傍晚时光。推荐游客前往哈雷库拉尼酒店海滩酒吧、威斯汀莫库阿那冲浪者酒店的海滩酒吧体验别致风情的热带酒吧生活。另外，希尔顿夏威夷怀基基海滩度假中心（p.188）每星期五举办大型烟花大会。

瓦胡岛

187

美食指南

Sundowner / Kahana Scorpion

日落小饮鸡尾酒
日落小饮鸡尾酒颜色犹如落日一般，基酒使用科涅克酒等成人酒水，搭配柠檬汁调制而成，清爽的酸味令人回味无穷。

卡哈那凤梨园鸡尾酒
卡哈那凤梨园鸡尾酒属于凤梨椰奶朗姆酒的一种，是夏威夷特有的美味，使用凤梨汁、椰奶和卡哈那澳洲坚果仁调配而成。

天蝎宫鸡尾酒
天蝎宫鸡尾酒基酒使用朗姆酒和白兰地，大量加入各种水果汁，味觉上清新而不失酒精的刺激感。

欢乐无限的乐园度假胜地

01 希尔顿夏威夷怀基基海滩度假中心
Hilton Hawaiian Village Waikiki Beach Resort `Hotel`

希尔顿夏威夷怀基基海滩度假中心占地约为9万平方米,一侧墙壁整面绘有彩虹,被称为"彩虹广场"。度假中心酒店设施完善,客房设置富有个性,水疗会所深受好评,同时设有购物商厦、餐厅和多种娱乐活动项目,游客可以在此尽情体验乐园式度假胜地的趣味。

"彩虹塔"酒店客房,宽敞明亮

MAP 剪切地图-10、p.54-X
- 2005 Kalia Rd. ☎ 949-4321
- FAX 951-5458 3543间 $179~
- 从火奴鲁鲁机场乘车大约20分钟
- HP www.hiltonhawaiianvillage.com

卡哈那莫库公爵环礁湖一景

大型度假中心外景

---

188 海边沙滩奢华的假日酒店
舒适的住宿让旅行乐趣倍增
体验当地生活 眺望大海风光

来到夏威夷,一定不能错过海边奢华的假日酒店。入住面海的客房,一片碧海晴空映入眼帘,钻石山风光一览无遗。悠闲舒适的假日酒店是度假的最佳选择!

02 奥特瑞格怀基基海滩度假酒店
Waikiki Shore by Outrigger `Condominium`

奥特瑞格怀基基海滩度假酒店是当地唯一一家公寓海景房酒店,酒店客房设施完善,配有厨房、洗衣机和烘干机等家电设备,十分方便。海景房风光秀丽,舒适的环境令人感到无限放松。游客还可以前往附近奥特瑞格度假中心的海滩泳池,体验美妙的礁湖海滩日光浴。

夏威夷唯一的公寓海景房酒店

站在露天阳台感受舒适的夏威夷海风

MAP 剪切地图-11、p.55-Z
- 2161 Kalia Rd. ☎ 922-3871 FAX 922-3887
- 168间 $325-775 最少住宿4晚
- 从火奴鲁鲁机场乘车大约30分钟
- HP outrigger.com

入住公寓酒店后,可以使用奥特瑞格怀基基海滩度假中心的餐厅、泳池和水疗会所

感受真正的夏威夷环礁湖美景!

03 怀基基奥特瑞格环礁湖海滩度假酒店
Outrigger Reef Waikiki Beach Resort `Hotel`

入住怀基基奥特瑞格环礁湖海滩度假酒店,不仅可以真切地感受夏威夷风情文化,还可以免费参加酒店举办的"挚爱宣扬仪式",内容丰富精彩。

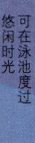
悠闲时光可在泳池度过

MAP 剪切地图-11、p.55-Z
- 2169 Kalia Rd. ☎ 923-3111 FAX 924-4957
- 639间 $509~5549
- 从火奴鲁鲁机场乘车大约30分钟
- HP outrigger.com

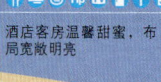
酒店客房温馨甜蜜,布局宽敞明亮

历史悠久的夏威夷著名酒店 华丽的建筑令无数人憧憬

入住奢华名门酒店,体验极致的悠闲假日时光

04 哈雷库拉尼酒店
Halekulani **Hotel**

在夏威夷语中哈雷库拉尼表示"媲美天堂的建筑"。酒店品质奢华,晚宴设计匠心独用,最值得称道的是店员隆重的礼宾接待服务。同时,哈雷库拉尼酒店的特色入住模式十分贴心,允许游客在客房直接登记。酒店水疗会所为客人提供全身按摩服务,令游客尽情享受无微不至的服务。

MAP ●剪切地图-12、p.56-aa
- 2199 Kalia Rd. ☎923-2311
- 926-8004 453间
- $435~
- 火奴鲁鲁机场乘车大约30分钟
- www.halekulani.com

酒店入口处布置优雅
甜蜜客房是游客享受蜜月之旅的不二选择
水疗会所让人放松身心

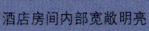
酒店房间内部宽敞明亮

温馨的超大型酒店 适合夏威夷初次观光客

05 怀基基喜来登酒店
Sheraton Waikiki **Hotel**

怀基基喜来登酒店位于海滩中心腹地,地理位置绝佳,内部氛围雅静。进入酒店,耳畔会不时传来热情的夏威夷乐曲。酒店设有泳池、餐厅和酒吧,并安排有亚裔服务员,十分适合夏威夷初次观光客。除此之外,酒店还提供儿童室,负责帮忙看护3个月至12岁的小孩。

MAP ●剪切地图-12、p.56-aa
- 2255 Kalakaua Ave.
- 922-4422 ☎931-8883
- 1636间 $570~
- 火奴鲁鲁机场乘车大约30分钟
- sheraton-waikiki.com

酒店泳池和海滩距离很近
酒店位于怀基基海滩的中心腹地

瓦胡岛 酒店指南

酒店设施标志:餐厅 泳池 酒吧&健身馆 Kp儿童游乐项目 Hp接待酒店客人的项目 TV电视 冰箱 保险柜 幼儿设施 游客咨询服务处

历史悠久的粉色宫殿

06 夏威夷皇家酒店&珍品馆

The Royal Hawaiian, a Luxury Collection Resort `Hotel`

夏威夷皇家酒店&珍品馆有新旧两个酒店,景致各不相同。旧馆拥有80余年历史,建筑设计充满浪漫主义风情;而新馆距离怀基喜来登酒店很近,所有客房一律都是海景房。入住酒店后,游客可以前去体验附近喜来登酒店的家族私人泳池,感受正宗的夏威夷式按摩。另外,酒店的迈泰酒吧享誉全球,游客需要提前预约。

MAP ● 剪切地图-12, p.56-aa

2259 Kalakaua Ave. ☎923-7311 ⓕ931-7098 🛏528间 $790~ ✈从火奴鲁鲁机场乘车大约30分钟
royal-hawaiian.com

建筑外观呈粉红色,因而被誉为"粉色宫殿"

怀基基郊外旅游

亲近自然的高档度假中心

夏威夷当地很多高级度假胜地虽然距离怀基基较远,但环境都很幽雅,游客不妨前往体验。

如家一般温馨、舒适

新奥塔尼卡伊玛纳海滩酒店

The New Otani Kaimana Beach Hotel `Hotel`

从怀基基市区出发步行15分钟后即可到达新奥塔尼卡伊玛纳海滩酒店,摆脱了市区的喧嚣,仿佛进入另一番天地。在安静的卡伊马纳海滩边看日落,美好的景致令人一生难忘。

MAP ● 剪切地图-46, p.51-bb

2863 Kalakaua Ave. ☎923-1555 ⓕ922-9404 🛏125间 $185~ ✈从火奴鲁鲁机场乘车大约25分钟
www.kaimana.com

游客被酒店附近钻石山的美景深深吸引

度假风景区令人远离喧嚣,尽情享受悠长假期

凯海兰酒店&度假中心

The Kahala Hotel & Resort `Hotel`

凯海兰酒店&度假中心环境优雅宁静,因为是很多名人的御用酒店而备受瞩目,是美国历任总统和好莱坞明星的度假胜地首选。酒店礁湖中有可爱的海豚环游表演,深受大家喜欢。除此之外度假中心还有很多人气度假娱乐休闲项目,五彩缤纷的酒店生活让每位入住者都能够尽情享受美好的假日旅行。

MAP p.52-J

5000 Kahala Ave. ☎739-8888 ⓕ739-8800 🛏338间 $495~ ✈从火奴鲁鲁机场乘车大约20分钟
kahalaresort.com

酒店前的私人海滩一望无际,安静、美丽

景致绝佳

07 奥特瑞格怀基基海滩度假中心
Outrigger Waikiki Beach Resort **Hotel**

奥特瑞格怀基基海滩度假中心位于市区中心部，景致绝佳，经济合理，良好的性价比吸引了很多游客前来入住。酒店餐厅有3家分店，每家分店的美食都备受好评。游客可以在泳池边休闲娱乐，观赏远处的钻石山风光。

MAP 剪切地图-12、p.56-Q

- 2335 Kalakaua Ave.
- 923-0711　FAX 921-9749　524间
- $509~1419　从火奴鲁鲁机场乘车大约30分钟
- outrigger.com

酒店至今仍保留着创立之初时的景象，四周菩提树环绕

酒店房间的大床宽敞舒适，躺在床上，怀基基海滩美景映入眼帘，一览无遗

沉醉在幽雅的假日时光中

08 威斯汀莫阿那冲浪者度假中心&水疗会所
Moana Surfrider, A Westin Resort & Spa **Hotel**

2013年6月威斯汀莫阿那冲浪者度假中心&水疗会所经过革新，成立了现在的新型酒店。最初开业阶段，酒店客房引入"威斯汀天梦之床"，2008年，酒店又率先在水疗会所中开设海景房，值得游客前去体验入住。

MAP 剪切地图-12、p.56-R

- 2365 Kalakaua Ave.
- 922-3111　FAX 924-4799
- 793间　$605~
- 从火奴鲁鲁机场乘车大约30分钟
- moana-surfrider.com

酒店客房布置优雅舒适，值得前去入住体验

梦一般的游乐园
适合大人和儿童

奥拉尼迪士尼度假中心&水疗会所
夏威夷蔻·欧利那休闲区
Aulani, a Disney Resort & Spa, Ko Olina, Hawai'i **Hotel**

夏威夷蔻·欧利那休闲区融合迪士尼乐园和夏威夷度假风情，深受众多游客喜爱。餐厅就餐时分会有卡通人偶出现，园区内有很多设施项目适合家族成员一起娱乐活动。

MAP p.46-J

- 92-1185 Ali'inui Drive Kapolei　674-6200
- FAX 674-6210　351间
- $431~　从火奴鲁鲁机场乘车30~40分钟

西海岸的大海和绿树环绕着迪士尼游乐园

Disney　Disney

瓦胡岛最北端的海边休闲区

海龟湾度假中心
Turtle Bay Resort **Hotel**

海龟湾度假中心高尔夫俱乐部备受瞩目，各种休闲活动丰富多彩

海龟湾度假中心位于美丽的自然风景中，设有海景房酒店和独立别墅区，开设有高尔夫、骑马和网球等丰富多彩的度假活动。

MAP p.46-B

- 57-091 Kamehameha Hwy., Kahuku
- 293-6000　FAX 293-9147　443间　$299~
- 从火奴鲁鲁机场乘车大约50分钟
- turtlebayresort.com

瓦胡岛　191　酒店指南

酒店设施标志　餐厅　泳池　酒吧&健身馆　Kp 儿童游乐项目　Hp 酒店客服　电视　冰箱　保险柜　幼儿设施　游客咨询服务处

AHU Is. HOTEL GUIDE
瓦胡岛酒店指南

外出旅游在选择入住酒店时，如果能够充分考虑区域、人数、花费预算等项目，一定会让旅行更加开心。另外，选择入住酒店还是公寓也比较难确定。所以，最好提前确认好酒店的设备和舒适指数等关键要素后再做最后决定。

Hotel & Condominium

- 餐厅
- 泳池
- 水疗会所&健身馆
- Kp 儿童游乐项目
- 酒店客服
- TV 电视
- 冰箱
- 保险柜
- 幼儿设施
- 游客咨询服务处

卡拉卡瓦大街附近 | 酒店

怀基基凯悦丽晶海滩度假中心&水疗会所
Hyatt Regency Waikiki Beach Resort & Spa

在各式商店和水疗会所中度过优雅的假日时光

怀基基凯悦丽晶海滩度假中心&水疗会所的标志性建筑是40层楼高的双子大厦。2011年6月翻新后，酒店俱乐部成为游客专用的娱乐活动场所；2015年4月所有的客房引入TOTO卫浴，改建完成后宽敞明亮。酒店的那·霍欧拉水疗会所空间布置简洁，提供肌肤护理等各项服务。旗下商场内有50余家商店和餐厅入驻，经常举办各种活动，最受欢迎的是每星期二和星期六的农贸市场集会。

MAP ● 剪切地图-13、p.56-R
- 2424 Kalakaua Ave.
- 923-1234 FAX 926-3415
- 1230间 $240~
- 从火奴鲁鲁机场乘车大约30分钟
- www.hyattwaikiki.com

卡拉卡瓦购物区 | 酒店

怀基基公园酒店
Waikiki Parc Hotel

提供更高标准的假日服务

怀基基公园酒店客房充满现代简约风格。入住酒店后，游客能够更好地规划旅行内容，可以前往附近的哈雷库拉尼水疗会所体验放松，或者租借英国运动型跑车开启自驾游旅途。酒店每周周五为住宿者提供特制的西餐拼盘大餐，深受好评。

MAP ● 剪切地图-12、p.56-aa
- 2233 Helumoa Rd.
- 921-7272 FAX 923-1336
- 297间 $285~
- 从火奴鲁鲁机场乘车大约30分钟

卡拉卡瓦周边　｜酒店

特朗普怀基基海滩国际酒店
Trump International Hotel Waikiki Beach Walk

怀基基海滩漫步区

享受酒店宾至如归的高端服务

特朗普怀基基海滩国际酒店是一家位于海滩漫步区的高级奢华度假中心。酒店有厨房设备、泳池和健身馆，完善的配套设施令入住者感觉仿佛回到自己家中一般放松惬意。

MAP ●剪切地图-11、p.55-Z

- 223 Saratoga Rd.
- 683-7777　FAX 683-7788
- 462间　$399~　从火奴鲁鲁机场乘车大约30分钟
- www.trumphotelcollection.com/waikiki

卡拉卡瓦大街附近　｜酒店

火奴鲁鲁莲花酒店
Lotus Honolulu

酒店温馨、舒适

火奴鲁鲁莲花酒店规模较小，客房数量有限，布置简洁，使用大量原生态纯天然材料，整体设计宛如迷你版度假胜地。酒店坚持于细微处彰显品质的服务理念，面对客人的每项服务都精益求精。

MAP ●剪切地图-46、p.51-bb

- 2885 Kalakaua Ave.　922-1700　FAX 923-2249
- 51间　$450~　从火奴鲁鲁机场乘车大约30分钟
- www.access.com

卡拉卡瓦大街附近　｜酒店

怀基基万豪海滩度假中心&水疗会所
Waikiki Beach Marriott Resort & Spa

现代大型综合酒店　海滩风光尽收眼底

怀基基万豪海滩度假中心&水疗会所以"提供最高品质的身心放松空间"为服务宗旨，建有25层楼高的科阿洛西拉尼大厦（Kealohilani Tower）和33层楼高的帕欧阿卡拉尼大厦（Paoakalani Tower）。酒店设施完善，有阿兰切诺意大利美食餐厅等，游客可以入住后开启美食淘宝之旅。

MAP ●剪切地图-13、p.57-S

- 2552 Kalakaua Ave.　922-6611　FAX 921-5255
- 1310间　$390~
- 从火奴鲁鲁机场乘车大约25分钟
- www.marriott.com

酒店设施标志：餐厅｜泳池｜酒吧&健身馆｜Kp 儿童游乐项目｜酒店客服｜TV 电视｜冰箱｜保险柜｜幼儿设施｜游客咨询服务处

瓦胡岛　193　酒店指南

卡拉卡瓦大道附近 — 酒店

怀基基海滨假日度假中心
Holiday Inn Waikiki Beachcomber Resort

家具木材选用夏威夷特有树种　氛围安静雅致

怀基基海滨假日度假中心位于当地繁华的步行街，距离海滩漫步区和社区保健中心非常近。2009年3月改建完成后，1层入驻梅西百货商店，购物方便快捷。

MAP ●剪切地图-12，p.56-Q

- 2300 Kalakaua Ave.
- ☎922-4646　FAX 923-4889
- 室 496间　$349~1520
- 从火奴鲁鲁机场乘车大约30分钟
- HP www.waikikibeachcomberresort.com

雅诗顿怀基基海滨酒店
Aston Waikiki Beach Hotel

坐拥观景房的大型度假酒店

雅诗顿怀基基海滨酒店位于市区东侧，视线开阔。所有的客房都有阳台，基本都可以看到远处的大海风光。客房内部设计经过翻新，融合了夏威夷的自然美和怀基基的现代冷酷风格，进入房间后令人耳目一新。酒店泳池和海滩是拍摄《海滩早餐》的外景基地，深受游客欢迎。

MAP ●剪切地图-13，p.57-T

- 2570 Kalakaua Ave.
- ☎922-2511　FAX 923-3656
- 室 645间　$269~659
- 从火奴鲁鲁机场乘车大约30分钟
- ※免费的外带早餐备受好评
- HP www.astonhotels.com

卡拉卡瓦大道附近 — 酒店

雅诗顿怀基基圆形酒店
Aston Waikiki Circle Hotel

怀基基海滩风光一览无余

雅诗顿怀基基圆形酒店建筑外观呈圆柱形，客房宽敞明亮，壁纸使用彩色的鱼群图案。酒店紧邻怀基基海滩，大堂开放式空间中设有冲浪板保管处。

MAP ●剪切地图-13，p.57-S

- 2464 Kalakaua Ave.　☎923-1571　FAX 926-8024
- 室 104间　$219~405
- 从火奴鲁鲁机场乘车大约30分钟
- HP www.astonhotels.com

太平洋海滩酒店
Pacific Beach Hotel

独自旅行者的快乐住宿首选

太平洋海滩酒店每个季节都有宣传活动，深受回头客欢迎。酒店提供有偿服务，可以安排送花至客房，为房客带来一抹假日的惊喜。

MAP ●剪切地图-13，p.57-S

- 2490 Kalakaua Ave.　☎922-1233　FAX 922-0129
- 室 837间　$289~469
- 从火奴鲁鲁机场乘车大约30分钟
- HP www.pacificbeachhotel.com

卡拉卡瓦大道附近 / 酒店

怀基基海岸公园水上酒店
Park Shore Waikiki, an Aqua boutique hotel

位于怀基基市区东侧 环境优美

怀基基海岸公园水上酒店开阔明朗，从酒店可以遥望到卡皮欧拉尼公园和钻石山的风景。酒店经过翻新后更加整齐漂亮，附近有ABC超市。

MAP ●剪切地图-14、p.57-T

✉ 2586 Kalakaua Ave.
☎ 923-0411　FAX 923-0311
室 221间　$ $335~2000
交 从火奴鲁鲁机场乘车大约30分钟

卡拉卡瓦大道附近 / 酒店

凯乌兰妮公主酒店
Sheraton Pirincess Kaiulani

建于王室旧址上的酒店

2014年6月，凯乌兰妮公主酒店内改建了自助餐厅。酒店中弥漫着浓浓的夏威夷风情，有夏威夷王室珍品展览和震撼人心的波利尼西亚民俗表演，深受大众欢迎。

MAP ●剪切地图-12、p.56-R

✉ 120 Kalakaua Ave.　☎ 922-5811　FAX 931-4577
室 1142间　$ $350~
交 从火奴鲁鲁机场乘车大约35分钟
※ 酒店入住者可以签字后租用怀基基喜来登的设施。
HP princess-kaiulani.com

库西欧大道附近 / 酒店

希尔顿怀基基海滩酒店
Hilton Waikiki Beach

装饰崭新　设施完备

希尔顿怀基基海滩酒店的餐厅、客人休闲室和客房设计斩获多项大奖，整体布置温馨惬意。酒店餐厅24小时营业，西餐厅Mac24人气火爆，入住酒店后游客可以在此度过开心的假日休闲时光。

MAP ●剪切地图-6、p.57-S

✉ 2500 Kuhio Ave.　☎ 922-0811　FAX 921-5507
室 601间　$ $189~
交 从火奴鲁鲁机场乘车大约30分钟
HP www.hilton.com

库西欧大道附近 / 酒店

天际线水岛殖民地酒店
Aqua Skyline at Island Colony

阳台宽敞明亮 视野超群开阔

天际线水岛殖民地酒店的每个客房都宽敞明亮，阳台视野开阔，景致绝佳；客房内设有厨房设备，适合家族成员一起入住。

MAP ●剪切地图-5、p.56-G

✉ 445 Seaside Ave.
☎ 923-2345　FAX 921-7105
室 740间
$ $249~389
交 从火奴鲁鲁机场乘车大约30分钟

库西欧大道附近 / 酒店

欧哈那怀基基玛利亚酒店
Ohana Waikiki Malia

酒店方便舒适

欧哈那怀基基玛利亚酒店位于夏威夷T广场环球免税店，建筑醒目。2012年12月经过翻新改建后，酒店大堂、客房焕然一新。

MAP ●剪切地图-5、p.56-Q

✉ 2211 Huhio Ave.　☎ 923-7621　FAX 921-4804
室 327间　$ $270~309
交 从火奴鲁鲁机场乘车大约30分钟
HP outrigger.com

库西欧大道附近 / 酒店

欧哈那怀基基东部酒店
Ohana Waikiki East

完善的酒店设备引人注目

2014年欧哈那怀基基东部酒店完成改建，室内设计以热带绿色基调为主，弥漫着浓浓的夏威夷风情。

MAP ●剪切地图-5、p.56-R

✉ 150 Kaiulani Ave.　☎ 922-5353　FAX 954-8800
室 441间　$ $299~719
交 从火奴鲁鲁机场乘车大约30分钟
HP outrigger.com

库西欧大道附近 / 酒店

欧哈那怀基基西部酒店
Ohana Waikiki West

配有厨房设施 长期居住享受7折优惠

欧哈那怀基基西部酒店位于库西欧街沿线，一共18层。客房淡绿色的绒毯令室内空间清爽明亮。

MAP ●剪切地图-5、p.56-H

✉ 2330 Kuhio Ave.　☎ 922-5022　FAX 924-6414
室 659间　$ $229~509
交 从火奴鲁鲁机场乘车大约30分钟
HP outrigger.com

酒店设施标志　🍴 餐厅　🏊 泳池　🍺 酒吧&健身馆　Kp 儿童游乐项目　Hp 酒店客服
📺 电视　❄ 冰箱　🔒 保险柜　幼儿设施　游客咨询服务处

库西欧大道附近　酒店

凯悦广场怀基基海滩酒店
Hyatt Place Waikiki Beach

便捷的新型酒店　适合观光入住和商务会客

凯悦广场怀基基海滩酒店成立于2012年12月，所有客房都安装有无线光缆。餐厅有免费自助早餐和24小时营业的蛋糕咖啡店，经济合理，堪称休闲版的传统凯悦酒店。

MAP ●剪切地图-14、p.57-T

- 175 Paoakalani Ave.
- 922-3861　FAX 923-5326
- 426间　$180～
- 从火奴鲁鲁机场乘车大约30分钟
- HP www.waikiki.place.hyatt.com

库西欧大道附近　酒店

怀基基水竹酒店
Aqua Bamboo Waikiki

酒店精致　环境幽雅

怀基基水竹酒店最值得称道的是客房布置，整洁、雅致。除了经济房，其余房都配有迷你厨房设备，十分方便。

MAP ●剪切地图-6、p.56-R

- 2425 Kuhio Ave.
- 922-7777　FAX 922-9473
- 92间　$265～500
- 从火奴鲁鲁机场乘车大约30分钟

阿拉莫阿那　酒店

阿拉莫阿那酒店
Ala Moana Hotel

紧邻阿拉莫阿那购物中心

阿拉莫阿那酒店是购物爱好者的最佳入住酒店，附近餐饮种类丰富，有中华美食、美国大餐和日本料理等。酒店对面是阿拉莫阿那海滩公园，入住酒店的游客可以尽情地领略夏威夷海滩风光，享受海滩乐趣。

MAP ●剪切地图-2、p.53-L

- 410 Atkinson Dr.　955-4811　FAX 944-2974
- 1099间　$289～749　从火奴鲁鲁机场乘车大约25分钟
- HP alamoanahotel.com

阿拉莫阿那大道附近　酒店

伊利凯水上精品套房酒店
Aqua Ilikai Hotel & Suites

海景房酒店　地理位置优越

伊利凯水上精品套房酒店地理位置优越，客房面向阿拉威游艇港，设计温馨而又不失情调。入住酒店后步行5分钟可以到达阿拉莫阿那购物中心，观光购物十分方便。

MAP ●剪切地图-10、p.54-W

- 1777 Ala Moana Blvd.
- 949-3811　FAX 947-0892
- 968间　$400～750
- 从火奴鲁鲁机场乘车大约20分钟

阿拉莫阿那大道附近　酒店

帕戈达精品生活酒店
Pagoda Hotel, a LITE hotel

位于阿拉莫阿那购物圈　地理位置优越

帕戈达精品生活酒店内有鲤鱼池和日式庭院，餐厅位于鲤鱼池上方，人气火爆。酒店距离大型超市较近，超市经常有打折优惠活动，方便购物。

MAP ●剪切地图-32、p.50-P

- 1525 Rycroft St.　941-6611　FAX 955-5067
- 360间　$179～360
- 从火奴鲁鲁机场乘车大约25分钟

阿拉莫阿那大道附近　酒店

夏威夷怀基基王子酒店
Hawaii Prince Hotel Waikiki

酒店服务细致入微

夏威夷怀基基王子酒店紧邻阿拉威游艇港，酒店客房都是海景房，从酒店步行5分钟可以到达阿拉莫阿那购物中心，附近有公交站点，游客可以免费乘坐环线巴士前往怀基基市区。

MAP ●剪切地图-9、p.54-W

- 100 Holomoana St.　956-1111　FAX 946-0811
- 541间　$440～2500
- 从火奴鲁鲁机场乘车大约15分钟
- HP hawaiiprincehotel.com

| 阿拉莫阿那大道附近 | 酒店 |

希尔顿逸林酒店阿拉莫阿那怀基基分店
DoubleTree by Hilton Alana Waikiki Hotel

如同家一般的温馨舒适

希尔顿逸林酒店阿拉莫阿那怀基基分店位于卡拉卡瓦和阿拉莫阿那街的交叉路口,19层楼高的建筑外观设计优美。2011年酒店完成翻新工程后深受瞩目,酒店室内装修简洁明了,宾客服务细致贴心,人气火爆。酒店会为抵达的客人奉上自制的巧克力曲奇饼干,可口美味。酒店位于阿拉莫阿那购物中心和怀基基市中心,方便步行观光购物。游客入住酒店后,可以使用附近希尔顿夏威夷风情度假中心的活动设施。

MAP ●剪切地图-10、p.54-N
- 1956 Ala Moana Blvd.
- 941-7275 FAX 949-0996
- 室 313间 最少住宿1晚 $159~
- 从火奴鲁鲁机场乘车大约20分钟
- www.hilton.com

| 怀基基海滩漫步区 | 公寓酒店 |

怀基基奥特瑞格丽晶滨海公寓酒店
Regency On Beachwalk Waikiki by Outrigger

紧邻人气美味餐厅　地理位置优越

奥特瑞格丽晶滨海公寓酒店诞生于怀基基旅游业发展的蓬勃期,地处怀基基市中心,优越的地理位置方便游客购物餐饮。酒店客房布置简单明了,入住空间宽敞通透,给人放松惬意的感觉。

MAP ●剪切地图-11、p.55-P
- 255 Beachwalk 922-3871 FAX 922-3887
- 48间 最少住宿2晚 $369~519 从火奴鲁鲁机场乘车大约30分钟
- outrigger.com

| 卡拉卡瓦大街附近 | 公寓酒店 |

怀基基卢阿那水族精品酒店
Luana Waikiki, an Aqua boutique hotel

怀基基的桃花源　远离城市喧嚣

怀基基卢阿那水族精品酒店位于市区主干街道卡拉卡瓦大街,酒店客房类型多样,有配有迷你厨房设施的公寓客房,有配有完整的整体橱柜的单独套间,游客可以根据个人喜好选择入住。

MAP ●剪切地图-11、p.55-O
- 2045 Kalakaua Ave. 955-6000 FAX 943-8555
- 223间 $300~750 最少住宿1晚
- 从火奴鲁鲁机场乘车大约30分钟

酒店设施标志：餐厅　泳池　酒吧&健身馆　儿童游乐项目　酒店客房　TV电视　冰箱　保险柜　幼儿设施　游客咨询服务处

库西欧大道附近　公寓酒店

太平洋君主水上公寓酒店
Aqua Pacific Monarch

距离海滩非常近　地理位置绝佳

从太平洋君主水上公寓酒店步行至海滩只需5分钟，同时酒店又位于怀基基市中心，地理位置优越，方便游客出行。酒店最高处设有泳池，游客可以欣赏大海全景，风光无限美好；餐厅提供美味的日本料理和其他菜品。

MAP ●剪切地图-6、p.57-S
- 2427 Kuhio Ave. ☎923-9805 FAX924-3220
- 室216间　最少住宿1晚　$299~399
- 交 从火奴鲁鲁机场乘车大约30分钟

卡拉卡瓦大街附近　公寓酒店

雅诗顿怀基基菩提树度假中心
Aston at the Waikiki Banyan

有很多儿童娱乐场所

雅诗顿怀基基菩提树度假中心是一座公寓酒店，基础设施一应俱全，有儿童游乐区、烧烤区、野炊区和桑拿洗浴区；休闲设施有温水泳池，适合家庭成员一起享受温馨的度假时光。

MAP ●剪切地图-6、p.57-S
- 201 Ohua Ave. ☎922-0555 FAX922-0906
- 室876间　最少住宿1晚　$255~415
- 交 从火奴鲁鲁机场乘车大约30分钟
- HP www.astonhotels.com

卡拉卡瓦大道附近　公寓酒店

怀基基帝王大酒店
The Imperial of Waikiki

低调奢华的公寓酒店

怀基基帝王大酒店位于哈雷库拉尼酒店前面，是一家低调奢华的高级公寓酒店。酒店客房有精品单间和标准间，房价根据季节有打折优惠。酒店屋顶设有私人泳池，适合旅行中休闲放松，酒店环境幽雅，推荐游客前往入住。

MAP ●剪切地图-12、p.56-aa
- 205 Lewers St. ☎923-1827 FAX923-7848
- 室262间　$195~351　最少住宿1晚
- 交 从火奴鲁鲁机场乘车大约30分钟

库西欧大道附近　公寓酒店

怀基基国宾大酒店
Ambassador

适合家庭旅行居住

怀基基国宾大酒店改建后转变为一座公寓酒店，客房配有厨房设备、大型冰箱和宽敞的洗漱槽，方便家庭居住，备受好评。酒店1层有知名的凯欧斯泰国料理餐厅，美食值得品尝。

MAP ●剪切地图-4、p.55-E
- 2040 Kuhio Ave. ☎941-7777 FAX951-3959
- 室298间　最少住宿1晚　$165~
- 交 从火奴鲁鲁机场乘车大约30分钟
- HP www.ambassadorwaikiki.com

库西欧大道附近　公寓酒店

怀基基胡奇利公寓酒店
Hokele Suites Waikiki

方便出行　环境雅致

胡奇利公寓酒店位于T广场环球免税店附近，房价经济合理，客房设备操作简单，住宿环境安静雅致，如同家一般舒适，适合购物观光后入住休息。

MAP ●剪切地图-4、p.55-F
- 412 Lewers St. ☎923-8882 FAX924-5888
- 室104间　最少住宿1晚　$79~605
- 交 从火奴鲁鲁机场乘车大约25分钟
- HP www.castleresort.com

酒店设施标志　餐厅　泳池　酒吧&健身馆　儿童游乐项目　酒店客服　电视　冰箱　保险柜　幼儿设施　游客咨询服务处

夏威夷短暂停留
瓦胡岛篇
pick up!

夏威夷人气
公寓酒店
以生活的姿态融入当地

如果是和家人、朋友一起出游尝试短期的海外生活，推荐游客选择公寓酒店入住。公寓酒店客房配有厨房设备等，一应俱全，十分方便。游客可以在客房挑战制作当地的特色料理，或者在庭院中自制烧烤美味，保证能够享受到安静悠闲的私人假日时光。

酒店房间的客厅和厨房空间宽敞，通透明亮

酒店客房一景，打造海景房标准

享受快乐的家庭旅行
雅诗顿怀基基日落酒店
Aston Waikiki Sunset **Condominium**

雅诗顿怀基基日落酒店拥有私人温水泳池、室外烧烤区等各种休闲活动场所，完善的设施吸引了无数游客。酒店距离卡皮欧拉尼公园很近，窗外的钻石山风光迷人，入住酒店后可以一边欣赏美景一边度过悠闲安静的海边假日时光。所有的客房都配有厨房设备和露天阳台，布置温馨舒适。深受家庭旅行群体游客的追捧。小编推荐游客和大家一起入住，共同享受惬意的旅行生活吧！

酒店客房布置充满岛屿风情，温馨舒适

MAP ●剪切地图-7、p.57-J
229 Paoakalani Ave. 922-0511
923-8580 435间 最少住宿1晚
$259~1105 从火奴鲁鲁机场乘车大约30分钟
HP www.astonhotels.com

瓦胡岛 199 公寓酒店

入住全景海景房
真切感受令人神往的夏威夷生活
雅诗顿怀基基滨海高级公寓酒店
Aston Waikiki Beach Tower **Condominium**

酒店房间的厨房空间宽敞，设备齐全 　酒店工作人员笑脸迎接各位宾客

雅诗顿怀基基滨海高级公寓酒店客房设计优雅，家用设施齐全，有观景阳台、整体厨房、烘干机等。酒店大厅有负责接待客人的迎宾人员，入住后客房服务生每天打扫房间两次，无微不至的服务令人无比放松，心情愉悦。

MAP ●剪切地图-13、p.57-S
2470 Kalakaua Ave.
926-6400 926-7380
140间 最少住宿1晚
$609~2189
从火奴鲁鲁机场乘车大约30分钟
HP www.astonhotels.com

酒店客房设计优雅、美丽的海边风光尽收眼底

酒店设施标志　餐厅　泳池　酒吧&健身馆　儿童游乐项目　酒店客服
TV 电视　冰箱　保险柜　幼儿设施　游客咨询服务处

让短期夏威夷生活更加舒适吧!

夏威夷公寓酒店选择技巧

如果是和家人或者朋友团体出游,最好选择入住空间宽敞的公寓酒店。入住后大家一起购物、做饭,体验当地人的生活模式,享受难得的海外度假时光。

(摄影赞助:雅诗顿怀基日落酒店)

只有公寓酒店客房才会拥有如此宽敞的客厅空间

For Relax

让人放松的客厅

相比普通酒店的客房空间,公寓酒店室内宽敞。除了精品单间(可以居住两名顾客)以外,其余客房大都配有厨房设备和观景阳台。客房布置标配有用餐区、餐桌、沙发和咖啡桌。客厅的沙发基本可以伸展成沙发床,展开后是特大床尺寸或者双人床尺寸,可以同时容纳两个成人睡觉,当旅行成员超过房间标配人数时,沙发床非常实用。

有的室内观景阳台空间宽阔,配有桌子、座椅、洗涤槽和长条藤椅,游客可以在阳台上一边眺望美景一边享用早餐,体验真正的夏威夷海边生活方式。

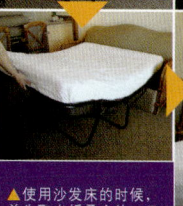
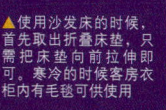

静坐在露天阳台上观景也是旅行生活的乐趣之一

▲ 使用沙发床的时候,首先取出折叠床垫,只需把床垫向前拉伸即可。寒冷的时候客房衣柜内有毛毯可供使用

For Net Surfing

快速的网上冲浪

公寓酒店的网络设置不同于商务会所,客房客厅集中安装光缆线路,能够符合多种型号的电脑上网需求。使用书房连接的光缆线路需缴纳上网费用,每天大约9.95美元。最近几年客房房价普遍包含网络使用费,可以无限量使用网络。有的客房配有专用无线网络,使用智能手机和笔记本电脑上网非常方便。

客房网络通畅,社交网络投稿和收集信息十分方便

酒店的厨房设备中含有大型冰箱

For Cooking

亲自动手烹饪

公寓酒店普通标间的厨房宽敞，有美国大型微波炉、洗衣机、电子烤箱、面包机、咖啡机等各种设备。精品单间的迷你厨房有基本炊具、定量分食器等简易设备。家电设施全部为英文标记，电子炉灶温度显示有低温（Low）、中温（MED）、高温（HI）等4~5个阶段，微波炉可以选择煮、煎、烤等不同的烹饪功能，开始使用时最好计时。温度设定范围在200℃~500℃；洗碗池旁边安装有垃圾粉碎处理器；水龙头是触摸式开关，尽量不要让手碰到水龙头以免流水。另外，有的客房还安装有洗碗机等。

酒店备有餐具和刀具，游客可以安心入住 酒店厨具

开始短暂的海外生活模式，即使在当地早市和超市闲逛也会十分开心

入住期间尽情体验一次夏威夷烧烤风味吧

For Laundry

干净卫生的洗衣机

公寓酒店基本都设有衣物清洗室，安装有全自动洗衣机和烘干机、使用一次1美元，大约洗涤20分钟，烘干30分钟到1个小时。可以选择不同按钮设定清洗衣物的重量、水温和材质。烘干时可以人为设定时间，也可以根据衣物材质选择机体自动设定的时间。

游客可以在自动售卖机上购买洗衣液和柔顺液

酒店投币式洗衣机只能使用25美分硬币

瓦胡岛 | 201 | 酒店指南

夏威夷短暂停留 离岛篇 pick up!

夏威夷人气公寓酒店

海边运动爱好者的福音！
雅诗顿毛伊岛卡阿那帕利公寓酒店
Aston Maui Kaanapali Villas — **Condominium**

毛伊岛
卡阿那帕利

酒店设有私人泳池，紧邻高尔夫球场
客房设计优雅安静，配有整体厨房设施

雅诗顿毛伊岛卡阿那帕利公寓酒店占地面积宽广，有现代建筑和别墅区。酒店设置浮潜和潜水等海上运动教学课程，提供专用器材租借服务。游客入住酒店后可以在此尽情地享受海边运动的乐趣！

MAP p.224-B

- 45 Kai Ala Dr.
- 667-7791 FAX 667-0366
- 260间 最少住宿1晚
- $305~791
- 从火奴鲁鲁机场乘车大约40分钟
- www.astonhotels.com

设有高尔夫球场和泳池 优雅地享受运动的快感！
雅诗顿威可洛亚滨海酒店
Aston Shores at Waikoloa — **Condominium**

宽敞的室外泳池

健身设备齐全

夏威夷岛
科哈拉海岸

雅诗顿威可洛亚滨海高级公寓酒店位于威可洛亚度假中心，购物观光十分便利。酒店客房配备整体厨房和宽敞的观景阳台，面向海滩，视野开阔。酒店宽广的占地中设有网球场、泳池和卡丁车等活动区，紧邻高尔夫球场。入住酒店后游客可以体验丰富多彩的娱乐内容。

酒店客房配有厨房设备和宽敞的观景阳台

MAP p.261-B

- 69-1035 Keana Pl., Waikoloa
- 886-5001 FAX 886-8414
- 120间 最少住宿1晚
- $339~791
- 从火奴鲁鲁机场乘车大约30分钟
- www.astonhotels.com

距离海滩最近、景致最佳
雅诗顿珀伊普凯酒店
Aston at Poipu Kai — **Condominium**

卡乌阿伊岛
珀伊普

雅诗顿珀伊普凯酒店四周被绿色葱翠的植被环绕，和珀伊普海滩绵延连接。酒店客房空间宽敞，酒店紧邻高尔夫球场和购物区，附近有观光风景点。

MAP p.291-B

- 1775 Poipu Rd., Koloa
- 742-7424 FAX 742-8798
- 372间 最少住宿1晚
- $309~775
- 从火奴鲁鲁机场乘车大约30分钟
- www.aston hotels.com

酒店客房配有厨房设备，设计布置充满品位
酒店占地面积宽敞，约为28万平方米

酒店设施标志
餐厅 泳池 酒吧&健身馆 Kp 儿童游乐项目 酒店客服
TV 电视 冰箱 保险柜 幼儿设施 游客咨询服务处

NEIGHBOR ISLANDS

离 岛

毛伊岛　　Maui Is.
夏威夷岛　Hawaii Is.
考爱岛　　Kauai Is.
拉奈岛　　Lanai Is.
莫洛凯岛　Molokai Is.

Maui Is.
毛伊岛 旅行信息

◆ 基本资料
人口：大约15万8300人（2012年）
地形：葫芦形状的地形结构。毛伊岛由岛屿西侧的毛伊山脉和东侧的岛屿最高峰哈雷阿卡拉火山两大板块构成。岛屿西海岸和西南海岸是度假疗养胜地。
面积：1883.5平方千米。夏威夷群岛的第二大岛。
气候：平均最高气温27℃~31℃，夜间平均气温降低8℃左右。深受岛屿位置和地域海拔的影响，岛内常年盛行来自东北方向的贸易风，风速为每秒5~10米。岛屿西海岸和西南海岸是度假疗养胜地，风力平缓，晴天率较高，和毛伊岛内陆地区的天气状况截然不同。
州府：怀卢库
昵称：溪谷岛

◆ 毛伊岛的乐趣
哈雷阿卡拉火山是毛伊岛观光的最高点，也是不容错过的美景之一。这里被称作太阳之家，清晨可以迎看日出沐浴在耀眼的光辉中，感受全身心的洗礼。拉海纳小镇的日落景象堪称经典，日暮时分，夕阳西下，为小镇平添了几分诗意般的情绪，勾起无限乡愁。如果时间充裕，推荐游客自驾前往哈纳，这将会成为不可多得的海外游经历。除此之外还有高山速降车、骑马（详见p.212）和山顶自驾游等项目，生动有趣，其中不乏很多适合家庭参与的项目。岛内有多种观光游览方式，游客可以根据个人情况进行选择。

◆ 岛内交通
岛内有12条公交路线，如果想要自由出行的话必须租借车辆。和瓦胡岛相比，这里的出租车费用比较贵，而且有些地方基本没有出租车前往。

◆ 机场
卡胡卢伊机场是主要机场，设有岛屿往返航班，可以连接毛伊岛和各个岛屿，包括瓦胡岛、夏威夷岛、拉奈岛和莫洛凯岛。此外还有卡帕卢亚机场和哈纳机场，莫库勒勒航空公司（Mokulele）的航班每天往返于瓦胡岛和其他岛屿之间。

◆ 旅游小贴士
如果游客计划短期出游，最好将行程限定在毛伊岛周边的度假区。西海岸的度假胜地有拉海纳、卡阿那帕利、卡帕卢阿；西南海岸的度假胜地有基黑、怀利和马凯纳。在毛伊岛旅游时，相比租车自驾游，还是参加团体游或者乘坐环岛巴士比较妥当。如果观光天数超过3天，必须租车出行，这样才能前往真正令人神往的地方，领略出纯天然的毛伊岛美景。除去哈纳，岛内观光景点主要位于以卡胡卢伊、瓦伊莱区域为中心向西延伸的东西腹地。若从岛的中心出发，包含东区的哈纳在内的景点距离也较为适中。若从毛伊岛西部区域出发，则去哈纳和哈雷卡的距离会增加3成，但去其他景点只需1小时即可。因此游客需要根据个人的实际情况制订精彩的旅游行程。哈雷卡拉日出的最佳观赏时间段大约是夏季清晨5:30~6:00、冬季6:00~7:00，当然根据居住场所不同，时间段会有所差异。

01 拉海纳 捕鲸村博物馆
MAP p.224-C
Whalers Village Museum

博物馆位于拉海纳捕鲸村，馆内详细展览着当地捕获鲸鱼的历史，内容通俗易懂。
☎661-5992、10:00~16:00、$3、青少年（13~18岁）$1、12岁以下儿童免费参观 *星期一、星期三、星期五（11:00~）会举办鲸鱼主题的座谈会

02 DATA 参照 p.217

毛伊海底世界
Maui Ocean Center

05 MAP p.204-E

毛伊热带植物园
Maui Tropical Plantation

毛伊热带植物园园区大规模地种植香蕉、杜果等南国水果，美味可口，同时兼具观赏性。☎244-7643、9:00~17:00、免费观光

06 MAP p.204-B、p.230-B

亚历山大&
鲍德温蔗糖博物馆
Alexander & Baldwin Sugar Museum

亚历山大&鲍德温蔗糖博物馆位于甘蔗田地中精糖工厂的一角处，仍然作业。博物馆建筑至今保留着20世纪初的历史风貌，馆内展览着当时的精密仪器和生活工具。☎871-8058、9:30~16:00（入馆）、休无、成人$7、6~12岁$2、60岁以上的老人$5

03 MAP p.204-A、p.230-A

伊奥山谷州立自然公园
Iao Valley State Park

伊奥山谷州立自然公园是岛内观光的必游之地，在欧美游客心中人气很高。幽绿的溪谷中伊奥山峰仿佛高耸入天。历史上这里曾经是卡美哈美哈国王军队和毛伊军队激战的地方，被称为圣地。
☎984-8109、7:00~19:00、每辆观光车$5

07 DATA 参照 p.211

泰德斯酒庄
Tedeschi Winery

08 MAP p.205-H

哈纳
Hana

哈纳位于毛伊岛东部，从卡胡卢伊机场驱车前往，单程需要3小时，秀丽的自然风景令无数人憧憬。走在街道上，可以呼吸到与自然共存的阿罗哈精神。一经探访，游客就会深深地明白为什么这里被称为天堂和最后的乐园。当地观光景点有：哈纳牧场的拉伊安山丘、哈纳博物馆（☎248-8622, 10:00~16:00、星期五、星期六、星期日休息、免费参观）、哈纳机场附近的瓦伊阿那帕那帕国家公园和哈纳南部的天然七圣池等。途中，游客还可以领略到瓦伊卢阿瀑布的美景和玛利亚雕像。高级度假区有毛伊哈纳酒店等多个酒店。

04 DATA 参照 p.219

拉海纳历史古迹群
Lahaina Historical Tour

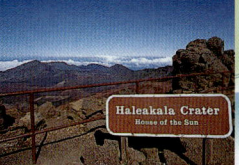

09 DATA 参照 p.210

哈雷阿卡拉火山
Haleakala National Park

毛伊岛的交通

卡胡卢伊机场交通工具

卡胡卢伊机场有很多循环巴士前往毛伊岛的主要名胜风景地。游客可以根据个人出行安排租用汽车，各个汽车租借公司都有接机服务。在卡帕卢阿·西毛伊岛机场和哈纳机场附近只能租车或乘出租车和酒店专用巴士（有的酒店也可能没有），游客应当提前做好准备。

短途循环巴士 Shuttle

卡胡卢伊机场连接各个岛屿，是毛伊岛的主要机场

有的观光景区虽然可能租车自驾也不能够前往，但是有直达的短途循环巴士线路。巴士24小时不间断运行。游客可以使用行李收取出口处附近的专用电话申请预约，通常告知司机乘车人数、目的地后，大约20分钟会有专车前来机场迎接，不需要提前预约，非常便利。巴士的乘车费用因人数而异，人数增加后每人的平均费用有所降低。所以，一个人的时候乘坐出租车反而比较经济，团体的话还是乘坐循环巴士更合适。

收费标准

前往基黑	$15.00
前往瓦伊莱	$21.50
前往卡阿那帕利	$30.50
前往卡帕卢阿	$40.17

* 一般两人乘坐的情况下要分别付费

出租车 Taxi

出租车乘车处在出口右侧

出租车泊车点位于1层行李收取出口处右侧，一般候车时间不会太长。乘车费用比循环巴士较高，但是可以直接到达目的地，节约路途时间。

收费标准

起步价	$3.50
之后每公里加收费用	$2

* 小费通常是出租车费用的10%~15%

租车 Rent A car

租车自驾前往岛内的观光景区，十分便利

汽车租借办事处位于行李收取处右手边，游客申请时需填写纸质表单，然后可以直接前往各个租车公司的专用泊车点。拿到车钥匙后会有服务人员负责填写停车号码，游客可以提前确认停车号码（号码标志有数字和阿拉伯字母两种。）

收费标准

不同租车公司标准不同

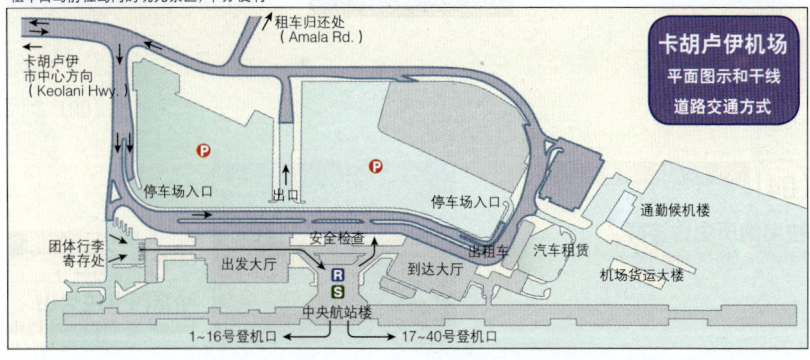

卡胡卢伊机场平面图示和干线道路交通方式

岛内出行交通工具

毛伊岛的公交路线共有12条，另外还有早晚各一班的通勤公交，有哈伊库—瓦伊莱酒店、马卡瓦欧—卡帕卢阿、怀卢库—卡帕卢阿、基黑—卡帕卢阿4条线路，但这4条线路通常是毛伊岛居民通勤专用，不推荐游客出游乘坐。岛内其他交通方式有出租车，租车自驾也比较便利，游客可以不用顾及时间自由出行，特别是前往哈雷阿卡拉火山时非常方便。

毛伊岛巴士 Bus

毛伊岛内公共巴士有13条线路，分别是那皮利岛支线、卡阿那帕利岛支线、怀卢库短途循环支线、怀卢库绕城支线、卡胡卢伊短途循环支线、卡胡卢伊绕城支线、拉海纳度假村支线等，每人乘车费用是2美元。游客可以在卡阿胡马努女王购物中心、瓦胡电影院等其他5个地方换乘。

收费标准
$2

毛伊岛巴士主要线路

那皮利岛支线
那皮利—捕鲸村
费用：$2
停车站点：那皮利卡伊湾、那皮利购物中心、那皮利卡哈那日落广场、贝雷阿伊庐度假区、波利尼西亚文化中心、阿卡那帕里海滩俱乐部、捕鲸村。5:30~21:00，每隔1小时发1趟车。

卡阿那帕利岛支线
捕鲸村—瓦胡电影院
费用：$2
停车站点：捕鲸村、拉海纳加纳利购物中心、帕帕拉乌阿街、瓦胡电影院。6:00~21:30，每隔1小时发1趟车。

拉海纳度假村支线
瓦胡电影院—卡阿胡马努女王购物中心
费用：$2
停车站点：瓦胡电影院、马阿拉艾阿港口度假村、卡阿胡马努女王购物中心。5:30~21:30，每隔1小时发1趟车。

基黑支线
卡阿胡马努女王购物中心—瓦伊莱·伊科
费用：$2
停车站点：卡阿胡马努女王购物中心、卡胡卢伊救世军商店、乌阿珀路/南基黑路、皮伊拉尼购物中心、凯阿拉广场/卡拉马公园、卡马欧雷海滩3号基地、瓦伊莱·伊科。5:30~21:30 每隔1小时发1趟车。

其他巴士线路：回城支线、怀卢库绕城支线、卡胡卢伊绕城支线、基黑度假区支线等。

出租车 Taxi

和火奴鲁鲁相比，毛伊岛的出租车乘车费用比较高。当地出租车运营正规，不会随意揽客，游客可以从机场、酒店和购物中心等地放心打车出行。来到卡阿那帕利，可以乘坐经典出租车，费用和普通出租车同价。

收费标准
起步价 $3.50
之后每千米加收费用 $2
＊通常小费是出租车费用的 10%~15%

租车 Rent A Car

毛伊岛内最便利的交通方式莫过于租车自驾。游客可以不受时间的约束，随意前往自己想要观光的景点。

收费标准
不同租车公司标准不同

游客可以在山顶附近的展望台眺望巨大的环形山系景观,感受大自然的生机活力

无论是白天还是黑夜,哈雷阿卡拉火山喷发遗址都会给您带来无数的震惊。荒凉的火山岩连绵不断,岩浆喷发形成的小山坐列其中。来到景区,游客会为火山口的磅礴气势而震撼,会不禁感慨大自然的鬼斧神工。

尽情畅玩毛伊岛

ACTIVITY MENU 1

毛伊岛游玩第一站

让人震撼的哈雷阿卡拉火山

科学城的天文台集合

01 自驾游

海拔3055米的哈雷阿卡拉火山是世界上最大的休眠火山,巨型喷火口直径约为34千米,可以一口吞并纽约曼哈顿城区。景点火山的磅礴气势令每位到访的游客震惊无比,惊讶之情难以用语言描述。这里因曾经是斯坦利·库布里克导演的《太空奥德赛:2001》拍摄场景而名声大噪。

哈雷阿卡拉火山在夏威夷语中表示"太阳之家",得此名是因为当地海拔较高,可以近距

01

瓦伊莱

31号线→311号线→350号线
23千米/约25分钟

卡阿那帕利

30号线→380号线
42.4千米/约55分钟

卡胡卢伊

36号线→37号线
15.8千米/约15分钟

普卡拉尼

377号线→378号线
41.1千米/约60分钟

哈雷阿卡拉山顶

景区免费为游客颁发登顶纪念证,但是需缴纳$1的捐献金额。最后游客别忘了日期盖戳封印

注意景区的招牌,图示招牌表示此处可以拍摄留念

游客中心销售地图和饮用水

游客可以在公园管理事务所稍作休息,使身体逐渐适应高原气候

感受到太阳。火山周围没有任何遮挡物,有很多游客专门前来欣赏当地的日出日落美景。

哈雷阿卡拉环山路是火山群的入口处,最初3千米左右路段比较艰险,驾驶员即使拥有多年驾龄,行驶时也应该充分注意。抵达山顶后来到停车场附近的展望台,游客中心会为您颁发登顶纪念证。山顶空气稀薄,最好缓慢步行。

* 自驾游注意事项: 自驾游前往哈雷阿卡拉山顶约需2小时30分,回程下山约需1小时30分。进入国家公园区内道路多为之字形。一般上午天气状况良好,但是经常会有浓雾。天气晴朗的时候行驶在海拔为1400米的378号公路上可以看到莫洛基尼岛、卡欧卡拉威岛、卡胡卢伊湾和马阿拉艾阿湾。当地日照非常强烈,驾驶时请注意佩戴太阳镜,做好防晒工作。

沿途美景SPOT

库拉旅舍&餐厅
Kula Lodge & Restaurant

库拉旅舍&餐厅位于377号线距入口处2千米路程的左手边。餐厅料理使用大量的当地特色新鲜蔬菜,味道鲜美,透过餐厅窗户可以欣赏到拉奈和马拉伊亚全景图,美丽壮观。露天阳台景色秀美,游客可以在此品尝美味的木炭烧烤料理。

MAP p.205-G
库拉 ☎878-1535 ⌚7:00~20:30 休无

泰德斯酒庄
Tedeschi Winery

泰德斯酒庄创业于1974年,是夏威夷当地唯一一家酒庄。历史上泰德斯别墅最初只是夏威夷王朝卡拉卡乌阿大王和卡皮欧拉尼女王的避暑行宫,这里曾经举办过葡萄酒的品酒、销售大赛。酒庄葡萄酒口味多样,有凤梨味葡萄酒、其他热带水果风味葡萄酒和毛伊干红等,推荐游客购买乌卢帕拉库阿红葡萄酒和山莓葡萄酒,价格合理。

MAP p.204-J
乌卢帕拉库阿 ☎878-6058 ⌚10:00~17:30 休无
10:30、13:30导游会集体介绍酒庄,30分钟左右(只有英语讲解),不需要提前预约 ※因为要进酒庄,所以不要忘记携带身份证(不支持复印件)

离岛

毛伊岛

ACTIVITY MENU

1 哈雷阿卡拉火山

02 在哈雷阿卡拉火山山顶观赏太阳、云层环绕、壮观的日出美景，令人无比激动。

02 巴士团体游

很多游客初来乍到，对毛伊岛不熟悉，不了解路面情况，很难适应当地靠左行驶的驾驶习惯等，因此比较推荐巴士团体游。特别是为了欣赏日出，通常都需要提前出发夜间行车，最明智的方法还是放弃自驾游，选择巴士团体游。为了满足游客的各种需求，巴士团体游划分为不同的时间段项目，有早间日出欣赏团、白天大自然亲近团、日落&星空观赏团。最近骑行山地车、参加高山速降的团体游很受欢迎，游客可以根据个人喜好进行选择。

普阿拉尼大冒险 ☎871-7233 / 哈雷阿卡拉山顶登顶&欣赏日出$160

波利尼西亚大冒险团 ☎877-4242

丽佳毛伊之家 ☎879-7016

如果选择团体游，推荐游客参加普阿拉尼大冒险团体

03 骑马游

游客可以选择骑马前往哈雷阿卡拉火山。早晨从山顶的游客中心出发，上午风力强劲，气温较低，最好穿着厚衣服。当地设有马队先导带领游客前行至火山口以下1000米深处，到达喷火口底部需要大约2小时。在火山口内吃完午饭后一直骑行至山顶。最初体验骑马时会感到很悠闲自在，时间长了臀部会有酸痛感，所以建议游客最好在打底裤内事先衬上毛巾和海绵坐垫。当地紫外线较强，一定要记得提前做好防晒措施。

游客中心的停车场附近有马匹驻扎

坐在马背上眺望荒凉的火山口景象，令人心旷神怡，悠然自得

珀尼快骑 ☎667-2200 / 哈雷阿卡拉山牧场骑行 1小时30分的路线需要$95 (11:30~)，骑行2小时的路线需要$120 (8:00~) 每次固定招收8名游客 最好提前预约

毛伊岛高尔夫俱乐部一景

离岛

213

毛伊岛

ACTIVITY MENU 2
体验充满无限魅力的高尔夫度假胜地
尽情体验高尔夫运动的魅力

卡阿那帕利高尔夫球场一景

值得推荐的高尔夫球场

卡阿那帕利高尔夫球场 皇室球场的第14洞安纳德・帕马球洞被选为世界最佳18球洞之一。／MAP p.224-B
✉ 2290 Kaanapali Pkwy. ☎ 661-3691 FAX 661-0203／果岭费：皇室球场$249、卡伊球场$205

卡帕卢阿球场 拥有种植园球场和海湾球场，是夏威夷以地屈指可数的度假胜地兼高尔夫球场。／MAP p.224-A
✉ 1000 Office Rd Lahaina ☎ 669-8044／果岭费：11:00~13:00 种植园球场$228 海湾球场$178、13:00~ 种植园球场$178 海湾球场$148

瓦伊莱亚高尔夫球场 划分为蓝色、翡翠绿、金黄色三种不同级别的高尔夫球场，景致超群。／MAP p.227-C
✉ 100 Wailea Golf Club Dr.Kihei ☎ 875-7450／果岭费：蓝色球场$110~（7:00~8:30、12:00~14:00）、$140~（8:30~12:00）、$90（14:00~）、翡翠绿球场和金色球场$179（7:00~12:00）、$135（12:00~15:00）、$99（15:00~）

埃利埃卢高尔夫球场 曾经的银色高尔夫俱乐部，18个来自比尔・纽威兹设计的山体侧开平洞。当地降雨较少，可以全年尽享高尔夫快感。／MAP p.227-A
✉ 1345 Piilani Hwy. Kihei ☎ 874-0777／果岭费：豪华球场$79、（11:00~$69~、14:00~$49~）

卡皮利高尔夫球场 球场由泰德・罗宾逊设计，美丽的球场建在平缓的斜面上，风景优美，游客可以在打球的同时欣赏美景，令人舒心愉悦。／MAP p.204-F
✉ 2500 Honoapiilani Hwy.,Wailuku ☎ 242-4653／果岭费：$79~（12:00~$59~）

夏威夷度假中心的基本模式都是酒店配备高尔夫球场，随着瓦胡岛旅游产业的蓬勃发展，毛伊岛岛开发深受鼓舞，相继推出许多知名度假胜地。

西海岸的卡阿那帕利度假中心、北部卡帕卢阿度假中心和西南部的瓦伊莱度假中心3所度假胜地规划集中，虽然各处都配备有高尔夫球场，但是度假中心的评判标准仍然取决于球场的知名度。游客可以一边享受舒适的酒店生活，一边尽情地体验高尔夫运动的魅力。

另外，俱乐部内可以租借打球专业服饰，入住酒店的宾客可以享受优惠价和优先预约的特权。

为了越冬和产卵，成群的鲸鱼来到夏威夷海域。如果时间合适，游客可以现场感受鲸鱼的魅力

©Maui Visitors Bureau

ACTIVITY MENU 3

前往鲸鱼的栖息地

观赏鲸鱼，体验不一样的感动

01 捕鲸村观光团体游

在冬天的毛伊岛，前往捕鲸村的观光团体游是最有人气的旅游活动，游客人数逐年递增，其中不乏很多回头客。观光内容很简单，只是团体去看鲸鱼，但只有自己现场体验才能感受那份感动之情。当现场看到鲸鱼的一刹那，轻松愉悦的游客们纷纷流露出截然不同的表情变化，之后每个人都会很认真地听取关于鲸鱼的说明。当然，有关大家在现场产生强烈的感情变化的原因至今仍然是未解之谜。但是可以肯定的是，鲸鱼充满能量的姿态令人无比震撼：巨大的体形远超出了大众的想象；活动力度强劲；无论潜入海底还是停留在水面，鸣叫声都如雷贯耳。总之，大家都感觉鲸鱼犹如神一样的存在，观赏后每个人好像都重获能量，精神饱满，是一种很不可思议的旅途体验。

从拉海纳·马阿拉艾阿港口出发的有10余种不同内容的团体游项目，行程大约需要2小时30分，观光费用20~42美元。游客需要注意，6~10月该旅游项目暂停。

01

观光船上聚集的游客在凝视海面
关注鲸鱼的动向

©Stan Butler

运气好的话，游客可以近距离观看到鲸鱼

太平洋捕鲸基础游	☎ 249-8811 / 大约需要2小时，每天往返13次（12月~次年5月）/ $24.95~（有专门导游随行，观光费用会随着出发时间而有所不同）
拉海纳团体航游	☎ 667-6165
苏格兰先生观光游	☎ 661-0386
双子星座包租服务观光游	☎ 669-1700
毛伊之光观光游	☎ 242-0955

©Pacific Whale Foundation

02 从陆地观看鲸鱼

如果适逢鲸鱼光临的季节，游客可以在陆地上观看它们的活动。观景区域从卡阿那帕利、拉海纳等毛伊岛西部一直到马阿拉艾阿、基黑、瓦伊莱、马凯纳等，但是最值得推荐的当属帕帕瓦伊海角马库里加展望台（地图p.204-E），是观赏鲸鱼的绝佳位置。展望台地势略高，能够清晰地看到海面景观。展望台附近设有停车场，是您租车自驾游不可错过的美景之一！

02 ⬆ 游客注意不要错过展望台，英文标志是："scenic Lookout"

旅游小贴士
了解鲸鱼

■ **鲸鱼的观赏期**

生活在北半球的座头鲸会经常到夏威夷越冬，在温暖的海域环境中受精产卵、生产和抚育后代。每年11月~次年5月，游客在夏威夷群岛附近可以看到成群的鲸鱼。度过气候低温期后，6~10月会出现鲸鱼群"返乡热潮"，鲸鱼从阿拉斯加的阿留申群岛出发，经过加利福尼亚州的水域海湾后大约继续前行5600千米、历经80天的不间断移动才能再次返回北半球。

生育结束后，母鲸鱼选择在夏威夷海岸附近休养身体，准备为鲸鱼宝宝提供乳汁。刚出生的鲸鱼宝宝只有3米长，据说经过1年的母乳喂养后身长会增加2倍，但是和身长为13~14米的雌性成年鲸鱼相比仍然比较瘦小。多数雄性成年鲸鱼伴随鲸鱼母子游动，守卫它们的安全。通常繁殖期的雄性成年鲸鱼大都可以准确把握交配机会，但是雄性鲸鱼和雌性鲸鱼很难拥有长期的感情深入阶段。

■ **鲸鱼的活动**

日常看到的鲸鱼都是在悠闲地游动，但是在鲸鱼群体中，每种活动形式都富有一定的含义。它们时而探出头后又迅速潜入海底；时而以上下摆动尾鳍的方式前进；时而用胸部叩击海面等，华丽的动作充分展示了鲸鱼身体完美的柔韧性。

近距离观看鲸鱼时一定要仔细聆听鲸鱼的歌声，鸣叫声展现了宽广的音域。反复发出的音节或许是雄性求爱的呼声，也有可能是为了恐吓其他靠近的雄性鲸鱼。复杂的音节通过海底传入人耳，音声低沉深厚，音域音声宽广强劲。

世界著名的海底潜伏景点之一,潜入大海能够有机会与大型鱼群相遇
01

ACTIVITY MENU 4
嬉戏游玩于毛伊岛的海水里
观赏海底嬉戏的五彩鱼群

大海礁和底部汇集了了珊瑚和各种鱼群,透明的海水令人无比感动

01 简易潜水

毛伊岛的海底世界丰富多彩,拉奈岛四周环海,岛屿西侧的海域平稳,成为大型鱼群繁衍生息的绝佳处所。当地的海域不可以潜水,但是有名的莫洛基尼岛、拉奈岛海底洞窟却是世界知名的简易潜水点。进入海底世界,游客有机会与各种各样的鱼群相遇。

游客如果想要体验潜水项目,一般都会参加当地商店组织的潜水观光团。观光团通常早晨出发,下午1点左右结束行程,休闲活动时间比较长,很受游客喜欢。拉海纳、基黑有很多商店开设潜水体验项目,其中拉海纳巴士潜水店是毛伊岛的多年老铺。另外有的商店还提供潜水专用船,设有卫生间、淋浴等基础设施,游客可以舒适地享受潜水体验,非常愉悦。

拉海纳巴士潜水店 ☎667-7496 / 潜水体验费用$169~(含器材租借费用)

伊萨那海洋体育用品店 ☎661-9950 / 潜水体验费用$125(含器材租借费、练习费、游客接送费。※根据场所不同,也有可能需要额外支付交通费)

海底鱼群会认为潜水者的到来是为大家投食,所以不自觉地围成一群。此时鱼群身影而深感震惊潜水者会为眼前密集的鱼

峨眉月形状的莫洛基尼岛外景

儿童可以穿着救生衣夹克体验漂浮的感觉，非常开心

在平稳的海面上还可以进行撑杆漂浮，让游客充分体验漂浮运动的乐趣

02 简易漂浮

莫洛基尼岛位于毛伊岛南部，外形构造如同漂浮在海面的一弯峨眉月，是毛伊岛最著名的潜水漂浮场所。历史上的火山爆发缔造了莫洛基尼岛，四周海水透明，能见度为海底30米以上，海域纯净漂亮。海域中心风平浪静，适合初、中级学习者，偏远区域适合高级学习者。很多来自毛伊岛的游客专程来此享受漂浮和潜水，当地准备了漂浮观光船接送游客。

毛伊之光潜水店 ☎242-0955／潜水体验费用$96（含早餐、午餐、练习、鲸鱼观赏，价格随季节不同）。接送游客额外需要$25/7:30（马阿拉艾阿港口出航）

弗·温世潜水店 ☎879-8188／潜水体验费用$98（含早餐、午餐、器材租借　儿童3~12岁$68）／7:00~12:30

海底隧道治愈心灵，深受游客欢迎

03 毛伊海底世界

毛伊海底世界位于马阿拉艾阿港口的高地上，馆内划分成5个区域，游客可以观赏夏威夷的海洋生态鱼群。毛伊岛海底世界最值得自豪的是拥有17米长的海底隧道，240度视角中呈现出另一番大海的景象，神秘十足。鲸鱼世界馆中供游客参观体验的展示处设计独一无二。海底世界附近设有餐厅和商店。

毛伊海底世界 ☎270-7000 门票费用$25.95、儿童（3~12岁）$18.95、老年人（65岁以上）$22.95／无／毛伊巴士路线：卡阿胡努马购物中心─拉海纳（瓦胡电影院）区间线路；20号拉海纳站。另外，卡阿胡努马购物中心─拉海纳区间线路：10号基黑站，马阿拉艾阿港口站下车即到。地图p.204-F

ACTIVITY MENU 5

不大不小的波浪最适合冲浪运动初学者

勇当毛伊岛的海浪弄潮儿

推荐冲浪初学者来毛伊岛体验极限运动的快感

01 毛伊岛冲浪

毛伊岛冲浪海域巨大的波浪适宜长板练习，有教练指导，游客不用担心。

课程教授费用 ☎661-9950／$100（含游客接送、冲浪板、专业服饰。※根据场所不同，也有可能需要额外支付交通费）需要2名游客以上

02 帆板冲浪

毛伊岛是帆板冲浪运动的胜地，很多高级冲浪水域不面向初学者开放，其中霍欧基帕海域最著名。卡帕胡卢海域帆船舞动，成为当地一道亮丽的风景线。初学者可以前往基黑、卡阿那帕利的海滩进行练习（可以使用酒店海滩）。

毛伊岛是帆板冲浪运动的胜地，游客可以尝试挑战

MAUI AREA GUIDE

毛伊岛观光导览

拉海纳 Lahaina

日落时分，拉海纳小镇街道弥漫着19世纪的乡间风情，诗意般的氛围勾起人无限的感慨。

历史上，拉海纳是夏威夷王朝的首都；在19世纪捕鲸全盛时期，这里因是捕鲸船制造基地而繁荣昌盛。街道两侧木质建筑物鳞次栉比，凝聚了过往岁月中流逝的情怀。从散落的古迹中可以追溯拉海纳悠久的历史时光。当地观光景点大多以木质二层楼先锋旅舍(Pioneer Inn)为中心，集中在前街(Front Street)两侧。

ACTIVITY 休闲活动

拉海纳港口是各项海洋活动的起点，港口处设有游艇船只停靠服务点，游客可以当场预约报名。

SHOPPING & GOURMET 购物&漫步

沿着拉海纳的主要街道前街设有拉海纳购物中心、瓦胡电影院等各种商场、餐厅和娱乐中心。

出行参考

游乐	
观光	★★★★
休闲活动	★★★
购物	★★★★
美食逛街	★★★★
交通	
租车	★★★★★
绕城循环巴士	★★★

区域面积

从卡胡卢伊机场到拉海纳约35千米（50分钟）※32号线卡阿胡马努公路、30号线霍诺阿皮拉尼公路。从卡阿那帕利发车的西毛伊岛购物快速公交每小时间隔运行。

拉海纳 Lahaina

拉海纳

观光景点

毛伊岛的历史景点
西部最佳先锋旅舍
Best Western Pioneer Inn
MAP p.218-B

西部最佳先锋旅舍创立已有100余年，至今仍作为旅舍使用，内部设置保存完好，再现了古代夏威夷的生活氛围，堪称拉海纳的地标性建筑。以旅舍为中心，游客可以探访当地的历史古迹。

先锋旅舍是拉海纳的标志性建筑物，乡愁充满连廊设置上老布的卡通人物，憨态可掬

瓦宫
Brick Palace
MAP p.218-B

瓦宫大约修建于1800年前，是夏威夷历史上最早的西洋造型建筑物。曾经的2层楼建筑物已经坍塌，不复以前，只残留一部分地基。时至今日，唯有从支离破碎的瓦片中追忆久远的历史风味。

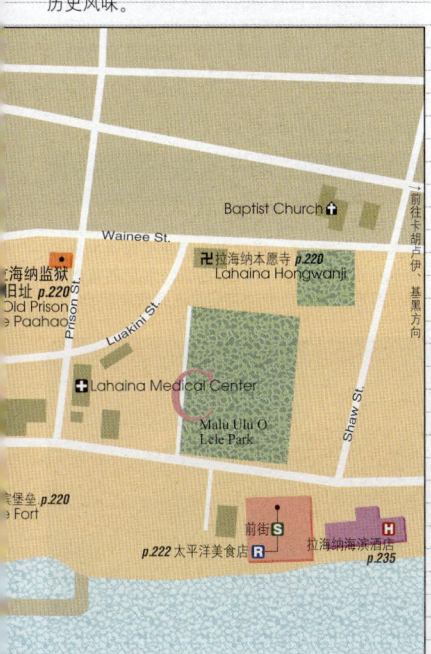

拉海纳历史古迹群
Lahaina Historical Tour

拉海纳历史古迹群内分布着31所古代建筑物，有拉海纳监狱旧址、圣玛利亚大教堂、海滨堡垒等。酒店等相关机构免费为游客提供历史古迹群指南，游客可以参考文字讲解。其实，入住先锋旅舍后环绕四周，就能够发现很多历史建筑物。

拉海纳沃心寺院外景（夏威夷州观光局提供照片）

哈乌拉欧神石
Hauola Stone
MAP p.218-B

相传哈乌拉欧神石具有超自然神力，坐在神石上，全身上下包括脚底都能够感应到神石散发的光波，可以治愈疾病和伤痛。

拉海纳港口
Lahaina Harbor
MAP p.218-B

拉海纳港口停靠着各式各样的游艇和帆船，是当地休闲活动的起点。

拉海纳港口有缤纷多彩的休闲活动

离岛

219

毛伊岛

拉海纳最高法院旧址
Old Courthouse
MAP p.218-B

19世纪,当时捕鲸船员所犯的罪行由拉海纳最高法院判决处分。现在旧址被用为地方法院机关事务办理处,曾经的旧址直接演变成当地独具特色的现代艺术画廊建筑。

拉海纳最高法院旧址白色的墙壁外观

海滨堡垒
The Fort
MAP p.219-C

海滨堡垒位于拉海纳最高法院旧址的旁边,历史上港口的船霸群体之间经常纠纷不断,为了对抗骚扰当地于1832年修建了海滨防线堡垒。1964年经过复原,现在堡垒面貌得以展现在大众面前。

比较大的堡垒旧址

大榕树
Banyan Tree
MAP p.218-B

大榕树位于城市广场,是为了纪念拉海纳市基督教受教50周年而种植。碧海晴空下,大榕树一带空气清新,在此处还可以欣赏到当地画家和雕刻家的个人艺术展。

鲍德温之家
Baldwin Home
MAP p.218-B

鲍德温之家修建于19世纪,宅院曾经是当地传教活动场所和医疗所,宅院主人鲍德温身兼传教士和医生之职,也是岛内当时唯一的医生。

☎661-3262、10:00~16:00(星期五~20:30)、无休息日、$7(包含致公堂的参观费用)

游客可以欣赏到鲍德温之家的古董家具

拉海纳监狱旧址
Hale Pa'ahao
MAP p.219-C

1852年拉海纳监狱由犯人自己建造完成。在当地捕鲸全盛时期,这座小型的监狱用来关押犯有罪行的捕鲸船员。监狱入口处的车辆摆放从古至今未变,车辆上斑驳的痕迹不禁令人感叹历史的悠长。

拉海纳本愿寺
Lahaina Hongwanji Mission
MAP p.219-C

1910年旅居当地的日本人修建了拉海纳本愿寺,大家现在欣赏到的建筑物是经过1927年改建完成的。寺庙创建以来一直是香火圣地,有时侯寺庙也会开设日语学习课程。

哈雷派印刷博物馆
Hale Pa'i
MAP p.204-A

哈雷派印刷博物馆位于拉海纳近山处的卢那高中。1834年,卢那高中的学生集体制定印刷了拉海纳当地的第一份报纸,之后基督教圣书、纸币、夏威夷宪法等相继在此印刷问世。

巨大的树荫让人能够稍作休憩

AUI Is. SHOP & RESTAURANT GUIDE
毛伊岛购物＆美食指南

拉海纳

Lahaina

以拉海纳的主街、前街为中心的周边区域设有很多精彩纷呈的商店和餐厅。一定不要错过毛伊岛重量级大师制作的美味哦！

| 拉海纳 | 凉鞋 |

拉海纳骨雕工艺品店
Lahaina Scrimshaw

穿越时代的传统工艺品

拉海纳作为曾经的捕鲸城市，衍生出多种品质不俗的骨雕工艺品。工艺品通常利用鲸鱼骨头进行艺术雕刻加工。现在深受动物保护的影响，转而使用海象化石和14克镀金木品质等原材料进行工艺制作。

MAP p.218-A

- 845 Front St.
- 661-8820
- 9:00~22:00
- 休 无

| 拉海纳 | 凉鞋 |

海岛凉鞋商店
Island Sandals

健康从脚底开始
工艺品采用特制皮革制成

海岛凉鞋商店根据顾客的实际尺寸定制合脚的皮革凉鞋。店内老板创业30余年，鞋型取样、皮革裁剪、缝制均亲自上阵，一气呵成。一双凉鞋全部做工完成大约需要几个月，可以邮寄回国。

MAP p.218-B

- 658 Front St. The Wharf Cinema Center#125
- 661-5110
- 10:00~17:00
- 休 星期日 ＊男式凉鞋$225~、女式凉鞋$195~

| 拉海纳 | 啤酒工坊 |

毛伊岛啤酒工坊
Maui Brewing Co.

试饮芳香四溢的
异国啤酒

毛伊岛啤酒工坊闻名遐迩，啤酒口味多样，芳香四溢。工坊接待团体观光游客，游客可以试饮，但需要支付费用。啤酒瓶身上绘有可爱的插画，适合选购赠送给亲友。

MAP p.218-A

- 910 Honoapiilani Hwy.
- 661-6205 12:00~17:00 (星期六10:00~14:00) ※工厂参观时间 星期四、星期五14:00、15:00、16:00 (星期六10:30、11:30、12:30)、$10 (参加者21岁以上) 休 星期日、星期一

离岛 毛伊岛

| 拉海纳 | 民族特色杂货 |

淘宝屋
Serendipity

各式各样的民族风情长裙

淘宝屋室内布置充满异域风情，商品主打原创设计服饰和蜡染布料款，夏日长裙选材使用高品质人造蚕丝，每件50美元起等。游客还可以进店选购家具和工艺品，一定会收获意想不到的惊喜。

MAP p.218-A

- 855 Front St. 667-7070
- 9:00~22:00 休 无
- ＊基黑、卡阿胡闽努购物中心、加纳利商场也设有分店。

| 拉海纳 | 艺术画廊 |

维兰德艺术画廊
Wyland Galleries

沉浸在维兰德艺术世界中

维兰德艺术画廊是由拉海纳代表性艺术家维兰德创办经营，画廊内很多作品汲取希瑟·布朗的艺术元素。画廊同时销售以海豚和鲸鱼为主题的青铜雕像和宝石类工艺品。

MAP p.218-B

- 711 Front St. 667-2285
- 9:00~22:00 休 无
- ＊夏威夷设有6家分店，火奴鲁鲁分店规模最大。

| 拉海纳 | 太平洋美食 |

太平洋美食店
Pacifico

在波涛声中品尝新派料理

太平洋美食店是拉海纳小镇不容错过的餐厅之一,主打夏威夷风味的太平洋美食,有香辣味甜点、酸辣味鲜虾馄饨等。游客可以选择就座在露天开放的用餐区,倾听耳畔不时传来的滚滚波涛声,舒适爽快。

MAP p.219-C

- 505 Front St. ☎ 667-4341
- 11:30~16:00, 17:30~21:00 休 无
- ＊晚餐需要预约。

| 拉海纳 | 咖啡 |

毛伊咖啡工坊
Maui Grown Coffee Company Store

品尝农场种植的毛伊咖啡

毛伊咖啡工坊屋檐外墙呈灰色,店内销售的咖啡豆100%原产自毛伊岛本土农场。成熟后的咖啡豆经过农场自主烘焙煎烤,芳香浓郁,味道醇厚。工坊只提供咖啡外卖服务。

MAP p.218-B

- 277 Lahainaluna Rd. ☎ 661-2728 ⏰ 6:30~17:00
- 休 星期日 $ $4~

| 拉海纳 | 烧烤料理 |

路斯·克里斯烧烤之家
Ruth's Chris Steak House

正宗的美式烧烤 分量十足

路斯·克里斯烧烤之家最值得称赞的莫过于烤肉,片片厚度十足,肉汁饱满,让食客真正领略地道的美式烧烤风味。餐厅肉价根据肉身部位而定,价格不一,每餐消费40美元不等。

MAP p.218-A

- 900 Front St.,Outlets of Maui ☎ 661-8815
- 17:00~22:00 休 无 $ 晚餐$70~
- ＊瓦伊莱也设有分店。

| 拉海纳 | 海鲜 |

拉海纳海鲜美食餐厅
Lahaina Fish Company

新鲜捕获的海鲜美味超群

拉海纳海鲜美食餐厅入口处放置着当日捕获的新鲜海味供顾客选择,引人注目。海鲜料理每份$26.95~,可以烹饪多种海鲜。推荐游客品尝餐厅的鲍鱼刺身,每份$12.95~。餐厅的其他肉类料理和意面也十分美味。

MAP p.218-B

- 831 Front St. ☎ 661-3472 ⏰ 11:00~21:30 休 无
- $ 午餐$10~、晚餐$15~

| 拉海纳 | 法式料理 |

杰拉德法式美味餐厅
Gerard's

餐厅美食源自各种食材

杰拉德法式美味餐厅室内装饰呈现维多利亚风格,美好浪漫。餐厅有法国油封鸭、秘制沙拉、烤鲷鱼等名品美食不计其数。来到餐厅,一定不要错过餐厅的特色美食哦。

MAP p.218-B

- 174 Lahainaluna Rd. ☎ 661-8939 ⏰ 18:00~20:30
- (最后预约时间) 休 无 $ 晚餐$60 葡萄酒每位均价约$50。可以穿着休闲服饰。

| 拉海纳 | 泰国料理 |

泰式美食餐厅
Thai Chef

美味正宗的泰式餐厅 氛围轻松

泰式美食餐厅位于前街内部的购物商场内,许多不为人知的美味令人非常惊喜,正宗的口味让人仿佛置身于泰国。推荐游客品尝餐厅的咖喱黄焖鸡,每份售价11.95美元。

MAP p.218-B

- Old Lahaina Shopping Center ☎ 667-2814
- 11:00~14:00 (星期一~星期五)、17:00~21:00
- 休 星期日 $ $12~20

摇滚主题餐厅 [拉海纳] [西餐]
Hard Rock Cafe Maui

饱尝美式大餐

摇滚主题餐厅菜品分量十足，人气巨型汉堡直径为10英寸（约25厘米）。餐厅内部出售有固定标志的衬衫和棒球帽。餐厅为10岁以下的顾客设有专门的儿童套餐。

MAP p.218-A

- 900 Front St., Outlets of Maui
- 667-7400
- 11:00~22:00（酒吧~23:00）
- 休 无
- $25~

阿甘虾餐厅 [拉海纳] [西餐]
Bubba Gump Shrimp Co.

纽约知名的小龙虾工坊

阿甘虾餐厅以电影《阿甘正传》为主题，毗邻大海，电影主人公阿甘使用过的长椅摆放在餐厅门前。在餐厅入座后可以遥望拉奈岛全景。

MAP p.218-A

- 889 Front St.
- 661-3111
- 10:30~22:30（酒吧~23:30）
- 休 无

基莫氏美食餐厅 [拉海纳] [海鲜&烧烤]
Kimo's

饱览拉奈岛美景

基莫氏美食餐厅主营海鲜和烧烤，食材源自附近海域捕获的新鲜鱼类、贝壳等海鲜，烹饪手法有秘制嫩煎、照烧、素烤，游客可以根据个人喜好进行选择。晚上19:00以后的夕阳晚餐十分独特，游客可以进店品尝。

MAP p.218-A

- 845 Front St.
- 661-4811
- 11:00~24:00（午餐~15:30 晚餐17:00~22:00 酒吧~24:00）
- 休 无

拉海纳传统烤乳猪宴 [拉海纳] [烤乳猪宴]
Old Lahaina Luau

品尝传统烤乳猪宴美食，欣赏人气民俗表演

拉海纳传统烤乳猪晚宴举办地点位于郊外，大约持续3小时。游客可以一边品尝夏威夷传统料理，一边欣赏豪华的人气民俗表演。表演节目有舞蹈、草裙舞以及表现波利尼西亚祖先登陆夏威夷岛的历史剧等。节目精彩纷呈，令游客如痴如醉，不知不觉中一起度过了欢快的时间，在浪漫的夜色下结束此次野外之行。

MAP p.224-C

- 1251 Front Sy.
- 667-1998
- 17:45~20:45（10月1日~次年3月31日17:15~20:15）
- 大人$105、儿童（3~12岁）$75

旅行小贴士

前往拉海纳新开张的奥特莱斯名品折扣店

2013年12月，曾因捕鲸而闻名的拉海纳小镇上毛伊岛奥特莱斯名品折扣店开张营业。商场内不仅有蔻驰、香蕉共和国、CK等人尽皆知的大品牌专卖店，还设有众多美食餐厅，食品琳琅满目、口味多样，有路斯·克里斯烧烤店、金石·科里马力美味餐厅等。商场会赠送夏威夷当地艺术家的作品，游客可以一边购物一边欣赏艺术作品。

- 900 Front St., Lahaina
- 661-8277
- 9:30~22:00
- theoutletsofmaui.com

卡阿那帕利—卡帕卢阿

拉海纳—卡帕卢阿 / Lahaina-Kapalua

卡阿那帕利和卡帕卢阿地区酒店和公寓酒店鳞次栉比，是夏威夷首屈一指的度假胜地。

Kaanapali-Kapalua

在夏威夷众多的度假胜地中，卡阿那帕利当属最佳度假景区，有漂亮的白沙滩、美丽的绿色高尔夫球场、整齐有序的高级酒店和公寓酒店。北部城市卡帕卢阿是世界富豪的聚居地，设有超高级度假区。

ACTIVITY　休闲活动

卡阿那帕利海滩的海边休闲活动丰富多彩，有水上摩托、帆伞运动等。高尔夫球场有卡阿那帕利高尔夫球场和卡帕卢阿挑战者高尔夫球场。

SHOPPING & GOURMET　购物＆漫步

卡阿那帕利捕鲸村入驻有路易威登等高端品牌专卖店，以及众多餐厅。另外，沿着30号线公路，可以前往卡哈那盖特威商场体验购物和美食之旅。

出行参考

游乐	
观光	★★
休闲活动	★★★★
购物	★★★★★
美食逛街	★★★
交通	
租车	★★★★
巴士	★★★

区域面积
卡胡伊机场到卡阿那帕利约43千米（约1小时）；卡阿那帕利到卡帕卢阿约16千米（约10分钟）。
途经30号线霍诺阿皮拉尼公路

卡阿那帕利—卡帕卢阿　观光景点

捕鲸村博物馆
Whalers village Museum

 MAP p.224-B

捕鲸村博物馆介绍当地的捕鲸历史，馆内展览的装饰品和日常道具使用鲸鱼牙齿和骨头制作而成，还有捕鲸船等工具。博物馆设置有私人导游讲解服务。参照p.206。

卡阿那帕利—卡帕卢阿
Kaanapali-Kapalua

卡阿那帕利地区的度假中心品质超群，居夏威夷之首。正因为如此，当地的商店和餐厅标准严格。卡帕卢阿聚集了一批世界富豪，有很多知名酒店和公寓酒店。

卡阿那帕利 / 购物中心
捕鲸村购物中心
Whalers Village

购物中心位于捕鲸村博物馆内

捕鲸村购物中心临近捕鲸村博物馆，是卡阿那帕利度假中心的核心地标。购物商场正门处摆放着巨大的鲸鱼骨头标本，内部总共有50余家商铺，分布着路易威登、蒂芙尼等高端品牌专卖店，也有毛伊岛当地的品牌专卖店和餐饮店。

MAP p.224-B

- 2435 Kaanapali Pkwy.　☎661-4567
- 9:30~22:00（具体时间视商家而定）　休 无
- HP www.whalersvillage.com

卡阿那帕利 / 礼品
毛伊岛礼品专卖店
Maui Hands

选择夏威夷艺术家的作品作为礼物

毛伊岛礼品专卖店主营夏威夷本土艺术家的手工作品，所有艺术品都来自当地200余名艺术家的精心创作，有绘画、手染长裙、球类、海底照片集等，题材丰富，表现手法多样。游客可以选购一些珊瑚礁和珍珠首饰，每件珍品都独一无二，如果有喜欢的千万不要犹豫。

MAP p.224-C

- 200 Nohea Kai Dr.Hyatt Regency Maui Resort & Spa
- 667-7997　9:00~21:00　休 无

捕鲸村购物中心 / 休闲服饰
马里布衬衫专卖店
Malibu Shirts

布置如同冲浪博物馆馆藏有稀世衬衫

马里布衬衫专卖店店内展示有与冲浪相关的不同年代珍品，销售的衬衫大都是高端仿真品，例如有高仿1960年美国西海岸冲浪联盟专属T恤衫，每件售价29美元。即使不是冲浪发烧友，一定也会非常喜欢店内的衬衫款式。

MAP p.224-C

- Whalers Village Main Level　☎667-2280
- 9:00~22:00　休 无

捕鲸村购物中心 | 冲浪用品

火奴鲁鲁冲浪用品专卖店
Honolua Surf Co.

夏威夷冲浪服饰首选

火奴鲁鲁冲浪用品专卖店主营冲浪品牌商品，店内服饰方便当地日常穿着，有T恤衫、帽子等，基本售价为$19.99，价格合理。店内也有美国运动潮牌奥尼尔(Oneil)和斯图西(Stussy)旗下的商品。

MAP p.224-C
- Whalers Village Main Level ☎ 661-5455
- 9:00~22:00 休 无

捕鲸村购物中心 | 海鲜

草裙舞之海鲜烧烤餐厅
Hula Grill

观看草裙舞 品尝美食

草裙舞之海鲜烧烤餐厅面向海滩，就餐区分为室内餐饮区和户外酒吧区。晚餐菜单略有变动，游客可以品尝不同时间段的美食，还可以在屋外酒吧区享用午餐，气氛舒适。

MAP p.224-C
- Whalers Village Main Level ☎ 667-6636
- 10:45~23:00（晚餐16:45~21:30）休 无
- $ 午餐$15~、晚餐$30~

捕鲸村购物中心 | 海鲜&烧烤

雷拉尼海鲜烧烤滨海餐厅
Leilani's On The Beach

眺望西沉的落日 享用美味的晚餐

雷拉尼海鲜烧烤滨海餐厅2层就餐区视线良好，游客可以一边眺望夕阳西下的美景，一边品尝美味的晚餐，别有一番景致。鲜鱼料理的烹饪手法有姜粉鲜鱼、法式煎鱼、泰式酸辣鱼，游客可以根据个人喜好选择。

MAP p.224-B
- Whalers Village Main Level ☎ 661-4495
- 10:30~23:00（晚餐17:00~21:30）休 无
- $ 午餐$10、晚餐$25~

卡阿那帕利 | 西餐&寿司

日式西餐厅
Japengo

氛围舒适 适合特别纪念日就餐

日式西餐厅位于毛伊凯悦度假中心&水疗会所的主餐区。进入店内，耳畔不时传来大海波涛声，令人心情舒畅。就餐区分为露天阳台就餐区、简易日式寿司就餐区、能够近距离欣赏鸡尾酒制作过程的酒吧区，游客可以根据个人喜好选择不同的就餐区。餐厅菜肴选用毛伊岛的特产时蔬，有沙拉、肉鱼料理和寿司等，菜肴色彩亮丽，搭配红酒或者鸡尾酒品尝会更加美味可口。餐厅还有套餐系列，适合作为庆祝特别纪念日的用餐选择。

MAP p.224-C
- 200 Nohea Kai Dr.Hyatt Regency Maui Resort & Spa ☎ 667-4796
- 17:00~22:00
- 休 无 $ $30~

卡帕卢阿 | 西餐

露天西餐厅
The Terrace

餐厅早餐备受好评

露天西餐厅位于丽思卡尔顿高级酒店内，从餐厅可以欣赏到美丽的海滩，遥望到碧绿的大海。餐厅自助早餐内容缤纷，美味可口，深受好评。游客可以一边感受清风拂面，一边享用美味的早餐。

MAP p.224-A
- 1 Ritz-Carlton Dr.,Kapalua ☎ 669-6200
- 6:30~11:00（星期日、星期一）、17:30~21:30 休 无
- $ 早餐$30~
- HP www.ritzcarlton.com

毛伊岛观光导览 MAUI AREA GUIDE

卡马欧莱海滩公园景观

Kihei-Wailea

基黑—瓦伊莱

> 基黑—瓦伊莱
> 度假区气氛休闲，
> 购物商场
> 日益备受瞩目。

　　基黑市入口处位于31号线公路和311号线公路的交叉点，沿路南下直抵阿泽卡市场，街道两侧热闹繁华。基黑是公寓酒店及商场的集中区，规模大小不一的购物商场比比皆是。市内海滩公园数量较多，设施完善，其中最大的公园是卡马欧雷海滩公园，包含1期到3期建筑群。经过卡马欧雷公园是瓦伊莱地区。瓦伊莱当地的海滩观景位置绝佳，游客站在海滩可以眺望到莫洛基尼岛、西毛伊岛风光。当地度假中心设有品质一流的酒店和高级公寓酒店。

ACTIVITY 休闲活动

　　在基黑可以进行帆船运动、浮潜运动和高尔夫运动。

SHOPPING & GOURMET 购物&漫步

　　瓦伊莱的美食餐饮以酒店餐厅为主，基黑的美食餐厅大都位于购物商场，总之度假中心内不乏很多休闲餐厅。瓦伊莱购物中心有知名高端品牌入驻，游客一定要前去观光购物。

出行参考

游乐	
观光	★★
休闲活动	★★★★
购物	★★★★
美食逛街	★★
交通	
租车	★★★★★

区域面积
卡胡卢伊机场到基黑大约16千米（25分钟）；基黑到瓦伊莱大约7千米（5分钟）※途经311号线莫库勒勒公路、30号线皮伊利卡尼公路；基黑途经31号线到基黑路

基黑—瓦伊莱
Kihei-Wailea
0　　　　1km

前往拉海纳方向　前往卡胡卢伊方向

基黑海滩度假中心 H
Maipoina Oe Lau Beach

马阿拉埃亚海湾
Maalaea Bay

Ohukai Rd.

A

基黑盖特威购物广场

雅诗顿毛伊酒店 H

South Kihei Rd.

基黑 Kihei

David Malo's Kilolani Church

p.229 安东尼奥意大利美食餐厅&购物商厦 S

Pikea Ave.

31 Piilani Hwy.

埃利埃尔高尔夫俱乐部 p.213
Elleaire Maui Golf Club

卡拉马海滩公园
Kalama Beach Park

库努伊购物商厦 S

基黑城镇中心 H

31

Auhana Rd.

卡马欧雷 Kamaole

毛伊游客接待中心 H
毛伊海岸酒店 H
海豚广场 S
彩虹购物商厦 S
卡马欧雷购物中心 S

毛伊泰国料理餐厅 H

精品厨房餐厅 R
西蒙豪甜品店 p.228 S

卡马欧雷海滩公园
Kamaole Beach Park

夏威夷风情纯天然时蔬超市 p.228 S

B

Keonekai Rd.

South Kihei Rd.

卡马欧力沙滩2-307号公寓 H
毛伊雅诗顿山间酒店 p.235 H

卡阿瓦卡普
Keawakapu

Kilohana Dr.

Maui Meadows

Keawakapu Beach

瓦伊莱 Wailea

毛伊瓦伊莱"AndAZ"私人度假酒店 p.234 H

乌鲁瓦海滩
Ulua Beach

毛伊瓦伊莱万豪海滩度假中心&水疗会所 p.234 H

p.234 维雷亚华尔道夫度假酒店 H

奥瑞格维雷亚棕榈酒店 p.234 H

瓦伊莱海滩
Wailea Beach

瓦伊莱莎特威购物中心 S
蒙基珀德美食餐厅 p.229 R

p.233 毛伊瓦伊莱四季度假酒店 H

瓦伊莱购物中心 p.228 S

波罗海滩
Polo Beach

瓦伊莱高尔夫球场 p.213
Wailea Golf Course

p.233 毛伊凯拉尼贵尔蒙酒店 H

Makena Alanui Dr.

C

p.235 毛伊马凯纳冲浪酒店 H

马凯纳 Makena

凯亚卡拉伊
Keawalai

Makena Bay

马凯纳海滨高尔夫大型度假中心 p.234 H

马凯纳高尔夫球场
Makena Golf Course

基黑—瓦伊莱
Kihei-Wailea

基黑—瓦伊莱展现了毛伊岛的新面貌,瓦伊莱购物中心和基黑公寓酒店备受回头客推崇,但是当地购物和餐饮类型比较受限。

基黑 超市
夏威夷风情纯天然时蔬超市
Hawaiian Moons Natural Foods

蔬菜和各种健康熟食品一应俱全

游客如果想要选购当地的新鲜时蔬和水果特产,可以到夏威夷风情纯天然时蔬超市。超市以健康为经营理念,商品大都选用有机食材,有饮用品、甜点、罐头等,非常方便游客带回酒店食用。除此之外,超市还有20余种沙拉和自选称重的熟食品,令人购物愉快。

MAP p.227-B
2411 S.Kihei Rd.
875-4356 8:00~21:00
休 无

瓦伊莱 购物中心
瓦伊莱购物中心
The Shops at Wailea

豪华绚丽的购物中心 高端品牌强势入驻

瓦伊莱购物中心约有60余家店铺,有路易威登、古驰、芬迪、蒂芙尼等高端品牌,还有儿童服饰店和艺术画廊,ABC超市也变身为豪华礼品店。为了能和西部的捕鲸村购物中心相抗衡,瓦伊莱购物中心在致力于发展购物中心的同时主打休闲度假生活模式。

MAP p.227-C
3750 Wailea Alanui Dr.,Wailea
891-6770 9:30~21:00 (具体时间视商家而定)
休 无

基黑 面包烘焙
西奈蒙甜品店
Cinnamon Roll Fair

西奈蒙甜品卷深受爸爸们称道

西奈蒙甜品店人气火爆,早晨很早就有很多人排队等候。经过商店门前,远远就能闻到烘烤面包的香味。推荐游客品尝店家独特的帕尼·澳洲坚果仁肉桂卷,从开业至今一直深受大众喜欢。除此之外还有法式乳蛋饼等其他甜品,搭配咖啡一起品尝会更加美味可口。

MAP p.227-B
2463 S.Kihei Rd.,Kamaole Shopping Center 1F
879-5177 5:00~15:00
休 无

基黑 夏威夷风情
精品厨房餐厅
Da Kitchen Express

外卖夏威夷风情美食
精品厨房餐厅有肉汁饱满的夏威夷式米饭汉堡、芋头猪肉包饭和夏威夷特色拼盘，菜品分量十足，可以外卖和打包带走，游客可以在旅行途中经过餐厅时打包带回酒店品尝。

MAP p.227-B
- 2439 S.Kihei Rd.
- ☎ 875-7782
- 营 9:00~21:00
- 休 无
- $10~

基黑 意大利美食
安东尼奥意大利美食餐厅
Antonio's

休闲的用餐环境中品尝正宗的意大利美食
安东尼奥意大利美食餐厅菜品食材来自于毛伊岛生产的新鲜时蔬和华盛顿直邮的新鲜海鲜。餐厅现场制作比萨饼和意大利面食，令许多食客为之着迷。餐厅用餐环境休闲舒适，红酒搭配清爽的菜品愈发鲜美，所有的菜品都可以外卖和打包带走。

MAP p.227-A
- 1215 S.Kihei Rd.
- ☎ 875-8800
- 营 17:00~21:00
- 休 星期一
- $15~

瓦伊莱 太平洋美食
蒙基珀德美食餐厅
Monkeypod Kitchen

聆听现场演奏 品尝精美晚宴
蒙基珀德美食餐厅位于瓦伊莱购物中心，宽敞的店内就餐区氛围舒适，有餐椅区、酒吧区和露天就餐区，游客可以根据不同的环境选择喜欢的就餐区。餐厅每天16:00~18:00、19:00~21:00都会准备现场演奏。店内的墨西哥玉米卷和汉堡等美食使用毛伊岛当地食材制作而成，品尝时搭配红酒更加美味。

MAP p.227-C
- 10 Wailea Gateway Pl.
- ☎ 891-2322
- 营 11:30~23:00
- 休 无
- 午餐$12~、晚餐$15~

离岛 毛伊岛

瓦胡岛观光导览　MAUI AREA GUIDE

卡胡卢伊—怀卢库

Kahului-Wailuku

卡胡卢伊—怀卢库位于毛伊岛的入口处，购物商场充满浓郁的当地特色风情，引人注目，畅游其中舒适惬意。

景观散发着古老的气息
怀卢库街道两侧的建筑

出行参考

游乐	
观光	★★★
休闲活动	★
购物	★★★★★
美食逛街	★★
交通	
租车	★★★★
绕城循环巴士	★★

区域面积
卡胡卢伊机场到怀卢库3千米（5分钟）。※途经32号线公路后驶入卡胡马努大道，乘坐机场出租车可以环绕卡胡卢伊境内，非常便利。

卡胡卢伊是一座充满商业气息的都市，位于毛伊岛的入口处，同时卡胡卢伊机场也是毛伊境内的主要机场。当地主要街道卡阿胡玛努街临近山体一侧，设有购物中心，靠海一侧设有养生酒店。怀卢库位于卡胡卢伊的西部，是毛伊的政治中心，城市氛围安静悠闲。当地景点有毛伊岛境内现存最古老的基督教卡阿胡玛努教堂、伊奥山谷州立公园、远离市区的毛伊热带植物园和亚历山大&鲍德温蔗糖博物馆等历史建筑。

卡胡卢伊—怀卢库

卡阿胡玛努教堂
Kaahumanu Church
MAP 地图 p.230-A

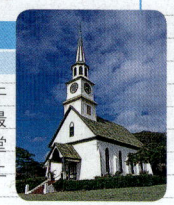

卡阿胡玛努教堂始建于1863年，是毛伊岛境内现存最古老的基督教堂。1876年教堂经过改建后一直延续，迄今为止石砌的外墙已历经4次改造。

贝利之家博物馆
Baily House Museum
MAP 地图 p.230-A

1837年传教士爱华德·贝利来到夏威夷开始布道宣教，贝利之家博物馆展览了牧师生前的传教足迹和一些珍贵的美术作品。

☎ 244-3326　🕙 10:00~16:00，星期日休息，成人$7，儿童（7~12岁）$2

SHOPPING & GOURMET　购物 & 美食逛街

抵达机场后可以直接来到卡阿胡玛努女王购物中心，这里有双子购物商厦，商场内设有餐厅。每星期六7:00~13:00卡胡卢伊展销市场会举办跳蚤集会，非常有趣。

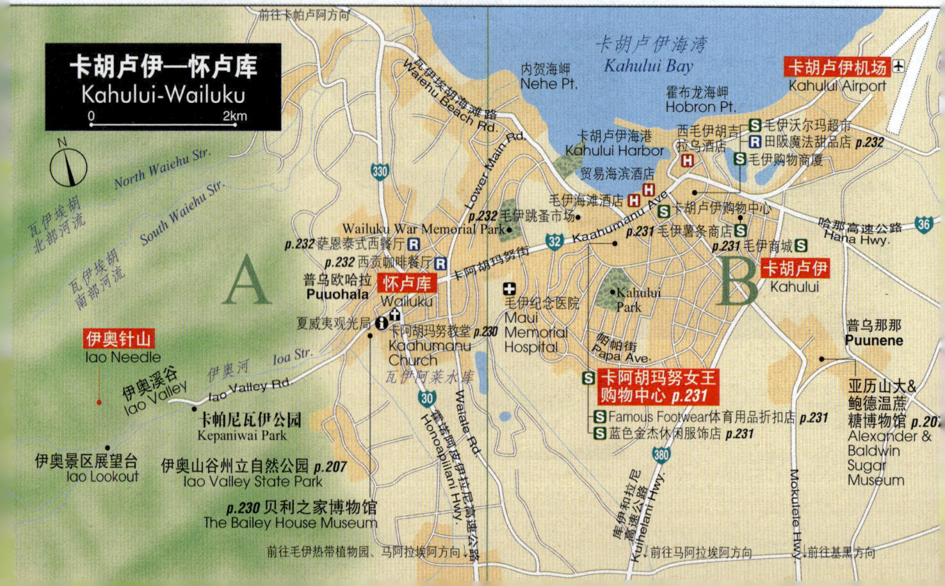

卡胡卢伊—怀卢库　*Kahului-Wailuku*

地图要点：
- 伊奥针山 Iao Needle
- 伊奥溪谷 Iao Valley
- 伊奥景区展望台 Iao Lookout
- 普乌欧哈拉 Puuohala
- 怀卢库 Wailuku
- 卡阿胡玛努教堂 Kaahumanu Church
- 卡帕尼瓦伊公园 Kepaniwai Park
- 伊奥山谷州立自然公园 p.207 Iao Valley State Park
- p.230 贝利之家博物馆 The Bailey House Museum
- 卡胡卢伊海湾 Kahului Bay
- 内贺胡岬 Nehe Pt.
- 霍布龙海岬 Hobron Pt.
- 卡胡卢伊港 Kahului Harbor
- 卡胡卢伊机场 Kahului Airport
- 毛伊沃尔玛超市、田陵魔法甜品店 p.232
- 毛伊购物商厦
- 西贡咖啡餐厅
- 萨恩泰式西餐厅 p.232
- Wailuku War Memorial Park
- 毛伊跳蚤市场 p.232
- 毛伊海滩酒店
- 贸易海滨酒店
- 卡胡玛努大道 Kaahumanu Ave.
- 毛伊塞务商城 p.231
- 毛伊商城 p.231
- 哈那高速公路 Hana Hwy. 36
- 卡胡卢伊 Kahului
- 毛伊纪念医院 Maui Memorial Hospital
- 帕帕街 Papa Ave.
- 卡阿胡玛努女王购物中心 p.231
- Famous Footwear 体育用品折扣店 p.231
- 蓝色金杰休闲服饰店 p.231
- 普乌那那 Puunene
- 亚历山大&鲍德温蔗糖博物馆 p.20 Alexander & Baldwin Sugar Museum

卡胡卢伊—怀卢库

Kahului-Wailuku

卡胡卢伊地处毛伊岛入口处，拥有机场，因此当地有很多购物商场。怀卢库是毛伊岛的政治中心，街道建筑古风古韵。卡胡卢伊—怀卢库尚未开发成旅游观光景点，可以前去领略毛伊岛的自然之美。

卡胡卢伊 | 购物中心
卡阿胡玛努女王购物中心
Queen Kaahumanu Center

享受多彩的商场购物活动

卡阿胡玛努女王购物中心入驻有梅西百货、希尔斯百货和其他80余家知名品牌。购物中心设有美食天地和电影院，不同的节假日还会举办应景的活动。

MAP p.230-B
- 275 W. Kaahumanu Ave.,Kahului
- 877-3369
- 9:30~21:00（星期日10:00~17:00）
- 无

卡胡玛努女王购物中心 | 体育用品
Famous Footwear 体育用品折扣店
Famous Footwear

人气运动鞋价格超低

Famous Footwear体育用品折扣店有耐克、锐步、斐乐、匡威等人气知名运动休闲品牌的服饰和鞋帽，通常都是五折到八折的优惠，价格超低。游客可以向店员咨询相关折扣信息以便进行选购。

MAP p.230-B
- 275 W. Kaahumanu Ave.,Kahului Queen Kaahumanu Center
- 871-7175
- 9:30~21:00（星期日10:00~17:00）
- 无

卡阿胡玛努女王购物中心 | 休闲服饰
蓝色金杰休闲服饰店
Blue Ginger

服饰充满夏威夷风情

蓝色金杰休闲服饰店所有服饰都使用毛伊岛本土的原产布料设计裁剪，店内有男女服饰、儿童服饰和家庭情侣装。女士长裙售价为60~90美元。

MAP p.230-B
- 275 W. Kaahumanu Ave.,Kahului Queen Kaahumanu Center
- 871-7002
- 9:30~21:00（星期日10:00~17:00）
- 无

卡胡卢伊 | 购物中心
毛伊商城
Maui Market Place

堪称瓦伊凯莱第二 备受瞩目

毛伊商城汇聚大型综合商厦，有老海军、Lowe's、Pierl、星巴克、Jamba、Petco等品牌专卖店；还有银行、快餐店等，各类商铺一应俱全。

MAP 地图 p.230-B
- 270Dairy Rd.36号线公路和380号线公路的交叉路口处拉海纳方向。380号线公路沿线
- 873-0400
- 具体时间请视商家而定

卡胡卢伊 | 甜品蛋糕
毛伊薯条商店
Maui Potato Chips, Inc.

小工厂制作 包装简单质朴

毛伊薯条商店创业于1956年，是由现在店老板的爷爷创立。店家只有咸味薯条，食材经过严格精选，只选用毛伊岛生产的土豆。工厂一角设有商店销售的薯条、购物袋和其他用品。

MAP p.230-B
- 295 Lalo St.
- 877-3652
- 7:00~16:00（星期六~11:00）
- ※商品购买只限于工厂不生产的时间段。
- 无

卡胡卢伊 — 冰激凌

田阪魔法甜品店
Tasaka Guri-Guri

冰激凌深受当地大众欢迎

田阪魔法甜品店的冰激凌深受本土大众好评,来到毛伊商厦经常会看到有长队等候店内甜品。冰激凌只有草莓和菠萝两种口味,游客可以选择一种口味也可以组合选择。决定好口味后选择分量,最低2勺,2勺铲子$1.20、3勺铲子$1.80、5勺铲子$2.85,销售方式简单,价格便宜。游客可以前去品尝正宗的毛伊岛冰激凌。

MAP p.230-B

Maui Mall, Kahului
871-4513
9:00~18:00(星期五~20:00、星期日10:00~16:00) 休 无

怀卢库 — 泰式料理

萨恩泰式西餐厅
Saeng's Thai Cuisine

深受当地食客欢迎

萨恩泰式西餐厅最美味的餐品莫过于冬阴功汤,也就是俗称的酸辣虾汤,每份售价11.50美元。游客可以提前告知店员个人喜好的酸辣程度。除此之外,餐厅还有人气颇高的鸡肉料理,以及选用大量椰奶调制而成的甜点,美味可口。

MAP p.230-A

2119 Vineyard St., Wailuku   244-1567
11:00~14:30(星期一~星期五)、17:00~21:30 休 无

怀卢库 — 越南料理

西贡咖啡餐厅
A Saigon Cafe

餐厅内当地食客如云

西贡咖啡餐厅使用的蔬菜大都是老板自家田间栽培种植的,店内的生春卷饼身干脆,卷有香味蔬菜等食材,享用时蘸着鲜汤堪称绝品,十分美味。品尝过后可以来一杯炼乳冰咖啡,清爽怡人。

MAP p.230-A

1792 Main St., Wailuku
243-9560
10:00~21:30(星期日~20:30)
休 无 $ $20~

旅行小贴士

200余家店铺入驻青空市!
收获意想不到的惊喜!

夏威夷各地都会举办跳蚤市场,毛伊岛亦不例外。每逢星期六,200余家店铺集结来到毛伊岛,商品有人工制作的果酱、蜡烛、工艺品以及毛伊岛特产蔬菜等,琳琅满目,应有尽有。在和店家老板交流的过程中可能会有意想不到的惊喜。午餐时分附近销售夏威夷拼盘套餐,游客可以花大量时间悠闲地度过海外购物之旅。

MAP p.230-B

244-3100   310 West Kaahumanu Ave.
7:00~13:00
※每周周末举办,入场费50美分(12岁以下儿童免费)

MAUI Is. HOTEL GUIDE
毛伊岛酒店指南

毛伊岛地貌外形呈葫芦状，游客选择入住的城市一般都是集中在西部地区的拉海纳、卡阿那帕利和东部地区的基黑、瓦伊莱。特别是瓦伊莱，当地高级酒店鳞次栉比。

Hotel & Condominium

- 餐厅
- 泳池
- 水疗会所&健身馆
- Kp 儿童游乐项目
- Hp 酒店客服
- 电视
- 冰箱
- 保险柜
- 幼儿设施
- 游客咨询服务处

瓦伊莱 / 酒店

毛伊凯拉尼费尔蒙酒店
The Fairmont Kea Lani Maui

亚克力白色的宫殿 店名所示的"天堂之家"名不虚传

毛伊凯拉尼费尔蒙酒店是瓦伊莱当地的高级度假中心，亚克力白色的建筑物引人注目。大堂设计惊艳，所有的客房均为大床房，室内设计高雅，浪漫甜蜜。水疗会所和健身馆可供24小时全天使用，酒店设施完善，游客可以前去体验入住。

MAP p.227-C

✉ 4100 Wailea Alanui Dr., Wailea ☎ 257-6544
FAX 875-4100　🛏 450间　$ $549~
🚗 从卡胡卢伊机场乘车30分钟可达
🌐 www.fairmont.com

瓦伊莱 / 酒店

毛伊瓦伊莱四季度假酒店
Four Seasons Resort Maui at Wailea

**尊享空间
品质保证**

毛伊瓦伊莱四季度假酒店各项设施共计30余种，酒店服务细致入微，入住者可以免费享受酒店内的一切服务。入住酒店后远离观光购物区的喧嚣，在度假中心尽享多彩的旅游乐趣。酒店客房拥有宽敞明亮的浴室空间，非常难得，值得特别关注。

MAP p.227-C

✉ 3900 Wailea Alanui Dr., Wailea
☎ 874-8000　FAX 874-2244　🛏 380间
$ 花园海景房$899~、海景房$1099~
🚗 从卡胡卢伊机场乘车需25~30分钟
🌐 www.fourseasons.com

酒店设施标志

离岛　毛伊岛

| 瓦伊莱 | 酒店 |

维雷亚华尔道夫度假酒店
Grand Wailea A Waldorf Astoria Resort

希尔顿系列酒店中的最高规格

维雷亚华尔道夫度假酒店共有5座大厦，客房设计风格不尽相同，室内面积都在58平方米以上，宽敞明亮。水疗中心有最高规格的豪华设施，游客可以前来体验放松。

MAP p.227-C
- 3850 Wailea Alanui
- ☎875-1234 FAX 879-4077
- 室 780间 S $309~
- 从卡胡卢伊机场乘车大约35分钟
- www.grandwailea.com

| 瓦伊莱 | 公寓酒店 |

奥瑞格维雷亚棕榈酒店
Palms At Wailea Maui by Outrigger

景致美好

奥瑞格维雷亚棕榈酒店修建于地势平缓的山丘地带，2层别墅洋房独具西班牙风情，优雅别致。入住价位比预想得要便宜很多，游客不妨前来体验一次安静的海外别墅生活。

MAP p.227-C
- 3200 Wailea Alanui
- ☎879-5800 FAX 874-3723
- 室 150间 最少住宿2晚
- S $375~475 从卡胡卢伊机场乘车大约25分钟
- www.outrigger.com

| 瓦伊莱 | 酒店 |

毛伊瓦伊莱"AndAZ"私人度假酒店
ANdAZ maui at Wailea Resort

新建成的高级度假酒店

毛伊瓦伊莱"AndAZ"私人度假酒店成立于2013年9月1日，印地语"AndAZ"表示"私人方式"。酒店内部设施让人处处感觉到浓郁的夏威夷风情。

MAP p.227-C
- 3550 Wailea Alanui Drive, Wailea
- ☎573-1234 FAX 891-4940
- 室 297间 S $449~
- 从卡胡卢伊机场乘车大约30分钟
- maui.andaz.hyatt.com

| 瓦伊莱 | 酒店 |

瓦伊莱万豪海滩度假中心&水疗会所
Wailea Beach Marriott Resort & Spa

友好的酒店氛围充满魅力

瓦伊莱万豪海滩度假中心&水疗会所面向大海，占地约为22公顷，拥有高低大厦各7座，泳池5处。海滩延伸至散步路面，直走会发现望远镜供游人观赏鲸鱼。酒店设有夏威夷花环制作课堂，只需提前预约就可以免费参加。

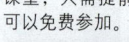

MAP p.227-C
- 3700 Wailea Alanui Dr.,Wailea
- ☎879-1922 FAX 874-8331
- 室 544间 S $550~
- 从卡胡卢伊机场乘车大约25分钟
- www.marriott.com

| 马凯纳 | 酒店 |

马凯纳海滨高尔夫大型度假中心
Makena Beach & Golf Resort

酒店位于大自然怀抱中　适合优雅休憩

入住马凯纳海滨高尔夫大型度假中心，可以切身体会到毛伊岛的自然之美。游客可以在莫洛基尼岛体验浮潜等海边休闲体育运动，也可以在度假中心的咖啡馆和餐厅品尝美食。

MAP p.227-C
- 5400 Makena Alanui, Wailea Makena
- ☎874-1111 FAX 879-8763
- 室 310间 S $295~
- 从卡胡卢伊机场乘车大约40分钟
- makenaresortmaui.com

马凯纳 / 公寓酒店
毛伊马凯纳冲浪酒店
Maui Makena Surf

舒适的公寓酒店　备受回头客推崇

毛伊马凯纳冲浪酒店所有客房均为海景房，内部空间宽敞，入住酒店犹如回家一般温馨舒适。客房配有整体厨房，游客可以根据入住人数选择适当的客房。

MAP p.227-C
- ✉ 3750 Wailea Gateway Place Suite A102
- ☎ 891-6200　FAX 874-3554　室 107间　■最少住宿3晚
- $ $439~　交 从卡胡卢伊机场乘车大约35分钟

基黑 / 公寓酒店
毛伊雅诗顿山间酒店
Aston Maui Hill

装饰优雅大气

毛伊雅诗顿山间酒店地处山丘，是一座4层高的别墅建筑。酒店客房装饰优雅，可以透过私人阳台欣赏大海和花园美景。其中，3人间最受游客欢迎。

MAP p.227-B
- ✉ 2881 S. Kihei Rd.　☎ 879-6321　FAX 879-8945
- 室 140间　■最少住宿1晚
- $ $325~695
- 交 从卡胡卢伊机场乘车大约30分钟
- HP www.astonhotels.com

拉海纳 / 公寓酒店
拉海纳海滨酒店
Lahaina Shores

拉海纳唯一一座临海而建的酒店

拉海纳海滨酒店位于美丽的海滨上，距离市中心比较近，步行只需几分钟。高端的酒店服务品质可以和知名酒店相媲美，客房设有整体厨房和私人阳台。

MAP p.219-C
- ✉ 475 Front St.,Lahaina
- ☎ 661-4835　FAX 661-4696
- 室 199间　■最少住宿1晚
- $ $225~385
- 交 从卡胡卢伊机场乘车大约35分钟

拉海纳 / 公寓酒店
奥瑞格拉海纳阿伊那那卢公寓酒店
Aina Nalu Lahaina by Outrigger

地处市中心　交通方便快捷

奥瑞格拉海纳阿伊那那卢公寓酒店秉承与自然和谐共处的理念，四周环绕热带植物，户外天然石和树木搭配和谐，游客可以在闲适的气氛中度过愉快的假日。酒店所有客房都设有整体厨房设施和迷你厨房设备，还设有泳池和展览馆，保证入住游客拥有高品质的休闲时光。

MAP p.218-B
- ✉ 660 Wainee St.,Lahaina　☎ 667-9766　FAX 661-3733
- 室 188间　■最少住宿2晚
- $ $305~409　交 从卡胡卢伊机场乘车大约50分钟
- HP outrigger.com

卡阿那帕利 / 酒店
拉海纳皇家度假酒店
Royal Lahaina Resort

卡阿那帕利最古老的酒店之一

卡阿那帕利皇家度假酒店充满着浓郁的波利尼西亚风情，温馨的入住服务备受回头客青睐。这座传统酒店距离市中心较远，漫步海滩时，颇有几分私人海滩的感觉。简单传统的夏威夷烤乳猪宴独具魅力，游客可以前来体验。

MAP p.224-B
- ✉ 2780 Kekaa Dr.
- ☎ 661-3611　FAX 661-6150
- 室 450间　$ $189~
- 交 从卡胡卢伊机场乘车大约45分钟
- HP www.hawaiihotels.com

卡阿那帕利　　　酒店

毛伊凯悦丽晶度假中心&水疗会所
Hyatt Regency Maui Resort & Spa

丰富的休闲活动和舒适的水疗保养最为人称道

MAP **p.224-C**

✉ 200 Nohea Kai Dr. ☎ 661-1234 📠 667-4498
🛏 806间 💲 279~
🚗 从卡胡卢伊机场乘车大约50分钟
🌐 www.maui.hyatt.com

2012年12月，毛伊凯悦丽晶度假中心&水疗会所完成翻新重建，新开设了日式西餐厅。卡阿那帕利当地酒店数量众多，凯悦丽晶却因其丰富多彩的休闲活动而备受瞩目，颇为人称道。度假中心设施齐全，每晚都会举办夏威夷传统烤乳猪宴等大型休闲活动；泳池可以水上滑行，有为儿童专门设置的迷你沙滩泳池等。另外，度假中心还设有海景房型的水疗会所、餐厅、活动室、健身馆，豪华舒适，游客可以前去入住体验。

| 卡阿那帕利 | 酒店 |

毛伊喜来登度假中心&水疗会所
Sheraton Maui Resort & Spa

享受假日休憩时光
　　毛伊喜来登度假中心&水疗会所客房宽敞，餐厅美食种类多样，还有美丽的私人泳池。酒店临近海滩，附近是浮潜等海边休闲运动的人气区域，游客可以尝试挑战。另外，近年来酒店恢复了喜来登最著名的点火仪式，游客能够亲身感受最真实的隆重气氛。

MAP p.224-B
- 2605 Kaanapali Pkwy., Lahaina
- ☎661-0031　FAX661-0458　室508间
- $579~5000
- 从卡胡卢伊机场乘车大约50分钟
- sheraton-maui.com

| 卡阿那帕利 | 公寓酒店 |

雅诗顿捕鲸村卡阿那帕利海滩酒店
Aston at The Whaler on Kaanapali Beach

临近捕鲸村博物馆
　　雅诗顿捕鲸村卡阿那帕利海滩酒店是高级住宅区，拥有2座大型白色住宅建筑。所有客房都配有厨房设施，透过海景房窗户能够欣赏到美丽的毛伊海风光。酒店位于卡皮欧拉尼市中心，紧邻捕鲸村博物馆，购物方便。酒店设有泳池和网球场，游客可以在入住期间享受海边休闲运动。

MAP p.224-B
- 2481 Kaanapali Pkwy., Lahaina
- ☎661-6000　FAX661-8315　室360间　■最少住宿2晚
- $359~1290
- 从卡斯顿酒店乘车大约45分钟
- aston hotels.com

| 卡阿那帕利 | 酒店 |

卡阿那帕利海滩酒店
Kaanapali Beach Hotel

酒店充满夏威夷风情

　　卡阿那帕利海滩酒店距离捕鲸村博物馆非常近，温馨的礼宾服务为酒店增加增色。酒店每天都会在户外庭院中举办免费的休闲活动，主题内容基本都是围绕夏威夷文化。

MAP p.224-B
- 2525 Kaanapali Pkwy.　☎661-0011　FAX667-5978
- 室432间　$172~　从卡胡卢伊机场乘车大约45分钟
- www.kbhmaui.com

| 卡阿那帕利 | 酒店 |

毛伊威斯汀度假中心&水疗会所
The Westin Maui Resort & Spa

尽享私人泳池

　　毛伊威斯汀度假中心&水疗会所私人泳池入选夏威夷酒店泳池排行榜前五。客房布置豪华，设有甜蜜大床房和高端淋浴设备。

MAP p.224-C
- 2365 Kaanapali Pkwy.　☎667-2525　FAX661-5764
- 室759间　$559~3500　从卡胡卢伊机场乘车大约50分钟
- westinmaui.com

离岛　毛伊岛

酒店设施标志
餐厅　泳池　酒吧&健身馆　Kp 儿童游乐项目　Hp 酒店客服
TV 电视　冰箱　保险柜　幼儿设施　游客咨询服务处

| 卡阿那帕利 | 公寓酒店 |

卡阿那帕利阿伊利公寓酒店
Kaanapali Alii

只有入住才能感受到酒店专属的奢华

卡阿那帕利阿伊利公寓酒店地处海滩中心，高品质的酒店服务可以和周围的高级酒店相媲美。酒店客房装饰充满东方风韵，配有洗衣烘干机等设施。

MAP p.224-C

✉ 50 Nohea Kai Dr. ☎667-1400 FAX661-5686
室264间 ■最少住宿2晚
$ $495~975
交 从卡胡卢伊机场乘车大约50分钟

| 卡阿那帕利 | 公寓酒店 |

雅诗顿帕帕凯亚度假酒店
Aston at Papakea Resort

占地广阔 在户外散步令人心情愉悦

雅诗顿帕帕凯亚度假酒店的客房设计使用亮丽的热带色彩，价格合理。客房面向大海，令人有一种得到释放的感觉。酒店广阔的庭院中设有水池和高尔夫洞穴草地。

MAP p.224-B

✉ 3543 Lower Honoapiilani Rd. ☎669-4848 FAX667-3725 室364间 $ $305~983
交 从卡胡卢伊机场乘车大约50分钟
HP www.astonhotels.com

| 那皮利 | 公寓酒店 |

那皮利景观酒店
Napili Point

2层建筑 客房均为海景房

那皮利景观酒店所有客房均为海景房，设计装修呈热带豪华格调，并配有整体厨房设施。

MAP p.224-A

✉ 5295 Honoapiilani Hwy.
☎669-9222 FAX669-7984 室114间 ■最少住宿2晚
$ $238~500
交 从卡胡卢伊机场乘车大约50分钟
HP www.napili.com

| 卡阿那帕利 | 公寓酒店 |

雅诗顿卡阿那帕利海滩酒店
Aston Kaanapali Shores

儿童游乐项目众多

雅诗顿卡阿那帕利海滩酒店位于当地北部，是一座大型公寓酒店建筑。游客可以根据个人喜好选择入住房型。另外，比较难得的是公寓酒店内设有众多儿童游乐项目。

MAP p.224-B

✉ 3445 Lower Honoapiilani Rd. ☎667-2211 FAX661-0836 室463间 ■最少住宿1晚 $ $305~1307
交 从卡胡卢伊机场乘车大约50分钟
HP www.astonhotels.com

| 卡哈那 | 公寓酒店 |

卡哈那海滨酒店
Sands Of Kahana

设有迷你沙坑 适合带领儿童入住

卡哈那海滨酒店位于海滩附近，环境质朴。酒店设有泳池、简易快餐店、儿童泳池和沙坑，适合年轻家庭入住体验。

MAP p.224-A

✉ 4299 L.Honoapiilani Hwy.
☎669-0423 FAX669-8409
室194间 ■最少住宿4晚
$ $150~495
交 从卡胡卢伊机场乘车大约50分钟

| 那皮利 | 公寓酒店 |

毛伊那皮利奥瑞格海滨酒店
Napili Shores Maui by Outrigger

可遥望拉奈岛和莫洛基尼岛

毛伊那皮利奥瑞格海滨酒店设有烧烤区和野餐区，距离卡帕卢阿高尔夫球场很近。

MAP p.224-A

✉ 5315 Lower Honoapiilani Rd.,Lahaina ☎669-8061/
FAX669-5407 室152间 ■最少住宿1晚 $ $315~379
交 从卡胡卢伊机场乘车大约50分钟
HP outrigger

卡哈那夕阳酒店
卡哈那 / 公寓酒店
Kahana Sunset

在舒适的空间中度过悠闲的时光

卡哈那夕阳酒店是一座低层建筑，分为A~F住宿区，绿色植被环绕整个酒店的外围空间，氛围娴静。酒店客房有大床房和复式结构房2种房型，每种都设有宽敞的阳台，其中A住宿区和F住宿区的客房是海景房，深受入住者欢迎。

MAP p.224-A
- 4909 L.Honoapiilani Hwy.
- ☎669-8700 FAX669-4466
- 室 79间　最少住宿3晚
- $ $170~410　从西卡帕卢阿机场乘车大约10分钟
- HP www.kahanasunset.com

卡帕卢阿丽思卡尔顿酒店
卡帕卢阿 / 酒店
The Ritz-Carlton Kapalua

**高端的住宿品质
让人忘却时间的流逝**

卡帕卢阿丽思卡尔顿酒店的美景令人震撼，碧海蓝天，绿草葱葱，泳池环绕，风景如画。客房内弥漫着夏威夷薰衣草香味，酒店厨房还会为入住者提供可口的甜点。健身馆内可以欣赏大海美景，各种休闲活动设施完善，服务品质细致入微。总之，卡帕卢阿丽思卡尔顿酒店是一家无可挑剔的完美度假酒店，推荐游客入住体验贵宾级的服务。

MAP p.224-A
- One Ritz-Carlton Dr.,Kapalua ☎669-6200 FAX669-1566　室 463间　$ $499~10509　从卡胡卢伊机场乘车大约45分钟
- HP www.ritzcarlton.com

离岛

239

毛伊岛

哈纳特拉瓦萨酒店
哈纳 / 酒店
TRAVAASA HANA

农庄别墅中享受美好的假日时光

在天堂之地哈纳境内，特拉瓦萨酒店是一家高级度假中心。酒店占地宽广，设有农庄别墅型客房，室内宽敞，空间布置自然质朴，入住其中可以深深地体验到夏威夷旅游的真正魅力。酒店餐厅主打晚餐，每日菜品都会发生变化，适合长期入住。

MAP p.205-H
- 5031 Hana Hwy.Hana
- ☎248-8211 FAX248-7202
- 室 70间
- $ $450~1000
- 从卡胡卢伊机场乘车大约2小时

酒店设施标志　餐厅　泳池　酒吧&健身馆　Kp儿童游乐项目　Hp酒店客服　TV电视　冰箱　保险柜　幼儿设施　游客咨询服务处

旅行小贴士

感受古代人类的图形文化

南太平洋一带经常可以发现雕刻在黑色的火山熔岩上的古老史前岩画。夏威夷群岛中,夏威夷岛上的岩画最为常见,雕刻的内容有海龟、船只、手握长枪的战士等,主题大都是讲述充满夏威夷风情的生活和历史。其中有一种类似国际跳棋的游戏,黑石和白石相间,变幻莫测。茂纳拉尼海湾酒店、瓦伊克洛亚度假中心、科纳旅舍等区域是考察夏威夷历史的重要场所,游客可以在这里感受古代人类的信息文化。

在科纳旅舍附近可以看到很多雕刻着史前岩画的黑色熔岩群

行程表

以科纳机场为始发点	
前往南科哈拉	21英里(34km)
前往凯卢亚科纳	6英里(10km)

以希洛机场为始发点	
前往火山地带(基拉韦厄火山)	29英里(46km)
前往怀梅阿	54英里(86km)
前往威庇欧山谷	50英里(80km)
前往凯卢亚科纳(途径11号线公路)	123英里(197km)

以凯卢亚科纳为始发点	
前往南科哈拉	35英里(56km)
前往怀梅阿(途经190号线公路)	39英里(62km)
前往希洛机场(途经19号线公路)	98英里(157km)
前往火山地带(基拉韦厄火山)	95英里(152km)

夏威夷岛 旅行信息
Hawaii Is.

◆ **基本信息**

人口：大约18万9200人（2012年）

地形：夏威夷群岛中最大的岛屿，茂纳凯亚山和茂纳罗亚山峰耸立在岛屿中央，海拔均为4000米。岛屿东侧的基拉韦厄火山至今仍保持活动，会不时喷火。当地群山威严耸立，大自然风景伟岸雄奇。

面积：14 730平方千米。比其他5个主要岛屿的总面积还要广阔。

气候：岛上主要的度假中心和酒店位于海岸地带，平均气温冬季23.9℃，夏季25℃。海拔高处气温会有所降低。冬季来临后茂纳凯亚山和茂纳罗亚山山顶积雪覆盖。

州府：希洛

昵称：大岛

◆ **夏威夷岛的乐趣**

如果游客时间充裕，可以选择自驾环岛屿观光。和其他岛屿相比，在夏威夷岛各景点观光几乎均为远距离驾驶。所以在租车出发之前一定要进行反复练习以准备妥当，出行计划一定要切合实际路面状况。观赏基拉韦厄活火山景观；前往茂纳凯亚山顶参加团体游观赏天象，或者滑雪（这里是夏威夷州唯一可以滑雪的场所）；科纳海湾附近拥有一片深蓝色的大海，游客可以挑战垂钓大型海生物，等等。总之，只有来到夏威夷岛才能收获许多与众不同的旅游经历。

◆ **岛内交通**

当地的巴士以凯卢亚科纳为中心绕城循环，相比之下还是租车自驾游方便快捷。科纳机场、希洛机场和主要的旅游度假中心都设有租车公司的定点服务站，游客可以咨询具体的租车事宜。

◆ **机场**

夏威夷岛设有2个机场，其中，科纳主机场位于岛屿西海岸，每天都有夏威夷航空等航线运行；希洛机场位于岛屿东侧，是夏威夷岛的入境必经之地，从火奴鲁鲁到希洛机场大约需要50分钟。

◆ **旅游小贴士**

制订旅行计划时，如果事先能够认真计划观光日程、观光目的地和休闲活动，然后再选择入住酒店会收获一次高效快捷的海外度假之旅。夏威夷岛中央东西2座山脉境内气象景观截然不同。东侧靠近洛滨，多雨湿润，自然资源丰富，森林密布，瀑布雄美，还有很多鲜艳的热带花卉等。希洛是前往火山群的入口处，距离基拉韦厄火山大约48千米。从希洛出发开启一次真正的生态观光游是不错的选择。然而，西侧晴天天数较多，气候清爽明亮，美丽的风光令人沉浸在快乐的海边休闲运动中。西侧地区设施完善，适宜进行户外休闲活动。凯卢亚科纳地区拥有美味的餐厅、时尚的现代购物商厦和悠久的历史景观。南科哈拉海岸汇聚了众多夏威夷群岛高级度假中心和酒店，游客可以入住当地的高级海滨酒店，体验惬意悠闲的假日生活。

01 MAP p.240-D、p.257-C

凯阿拉凯库亚海湾
Kealakekua Bay

凯阿拉凯库亚海湾是夏威夷一流的浮潜胜地，同时也是夏威夷岛发现者库克船长的晚年安度之地。海湾入口处有希基阿乌（Hikiau）神庙。

02 MAP p.257-C

科纳皇家游客服务中心博物馆&科纳咖啡研磨工坊
Royal Kona Visitor Center Museum & Coffee Mill

凯卢亚科纳是美国代表性科纳咖啡的原产地，茂纳罗亚咖啡工坊位于凯阿拉凯库亚海湾附近，设有内部资料室和直营商店。

03 MAP p.240-D、p.257-C

普乌霍努阿·欧·霍纳乌纳国家历史公园
Pu'uhonua O Honaunau National Historical Park

普乌霍努阿·欧·霍纳乌纳国家历史公园曾经是一座神殿，被古代夏威夷人奉为圣地，经过复原改建为历史公园。历史上人们经常来此祷告祈福、忏悔罪行，因此这里也被尊称为"断煞寺"，用于治愈心灵。

☎ 328-2326，7:00~19:00（游客中心为8:30~16:30），$3、包车入园每辆车$5

04 MAP p.240-A

卡美哈美哈国王雕像
King Kamehameha Statue

提起卡美哈美哈国王雕像，或许是火奴鲁鲁境内的一处雕像比较知名。但是真正的原版雕像位于夏威夷岛的北部小镇，当地是卡美哈美哈大王的出生地。6月11日被命名为"卡美哈美哈大王日"，当天人们会用五彩的花环装饰雕像。

07 MAP p.240-B

瓦伊皮欧溪谷景区眺望台
Waipio Valley Lookout

瓦伊皮欧眺望台位于大岛北部，历史上瓦伊皮欧曾经是夏威夷王朝的乐园，神圣无比。从1000年以前这里开始有人居住，埋葬了许多伟大的部落首领，因此传说这里有神灵守护山谷中居住的人类。山谷中雄伟壮丽的瀑布是您不可错过的美景，下山时可以乘坐越野车或者马车。详情参考p.249。从眺望台可以欣赏到山谷的部分景观。

05 MAP p.240-B

帕克农场
Parker Ranch

帕克农场占地总面积约为900平方千米，横跨茂纳凯亚山麓地带，是世界上最大规模的私人农场。

08 MAP p.240-E

茂纳凯亚山
Mauna Kea

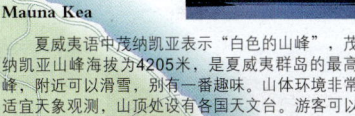

夏威夷语中茂纳凯亚表示"白色的山峰"，茂纳凯亚山山峰海拔为4205米，是夏威夷群岛的最高峰，附近可以滑雪，别有一番趣味。山体环境非常适宜天象观测，山顶处设有各国天文台。游客可以参加山顶团体游进行登顶观光。详情参考p.248。

09 MAP p.241-F

茂纳罗亚夏威夷坚果种植工坊
Mauna Loa Macadamia Nut Factory

希洛郊外盛行栽培夏威夷坚果，从希洛到火山群沿途有许多夏威夷坚果种植工坊。从栽培到成品都可以一体观光。
☎966-8618、8:30～17:00

06 MAP p.240-G

大岛南岬
South Point

大岛南岬卡拉埃海角位于美国最南端，拥有一片深蓝色的大海，海水清澈，能够清晰地看见水下10米深处的鱼群，波光碧影，风光旖旎。沿着卡奋拉尼海湾沿线能够抵达绿色海滩。

10 DATA 参照 p.246

基拉韦厄火山
Kilauea Crater

11 MAP p.240-H

普那卢乌黑色海滩
Punaluu Black Sand Beach

熔岩流被海水打湿滑落后流入大海迅速降温凝结，继而形成块状的黑色海滩。卡拉帕那黑色海滩消失后现存的只有普那卢乌黑色海滩。

夏威夷岛的交通

科纳国际机场的交通工具

团体游负责接送游客,自助游的游客抵达科纳机场后,可以选择租车、出租车和环城巴士等交通工具。

离开机场后前往出租车乘车区

抵达科纳机场后先领取个人行李,之后在机场内步行到达出租车乘车区。游客需要事先计划好是直接在乘车区乘车还是选择给出租车公司打电话预约叫车。普通出租车大都是箱型小汽车,可以乘坐6~7人。C&C出租车公司的预约电话热线:329-6388。

出租车　　　　　　　　　　　Taxi

收费标准

凯卢亚科纳	$30
科纳海崖皇家奥瑞格酒店	$37
凯亚乌霍乌度假中心	$51
科纳旅舍	$34
瓦伊克洛亚希尔顿度假酒店	$65
茂纳拉尼酒店	$75
帕普纳王子酒店	$89

*出租车费用比较便宜,小费大约是出租车费用的10%~15%,如果有大件行李的话也会收取相应的小费。具体参考p.354~355。

租车自驾游出行最为高效快捷

租车　　　　　　　　　　　Rent a Car

租车服务站点位于道路的一侧,靠近夏威夷航空公司的大门。游客可以首先查找事先预约好的租车公司的站点。建筑物内侧是停车场,租车手续办理妥当后从这里开车。

收费标准

不同租车公司收费标准不同

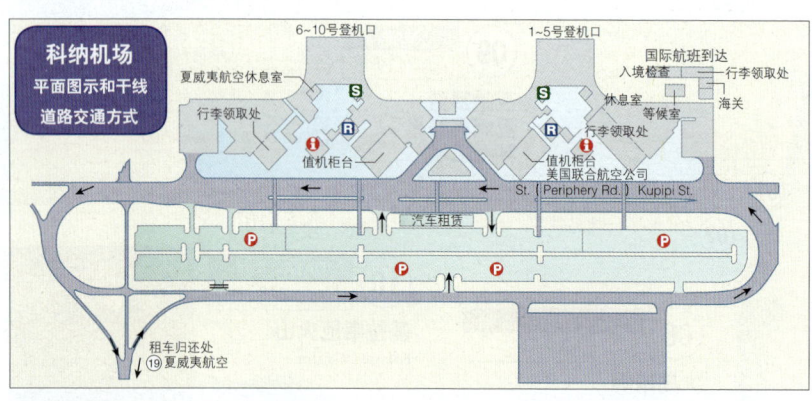

科纳机场 平面图示和干线道路交通方式

其他机场

大多数乘客会乘坐国际航线抵达凯卢亚科纳机场,但是位于夏威夷岛东侧的入境门户希洛机场也会迎来众多游客。希洛机场主要负责火奴鲁鲁飞来的夏威夷境内航线。希洛是夏威夷州仅次于火奴鲁鲁的第二大城市。抵达希洛机场后十分方便参观基拉韦厄火山等火山群景点。当开始计划个人出行目的地时,不妨参考住宿酒店到希洛机场的位置距离。希洛机场设有出租车泊车点和租车服务,抵达机场后可以直接预约租车服务,租车在国内预约比较便宜。具体参考p.348。

岛内出行交通工具

在夏威夷岛出行除了可以乘坐出租车或租车自驾外，还可以乘坐往返于住宿酒店和机场间的快速公交。游客可以提前在网上预约。

巴士　　　　　　　　　　　　　　　Bus

夏威夷岛巴士始发站位于希洛，环岛运行，每日发车总计16次。各个路线运行车次比较少，游客最好事先登录网站确认。登录网站浏览器后可以将语言设定为英语，方便游客自行确认具体的出游车次。

收费
$1

国王号购物环城巴士　　　　　　　Shuttle

国王号购物环城巴士途经瓦伊克洛亚海滩度假中心的购物商厦、国王商厦、瓦伊克亚希尔顿假酒店、瓦伊克洛亚万豪度假中心&水疗会所、国王市场。单程每人两美元，每隔10~15分钟间隔发车运行。

收费
单程 $2
儿童（5~12岁）$1

国王号购物环城巴士外景

租车　　　　　　　　　　　　Rent a Car

夏威夷岛最方便的出行方式是租车自驾。不同于瓦胡岛和火奴鲁鲁，夏威夷岛的路面交通状况较好，而且高速公路设施完善，驾车感舒适自在。夏威夷岛面积广阔，出行动辄都是远距离，有时容易对车速感觉麻木；加之周围景色俊美，容易导致驾驶注意力不集中。因此在行程中需要格外注意路面限速要求，集中精力，小心驾驶。另外，在凯卢亚科纳和希洛、怀梅阿等城市以外的地区交通信号灯比较少，尤其要注意十字路口。最后，需要提醒游客注意汽油剩余量。夏威夷岛的行车距离较远，如果途中汽车没油后果非常严重。当地的加油站大都设立在城市街区，而且不是所有的街道都有加油站，加油站也不是24小时营业。油量减半后最好注意加满，保持油量充足再上路。

收费标准
具体收费视车型而定

注意！保险公司不投保的路线&禁止驶入的路线
夏威夷岛有两条路线是每个保险公司都不投保的，而且禁止驶入的。一条是200号山地车行驶路线，禁止车辆驶入，从瓦伊克洛亚海滩度假中心途经茂纳凯亚山麓，连接希洛。另一条是从11号公路前往大岛南岬的线路中，许多路面铺设尚未完成，如有意外发生保险公司不予受理。

出租车　　　　　　　　　　　　　Taxi

如果不愿意租车的游客或者对于居住在凯卢亚科纳郊外的游客，乘坐出租车比较方便。当地出租车运行和国内不同，街上很少出现出租车的身影，基本都是从酒店乘车出行。

收费价目

从凯卢亚科纳前往科哈拉海岸	$40~99
前往怀梅阿	$124
从希洛前往基拉韦厄火山	$85
前往威皮欧山谷	$156

＊单程费用比较便宜。

离岛　夏威夷岛

基拉韦厄火山至今仍保持频繁的活动,火山口烟雾不断散发,喷出的岩浆滑落至大海。当然,游客可以近距离欣赏这座活火山的活动状况。让我们乘坐直升飞机,一起探索地球上神秘的景观吧。

尽情畅游夏威夷岛

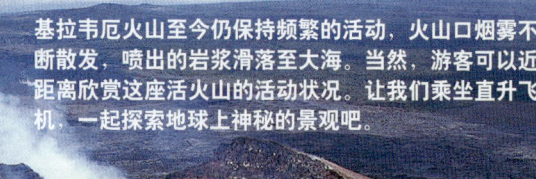

01 如果想要直接欣赏火山口,游客可以参加直升飞机团体游

ACTIVITY MENU 1

真实体验火山女神佩蕾的风采

领略基拉韦厄火山的风采

01 直升飞机团体游

夏威夷岛被称为"火山之巅",传说这里的基拉韦厄活火山是夏威夷土著的图腾神——佩蕾火山女神的居住地,火山活动至今频繁不断。

选择直升飞机团体游可以更加真实地体验到火山的魅力。当地很多旅行公司都开设有基拉韦厄火山直升飞机体验之旅。现场能否真正看到熔岩喷发的瞬间景观取决于观景时机。由于直升飞机飞行深受气候、火山活动等不稳定因素的影响,游客一定要提前确认当日的飞行情况。

从科纳到基拉韦厄火山之间绿地广阔,临近基拉韦厄火山的地带,开始显现出熔岩台地,不断喷发黑色光线和奇怪的烟雾。近年形成的哈雷茂茂火山口上空,直升飞机还没有靠近便感觉到有热气环绕机身。看着不断涌现的熔岩景观,人们不禁对大自然充满敬畏,同时也被生命的能量所震撼,仅用"感动"一词远远无法表述现场景观带来的强烈冲击感。

乘坐直升飞机,可以欣赏到赤红色的熔岩向外涌流的景象

传说佩蕾火山女神所居住的基拉韦厄活火山

阳光直升飞机火山之旅
☎882-1223 / 从科纳出发前往基拉韦厄火山、瀑布、山谷进行一趟奢华之旅。105分钟$360~635,酒店负责接送。

游猎直升飞机火山之旅
☎969-1259

蓝色夏威夷直升飞机火山之旅
☎640-0299、883-0880(8:00~19:00)

神秘的瑟斯顿熔岩隧道

火山之家酒店外观，山间小屋风格

基拉韦厄火山游客服务中心

火山口之路（Chain of Craters Road）的道路上覆盖着熔岩流

02

温馨提示

亦真亦假
游客带回熔岩会引发不幸？

来到夏威夷火山国家公园，很多游客被壮美的熔岩景观所深深震撼，想要带走几片熔岩留作纪念。但是相传熔岩中含有佩蕾火山神的怒气。当地人认为游客带走熔岩会招致不幸。而现实中基拉韦厄火山游客服务中心每天都会接收到来自世界各地归还的熔岩块。据说还有来自毛伊岛某个知名度假中心的信和归还的火山石，信中写道："家族中先后有5名成员离世，还是把火山石归还原处吧。"当然传言亦真亦假，游客可以自行选择是否相信。不过欣赏自然美景还是保持原有的状态最为妥当。

02 开车自驾游

沿19号线公路从科哈拉海岸出发大约1小时50分钟后抵达希洛城镇。游客最好在此加油、购买食品和饮料，因为前方距离基拉韦厄夏威夷国家公园还有40分钟左右的车程，途中几乎没有任何商店。雨天或者多雾日道路封锁、公园不对外开放。游客可以收听广播530确认火山国家公园的信息。

基拉韦厄火山一带设立有夏威夷火山国家公园。抵达公园后每辆车收费10美元，可以免费获得最新的火山信息和解说地图。公园和基拉韦厄火山口周边连接，游客可以欣赏火山口四周景观。如果时间充裕，还可以驾车前往火山口之路。步行至熔岩上方能看到环山漫游场地和象鼻海崖（注入大海的熔岩累积后历经海浪冲刷日益形成象鼻形状的海崖）。

沿途景观SPOT

世界冒险植物园
Botanical World Adventures

世界冒险植物园氛围闲适，牛群自由自在。三层叠加的瀑布飞奔而下甚是壮观。入园费捐献用于自然保护，园内提供果汁、香蕉和地图，可以乘车前往。

MAP p.240-B
☎ 963-5427 | 🕘 9:00~17:30 | 休 无 | 入园费$15，（儿童5~12岁$3、13~17岁$7）/ 租借语音导览器材1周内有效

离岛

247

夏威夷岛

自驾游注意事项 从科哈拉海岸出发自驾基本途经19号线公路。200号公路连接瓦伊克洛亚和希洛，是前往基拉韦厄火山的捷径之一，但是途中常有浓雾伴随，视线会受到影响，自驾车如果发生意外保险公司不予受理。另外，从希洛到火山口之路途经的130号公路附近会有熔岩流喷发降落，注意此处禁止车辆通行。

 科哈拉海岸 — 19号线 29km／30分 — 怀梅阿 — 19号线 78km／1小时20分 — 希洛 — 11号线 45km／40分 — 基拉韦厄火山

248

游客可以在奥尼兹卡服务中心稍作休憩,使身体逐渐适应海拔高度

ACTIVITY MENU 2
奔向距离地球最近的山峰
茂纳凯亚山顶天文台观测星空

途中火山口随处可见

　　茂纳凯亚山顶聚集了来自世界各地的天文站台,前往山顶观测天象的观光团深受欢迎。茂纳凯亚山峰海拔4205米,天文台聚集地位于海拔4200米的站点,因此游客在登顶过程中要注意休息,使身体逐渐适应海拔高度。此时最重要的是不要忘记水分补给,另外最好不要在行驶的车中睡觉。

　　山顶附近云海绵延,天边的落日下中美景难以用语言描述。每天的景致都不尽相同,游客最好自己前去感知。夕阳西下后来到海拔3600米的场所中观测星空,满天繁星闪烁,肉眼望去,天际间仿佛搭建了一座桥梁,美景如梦。
http://www.subarutelescope.org/j_index.html

茂纳凯亚山顶　夕阳和星空观光团 ☎937-5555(当地热线)／8-9小时／$170(含午餐、饮料、防寒夹克外套、帽子、手套、滑雪裤)／年满12岁以上可参加,需穿着长袖上衣和长裤。以下人群不可以登顶前往:患有高血压、心脏病或者呼吸道疾病的患者、妊娠期妇女、24小时以内经历过海底潜水的游客、乘坐飞机当日抵达的游客。／MAP p.240-E

01

只有向帕尼欧洛牛仔学习，才能体会到真正的夏威夷骑马乐趣

ACTIVITY MENU 3
畅游夏威夷岛
感知自然神力守护的大地

瓦伊皮欧山谷中的芋头田地，芋头自古以来是夏威夷居民的主食

02

一边聆听导游讲解瓦伊皮欧山谷，一边环游神圣的瓦伊皮欧山谷，绿色植被环绕四周

01 骑马驰骋

提到夏威夷岛，基本都会想到火山，其实当地还有深受欢迎的骑马休闲活动。这里拥有全美最广阔的帕卡私人牧场，帕尼欧洛牛仔仍然健在并经营着这里的一切。

在嗒哈纳餐厅结束午餐后参加骑马观光图，导游是帕尼欧洛牛仔的女儿丽莎，她曾在国际牛仔竞技表演大赛中荣获未成年组冠军。丽莎导游首先教大家基本的上马步骤和骑马要领，之后游客可以快速奔向牧场内。牧场内没有任何围栏，广阔无比。在牧场上骑马驰骋，仿佛来到大草原上美丽的家园。牧场高低起伏不平，对于初学者难免有些刺激。

嗒哈纳骑行 ☎883-9091、885-0057（直通）/1小时30分/$80/9:00~15:00（一日4次）/全年无休/需预约（当日预约即可）※观光团1日4次，9:00、11:00、13:00、15:00/MAP p.240-B http://dahanaranch.com / MAP p.240-B

02 包车团体游

瓦伊皮欧山谷因其神秘的自然美景而闻名海外。下山时山谷陡峭，游客可以选择乘坐越野车或者马车。然后在集中场所乘坐循环巴士直下山谷来到瓦伊皮欧谷底。旅行途中经过导游的仔细讲解，游客会深深信服当地确实有夏威夷超自然的神力守护。

瓦伊皮欧循环巴士 ☎775-7121/1小时30分（9:00、11:00、13:00、15:00观光团1日4次）/$5.29、儿童（3~11岁）$28.65、老年人（61岁以上）$52.08、2岁以下儿童免费/星期日休息/需预约
http://waipiovalleyshuttle.com

身着泳装一刻就能够体验到海边乐趣

乘坐双体游轮享受惬意的海湾旅行

ACTIVITY MENU

4 纵情享受海边休闲的乐趣

海水超级透明

01 浮潜观光游

凯阿拉凯库亚海湾的海水透明度傲居夏威夷岛第一,被评选为海洋生态保护区。因此,除了指定的观光团,其他社会团体不得随意在海湾停靠。当地晴天率高,儿童可以一起前往海湾享受快乐的家庭之旅。早晨发的团包含简易早餐和午餐,从栈桥出发乘坐游轮大约50分钟抵达海岸。

轮渡中心 ☎322-2788／早晨冒险观光团(4小时30分)、$129,午后舒适体验团(3小时30分)、$75(具体日期需要提前确认) ＊不包含游客接送,不含税费／MAP p.257-A

02 抛网捕鱼

海上抛网捕鱼颇有几分竞技运动的感觉

海边休闲活动源于凯卢亚科纳地区,这里每年都会举办夏威夷国际旗鱼比赛,享誉海外。当地通过改造海底地形,创造了良好的环境从而适宜大型洄游鱼聚居。游客如果想要挑战运动捕鱼,推荐您前往名为"海洋之妻"的(Seawife)2号三角洲船,它目前是科纳海湾设施最完善的船只。

海洋之妻游轮 ☎329-1806／团体每人$109、游客6名,半日体验价$550、税费需额外支付

03 海边体育运动

除了每个月的月圆时日,其余时间游游底时的和鲼科海鱼的相遇概率为99%

夏威夷岛海湾附近很少有美丽的白沙,大都是混杂岩石场的海滩。科纳南岬海湾的神奇沙滩附近的海域适合帆船运动,科哈拉阿那艾霍欧玛卢海滩和希洛的勒勒伊威海滩公园等地是当地冲浪运动的最佳区域。另外,夏威夷岛海底地形形态多样,因此很多个海岛周边的海域都是海底潜水的绝好环境。夏威夷岛夜晚海底潜水游深受大众欢迎,深夜畅游海底奇妙世界,能够与珍贵的鲼科海水鱼相遇。

布里兹夏威夷 夏威夷岛分店 ☎326-4085

ACTIVITY MENU 5

欣赏美丽的大海和雄伟的山峰
充分领略美丽的自然风光

01 魅力无穷的自然风景观光游

夏威夷岛纯天然的自然风景未经人工开发，充满无穷魅力。当地人坚信丛林中有神灵居住，最神奇的莫过于有些景点可以治愈身心。为了感知夏威夷岛真正的自然风情，游客可以参加团体观光游。1日观光团带领游客参观大岛南岬、基拉韦厄火山公园、阿卡卡瀑布、瓦伊皮欧山谷等岛内自然景观和其他特色旅游景点，高效快捷而又不失乐趣。游客可以全方位感知自然的魅力；例如，基拉韦厄火山至今仍保持火山活动；大岛南岬拥有一片广阔无垠的深蓝色大海；阿卡卡瀑布丛林密集，负离子充沛；相传瓦伊皮欧山谷中寄宿着超自然神灵等，这些景点会聚了风、土、水、太阳等自然力量的集体作用，每一处都生机勃勃，神秘无限。

阿卡卡瀑布四周是榕树丛林，自然资源丰富多彩

02 邂逅海豚观光游

夏威夷岛最受欢迎的观光项目是邂逅海豚观光游，游客可以和海豚嬉戏玩耍。每次组团最多容纳14名游客，乘坐游轮从霍诺克哈乌海港出发。游客不仅可以欣赏海豚，运气好的话还可以和海豚一起游泳。虽然和海豚相遇的概率非常高，但是要注意当地的海豚是未经驯服的野生动物，所以游泳时最好把头部潜入海底，以免遭到海豚袭击。

海水透明度超群，游客可以跃入其中享受海底浮潜的快乐

阿伊兰德观光团服务中心　☎329-2028／11小时　※包含午餐/每星期四发团（其余天数只要人数达到最低要求也可以发团）．参团人数最低4人／$165
http://www.hawaii-islanddreams.com

阿伊兰德观光团服务中心　☎329-2028／3小时　※包含游客接送和简易餐饮，成人$175、儿童（6～12岁）$140
http://www.hawaii-islanddreams.com

弗兰西斯H.伊伊布朗高尔夫球场横跨大海

ACTIVITY MENU 6
在广阔无垠的绿茵场上纵情挥杆
充满无限魅力的高尔夫球场

游客可以在高速公路乘车抵达夏威夷岛高尔夫度假胜地

迄今为止，夏威夷岛境内仍有活火山持续活动喷发，因此当地也被称为火山岛。正因为如此，和其他岛屿相比，夏威夷岛的高尔夫度假胜地别有一番趣味。特别是科哈拉高尔夫球场，四周环绕着漆黑的熔岩，绿地却广阔无垠，充满无限生机。岛内有很多知名球场，一定会令高尔夫爱好者欲罢不能。同时，希洛东侧区域绿色盎然，零星设有几处为数不多的球场。置身球场可以一边享受丛林自然之美，一边纵情挥杆，对于每位热爱高尔夫运动的人士来说，这样的球场都充满无限魅力。

夏威夷岛的高尔夫球场基本位于岛屿西侧的大型度假中心，集中在科纳、科哈拉海岸线附近。茂纳凯亚、茂纳拉尼和瓦伊克洛亚3个主要度假中心堪称高尔夫天堂，大约有90个球洞。预计今后当地还会开设更加正式的球场，夏威夷岛将成为高尔夫运动的新兴之地，届时一定备受瞩目。

值得推荐的高尔夫球场

哈普纳高尔夫球场 由安纳德•帕马设计，球场大部分位于陆地近山处，为18洞球场，有着战略性极强的6895码、标准杆72杆球道。
✉62-100 Kaunaoa Dr.,Kamuela / ☎880-3000 / 果岭费：$125（13:00~$75）/ MAP p.261-A

弗兰西斯H.伊伊布朗高尔夫球场 茂纳拉尼度假中心的大型高尔夫度假胜地。四周环绕熔岩、大海和树林，独具夏威夷岛风情。
✉68-1310 Mauna Lani Dr.,Ste.103, Kohala Coast / ☎885-6655 / F：885-9612 / 果岭费：$215，酒店入住客人$165，根据季节有所变化/ MAP p.261-B

茂纳凯亚高尔夫球场 美国杂志《高尔夫概要》评选其为全美排名100的顶级高尔夫球场，夏威夷州首个球场荣获此项殊荣。
✉62-100 Maunakea Beach Dr.Kamuela / ☎882-5400 / F：882-5410 / 果岭费：$255，酒店入住客人$250 / MAP p.261-A

科纳乡村高尔夫俱乐部 球场布局起伏连绵，游客可以享受极富挑战性的高尔夫运动。球场风景如画，微风拂面，环境让人舒心惬意。
✉78-7000 Alii Dr.,Kailua-Kona / ☎322-2595 / F：322-3361 / 果岭费：高山区$150（12:00~$102）/ MAP p.257-B

瓦伊克洛亚海滩高尔夫度假中心 度假中心设有国王场和海滨球场两种，不同的是，国王球场考验选手的球技，而海滨球场景观优美，独具大岛风情。每个球场内部设有3个水池和76个无草注地的球道障碍，搭配合理，可以有效提高球技。
✉Waikoloa Beach Resort 600 Waikoloa Beach Dr.,Waikoloa / ☎886-7888 / 果岭费：$180（7:00~9:30），酒店入住客人$140（7:00~11:30），$120（11:30~13:00），$110（13:00~14:00），$90（14:00~）/ MAP p.261-B

ACTIVITY MENU 7
漫步夏威夷岛咖啡产区
参观美国科纳咖啡的原产地

01 悠诗诗（UCC）咖啡直营工坊有最受消费者喜欢的100%科纳咖啡，每袋$22；还有圆豆咖啡和低咖啡因咖啡，独家销售

02 乡村咖啡总工坊销售100%的极品科纳咖啡

03 深度烘焙咖啡是格林威尔咖啡庄园的标志性产品，印有第4代庄园主姓名的包装产品只能在直营商店购买到，每袋$32.95

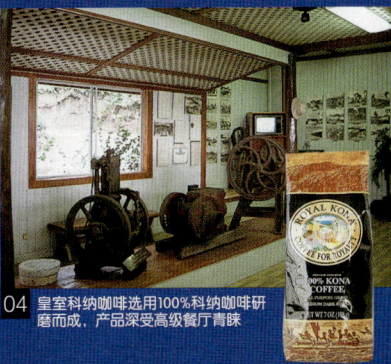

04 皇室科纳咖啡选用100%科纳咖啡研磨而成，产品深受高级餐厅青睐

离岛　253　夏威夷岛

01 悠诗诗夏威夷科纳咖啡农场直营店
UCC Hawaii Kona Coffee Estate

1992年，悠诗诗夏威夷科纳咖啡农场直营店被评选为夏威夷岛西部地区最优秀的咖啡农场。园内直营店只用于商品邮购。游客可以免费观光咖啡农场，但需要提前预约；烘烤咖啡豆体验团每人收费35美元，需要提前预约。

☎ 322-3789 / 9:00~16:30 / 无 / MAP p.257-A

02 乡村咖啡总工坊
Country Samurai Coffee Company

乡村咖啡总工坊历经3代人，采用无农药栽培技术，收获时节一律人工采摘咖啡豆。咖啡农场主坚持使用世代相传的有机肥料栽培方法。烘焙研磨的咖啡柔滑甘甜，堪称咖啡中的精品。

☎ 331-1444 / 11:00~17:00（星期日12:00）/ 星期一休息 / MAP p.256-A

03 格林威尔咖啡庄园
Green Well Farms

格林威尔咖啡庄园延续4代传承，占地面积多达75英亩（30公顷），广阔无比。庄园针对游客免费开放，在直营商店每天可以品尝10种不同种类的咖啡，除此之外商店还销售马克杯等原创商品，深受消费者欢迎。

☎ 323-9616 / 8:00~17:00（农场观光团8:30~16:00）/ 无 / MAP p.257-B　http://www.greenwellfarms.com

04 科纳皇家游客服务中心博物馆&科纳咖啡研磨工坊
Royal Kona Visitor Center Mill & Museum

皇室科纳咖啡拥有150余年的历史，游客服务中心附近设有博物馆，接受观光团体，是游客了解科纳咖啡的最佳场所。

☎ 328-2511 / 7:30~17:00 / 无 / MAP p.257-C

帕阿乌小镇是卡美哈美哈国王的诞生地，街道上竖立着一尊由意大利制造的国王雕像 01

ACTIVITY MENU
感受夏威夷地道的文化历史
感知古夏威夷民族的生活风貌

01 卡美哈美哈国王

卡美哈美哈在夏威夷语中表示"孤独的人"，国王因统一夏威夷群岛而闻名海外。卡美哈美哈的祖父名为阿拉帕伊，是夏威夷岛科哈拉地方的首领。相传国王诞生之夜，天空划过一道流星，预示着卡美哈美哈日后将成为这片土地上强大的国王，同时会杀死阿拉帕伊首领。因此在诞生前夕阿拉帕伊首领颁发处决命令，但是最终国王被偷偷地养育成长。1792年，卡美哈美哈34岁，成功打败了最大的敌人——夏威夷东南部的凯乌阿大王，从而得以占领夏威夷岛全部领土。1795年，卡美哈美哈在与努乌阿努·帕利的瓦胡岛战役中获胜，成为第一个统领夏威夷群岛的国王。

历史上，从科纳海岸到科哈拉海岸区域是王朝贵族的保养地，非常神圣。完成夏威夷群岛统一的使命后，卡美哈美哈国王下令修建普乌克霍拉神庙。现代度假中心大都在此区域建立，整日游客如织，十分繁华。例如，现在的科纳卡美哈美哈国王海滩酒店是国王晚年疗养的旧址。当地至今仍保留着许多历史遗迹，游客可以追思曾经王朝贵族的生活风貌，感受夏威夷的古文化历史。

▲ 墙壁绘画展现了历史上的生活景象

▲ 科纳卡美哈美哈国王海滩酒店1层陈列着许多贵重的历史资料

▲ 目前，1971年修建完成的普乌克霍拉神庙是夏威夷最大的历史古迹

伴随着迎接国王和王妃的仪式，祭祀典礼正式开始

凯卢亚烤乳猪使用传承自古的制作方法，十分美味

国王小径上雕刻着骑马岩画

02 烤乳猪宴

夏威夷语"卢阿（lua）"表示宴席、美味的大餐。烤乳猪宴上不仅有美味的菜肴还有精彩的演出，反映了夏威夷宴客的传统文化习俗。历史上卡美哈美哈一世曾经在宫殿和神庙中举办烤乳猪宴，现在科纳卡美哈美哈国王海滩酒店举办的烤乳猪宴仪式考究，无论是演出品质还是料理水准都堪称精华，令人仿佛穿越回古代夏威夷。

烤乳猪宴 ☎326-4969／星期日、星期二、星期四举办／17:00~20:00／$89.48、儿童（5~12岁）$44.71／需要预约
＊可以直接向酒店驻地办事处预约申请

相传哈雷茂茂火山口是佩蕾女神的居住地

当地有很多关于佩蕾女神的书

03 史前岩画

史前岩画是一种古代的熔岩雕刻艺术，在南太平洋区域比较常见，每个地方的创作风格都独具特色，彼此之间不受影响。夏威夷岛是夏威夷州群岛中岩画分布最多的区域。

岩画雕刻的缘由众说纷纭，很多人认为通过创作岩画可以和土地精灵阿库阿交流，祈福占卜。岩画的内容主要有海龟、原始小舟、舞蹈者等，主要讲述了古代夏威夷人类的生活情景。

现在的科哈拉海岸聚集了很多高级度假中心，但是史前岩画依然随处可见，特别是瓦伊克洛亚海滩度假中心的高尔夫球场内的国王小径、茂纳拉尼度假中心的普阿科等地，熔岩上的史前岩画依旧繁多，清晰可见。

奥阿纳现代草裙舞舞步优美

04 佩蕾火山女神

佩蕾火山女神在夏威夷非常有名，至今仍受大众推崇。传说佩蕾居住在基拉韦厄火山的哈雷茂茂火山口，火山口边缘如今依然放置着花环和贡品，因为夏威夷民众坚信基拉韦厄火山的活动情况取决于佩蕾的情绪意志。

相传佩蕾女神长相漂亮，脾气暴躁，容易吃醋。传说1世纪时的基拉韦厄火山喷火运动源于佩蕾受到激怒，情形十分恐怖，但是未有人员伤亡。传说中佩蕾女神生气喷火前会变成黑发女性或者白发老太婆等样貌来警告人类，这些传闻甚至被当地报纸报道。除此之外，夏威夷还流传着很多关于佩蕾女神的逸事趣闻，其中一些已经超越传说极具现实色彩。

05 草裙舞

游客在夏威夷观光，草裙舞是必看的经典表演之一。夏威夷语的草裙舞"hula"表示舞蹈的意思。古代夏威夷民族没有文字，供奉神灵、赞美大自然或者祈祷和平时人们只能用舞蹈的形式来诠释质朴纯洁的内心；因此，草裙舞的每个手指动作都有一定的含义，讲述着夏威夷丰富的自然资源，有碧波大海、季节、时间、风向等。

夏威夷草裙舞有古典派和现代派两种。奥阿纳现代草裙舞19世纪后半期曾一度废止，经过卡拉卡瓦大王倡导才得以复兴。舞蹈最大的特点是步伐伴随歌声摇摆，发展至今演绎成为太平洋乐园夏威夷州的象征。除此之外，在卡西扩古典草裙舞，舞步变化和着夏威夷语祝词、打击乐器的节奏和歌声，强劲有力，气氛庄严。

游客可以在科纳卡美哈美哈国王海滩酒店欣赏到传统的草裙舞表演。另外，每年4月中旬美日君主节（Merrie Monarch Festival）来临之时，夏威夷岛都会举办最大规模、最具权威的草裙舞竞技大赛，届时入场门票十分珍贵，即使是当地民众也很难入手。

离岛　夏威夷岛

夏威夷岛观光导览
HAWAII AREA GUIDE

Kona Coast
科纳海岸

科纳海岸位于夏威夷岛的西海岸，晴天率较高，历史景点分布众多，景色明快美丽。

凯卢亚科纳是科纳海岸的核心城市，海岸沿线的城镇规模较小，商场和餐厅鳞次栉比，是夏威夷岛最繁华的区域之一。历史上卡美哈美哈国王在科纳海岸一带度过晚年，游客可以参观阿胡埃纳神庙和胡里海埃宫殿，还可以沿着11号线公路南下游览普乌霍努阿·欧·霍纳乌纳国家历史公园等景点。除此之外，科纳还是美国代表性咖啡科纳咖啡的原产地。

凯卢亚科纳风光

ACTIVITY 休闲活动

游客可以抛网捕鱼，也可以在凯阿拉凯库亚海湾浮潜、海底潜水游等。度假中心区的凯阿乌霍乌小镇有高尔夫球场。

SHOPPING & GOURMET 购物&美食逛街

凯卢亚科纳的城市中心以阿丽伊大道为主线，去往机场途经的帕拉尼路沿线有购物区，设有科纳海岸购物中心等。凯阿乌霍乌购物中心建筑外观漂亮，内部进驻有许多个性商店。

出行参考

游乐
观光	★★★★
休闲活动	★★★★
购物	★★★★
美食逛街	★★★

交通
租车	★★★★★
巴士	★★

区域面积
科纳机场到凯卢亚科纳7千米（10分钟）；凯卢亚科纳到普乌霍努阿·欧·霍纳乌纳国家历史公园25千米（30分钟）；※途经19号线卡阿胡玛努女王公路、11号线库阿基尼公路、190号线玛玛拉霍阿公路。

凯卢亚科纳 Kailua Kona

科纳海岸 观光景点

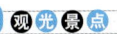

胡里海埃宫殿
Hulihe'e Palace

MAP p.256-A

1838年，胡里海埃宫殿由夏威夷岛的第二代总督约翰·亚当斯·库阿基尼修建完成，之后一直被用作王室的别墅。现在这座历史建筑物已成为博物馆，主要展出了19世纪时期使用寇阿相思树打造而成的夏威夷王室奢侈品、古代夏威夷美术文化工艺品等珍品。

☎329-1877、9:00~16:00、星期日休息、$8、老年人（65岁以上）$6、18岁以下$1

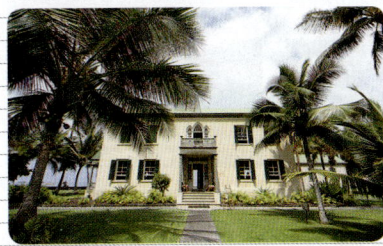

胡里海埃宫殿建成迄今已有170余年的历史

莫库阿伊卡瓦教堂
Mokuaikaua Church

MAP p.256-A

莫库阿伊卡瓦教堂1835年最终落成，是夏威夷州境内最古老的教堂。亚光白色的外墙建筑搭配顶端尖塔，周围树木茂盛，庭院景致幽静，令人印象深刻；教堂内部建筑使用夏威夷特有树种木材，布局讲究美丽。

☎329-0655、自由观光

阿胡埃纳神庙
Ahuena Heiau

MAP p.256-A

阿胡埃纳神庙所在处据说是卡美哈美哈国王晚年在科纳居住的茅草房旧址，经过复原修建而成。神庙位于栈桥附近科纳卡美哈美哈国王海滩酒店境内，静静地竖立在入海口处，远观好似一只海龟的双眼。神庙内部拒绝游客参观。

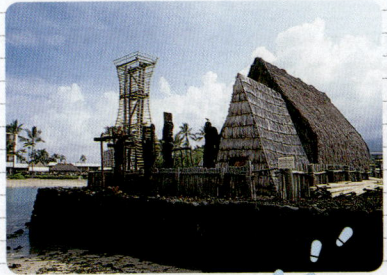

阿胡埃纳神庙会定期举办烤乳猪宴

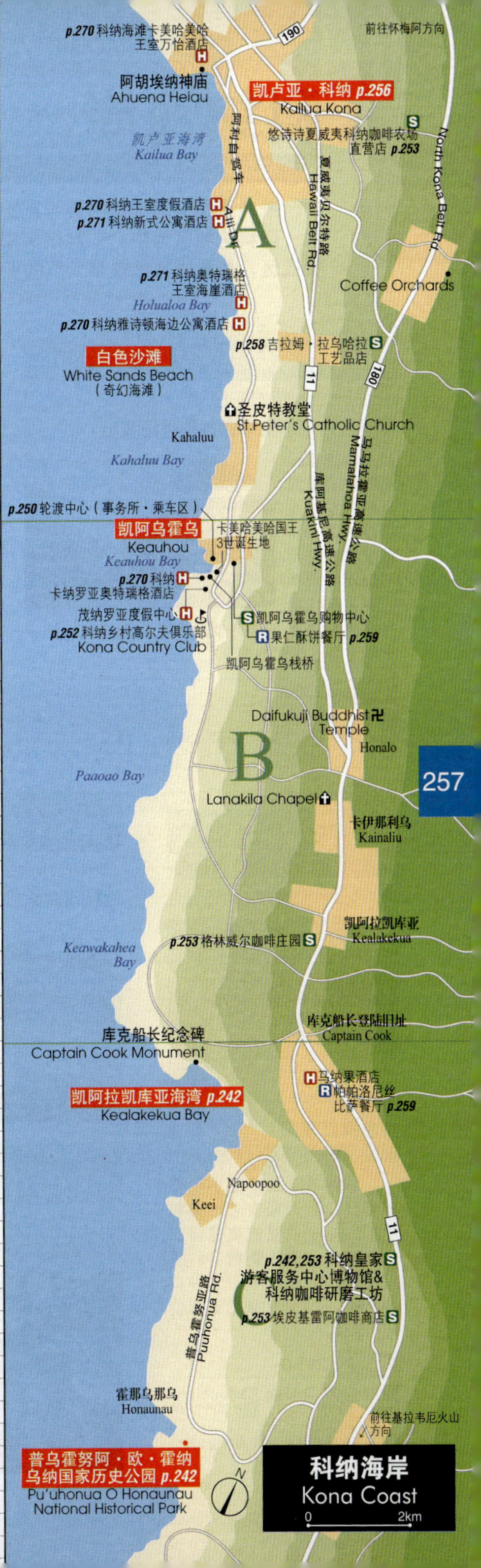

p.270 科纳海滩卡美哈美哈王室万怡酒店
190
前往怀梅阿方向
阿胡埃纳神庙
Ahuena Heiau
凯卢亚·科纳 p.256
Kailua Kona
凯卢亚海湾
Kailua Bay
阿利自驾车
悠诗诗夏威夷科纳咖啡农场直营店 p.253
夏威夷贝尔特路
Hawaii Belt Rd.
North Kona Belt Rd
p.270 科纳王室度假酒店
p.271 科纳新式公寓酒店
Alii Dr.
A
p.271 科纳奥特瑞格王室海崖酒店
Holualoa Bay
p.270 科纳雅诗顿海边公寓酒店
Coffee Orchards
p.258 吉拉姆·拉乌哈拉工艺品店
白色沙滩
White Sands Beach
（奇幻海滩）
11
180
圣皮特教堂
St.Peter's Catholic Church
Kahaluu
Kahaluu Bay
马马拉霍亚高速公路
Mamalahoa Hwy.
库阿基尼高速公路
Kuakini Hwy.
p.250 轮渡中心（事务所·乘车区）
凯阿乌霍乌
Keauhou
Keauhou Bay
卡美哈美哈国王3世诞生地
p.270 科纳卡纳罗亚奥特瑞格酒店
茂纳罗亚度假中心
p.252 科纳乡村高尔夫俱乐部
Kona Country Club
凯阿乌霍乌购物中心
果仁酥饼餐厅 p.259
凯阿乌霍乌栈桥
Daifukuji Buddhist Temple
Honalo
B
Paaoao Bay
Lanakila Chapel
卡伊那利乌
Kainaliu
凯阿拉凯库亚
Kealakekua
Keawakahea Bay
p.253 格林威尔咖啡庄园
库克船长纪念碑
Captain Cook Monument
库克船长登陆旧址
Captain Cook
马纳果酒店
帕帕洛尼丝比萨餐厅 p.259
凯阿拉凯库亚海湾 p.242
Kealakekua Bay
Napoopoo
Keei
11
p.242,253 科纳皇家游客服务中心博物馆&科纳咖啡研磨工坊
C
p.253 埃皮基雷阿咖啡商店
普乌霍那乌路
Puuhonua Rd.
霍那乌那乌
Honaunau
前往基拉韦厄火山方向
普乌霍努阿·欧·霍纳乌纳乌国家历史公园 p.242
Pu'uhonua O Honaunau National Historical Park
N
科纳海岸
Kona Coast
0
2km

科纳海岸
Kona Coast

凯卢亚科纳因卡美哈美哈国王曾经在此度过晚年生活而备受瞩目。以科纳城区为中心的科纳海岸沿线周边设有观光、购物和各式餐饮区，是夏威夷岛最具人气的区域。

凯卢亚科纳 | 购物中心
科纳旅馆购物中心
Kona Inn Shopping Village

星期五内部庭院举办各种秀场演出

科纳旅馆购物中心是凯卢亚科纳的地标性建筑。科纳旅馆塔使用石砌墙，木质回廊处有40余家商店和餐厅，还有多种休闲活动的咨询处，便于游客收集观光信息。

MAP p.256-A

- 75-5744 Alii Dr.
- 9:00~21:00（具体时间因商家而异） 休 无

凯卢亚科纳 | 购物中心
科纳海滨购物中心
Kona Coast Shopping Center

经常有当地消费者光顾

科纳海滨购物中心位于帕拉尼路沿线，购物中心内设有众多商店、超市：KTA超市，营业时间从清晨5点至深夜；Ross Dress For Less商店，优惠福利超多；时时乐西餐厅，等等。

MAP p.256-A

- 74-5584 Palani Rd. 具体时间因商家而异
- 休 无 ＊KTA超市适合居住公寓酒店的游客前去采购，牛肉售价特别便宜。

凯卢亚科纳 | 礼品
科纳咖啡&茶工坊
Kona Coffee & Tea Company

特色果仁派
深受消费者喜欢

科纳咖啡&茶工坊的夏威夷坚果仁派最有名，馅料中加入充足的夏威夷岛特产新鲜果仁，有牛奶糖、科纳咖啡、奶油硬糖等四五种口味，8英寸大小的果仁派售价每个$21。

MAP p.261-C

- 74-5035 Queen Kaahumanu Hwy. 329-6577 6:30~17:00（星期日7:00~15:00）
- 休 无 ＊最佳品尝期限为常温2周，冷冻6个月。

霍卢阿洛阿 | 手工艺品
基拉姆・拉乌拉哈工艺品店
Kimura Lauhala shop

夏威夷传统工艺品舒适温馨

基拉姆・拉乌拉哈传统工艺品店位于悠闲恬静的霍卢阿洛阿小镇。店内工艺品使用夏威夷特有的班兰叶手工编织而成，经久耐用是其最大的特征。店内还有零钱包、背包和帽子等商店。

MAP p.257-A

- 77-996 Hualalai Rd.
- 324-0053
- 9:00~17:00（星期六~16:00）
- 休 星期日

凯卢亚科纳 | 巧克力
凯卢亚巧克力工坊
Kailua Candy Company

夏威夷岛特有的巧克力

凯卢亚巧克力工坊每天都会制作新鲜巧克力，非常受欢迎。工坊严格精选食材，主打夏威夷特产，除了可可、夏威夷坚果仁，还有提升香味的番石榴和椰奶等。工坊新鲜出炉的巧克力香气四溢，十分美味，推荐游客要前去品尝。

MAP p.261-C

- 73-5612 Kauhola St. 329-2522 9:00~17:00 休 星期日
- kailua-candy.com

凯卢亚科纳　　刨冰
斯堪的纳维亚刨冰店
Scandinavian Shave Ice

总有长队等候的人气刨冰店

斯堪的纳维亚刨冰店位于凯卢亚科纳阿丽伊街道沿线，店内有20余种不同口味的甜品供游客选择，其中每份售价2.50美元的冰激凌可以加入冰镇酸奶，味道清爽可口。

MAP p.256-A

- 75-5699 Alii Dr.　326-2522
- 11:00~21:00　休无　$3.50~
- *使用会员卡消费$8~、50美分可找零。

库克船长城市　　披萨
帕帕洛尼丝比萨餐厅
Patz Pies Paparonis

比萨饼内容丰富，用餐环境轻松自在

帕帕洛尼丝比萨餐厅的比萨饼可以根据消费者的喜好制作饼身，薄脆的比萨饼上覆盖有蔬菜、熏猪肉、橄榄和芝士等丰富食材。餐厅用餐环境轻松惬意，游客可以在驾车途中进店稍作休憩并品尝美味。

MAP p.257-C

- 82-6127 Mamalahoa Hwy Captain Cook.
- 323-8100　11:00~20:00　休无　$3~

凯卢亚科纳　　海鲜&烧烤
澳拜客西餐厅
Outback Steakhouse

轻松享受西式牛排

澳拜客西餐厅拥有轻松舒适的澳大利亚用餐氛围，牛排煎烤可以根据消费者的喜好特色订制，还有特色啤酒和烧烤洋葱，菜品深受消费者喜欢。室内餐厅有145个席位，露天用餐区有50个席位，另外设有儿童菜单。

MAP p.256-B

- 75-5809 Alii Dr.　326-2555
- 16:00~22:00（星期六、星期日11:00~）
- 休无　$16~

凯卢亚科纳　　海鲜&烧烤
哈格士滨海餐厅
Huggo's

科纳境内久负盛名的美食餐厅

哈格士滨海餐厅拥有科纳城绝佳的地理位置，就座餐厅可以欣赏到美丽的午后夕阳。餐厅的人气菜品有售价每份36美元的海岛鲜鱼料理和售价每份35.95美元的极品肋排烧烤。傍晚18:30以后会有预留座位供消费者欣赏日落美景，推荐游客提前预约前去用餐体验。

MAP p.256-B

- 75-5828 Kahakai Rd.　329-1493　16:00~21:00
（晚餐17:00~、4~10月17:30~、星期五~星期六~22:00）
- 休无　晚餐$35~

凯卢亚科纳　　海鲜&烧烤
科纳旅馆餐厅
Kona Inn Restaurant

欣赏夕阳的同时
享受浪漫的用餐时光

科纳旅馆餐厅创业于1979年，位于科纳旅馆购物中心内。餐厅引以为豪的不仅有美味的菜品，还有可以欣赏海边景致的用餐席位。午餐有三明治，晚餐主打海鲜和烧烤料理。

MAP p.256-A

- 75-5744　Alii Dr.,Kona Inn Shopping Village　329-4455
- 17:30~21:00（12月~次年4月17:00~　咖啡供应时间11:30~21:00）　休无
- 午餐$15~、晚餐$20~

凯阿乌霍乌购物中心　　酥饼
果仁酥饼餐厅
Peaberry & Galette

在酥饼专卖店享用美好的咖啡时光

果仁酥饼专卖店值得酥饼爱好者前去品尝，不同口味的酥饼，搭配新鲜水果和蔬菜，深受好评。专卖店和画廊连接，游客可以一边品尝酥饼，一边在画廊享用美味的科纳咖啡。

MAP p.257-B

- Keauhou Shopping Center
- 322-6020　7:00~19:00（星期日8:00~18:00）
- 休无　$15~

科哈拉海岸—怀梅阿

Kohala Coast -Waimea

科哈拉海岸——怀梅阿是夏威夷岛的门户城区，购物商厦洋溢着当地特色，轻松欢快，非常引人注目。

科哈拉海岸位于夏威夷岛西北部，是岛内知名的高级度假区。因城市地质为熔岩层面，道路十分笔直。当地几乎没有很明显的街景造型，海岸沿线是高级酒店的聚集地，道路空间非常宽敞，舒适指数之高令人难以想象。怀梅阿牛仔小城拥有全美排名第4的帕克私人农场；哈威小城各界艺术人士群英荟萃。总之，欣赏当地特色小城镇风景会为自己的海外之旅增添几分难得的回忆。

出行参考

游乐	
观光	★★★
休闲活动	★★★
购物	★★
美食逛街	★
交通	
租车	★★★★★
区域面积	

科纳机场到科哈拉海岸线（瓦伊柯洛亚）27千米（40分钟）；瓦伊洛亚到怀梅阿30千米（45分钟）

※途经19号线卡阿胡玛努女王公路，前往怀梅阿是从19号线公路驶向250号线公路

科哈拉海岸——怀梅阿是高级度假区聚集地

ACTIVITY ●休闲活动
骑马和高尔夫等。

SHOPPING & GOURMET 购物&漫步
科哈拉海岸周边区域基本都设有酒店，怀梅阿等小镇的很多商店基本面向当地消费者。

科哈拉海岸——怀梅阿 观光景点

普乌克霍拉神庙国家历史公园
Puukohola Heiau National Historical Park

MAP p.261-A

1928年，普乌克霍拉神庙经过复原重建，保存至今成为夏威夷岛最大的历史遗迹。神庙规模宏大，建立最初是用来向神灵祈愿卡美哈美哈国王能够成功统一夏威夷群岛。现在，普乌克霍拉神庙、马伊雷基尼神庙、哈雷·欧·卡普尼神庙三大神庙都成为国家历史公园的组成部分。遗迹内部禁止观光，游客可以通过服务中心的透视图景窥探内部全景概貌。

☎882-7218，8：00~16：45，免费观光

温馨提示

雕刻在熔岩大地上的石头信息数不胜数

经过科纳机场以北的19号卡阿胡玛努女王公路沿线，在单调乏味的驾车旅途中游客会发现：道路两侧宽广的黑色熔岩大地上浮现有白色石头拼成的信息符号。游客可以根据石头的摆放位置及形状选择用作留念，沿途一定不要错过这番难得的奇观。

帕克农场
Parker Ranch Store
MAP p.261-A

帕克农场占地总面积约为225 000英亩（910平方千米），不仅是世界上规模最大的私人农场，而且成立至今已有150余年的历史。游客如果想要购买纪念品和特产品，可以前往帕克午餐商店选购喜欢的正牌牛仔靴和牛仔帽。

☎ 885-5669，9:00~18:00（星期日~17:00）

据说第一代农场主和卡美哈美哈国王的孙女相恋后被赠予这片广阔的土地

温馨提示

追忆历史——走进卡美哈美哈国王的诞生地

阿拉帕伊首领的孙子——卡美哈美哈国王诞生在科哈拉市卡帕奥小镇周边。夏威夷群岛一共有3尊国王的雕像，但是只有卡帕奥小镇的雕像才是原版。1779年，当时杰姆士·库克船长虽然已经发现了考爱岛和瓦胡岛，但直到正式登陆夏威夷岛才拜访到初次接触西方文化的卡美哈美哈国王。之后，国王通过进口西洋武器，在多场战役中制胜并最终建立了统一的夏威夷王朝。

卡帕奥小镇竖立的第一尊卡美哈美哈国王雕像

瓦伊克洛亚&帕克牧场
Waikoloa & Parker Ranch

科哈拉海岸—怀梅阿
Kohala Coast-Waimea

科哈拉海岸地区高级度假中心鳞次栉比,游客可以在国王购物商厦购物休闲和享用美食。如果想要体验当地民间特色,推荐前往怀梅阿和哈威,在那里游客一定会有全新的旅游收获,届时将寻找到另一种夏威夷岛风貌,与高级度假中心聚集地印象截然不同。

瓦伊克洛亚 | 购物中心
国王购物商厦
King's Shops

购物商厦高端时尚

国王购物商厦位于瓦伊克洛亚度假中心内,商场内不仅有知名品牌店,还有度假服饰专卖店、礼品专卖店和餐厅。循环巴士连接周边区域和度假中心(车费:成人每位$2;儿童5~11岁$1 10:00~22:00),所以从酒店出发前来购物休闲十分方便快捷。星期三至星期五9:30开始,商场会组织免费的史前岩画观光团。

MAP p.261-B

69-201 Waikoloa Beach Dr., Waikoloa　886-8822
9:30~21:30(具体时间因商家而异)　休 无

瓦伊克洛亚 | 购物中心
皇后商业市场
Queens' MarketPlace

新诞生的购物场所

皇后商业市场位于瓦伊克洛亚度假中心,商场内有蓝姜西餐厅、休闲餐厅以及各式人气商店和特色休闲活动场所,备受瞩目。

MAP p.261-B

69-201 Waikoloa Beach Dr., Waikoloa　886-8822
9:30~21:30(具体时间因商家而异)　休 无

哈威 | 杂货店
哈威特色杂货店
As Hawi Turns

**可爱的杂货品
琳琅满目**

哈威特色杂货店内有服饰和杂货用品,店主丽莎女士花费心思从当地艺术家或者艺术工坊收购了很多商品,适合选购馈赠亲友。店铺堪称百宝箱,商品种类多样,有服饰、首饰和其他杂货,商品价格从1美元到1000美元各不相同。

MAP p.240-A

55-3412 Akoni Pule Hwy., Hawi　889-5023
10:00~18:00　休 无

怀梅阿 | 购物中心
怀梅阿购物中心
Waimea Center

商场购物方便

怀梅阿购物中心位于城市中心,商场内有KTA超市,商品种类多样,从食材到日用杂货,应有尽有。除此之外还有餐厅、各式快餐店、礼品专卖店等,甚至还可以在此购买到相机。

MAP p.261-A

65-1158 Mamalohoa Hwy.　具体时间因商家而异
休 无　*19号公路和190号线公路的交叉点附近。购物中心入口处设有麦当劳快餐店。

| 哈威 | 东南亚料理 |

竹萃餐厅&画廊
Bamboo Restaurant & Gallery

夏威夷的亚洲料理

竹萃餐厅充满浓郁的东南亚风情,菜品结合了菲律宾风味和夏威夷风味,食材选用当地生产的新鲜蔬菜、鱼类和海鲜。餐厅定期会有当地知名歌手的现场迷你演出,可口的料理搭配优美的用餐氛围深受广大消费者好评。

MAP p.240-A

Downtown Historical Hawi 889-5555 11:30~14:30、16:00~18:00(欢乐时间)、18:00~20:00 休 星期一、星期日休息 S 午餐$10~、晚餐$19~

| 怀梅阿 | 啤酒吧 |

帕尼洛克乡村旅舍餐厅
Paniolo Country Inn

畅饮夏威夷特色啤酒

帕尼洛克乡村旅舍餐厅位于怀梅阿市内最古老的帕克学校旁边,创业至今14年来一直坚持调制正宗的美式料理。店内酒吧餐饮区经常有牛仔光临。在此可以品尝到希洛特产的迈哈那啤酒。

MAP p.261-A

65-1214 Lindsey Rd. 885-4377 7:00~20:30(星期日~20:00) 休 无 S $10~

| 哈普纳 | 太平洋美食 |

海滨烧烤餐厅
Coast Grill

**夕阳美景
令人感动不已**

海滨烧烤餐厅选用新鲜的鱼类海鲜,结合夏威夷饮食文化主推新派太平洋美食,料理口感纤细柔软,味道丰富。游客可以一边欣赏美丽的日落景色一边品尝美食,惬意无比。

MAP p.261-A

Hapuna Beach Prince Hotel 880-1111 内线3011 18:00~21:00 休 星期五、星期六 S $35~

| 瓦伊克洛亚 | 不限国籍的美食料理 |

柠檬草精品餐厅
Lemongrass Express

**美食辛辣
堪称无国籍料理的宝库**

柠檬草精品餐厅在凯卢亚科纳地区深受大众喜欢,店内料理不限国别,游客可以品尝到泰国、越南和韩国的美味料理,辛辣口味十分过瘾,是休闲用餐的不错选择。

MAP p.261-B

201 Waikoloa Beach Dr.,Waikoloa 886-3400 10:30~21:30 休 无 S $7~ HP lemongrasskona.com

| 瓦伊克洛亚 | 太平洋美食 |

瓦伊克洛亚罗西烧烤餐厅&酒吧
Roy's Waikoloa Bar & Grill

夏威夷州最新的罗西美食餐厅分店

罗西美食餐厅总部位于瓦胡岛卡伊海湾,瓦伊克洛亚分店推出特色美味料理,轻松的用餐环境吸引了众多消费者前来光顾。每日的晚餐菜品都会更新,让游客可以品尝不同的特制海鲜料理。

MAP p.261-B

250 Waikoloa Beach Dr.,Kings Shops 886-4321 17:00~21:30 休 无 S $30~

| 卡瓦伊哈埃 | 意大利料理 |

佩丝特咖啡餐厅
Cafe Pesto

好莱坞巨星凯文·科斯特纳曾在此用餐

佩丝特咖啡餐厅是好莱坞电影《未来水世界》的拍摄场景,毗邻卡瓦伊哈埃附近,主打意大利美食。餐厅地板铺设成黑白方格相间,氛围轻松,吸引了很多当地居民,美味的料理增加了餐厅的魅力指数。

MAP p.240-A

Kawaihae Shopping Center 882-1071 11:00~21:00 休 无 S 午餐$16~、晚餐$20~

离岛
夏威夷岛

夏威夷岛观光导览 HAWAII AREA GUIDE

希洛 *Hilo*

希洛被称为夏威夷岛的"雨都",丰富的雨水资源滋养了茂盛的绿树山林,气候湿润,空气清新。

希洛是夏威夷岛的主要城市,也是当地政治经济的核心。城市西侧的哈伊利街街道周边商业区亚裔移民居多,散步其中会勾起人无数的思绪。希洛当地知名的旅游观光景点有:大岛甜品工坊、茂纳罗亚夏威夷坚果仁工坊;郊外的彩虹瀑布和阿卡卡瀑布等。

希洛商业区的城市建筑外景

出行参考

游乐	
观光	★★★★★
休闲活动	★
购物	★★
美食逛街	★★
交通	
租车	★★★★★
巴士	★★★

区域面积
希洛机场到市中心2千米(5分钟)
※步行参观希洛市中心。从科纳海岸线和凯卢亚科纳前往希洛需往北行驶157千米(约3小时)

ACTIVITY ● 休闲活动
漫步希洛,参观城市的自然和历史景点。

SHOPPING & GOURMET ● 购物&美食逛街
休闲购物往往会有意外的收获。大多数餐厅都面向当地消费者。

希洛 观光景点

卡美哈美哈国王雕像
King Kamehameha's Statue
MAP p.264-B

卡美哈美哈国王统一夏威夷群岛后,夏威夷州共有3尊国王雕像,原版雕像位于国王诞生地卡帕奥,希洛当地的国王雕像建成于1997年。

太平洋海啸博物馆
Pacific Tsunami Museum
MAP p.264-A

1946年和1960年,希洛城市先后遭遇了两次海啸自然灾害,博物馆通过珍贵的史料记载展现了当时城市遭难的情景。

☎ 935-0926、9:00~16:00、星期日闭馆,$8、6~17岁$4、老年人(60岁以上)$7、5岁以下儿童免费观光

莱曼官邸博物馆
Lyman Museum & Mission House
MAP p.264-A

莱曼官邸博物馆修建于1839年,当时是传教士大卫·莱曼的生活住宅。现在改建为博物馆,通过展示古代的生活家居和日用品来追忆往昔,纪念故人。

☎ 935-5021、10:00~16:30、星期日休息,$10、儿童(6~17岁)$3、老年人(60岁以上)$8、5岁以下儿童免费观光

希洛 Hilo 0 100m

AWAII Is. **SHOP & RESTAURANT** GUIDE　　夏威夷岛购物&美食指南

希洛
Hilo

希洛是夏威夷岛的行政、经济中心，商业区有很多亚裔移民居住，街道建筑散发着浓郁的乡愁。希洛城市面积广阔，观光时租车自驾是最好的选择。

| 希洛 | 巧克力&曲奇 |

大岛甜品工坊
Big Island Candies

夏威夷岛品质一流的人气礼品店

大岛甜品工坊成立于37年前，主营巧克力和曲奇等甜品，深得夏威夷岛民众的厚爱。直营工坊临近厂房，规模庞大，据说高峰期1天的接客量多达1000余人。店内夏威夷岛坚果仁和科纳咖啡等热销佳品获得无数回头客的青睐。

MAP p.264-C

✉ 585 Hinano St.
☎ 935-8890
🕐 8:30~17:00（工厂参观星期一~星期五~15:45）
休 无
http://www.bigislandcandies.com
※ 店内有无糖巧克力和曲奇供。

| 希洛 | 阿罗哈T恤衫 |

西格·赞恩阿罗哈T恤衫专卖店
Sig Zane Designs

阿罗哈衬衫质量上乘

西格·赞恩设计师的阿罗哈T恤衫原创设计精品店，人气火爆。许多设计单品兼具草裙舞服装风格。以夏威夷自然风情为主题，选用棉麻等精品材质，穿着亲肤柔软，质量超群。

MAP p.264-A

✉ 122 Kamehameha Ave.
☎ 935-7077
🕐 9:30~17:00（星期六9:00~16:00）
休 星期日

| 希洛 | 面包咖啡 |

洛国际食品店
Low International Food

希洛名品七色彩虹面包

洛国际食品店有名的彩虹面包售价$4.75美元、芋头面包售价$4.25美元不等；店内甜品选用夏威夷新鲜食材，色泽鲜美。软腾腾的面包甜美可口，适合自驾游出行时携带当便餐。

MAP p.264-A

✉ 222 Kilauea Ave.
☎ 969-6652　🕐 9:00~20:00
休 星期三　$ $4.50~
※ 购买面包一定要提前预约。

| 希洛 | 驾车服务区美食 |

咖啡100餐厅
Cafe 100

品尝丰富多彩的夏威夷特色盖饭

咖啡100餐厅是驾车服务区的知名美食老店，米饭搭配汉堡、煎鸡蛋和肉汁的夏威夷特色盖饭食材丰富，味道鲜美。游客还可以前去品尝其他不同口味的特色美食。

MAP p.264-B

✉ 969 Kilauea Ave.
☎ 935-8683
🕐 6:45~20:30（星期五~21:00、星期六~19:30）
休 星期日
$ $2.75~

265　离岛　夏威夷岛

HAWAII Is. HOTEL GUIDE
夏威夷岛酒店指南

夏威夷岛的酒店住宿集中在3大区域，分别是科纳海岸、瓦伊克洛亚度假中心和希洛。游客可以根据个人出行计划选择住宿酒店。

Hotel & Condominium

- 餐厅
- 泳池
- 水疗会所&健身馆
- Kp 儿童游乐项目
- Hp 酒店客服
- TV 电视
- 冰箱
- 保险柜
- 幼儿设施
- 游客咨询服务处

科哈拉海岸 | **酒店**

瓦伊克洛亚希尔顿度假中心
Hilton Waikoloa Village

大型度假中心　休闲活动众多

瓦伊克洛亚希尔顿度假中心自然环境优越，四周环绕着高大挺拔的热带树木。约为25平方米的腹地中分为3大住宿区，度假中心休闲设施完善，有占地2090平方米的科纳海滩、美丽的沿海高尔夫拟真球场、服务精湛的科哈拉水疗会所，无论大人还是小孩都会深得其乐。另外，度假中心饲养海豚，和海豚一起游泳的项目深受游客欢迎。总之，瓦伊克洛亚希尔顿度假中心是一座真正能够令人放松身心的乐园。

MAP p.261-B
- 69-425 Waikoloa Beach Dr., Waikoloa
- 886-1234　FAX 886-2900
- 1240间　$259~
- 从科纳机场乘车大约25分钟
- hiltonwaikoloavillage.com

科哈拉海岸 / 酒店

瓦伊克洛亚万豪度假中心&水疗会所
Waikoloa Beach Marriott Resort & Spa

王室度假中心　休闲运动胜地

瓦伊克洛亚万豪度假中心&水疗会所所在地曾经是卡美哈美哈王室的度假疗养区，古风古韵至今犹存。这里堪称海边休闲运动的天堂，在白色的海滩边可以体验高尔夫等各种休闲运动。度假中心的曼荼罗水疗会所享誉国际，获得一致好评。

MAP p.261-B

- 69-275 Waikoloa Beach Dr., Waikoloa
- ☎ 886-6789　FAX 886-3601
- 室 555间　$ $330~
- 从科纳机场乘车大约30分钟
- www.marriott.com/koamc

科哈拉海岸 / 酒店

胡阿拉莱四季度假酒店
卡乌普雷胡历史景区
Four Seasons Resort Hualalai at Historic Ka'upulehu

夏威夷历史气息浓郁的精品酒店

胡阿拉莱四季酒店灵活运用卡乌普雷胡的自然资源和地形结构，丰富多样的现代设施完美地融合了夏威夷热带风情。酒店低层孟加拉式的单层木房充满家的温馨，令每位入住游客都能够放松身心。酒店最为人称道的国王泳池就地取材，使用岩石堆砌而成，游客可以和鱼群一起游泳。

MAP p.261-C

- 72-100 Ka'upulehu Dr., Kailua-Kona
- ☎ 325-8000　FAX 325-8200　室 243间
- $ 海景高尔夫房$945~、海景房$1245~
- 从科纳机场乘车大约10分钟
- www.fourseasons.com/hualalai

科哈拉海岸 / 酒店

哈普纳海滩王子酒店
Hapuna Beach Prince Hotel

**充分体验
休闲度假的快感**

夏威夷语中，哈普纳表示生命之泉。王子酒店临近海滩，入住以后游客一定会被眼前珍贵的白色海滩所感动。客房宽敞明亮，凭窗而望，一片湛蓝色的大海映入眼帘。酒店附近的哈普纳高尔夫球场由阿诺德·帕马设计，游客可以前去体验。

MAP p.261-A

- 62-100 Kauna'oa Dr., Kohala Coast
- ☎ 880-1111　FAX 880-3142
- 室 351间　$ $440~7000
- 从科纳机场乘车大约40分钟
- hapunabeachprincehotel.com

茂纳凯亚海滩酒店
Mauna Kea Beach Hotel

美丽的白沙滩景致超群

茂纳凯亚海滩酒店由罗兰斯·洛克菲拉设计建筑，由于海滩地形宛如一轮美丽的上弦月，因此酒店建筑时致力于保持美丽的海滩外形构造，同时融合西洋风情和亚洲特色，壮观大气。酒店内部随处可见精致的生活用品，置身其中宛如身临美术馆观摩一场美的演出。

MAP p.261-A

- 62-100 Mauna Kea Beach Dr.,Kohala Coast
- ☎882-7222 FAX 882-5700
- 252间
- $550~3700
- 从科纳机场乘车大约40分钟
- HP maunakeabeachhotel.com

夏威夷岛费尔蒙兰花酒店
The Fairmont Orchid Hawaii

欧洲风格搭配夏威夷热带风情

夏威夷岛费尔蒙兰花酒店完美地融合了高格调的欧洲风格和开放民主的夏威夷岛特色。室内布置中床罩选用兰花主题图案，每个房间设有两个盥洗室，照顾女性使用者。另外，酒店附近丰富的海边休闲活动一定令运动爱好者酣畅淋漓，相信酒店会为游客带来意想不到的至尊服务。

MAP p.261-B

- 1 N.Kaniku Dr.,Kohala Coast
- ☎885-2000 FAX 885-1064 540间 $289~3900
- 从科纳机场乘车大约30分钟
- HP www.fairmont.com

科哈拉海岸 / 酒店

茂纳拉尼海湾酒店&别墅
Mauna Lani Bay Hotel & Bungalows

MAP p.261-B

68-1400 Mauna Lani Dr.,Kohala Coast
☎885-6622 FAX885-1484 室341间 $$390~
交 从科纳机场乘车大约30分钟
HP www.maunalani.com

完美的酒店住宿环境充满魅力

茂纳拉尼海湾酒店&别墅内部休闲活动丰富多彩,有瑜伽、夏威夷按摩等。客房90%都是海景房,户外私人泳池搭配凉台小亭、帆板和吊床,游客可以在此轻松惬意地享受假期生活。

科哈拉海岸 / 公寓酒店

茂纳拉尼岛屿公寓酒店
The Islands at Mauna Lani

茂纳拉尼度假中心的高级公寓酒店

茂纳拉尼岛屿公寓酒店设有室内车库,可以停泊两台车辆。客房有连体别墅、双人间和三人间,游客可以自行选择合适的入住房型。酒店附近有高尔夫球场、泳池、烧烤区等,设施完善。酒店会有偿提供到店即时服务,为游客贴心准备入住第二天的早餐和酒水。

MAP p.261-B

68-1050 Mauna Lani Dr.,Kohala Coast
☎885-5022 FAX885-5015
室46间 ●最少住宿3晚
$$350~450
交 从科纳机场乘车大约30分钟

酒店设施标志: 餐厅 | 泳池 | 酒吧&健身馆 | Kp儿童游乐项目 | Hp酒店客服 | 电视 | 冰箱 | 保险柜 | 幼儿设施 | 游客咨询服务处

凯卢亚科纳 — 酒店
科纳海滩卡美哈美哈王室万怡酒店
Courtyard King Kamehameha's Kona Beach Hotel

感受真实的夏威夷

科纳海滩卡美哈美哈王室万怡酒店位于国王度过晚年生活的阿胡埃纳神庙境内，酒店大堂展示了大量王室珍宝。酒店2009年经过翻新改建，内部设计充满夏威夷现代风情。游客入住后一定不要错过酒店举办的正宗烤乳猪宴，每周上演5次。

MAP p.256-A、p.257-A

- 75-5660 Palani Rd.,Kailua Kona
- ☎329-2911 FAX 329-4602
- 452间
- $189~319
- 从科纳机场乘车大约20分钟
- www.konabeachhotel.com

科纳海岸 — 酒店
科纳王室度假酒店
Royal Kona Resort

地理位置优越
科纳王室度假酒店位于凯卢亚科纳城市步行街的核心区，酒店中庭会定期举办夏威夷风情烤乳猪宴。

MAP p.256-B、p.257-A

- 75-5852 Alii Dr.,Kailua Kona
- ☎329-3111 FAX 329-7230 436间 $135~
- 从科纳机场乘车大约20分钟
- www.royalkona.com

科纳海岸 — 公寓酒店
科纳卡纳罗亚奥特瑞格酒店
Kanaloa at Kona by Outrigger

与凯乌霍乌海湾隔海相望
科纳卡纳罗亚奥特瑞格酒店与海港相临，氛围明亮迷人。酒店内部设有泳池3处、网球场等。

MAP p.257-B

- 78-261 Manukai St.,Kailua Kona
- ☎322-9625 FAX 322-3818
- 166间 最少住宿2晚 $305~445
- 从科纳机场乘车大约20分钟
- outrigger.com

科纳海岸 — 公寓酒店
科纳雅诗顿海边公寓酒店
Aston Kona by the Sea

100%海景房
科纳雅诗顿海边公寓酒店位于凯卢亚科纳的历史古街，和冠军高尔夫球场距离很近。酒店所有客房均为海景房，站在客房阳台上可以眺望海边的夕阳美景。酒店有烧烤区、泳池、会所等，设施完善。

MAP p.257-A

- 75-6106 Alii Dr.,Kailua-Kona
- ☎327-2300 FAX 327-2333
- 86间 最少住宿1晚 $355~551
- 从科纳机场乘车大约20分钟
- www.astonhotels.com

科纳海岸 / 公寓酒店
科纳奥特瑞格王室海崖酒店
Royal Sea Cliff Kona by Outrigger

宽敞的入住空间迎来无数回头客

科纳奥特瑞格王室海崖酒店是一座海边别墅公寓酒店,酒店最引人注目的莫过于面向霍卢阿洛阿海湾处的洁白的建筑外墙。客房空间宽敞明亮,设有阳台、临海私人泳池,四周环绕着热带树木等,色彩丰富。酒店靠近凯卢亚科纳市区,舒适的入住环境加上便利的城区设施,吸引无数回头客前来入住。

MAP p.257-A
- 75-6040 Alii Dr.,Kailua Kona
- ☎ 329-8021 FAX 326-1887
- 室 154间 最少住宿2晚 $ $259~449
- 交 从科纳机场乘车大约15分钟
- HP outrigger.com

科纳海岸 / 公寓酒店
科纳新式公寓酒店
Kona Reaf

步行即可前往科纳市区

科纳新式公寓酒店毗邻海滩,客房基本都是海景房,室内有迷你厨房设备,设施齐全。除此之外,酒店还有丰富的休闲活动。

MAP p.257-A
- 75-5888 Alii.Dr.,Kailua Kona
- ☎ 329-2959 FAX 329-2762
- 室 53间 最少住宿1晚 $ $119~525
- 交 从科纳机场乘车大约20分钟
- HP www.castleresort.com

希洛 / 酒店
希洛那尼罗亚生活风情酒店
Hilo Nanilao Hotel, a LITE hotel

深受当地入住者喜欢 适合轻松暂居

希洛那尼罗亚生活风情酒店位于希洛海湾东侧海域凸起的海岬地带,观景视野高达180余度,晴天的时候可以欣赏到茂纳凯亚山峰的雄姿,地理位置良好。酒店泳池面向大海,令每位游泳者都能得到全身心的放松。酒店大厅提供欧陆式早餐,美味可口。除此之外,酒店还设有9洞的高尔夫球场。

希洛 / 酒店
希洛夏威夷风情酒店
Hilo Hawaiian Hotel

酒店面向希洛海湾 惬意舒适

希洛夏威夷风情酒店依山傍海,客房舒适。酒店泳池备受好评,沉浸在美好的氛围中能够让每个入住者忘却一切得到彻底的放松。餐厅提供自助餐,丰富的美食深受当地食客青睐,人气火爆。

MAP p.264-C
- 71 Banyan Dr.,Hilo
- ☎ 935-9361 FAX 961-9642
- 室 286间 最少住宿1晚 $ $99~485
- 交 从科纳机场乘车大约15分钟
- HP www.castleresort.com

MAP p.264-C
- 93 Banyan Dr.,Hilo
- ☎ 969-3333 FAX 969-6622
- 室 262间
- $ $105~295
- 交 从科纳机场乘车大约10分钟(酒店负责接送)

离岛

考爱岛 Kauai Is.

旅行小贴士

"太平洋好莱坞"影视剧的外景拍摄地

考爱岛拥有"太平洋好莱坞"的美称,丰富美丽的自然美景吸引了诸多电影前来取景拍摄,最为熟知的有《南太平洋》《蓝色夏威夷》《金刚逃生》《圣柜》《侏罗纪公园》以及近年新上映的《六天七夜》和《加勒比海盗》。考爱岛的知名影视基地有卡拉拉乌溪谷、鲁玛海海滩、巴里·海伊丛山(海纳海滩)、哈纳莱伊山谷、纳维利维利港口、波普海滩和哈纳佩佩小镇。游览影视基地,游客可以感受到考爱岛独特的魅力,只是当地没有特制的影视基地拍摄地图册。

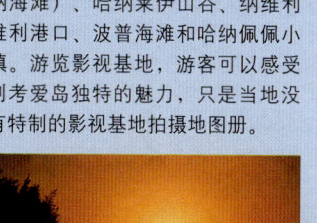

鲁玛海海滩美丽的日出景观

行程表

利胡埃机场为始发点	
前往利胡埃	0.7英里(1km)
前往瓦伊卢亚	6英里(10km)
前往普林斯维尔度假区	28英里(45km)
前往哈纳莱伊	31英里(50km)
前往波普海滩	14英里(22km)
前往怀梅阿	24英里(38km)
前往怀梅阿峡谷(瞭望台)	35英里(56km)

考爱岛 旅行信息 Kauai Is.

◆基本信息

人口：大约6万8400人（2012年）
地形：在夏威夷6大岛屿中，考爱岛源自岛内最古老的火山活动，境内2座山峰顶端由火山喷发的熔岩堆积而成，历经百年风雨侵蚀，独具特色。
面积：1430.4平方千米。
气候：深受贸易风的影响，岛内气象状况不尽相同。一般北海岸到东部地区阴天较多，南海岸到西部地区晴天较多。另外，岛内常年有贸易风吹过，清爽凉快。雨水多集中在岛屿中央的怀厄莱阿莱山峰顶部，怀梅阿和波普南海岸地区常年降雨量约达500毫米。海岸沿线的度假区冬季最高温26.7°C，夏季最高温达30.6°C。
州府：利胡埃
昵称：庭院岛

◆考爱岛的乐趣

考爱岛是《侏罗纪公园》等多部国际知名影视剧的外景拍摄基地，拥有获誉太平洋大峡谷之称的怀梅阿大峡谷、椰林、羊齿洞穴等得天独厚的自然资源，环游影视剧外景拍摄基地也是不错的旅游项目。除此之外，还有很多丛林徒步旅行项目；参加乘直升飞机俯瞰岛屿观光项目时，一定会被波澜起伏的美景深深震撼。如果对自己的高尔夫技术很有信心，游客可以到夏威夷州最高水准的高尔夫球场一试身手。

◆岛内交通

考爱岛没有公共交通工具，最适宜的出行方式莫过于租车自驾。岛内路面状况简单，即使初次体验左道驾驶，也可以轻松上路。岛屿的入境口利胡埃机场上设有各个租车公司的咨询办事处。

◆机场

考爱岛南部的利胡埃机场是一座设施齐全的现代机场。作为考爱岛的主要机场，利胡埃机场承担岛内的主要航班运行，一般从火奴鲁鲁出发抵达机场大约需要35分钟。

◆旅游计划小贴士

考爱岛旅游景观丰富多彩，乘车前往各个景点大约需要2小时，沿途美丽的风景令人舒心惬意。岛内道路没有连接成环形，游客最好分道驾驶出游，会比较高效快捷。

推荐两条线路，第一条线路是沿顺时针方向环绕南海岸波普小镇区域，包含怀梅阿周边到怀梅阿大峡谷。另外一条线路是沿逆时针方向环绕东海岸利胡埃周边，从羊齿洞穴、瓦伊卢亚河流到基拉韦厄灯塔。每条线路都值得游客利用一天时间认真观光。另外，如果加入直升飞机高空观光项目、纳帕利海岸团体游等项目，会感觉旅行更加有趣。还有最重要的一点：游客需根据自己的居住区域选择观光项目。如果想要享受悠闲的海边假日时光，游客可以选择入住南海岸附近的酒店；如果想要好好享受高尔夫运动，则推荐前往普林斯维尔度假区；购物中心区集中在东海岸，适合喜欢购物的游客。总之，游客可以根据自己的实际需求选择入住区域。

01 DATA 参照 p.278

怀梅阿峡谷
Waimea Canyon

02 MAP p.272-D

凯卡哈海滩
Kekaha Beach

考爱岛最西端的凯卡哈小镇拥有岛内最大的海滩，岛内气候当属周边区域最稳定的，绵延数米的洁白沙滩令人赏心悦目，是一处不为大众所知的绝佳旅游景点。

03 MAP p.272-E

怀厄莱阿莱山峰
Mt.Waialeale

怀厄莱阿莱山峰海拔1569米，是考爱岛的最高峰。山峰附近是世界上降雨最多的区域，山顶常年阴云环绕。瓦伊卢亚河流发源于怀厄莱阿莱峰，河流沿途的历史古迹演绎着众多古老的传说，是夏威夷文化的发祥地。河流中段有羊齿洞穴。

04 MAP p.273-C

基拉韦厄灯塔
Kilauea Lighthouse

基拉韦厄灯塔位于夏威夷州最北端，是美国指定的动物保护区。当地是海鸟的乐园，游客用肉眼就可以辨别多数鸟群。在邻近灯塔的纪念品销售店内游客可以免费租借双筒望远镜。

05 MAP p.273-F、p.286-A

沉睡巨人
Sleeping Giant

奥帕埃卡瀑布北侧的群山宛如沉睡的巨人。相传古代梅内胡内矮人族和巨人居住在考爱岛。

07 MAP p.273-F、p.286-A

羊齿洞穴
Fern Grotto

羊齿洞穴是瓦伊卢亚观光区最引人注目的景点，它曾经是古代夏威夷王室举办结婚典礼的圣地。洞穴处蔓延着大量蕨类植物，气氛隐晦神秘，传说在洞穴门口恋人牵手会获得永恒的爱。从河口前往洞穴附近设有游览船。

08 MAP p.283-A

考爱岛博物馆
Kauai Museum

考爱岛博物馆展现了6000年前至19世纪当地的历史和文化，分为维尔库克斯分馆和莱斯分馆，收藏着许多颇具夏威夷风情的古代精美艺术品。☎245-6931，10:00~17:00，星期日休息，成人$10、13~17岁$6、6~12岁$2、老年人（65岁以上）$8，5岁以下儿童免费

09 MAP p.283-A

梅内胡内鱼塘
Menehune Fish Pond

梅内胡内人工鱼塘位于胡雷亚河流的河口附近，相传在遥远的古代，因王子和公主没有遵守和岛上居住的梅内胡内矮人族之间的约定，梅内胡内矮人族在一夜之内修建了整个鱼塘。

06 MAP p.272-H、p.291-A

考爱岛号角喷泉
Spouting Horn

壮观的号角喷泉位于拉瓦伊西部。波普海浪流入出海面的天然熔岩通道，在高潮期会喷出巨大的喷，还能听到震耳欲聋的波涛声。风浪强劲的时候喷涌会更加激烈，场面十分震撼人心。

10 MAP p.291-B

波普海滩公园
Poipu Beach Park

波普海滩公园是考爱岛地势最高的海滩公园，内部设施完善，有广阔的停车场、草地铺筑的操场、博览会场的展览馆、简易桌椅、卫生间等。

尽情畅游考爱岛

考爱岛丰富的自然资源使其成为许多电影的外景拍摄基地。当地观光景点众多,阅山观海景致各不相同。纳帕利海岸堪称岛内的绝景之一,山端俯瞰和海边欣赏各有风采。在考爱岛能领略到独具特色而又五彩缤纷的美景。

ACTIVITY MENU 1

乘坐特制橡胶船感受大海魅力

乘船领略纳帕利海岸美景

自断崖绝壁落下的瀑布。可欣赏下方平静的海浪被倾泻而下的瀑布所冲击的景象

纳帕利海岸附近的特制橡胶小船源于美国军队特种部队,结实坚固。游客可以参加名为"冒险之旅"的海边团体游,乘坐橡胶小船欣赏陆地观光难以领略的海上美景。参加组团活动时必须携带防晒霜、墨镜、湿毛巾(为避免弄湿其他物品最好事先放入塑料袋)、防雨外套。如果携带相机和摄影机,最好把这些器材放在密封性良好的塑料袋里。

报名参团时,首先在哈纳佩佩港事务办公室报名参团,然后乘坐停靠在港口中央的双体船,也可以选择从甲板后面乘坐橡胶小船。小船定员14名,行驶途中小船上下颠簸比较剧烈,随身物品容易被海水浸湿,晕船的游客最好坐在小船后部(p.277)。乘坐时游客可以抓住特制橡胶小船底部的绳索固定身体,准备妥当后船只出发。

风平浪静的时候乘坐特制橡胶小船，会感到非常惬意舒适

离岛 277 考爱岛

双体船团体游项目深受好评

特制橡胶小船源于美国军队特种部队，乘坐时需准备万全的防晒措施

Fantastic

游客纷纷为神秘的洞穴景象所震撼，乘坐特制橡胶小船可以穿梭于悬崖断壁间

小船在海上迎风破浪，风平浪静的时候乘船感觉非常惬意舒适，游客会很快融入到乘船的乐趣中。进入纳帕利海岸，沿途美景逐渐映入眼帘，两侧的巨峰无比险峻，壮观巍峨。岸边有美丽的白沙滩，丛林和岩石之间瀑布直流而下。如果波浪平稳还可以乘坐特制橡胶小船穿梭于悬崖断壁间。站立在神秘的洞穴口，游客会因大自然鬼斧神工的美景而窒息感叹。

考爱岛海洋团体游
☎335-5309／5小时（上午或者下午出发）／$127~、7~12岁$87~、13~17岁$117~、游客可以选择乘坐特制橡胶小船或者双体船（纳帕利半日浮潜游）∗出行安排会根据季节和气候变化而改变，游客需要提前确认　MAP p.272-H

纳帕利海岸绝佳的美景延续贯通，长达10千米以上

> 怀梅阿大峡谷宏伟壮阔，绝佳的景观美得令人窒息。

ACTIVITY MENU 2

自驾游览怀梅阿大峡谷

在车里舒适地观赏山峰两侧令人震撼的美景

沿途反复出现上坡下坡路段，游客最好根据自身驾车经验选择车道

从利胡埃出发前往怀梅阿走50号线公路，良好的路面状况带来舒适的驾乘感。怀梅阿小镇长不足1千米的街道上，学校操场右手边就是怀梅阿大峡谷驾车线路的起点。如果游客错过50号线公路，可以沿着科凯路驶入550号线公路，出口方向位于凯卡哈小镇北侧的甘蔗加工厂旁边。如果沿着科凯路前往，回程沿途经过怀梅阿大峡谷路，游客可以欣赏到别致的风景。无论哪条线路都会中途抵达凯卡哈小镇集合点。中途集合点附近大约6千米处设有怀梅阿峡谷瞭望台（p.279）。远眺有着"太平洋峡谷"之称的怀梅阿峡谷，绝美的风景难以言语形容。下午容

|  | 利胡埃 | 50号线
38km／
约60分钟 | 怀梅阿 | 550号线
Waimea Canyon Dr.
24km／约40分钟 | 怀梅阿峡谷 | 550号线
9km／
约15分钟 | 科凯 | 550号线
6km／
约10分钟 | 普乌欧基拉瞭望台 |

游客在怀梅阿峡谷瞭望台处拍照留念。栏杆对面是悬崖断壁

怀梅阿峡谷瞭望台的指示牌,景点设有停车场,游客可以放心停车

易起雾,游客最好上午出发抵达观赏。另外,从火奴鲁鲁出发的怀梅阿峡谷一日游项目一般都会在参观瞭望台后回程结束旅行。但事实上瞭望台之后还有更多的景点值得游客前去观光。

首先,瞭望台前方大约5千米处有瓦伊珀欧瀑布和普乌·西那西那瞭望台,最远可以观赏到怀梅阿海湾的美景。

其次,继续前进来到科凯州立公园,公园海拔1160米高处建有科凯山间小屋,这是进入怀梅阿峡谷沿线中唯一的餐厅和商店。

最后经过卡拉鸟乌瞭望台,然后驾车继续前行直至旅程目的地——位于海拔1253米处的普乌欧基拉瞭望台。站在顶端,透过瞭望镜观赏纳帕利海岸景观,展现在眼前的绝佳美景有延伸至大海的卡拉拉乌山谷、怀厄莱阿莱山峰和山脚地带的阿拉卡伊沼泽。

✦ 驾驶要点∕从利胡埃前往怀梅阿小镇只有50号线1条公路,路面状况简单。但是驾车前往怀梅阿大峡谷时可以沿科凯路行驶在550号线公路。游客可以在前往时驾乘坡道狭窄的50号线公路,回程时选择550号线公路。因为沿途多为山路地带,会反复出现上坡下坡路段,游客最好注意提前刹车。当地气候多雨雾,小心路面湿滑引起事故。

沿途景观

考爱岛咖啡种植园&博物馆
Kauai Coffee

夏威夷州不仅只有大岛的科纳咖啡,实际上考爱岛的咖啡产量位居美国第一。考爱岛咖啡工坊包含咖啡种植园&博物馆,游客可以在直销商店内试饮不同口味的咖啡。

MAP p.272-H

卡拉黑奥(Kalaheo) ∕ ☎335-5497 ∕ 9:00~17:30 ∕ 无

拉帕冰激凌&咖啡甜品店
Lappert's Ice Cream & Coffee

拉帕冰激凌&咖啡甜品店在夏威夷人气火爆,总店位于哈纳佩佩。店内有各种口味的甜品,色彩缤纷,独具考爱岛特色的口感和香味深受大众喜欢。

MAP p.272-H

哈纳佩佩(Hanapepe) ∕ ☎335-6121 ∕ 11:00~18:00 ∕ 无

库克船长雕像
Captain Cook Statue

1778年,作为第一位发现夏威夷群岛的西洋人,库克船长最早在怀梅阿小镇登陆。库克船长雕像位于怀梅阿小镇的最中央。

MAP p.272-D

科凯山间小屋
Lodge at Kokee

科凯山间小屋会集餐饮、商店和住宿。早餐9美元起价格不等,午餐12美元起价格不等。小编在此推荐店内的三明治和热巧克力,美味非同寻常。另外,游客还可以在此购买山间小路指示图,经济便利,只需2美元。

MAP p.272-A

科凯(kokee) ∕ ☎335-6061 ∕ 9:00~14:30(商店~16:00) ∕ 无

离岛 考爱岛

纳帕利海岸自然风景险峻美丽，十分震撼人心

ACTIVITY MENU 3
翱翔在天际，感受震撼美景
空中俯瞰考爱岛风光

从怀梅阿峡谷到纳帕利海岸用时很短

从天空俯瞰，考爱岛自然风光明媚，清新亮丽

游客可以从天际欣赏考爱岛的绝佳美景

考爱岛最具观赏价值的景点有纳帕利海岸和怀梅阿峡谷。纳帕利海岸地处世界多雨地带，中央海岸丛山环绕，许多悬崖峭壁令人望而却步，而怀梅阿峡谷有太平洋大峡谷之美称。但是每个景点都因其险峻的自然环境而让人难以接近，也只能通过瞭望台窥探美景。如果游客时间充裕可以通过短训参加直升飞机团体游，这样就可以在短时间内领略考爱岛的最佳景点全貌。

如果驾车前往怀梅阿峡谷，游客可以透过车窗欣赏到另一番不同的景象。四周清爽，悬挂在山体中间的瀑布气势雄壮。驶向V字谷沿途一路漂亮的茶绿色景致，宛如绿色的海洋。路途险峻，仿佛刚刚离开海上探险又转向峭立的纳帕利海岸绝壁，刺激绝妙之难以用言语表达。如果游客来到考爱岛，一定不要错过这里非比寻常的探险之旅。

海岸直升飞机团体游 ☎ 246-0136 / 60分钟者华体验团 $229、摄影$42

01 图示为用于河流、大海中漂流的单人座小船,同时设有双人座小船供游客选择

ACTIVITY MENU 4

悠闲惬意地欣赏湖面浑然天成的风光

在美丽的自然中自由畅行

01 皮划艇团体游

考爱岛孕育了皮划艇休闲运动的说法一点也不夸张,当地自然条件得天独厚,随处都是大海山川,主要河流有瓦伊卢亚河、哈纳莱伊河、卡黎西瓦伊河等。每年10月~次年4月北海岸区域都会组织座头鲸观光团体游。

瓦伊卢亚皮划艇冒险观光团 ☎ 822-5795
岛屿冒险观光团 ☎ 246-6333

02 山地骑行游

游客可以在亲子探险电影《侏罗纪公园》的外景拍摄基地尝试山地骑行。山间路段碎石较多,一路颠簸较为辛苦但是骑行跨越过每道山岭时都会欣赏到大自然雄伟的风光。回程多为下坡路,但是仍需要骑行大约5小时,十分艰苦。游客最好在出发前咨询确认好具体的行程路线。

卡奥伊山地骑行冒险观光团 ☎ 821-2115/自行车租借费用$10~/9:00~18:00(星期六~16:00)/星期日休息

03 环山漫游

考爱岛当地设有多条环山漫游路线,旨在让游客充分感知考爱岛的大自然风光。对于初来乍到的游客,推荐选择纳帕利海岸的卡拉拉乌小径。其他路线还有:哈纳卡皮阿伊海滩路线,愉快惬意的一日游,当天往返结束行程,科凯州立公园小径、科凯山间小屋和普乌欧基拉展望台之间有数条徒步环游小径。每条线路周边都是悬崖断壁,游客一定要穿着结实的鞋履。

02 骑行山地自行车横穿山间路段,游客应控制速度,避免过快带来危险

03 只有在环山漫游项目中,游客才能够沐浴在瀑布的飞沫中

04 骑马环游

骑马环游考爱岛,融入到当地俊秀的自然风光中,别有一番趣味:沿着河流,穿越丛林,不时与美丽的热带花朵相遇,嗅到鲜姜等天然植物的芳香。

银色马背骑行团体游 ☎ 828-6718/费用:2小时$119、3小时$139、5~6岁追加费用($55)。夏威夷风情发现之旅90分钟$99

波普海湾度假中心高尔夫球场

ACTIVITY MENU 5
绿茵场上纵情挥杆
体验完美进球的高尔夫运动快感

波普海湾度假中心美丽的绿地绵延千里

考爱岛占地面积居夏威夷主要群岛第4位。自古以来，精致的地形使之有庭院岛的美称。当地风光如画，丰富的自然资源衍生出了诸多旅游休闲活动，高尔夫运动是最杰出的代表。球场绿意环绕，在洁净清新的空气中，纵情挥杆，感觉畅快淋漓。

高尔夫球场位于波普、普林斯维尔和利胡埃度假中心境内。当地球场数目较少，但是大多由知名人士设计，品质精良，深受大众推崇。高尔夫爱好者可以在考爱岛的度假中心一边享受惬意的假日时光，一边纵情挥杆，体验无比舒适的感觉。考爱岛在逐渐加大高尔夫运动的宣传力度，观光考爱岛时，体验高尔夫运动将是不可或缺的一项行程内容。

值得推荐的高尔夫球场

考爱岛环礁湖高尔夫球场 由J.尼古拉斯设计，品质超群，当属夏威夷州的人气球场。
✉ 3351 Hoolaulea Way, Lihue／☎ 241-6000／F：241-6025／果岭费：$205（12:00~$135），酒店入住客人$150（12:00~$115）／MAP p.283-B

普林斯维尔马卡伊高尔夫俱乐部 名门高尔夫球场，负责举办全美女子职业高尔夫巡回赛事中的淘汰赛。最大的特征是围绕俱乐部房间设置9个不同的球场。
✉ 4080 Leio Papa Rd.,／☎ 826-1912／F：826-1017／果岭费$239（酒店入住客人$179~），$159（12:00~）／MAP p.289-B

普林斯维尔王子高尔夫俱乐部 由罗伯特·特伦特·约翰斯（Robert Trent Jones II）原创设计，位居个人设计球场前五，备受世界高尔夫爱好者憧憬。
✉ 5-3900 Kuhio Hwy.,／☎ 826-5001／F：826-4653／果岭费：$250（酒店入住客人$190~），$165（12:30~）／MAP p.289-B

波普海湾度假中心高尔夫球场 由罗伯特·特伦特·约翰斯（Robert Trent Jones II）设计，站在每个球洞挥杆都可以观海，是世界上少有的绝佳球场。
✉ 2250 Ainako St.,Koloa／☎ 742-8711／F：742-7155／果岭费：$245（酒店入住客人$185），$155（12:00~），$100（14:00~）／MAP p.291-B

基阿胡那高尔夫俱乐部 球场建于小山丘，但是9个球洞面向4座水池，场内设有70处球道障碍，十分适合练习球技。
✉ 2545 Kiahuna Plantation Dr.,Koloa／☎ 742-9595／F：742-7445／果岭费$105，$50（9球洞），$75（14:00~）／MAP p.291-A

Lihue

利胡埃

利胡埃是夏威夷群岛最大的城市，残留着浓厚的种植园时代影像。

考爱岛博物馆外景

机场城市利胡埃是考爱岛的政治经济中心，同时也是夏威夷州最大的岛屿城市，汇集市政建筑、银行和大型购物中心。城市至今保留着浓厚的种植园时代影像，漫步街道感受舒适惬意。利胡埃的主要历史景点是位于城市中心的考爱岛博物馆和郊区的基洛哈纳宅邸，它们作为了解种植园时代的历史博物馆对外开放。

出行参考

游乐	
观光	★
休闲活动	★★★
购物	★★★
美食逛街	★★
交通	
租车	★★★★

区域面积

利胡埃机场到利胡埃市区2千米（10分钟）；到安可科夫购物中心0.8千米（5分钟）；到盖伊路约3千米（5分钟）。＊途经51号线—58号线那维利维利公路；卡乌茂利伊公路。

ACTIVITY 休闲活动

考爱岛环礁湖高尔夫球场临近万豪酒店，由杰克·尼古拉斯设计。其中，基埃雷球场有很多球技高手，有信心的游客一定不要错过。

SHOPPING & GOURMET 购物 &美食逛街

库库伊丁香花购物中心内有梅西百货、K超市等大型商店；安可科夫购物中心、港口商厦内设有许多美味餐厅。

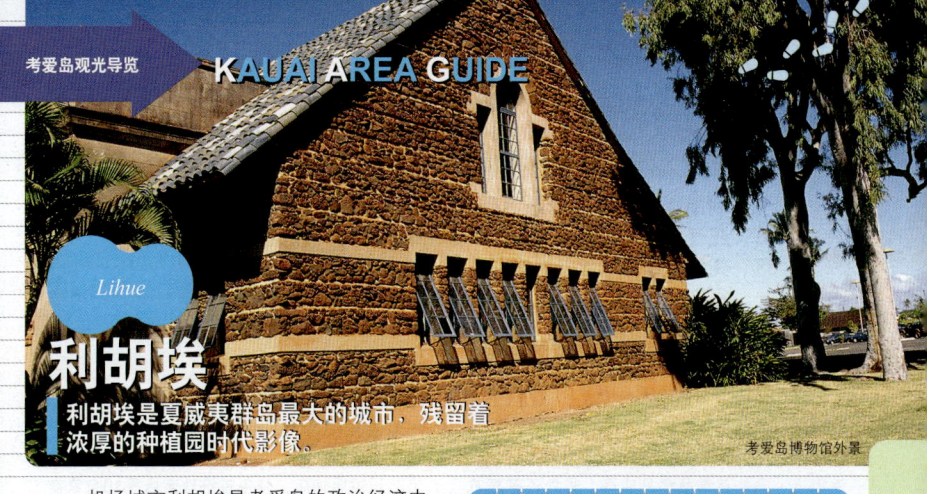

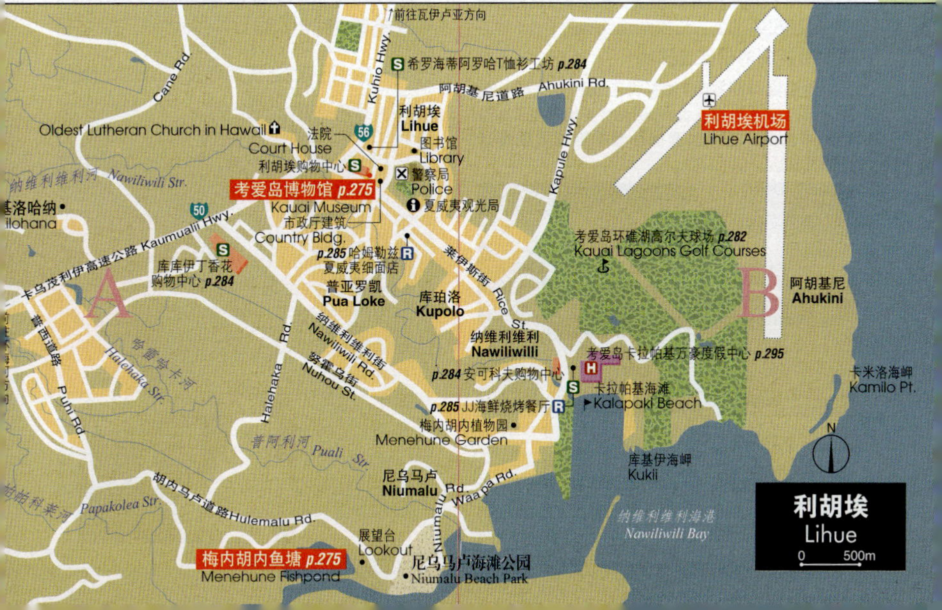

前往瓦伊卢亚方向
希罗海蒂阿罗哈T恤衫工坊 p.284
阿胡基尼道路 Ahukini Rd.
Kuhio Hwy.
Cane Rd.
利胡埃 Lihue
Oldest Lutheran Church in Hawaii
法院 Court House
利胡埃购物中心
图书馆 Library
警察局 Police
夏威夷观光局
Kapule Hwy.
利胡埃机场 Lihue Airport
纳维利维利河 Nawiliwili Str.
基洛哈纳 Kilohana
考爱岛博物馆 p.275 Kauai Museum
市政厅建筑 Country Bldg.
Kaumualii Hwy.
卡乌茂利伊高速公路
p.285 哈姆勒兹 夏威夷细面店
库库伊丁香花购物中心 p.284
普亚罗凯 Pua Loke
库珀洛 Kupolo
莱伊斯街 Rice St.
考爱岛环礁湖高尔夫球场 p.282 Kauai Lagoons Golf Courses
阿胡基尼 Ahukini
哈雷哈卡河 Halehaka Str.
盖伊路
Puhi Rd.
Halehaka Rd.
纳维利维利 Nawiliwili
纳维利维利街 Nawiliwili Rd.
努霍乌街 Nuhou St.
考爱岛卡拉帕基万豪度假中心 p.295
p.284 安可科夫购物中心
卡拉帕基海滩 Kalapaki Beach
卡米洛岬 Kamilo Pt.
p.285 JJ海鲜烧烤餐厅
梅内胡内植物园 Menehune Garden
普阿利河 Puali Str.
尼乌马卢 Niumalu
Waapa Rd.
Niumalu Rd.
库基伊海岬 Kukii
胡内马卢道路 Hulemalu Rd.
Papakolea Str.
纳维利维利海港 Nawiliwili Bay
展望台 Lookout
梅内胡内鱼塘 p.275 Menehune Fishpond
尼乌马卢海滩公园 Niumalu Beach Park
利胡埃 Lihue
0 500m

利胡埃
Lihue

利胡埃是考爱岛的政治经济中心，当地拥有机场、市政建筑等，还有大型购物场所库库伊丁香花购物中心，餐饮主要分布在市区，美食风味基本面向当地居民。

利胡埃　购物中心
安可科夫购物中心
Anchor Cove Shopping Center

比邻卡拉帕基黑滩

安可科夫购物中心入驻有ABC超市、T恤衫专卖店、岛屿首饰品精品店等，另外还有旅游观光直升飞机服务机构，游客可以预约报名参加考爱岛团体游。

MAP p.283-B

3416 Rice St.　246-4422
8:00~21:00（具体时间因商家而异）休 无

利胡埃　购物中心
库库伊丁香花购物中心
Kukui Grove Center

考爱岛规模最大的购物商场

库库伊丁香花购物中心设有梅西百货、K超市、长裙服饰店、特色首饰珠宝店等40余家商铺和餐饮区，购物方便。

MAP p.283-A

Kukui Grove Center　245-7784
9:30~19:00（星期五~21:00、星期日10:00~18:00、具体时间因商家而异）休 无

利胡埃　阿罗哈T恤衫
希洛海蒂阿罗哈体恤衫工坊
Hillo Hattie

阿罗哈礼物的最佳选择地

希洛海蒂阿罗哈T恤衫由工坊独立生产，直接营销。游客可以在此购买到物美价廉的T恤衫和沐沐长裙，还可以选择新婚服饰或者馈赠家人的礼物。

MAP p.283-A

3-3252 Kuhio Hwy.　245-3404
9:00~19:00　休 无

旅行 小贴士

考爱岛土红色衬衫

土红色衬衫使用考爱岛的红土染色，深受游客欢迎，当然也是回程必带的固定礼品。大自然的红土色泽具有极强的视觉冲击感，但是成品服饰的颜色非常契合预想，可以接受。购买后在穿着之前需要在热水浸泡，并滴入几滴醋，避免掉色。清洗时可以使用洗衣液或餐具清洗剂，但是不可以和其他衣物混合洗涤。

卡帕阿
卡帕阿工艺品店
Kapaia Stitchery

夏威夷风情编织品

手艺引领夏威夷工艺品

热爱夏威夷风情编织品的游客一定不要错过卡帕阿手工艺品店。店内手工艺品独具考爱岛元素,图案五彩缤纷,形态多样。店内有考爱岛原住民艺术家制作的布艺锅垫,手工艺品售价8.95美元起;店铺温馨舒适,店家还会亲授制作方法,有兴趣的游客可以前去购物、学习。

MAP p.273-F

☎ 3-3551 Kuhio Hwy. ☏ 245-2281
🕘 9:00~17:00 休 星期日

利胡埃
哈姆勒兹夏威夷细面店
Hamura's Saimin

夏威夷细面

夏威夷细面源自考爱岛

哈姆勒兹夏威夷细面店被称为夏威夷细面的鼻祖商店,是考爱岛之行中不可或缺的一道美食。面店成立50余年,最早由现在的掌门人罗丽的祖父母创建。小碗细面$5.50、中碗细面$5.75、大碗细面$6.25、超级大碗细面$6.50。饭后甜点推荐椰奶派,每份$3.25,有很多食客慕名前来。

MAP p.283-A

☎ 2956 Kress St. ☏ 245-3271
🕘 10:00~22:30 (星期五、星期六~24:00,星期日~21:30)
休 无 $ $5~

安可科夫购物中心
JJ海鲜烧烤餐厅
JJ's Broiler

海鲜&烧烤

享受美食的同时欣赏海滩美景

JJ海鲜烧烤餐厅位于卡拉帕基海滩附近,美味菜品采用独家烧烤方法,极品牛排烧烤和午餐三明治每份售价$11.99,游客可以前去品尝。

MAP p.283-B

☎ 3416 Rice St.,Anchor Cove Shopping Center
☏ 246-4422 🕘 11:00~21:00 休 无
$ 午餐$11~、晚餐$26~

考爱岛观光导览　KAUAI AREA GUIDE

瓦伊卢亚—卡帕阿

Wailua-Kapaa

瓦伊卢亚—卡帕阿山体一侧有原住民活动遗址等观光景点，靠海附近是度假中心集中区，环境舒适惬意。

瓦伊卢亚到卡帕阿之间绵延着一条椰林海岸白沙滩，聚集着很多酒店、公寓酒店和购物中心等。山体一侧有羊齿洞穴、原住民活动遗址、瓦伊卢亚河流、欧帕埃卡亚瀑布等观光景点，值得游客前去欣赏。

ACTIVITY　休闲活动

瓦伊卢亚到卡帕阿之间的东海岸被称为椰林海岸，游客可以在这里游泳、划船；瓦伊卢亚河流是皮划艇运动的休闲佳地；在瓦伊卢亚高尔夫球场，游客可以一边眺望大海一边纵情挥杆。

SHOPPING & GOURMET　购物 & 美食逛街

瓦伊卢亚和卡帕阿城区规模较小，游客可以在购物中心、酒店内购物和餐饮，虽没有特色但也无可厚非。

羊齿洞穴景观

出行参考

游乐
- 观光　★★★
- 休闲活动　★★★
- 购物　★★★
- 美食逛街　★★★
- 交通
- 租车　★★★★

区域面积
利胡埃→瓦伊卢亚8km（5分钟）→卡帕阿2km（5分钟）
＊途经56号线库西欧公路。

瓦伊卢亚—卡帕阿　观光景点

瓦伊卢亚河州立公园
Wailua Riv. State Park

MAP p.286-A

瓦伊卢亚河是考爱岛最大的河流，河流周边建立有广阔的州立公园。羊齿洞穴和欧帕埃卡亚瀑布等观光景点位于园区。相传瓦伊卢亚河周边是夏威夷文化的发源地，很多传说和历史遗址都在讲述着当地古老的文化。

瓦伊卢亚周边
Environs of Wailua
0　　1km

- 沉睡巨人 p.275　Sleeping Giant
- 欧帕埃卡亚瀑布　Opaekaa Falls
- 瓦伊卢亚河　Wailua R.
- 羊齿洞穴 p.275,288　Fern Grotto
- 贝尔神石　Bell Stones
- 瓦伊卢亚河州立公园 p.286　Wailua Riv. State Park
- 史密斯热带天堂　Smith's Tropical Paradise
- 珀哈库·霍欧·哈那如 p.288　Pohaku Hoo Hanau
- 霍洛·霍洛·库神庙　Holo Holo Ku Heiau
- 瓦伊卢亚　Wailua
- 莱尼珀珀购物中心 p.287
- 帕戈达古董精品店 p.287
- 雅诗顿阿罗哈海滩酒店　Lydgate State Park
- 假日酒店
- 雅诗顿岛屿海滩酒店 p.294
- 考爱岛拉琅那尼奥特瑞格公寓酒店
- 瓦伊珀乌利　Waipouli
- 科希尼·珀诺·卡非酒店
- 卡帕阿　Kapaa
- 库希亚　Kuhio Hwy
- 卡帕阿海滩公园　Kapaa Beach Park
- 瓦伊卢亚海湾　Wailua Bay
- 考爱岛度假村购物中心
- 木瓜生鲜超市&咖啡屋 p.288
- 考爱岛海岸线度假酒店 p.294
- 椰林商贸市场 p.287
- 布巴汉堡店 p.287

AUAI Is. SHOP & RESTAURANT GUIDE 考爱岛购物&美食指南

瓦伊卢亚—卡帕阿
Wailua-Kapaa

瓦伊卢亚周边分布着大小各式购物商厦，游客可以在购物商厦享用美食。卡帕阿市区洋溢着浓郁的地方特色，部分商铺面向游客。

卡帕阿　购物中心
椰林商贸市场
Coconut Market Place

小型商贸中心　椰林环绕四周

椰林商贸市场极具地方特色，市场内几乎没有大型购物商店，除了12家餐饮店之外，主要有土特产店、服饰精品店、珠宝店等50余家小型店铺。漫步其中，游客或许会发现许多意想不到的宝物呢！

MAP　p.286-A

4-484 Kuhio Hwy. ☎822-3641 9:00~21:00（星期日10:00~18:00，具体时间因商家而异）休无

瓦伊卢亚　古董
帕戈达古董精品店
Pagoda

古董精品新上市

帕戈达古董精品店2011年春季开业，店内有夏威夷旧式家具、古董家具等，家具造型优雅，陈设摆件充满厚重的历史感。

MAP　p.286-A

4-369 Kuhio Hwy. ☎821-2172 10:00~18:00（星期二12:00~、星期六16:00）休星期日、星期一

卡帕阿　咖啡
布巴汉堡店
Bubba's Burgers

人气汉堡老店　分量十足　食材丰富

布巴汉堡店创业于1936年，店内人气汉堡使用考爱岛产出的牛肉，脂肪含量只有10%，营养健康，深受当地居民和游客的喜欢。大火烤制的汉堡沿用古老的制作方法，使用番茄酱和玉米仁。豪华汉堡每份售价$4、双层汉堡每份$6、巨无霸每份$7.75。

MAP　p.286-B

4-1421 Kuhio Hwy.,Kapaa ☎823-0069 10:30~20:00 休无 $5~

离岛　287　考爱岛

卡帕阿　**食品&咖啡**

木瓜生鲜超市&咖啡屋
Papaya's Natural Foods & Cafe

自然派生鲜超市兼咖啡屋

木瓜生鲜大型超市汇聚当地种植的新鲜有机蔬菜、糕点和调味料，除此之外还有洗发、护肤品等。店内一角设有自然派咖啡屋，游客可以在露天阳台上享用美食。新鲜制作的熟食品每份售价7.99美元不等，香辣墨西哥卷饼2个9.99美元。店内还有热带水果风味的冰激凌。超市内的美食方便带走，游客可以在旅行途中享用午餐，方便快捷。

MAP p.286-A

- 4-831 Kuhio Hwy.　823-0190
- 8:00~20:00（星期日10:00~17:00）
- 休 无　$8~

旅行小贴士

漫游古代夏威夷胜地　深切感受丰富的大自然资源！

夏威夷群岛中，考爱岛历史最悠久，地貌结构常年经受热带风雨的洗礼，起伏变化莫测，独具自然魅力。岛内拥有生机盎然的美丽景观，因而有"庭院岛"的美称。环绕瓦伊卢亚河流附近分布着许多古代夏威夷时代的圣地，游客可以乘坐游览船顺流而下，一路观光探险，会发现过去举办王室婚礼大典的圣地和羊齿洞穴迷人的自然景观。羊齿洞穴团体游／Fern Grotto：821-6892、大人$20、儿童（2~12岁）$10、需要1小时20分、每日发团4次（9:30、11:00、14:00、15:30）http://www.smithskauai.com）MAP p.286-A

羊齿洞穴延伸而下直至湖面，沉浸在美丽的山湖风光中令人感到无比幸福

游客可以在观光游轮上欣赏到夏威夷风情歌舞表演和草裙舞迷你秀

考爱岛观光导览 KAUAI AREA GUIDE

普林斯维尔
Princevill

考爱岛面积不大，却坐拥着普林斯维尔大型休闲度假区，气氛悠闲惬意。

哈纳莱伊海湾的夕阳景色

普林斯维尔度假区占地约为4公顷，集酒店、高尔夫球场等项目于一身，游客可以在度假区内体验到完整的休闲活动。56号线公路沿线的哈纳莱伊小镇只有500余米长的细长街道，走到尽头就是凯埃海滩。

ACTIVITY 休闲活动

考爱岛北海岸海滩碧波平稳，游客可以享受海水浴。纳帕利海岸被称为断崖秘境之地，附近的人气休闲活动有星际漂流、环山漫游、哈纳莱伊海湾皮划艇等。

SHOPPING & GOURMET 购物 & 美食逛街

普林斯维尔度假区内餐饮、购物较为集中，游客可以在哈纳莱伊小镇的购物商场选购商品。

出行参考

游乐	
观光	★★
休闲活动	★★★
购物	★★
美食逛街	★★
交通	
租车	★★★★★

区域面积
利胡埃机场→普林斯维尔50km(1小时)→哈纳莱伊(青阳)度假中心购物商城2km(10分钟) *途经56号线库西欧公路。

普林斯维尔周边 观光景点

瓦伊卡那罗亚&瓦伊卡帕拉埃洞穴
Waikanaloa & Waikapalae Wet Caves
MAP p.289-A

瓦伊卡那罗亚&瓦伊卡帕拉埃洞穴位于库西欧哈威终点附近，洞穴内水流充盈。相传这里居住着火神佩蕾，佩蕾仰慕当地青年首领罗西阿乌，化身为美丽娇娘和罗西阿乌共谱一段恋情。马尼尼霍洛洞穴位于附近，相传梅内胡内族把抢夺鱼群的恶魔禁闭在此。

哈纳莱伊山谷瞭望台
Hanalei Valley Lookout
MAP p.289-B

哈纳莱伊山谷瞭望台前方视野开阔，绿色的山谷中一片芋头田地浮现在眼前。山上降落的雨水流入河川继而用于栽培芋头。用芋头磨制而成的"Poi料理"是当地居民的主食，田间种植芋头是夏威夷各地的代表性风景。哈纳莱伊当地的芋头种植面积大约有24.5万平方米，占夏威夷芋头总产量的62%。

离岛 289 考爱岛

普林斯维尔&哈纳莱伊周边
Around Princeville and Hanalei
0 — 3km

凯埃海滩 Kee Beach
哈埃那 Haena
哈埃那海滩公园 Haena Beach Park
马尼尼霍洛洞穴 Maniniholo Dry Cave
瓦伊卡帕拉埃洞穴 p.289 Waikapalae Wet Cave
瓦伊卡那罗亚洞穴 p.289 Waikanaloa Wet Cave
Wainiha Bay
卢马哈伊海滩 Lumahai Beach
Wainiha
哈纳莱伊海湾 Hanalei Bay
p.290 哈纳莱伊特色礼品店&画廊
p.290 青阳度假中心购物商城
瓦伊欧利教会之家 Waioli Mission House
哈纳莱伊 Hanalei

普林斯维尔 Princeville
普林斯维尔普珀拉亚酒店
p.293 普林斯维尔圣瑞吉斯度假中心
p.293 普林斯维尔海湾度假中心
普林斯维尔城堡度假中心 p.294
普林斯维尔马卡伊高尔夫俱乐部 Princeville Makai Golf Club
普林斯维尔购物中心
哈纳莱伊山谷瞭望台 p.289 Hanalei Valley Lookout
普林斯维尔王子高尔夫俱乐部 p.282 Prince Golf
考爱岛皮划艇漂流系列
Hanalei Museum
哈纳莱伊中心
黄色古董交易商铺

普林斯维尔
Princevill

考爱岛北侧有普林斯维尔和哈纳莱伊小镇，周边有飞机场、高级度假中心和极具地方色彩的街道。哈纳莱伊购物、餐饮主要位于青阳（Ching Young）度假中心购物商城。

哈纳莱伊 / 购物中心
青阳度假中心购物商城
Ching Young Village Shopping Center

商店装饰质朴　历史余味犹存

青阳度假中心购物商城位于哈纳莱伊小镇核心地段，汇集银行、超市、T恤衫专卖店和休闲活动用品专卖店。商城内商店风格完全不同于火奴鲁鲁、利胡埃等地商店的都市风情，质朴的风味至今保留着考爱岛的特色，商城有6家餐饮店。

MAP p.289-B
- 5-5190 Kuhio Hwy., Hanalei
- 826-7222
- 9:00~18:00（具体时间因商家而异）
- 休 无

哈纳莱伊 / 古董店
黄鱼古董交易商铺
Yellowfish Trading

可爱的古董深受收藏者垂涎

黄鱼古董交易商铺收藏种类缤纷多彩，有夏威夷手工制作的欧美古董、现代家具、杂货以及夏威夷文献等。店内角落处摆放的草裙舞人偶生产时间分别是20世纪30~50年代等，售价从$85~350。对于古董收藏爱好者而言，这里的宝物绝对不可错过；即使不是古董爱好者，光临店内也会有意想不到的收获。

MAP p.289-B
- Hanalei Center 5-5161 Kuhio Hwy.
- 826-1227
- 10:00~20:00
- 休 无

青阳度假中心购物商城 / 艺术品
哈纳莱伊特色礼品店&画廊
Hanalei Gifts & Gallery

只销售夏威夷作家的艺术作品

哈纳莱伊特色礼品店&画廊由考爱岛当地艺术创作者共同经营销售，店内艺术品都是手工制作，不仅有画作，还有服饰和家具等。

MAP p.289-B
- 5-5190 Kuhio Hwy., Hanalei Ching Young Village SC
- 826-6441
- 10:00~18:00
- 休 无

波普海滩

考爱岛南部的科洛阿小镇和波普小镇，新旧如两重天。

Poipu Beach

波普海滩

科洛阿小镇位于利胡埃和波普沿途之中，道路沿线上超市、商店整齐排列，长达200余米，宛如昔日夏威夷风情景象。波普小镇以凯悦丽晶度假中心为代表，有酒店、公寓酒店等各式大型度假中心。

出行参考

游乐	区域面积
观光 ★	利胡埃-科洛阿18km（35分钟）-波普3km（10分钟）
休闲活动 ★★	
购物 ★★	
美食逛街 ★★	※途经50号线卡乌木阿利伊公路，沿520号线马卢西亚路穿越树林隧道，道路两侧种植着茂密的蓝桉巨木林。
交通	
租车 ★★★★★	

ACTIVITY　●休闲活动

波普小镇有凯悦高尔夫球场和基胡那高尔夫球场，海滩公园内侧四周有防波堤环绕，海浪平稳，适宜安心享受浮潜运动。

SHOPPING & GOURMET　●购物 & 美食逛街

游客可以在科洛阿小镇或者波普购物商厦购物、享受美食。

波普海滩周边　

科洛阿老城
Old Koloa Town
MAP p.291-A

1835年，夏威夷人首次在科洛阿成功栽培种植蔗糖。科洛阿老城的主干街道再现了20世纪50年代的城镇街景，置身其中仿佛穿越了时光。城市中心的庭院处有曾经的辉煌时代修建的科洛阿历史纪念中心。

波普海滩公园
Poipu Beach Park
MAP p.291-B

波普海滩白沙干净漂亮，是考爱岛中人气最高的海滩之一。当地海域有夏威夷特有的海豹，白天睡觉的作息时间异于常类，是濒临灭绝的物种之一。海滩禁止拍摄鱼群，游客应该文明观光。

波普海滩周边 / Around Poipu Beach

波普海滩
Poipu Beach

波普海滩周边汇集酒店、公寓酒店，是考爱岛最大的度假中心。游客可漫步科洛阿老城区观光，感受悠闲惬意的氛围；附近的购物商店主要集中在波普购物中心。

波普 | 购物中心
波普购物中心
Poipu Shopping Village

波普海滩周边唯一的购物商厦

波普购物中心是海滩周边唯一的购物商厦，商场内有数家餐饮店。每逢星期二、星期四，下午17:00~17:30会举办塔希提风情表演秀。

MAP p.291-B
- 2360 Kiahuna Plantation Dr.,Poipu ☎742-2831
- 9:30~21:00（星期日10:00~19:00、具体时间因商家而异）
- 休 无

科洛阿 | 超市
斯艾欧卡快餐便利店
Sueoka's Snack Shop

便携式午餐

斯艾欧卡商店有超市和快餐便利店，夏威夷式米饭套餐深受当地居民喜欢，经常有食客排长队等候，非常有名。

MAP p.291-A
- 5392 Koloa Rd.,Koloa ☎742-1112
- 8:30~17:00 休 星期一
- $5~

科洛阿 | 咖啡
科洛阿米尔冰激凌&咖啡工坊
Koloa Mill Icecream & Coffee

自制甜品种类丰富的咖啡厅

店里浇上樱桃和菠萝等果酱的刨冰（$3.50）和烤玉米冰激凌（$3.90）非常值得尝试。

MAP p.291-A
- 5424 Koloa Rd.,Koloa ☎742-6544
- 7:00~21:00 休 无

波普购物中心 | 礼品店
泥沙人礼品店
Sand People

选购礼品的最佳商店

泥沙人礼品店销售商品种类繁多，有T恤衫、凉鞋等服饰鞋履类，还有珠宝首饰、香水等，最适合选购作为礼品。游客可以进店选购，仔细挑选会有意想不到的收获。

MAP p.291-B
- 2360 Kiahuna Plantation Dr.,Poipu Shopping Village
- ☎742-2888 9:30~21:00（星期日10:00~） 休 无
- ※ 同一购物商场设有儿童用品专卖店。

科洛阿 | 香皂&蜡烛
岛屿香皂和蜡烛手工坊
Island Soap & Candle Works

销售现场制作的香皂

岛屿手工坊制作的香皂和蜡烛色彩柔和，游客可以在店内一边欣赏制作过程一边选购。每种产品都有命名为"雨"和"森"等的系列，香气轻柔，具有治愈身心的功效。

MAP p.291-A
- 5428 Koloa Rd.,Koloa ☎742-1945
- 9:00~21:00
- 休 无

KAUAI Is. HOTEL GUIDE
考爱岛酒店指南

考爱岛的酒店、公寓酒店集中在普林斯维尔、波普和利胡埃境内。利胡埃机场设有岛内观光航线，境内旅游十分方便。

● Hotel & Condominium

- 🍴 餐厅
- 📺 电视
- 🏊 泳池
- 🧊 冰箱
- 💆 水疗会所&健身馆
- 🔒 保险柜
- Kp 儿童游乐项目
- 🙂 幼儿设施
- Hp 酒店客服
- ℹ️ 游客咨询服务处

普林斯维尔 | 酒店

普林斯维尔圣瑞吉斯度假中心
St.Regis Princeville Resort

**度假中心氛围悠闲
空间构造极尽奢华**

普林斯维尔圣瑞吉斯度假中心位于哈纳莱伊海湾的白沙滩，被优美的自然景色所环抱，地理位置绝佳。从酒店大堂到泳池，所到之处处处都能欣赏到秀美的海滩风景。度假中心还有世界顶级的高尔夫球场和多种夏威夷风情休闲活动，缤纷多彩的游客休闲娱乐项目期待游客前来体验。

MAP p.289-B
- ✉ 5520 Ka Haku Rd., Princeville
- ☎ 826-9644 FAX 826-1166
- 🛏 251间
- 💲 $450~6575
- 🚗 从利胡埃机场乘车大约45分钟
- HP stregisprinceville.com

普林斯维尔 | 酒店&公寓酒店

哈纳莱伊海湾度假中心
Hanalei Bay Resort

可以眺望到传说中的巴里海伊风景

哈纳莱伊海湾度假中心酒店住宿区位于高地上，公寓酒店低层建筑位于沿海一侧的广阔空地上。游客可以从巴里哈伊餐厅远眺传说中的巴里海伊风景，正前方是哈纳莱伊溪谷和海湾。夕阳西下时分，沉浸在美丽的热带风情中，游客可以在此度过极致的假日时光。

MAP p.289-B
- ✉ 5380 Honoiki Rd.
- ☎ 826-6522 FAX 826-6680
- 🛏 280间 🍴 酒店泰式料理$115~、公寓酒店$179~
- 🚗 从利胡埃机场乘车大约60分钟
- HP www.hanaleibayresort.com

离岛　293　考爱岛

酒店设施标志
🍴餐厅　🏊泳池　🍺酒吧&健身馆　Kp儿童游乐项目　Hp酒店客服
📺电视　🧊冰箱　🔒保险柜　🙂幼儿设施　ℹ️游客咨询服务处

普林斯维尔

公寓酒店

普林斯维尔城堡度假中心
Castle at Princeville

建在断崖上　遥望太平洋

普林斯维尔城堡度假中心建在断崖之上，遥望太平洋，傍晚时分落日景致十分美丽。公寓酒店客房空间宽敞，最适合家庭住宿。客房装饰五彩绚烂，明亮舒适。从入住酒店乘车前往哈纳莱伊市区大约10分钟，购物方便。酒店设有网球场、泳池和按摩浴缸等，设施完善。

MAP p.289-B

- 5300 Ka Haku Rd.,Princeville
- 826-9066　FAX 826-4159
- 102间　最少住宿2晚　S 单人间$149~、标间$248~
- 从利胡埃机场乘车大约45分钟
- HP www.castleatprinceville.com

卡帕阿

酒店

雅诗顿岛屿海滩酒店
Aston Islander on the Beach

海景房酒店　快捷舒适

雅诗顿岛屿酒店位于椰林种植园度假区，游客入住酒店后可以前往海滩。

MAP p.286-A

- 440 Aleka Place，Kapaa
- 822-7417　FAX 822-1947　198间　S $179~395
- 从利胡埃机场乘车大约10分钟
- HP www.astonhotels.com

卡帕阿

公寓酒店

考爱岛海岸线度假酒店
Kauai Coast Resort

经济划算　大海近在眼前

考爱岛海岸线度假酒店洋溢着波西米亚风情，宽敞的客房位于海滩边，不仅景致良好而且购物方便，入住酒店经济划算。

MAP p.286-A

- 520 Aleka Loop，Kapaa　822-3441　FAX 822-0843
- 108间　最少住宿1晚　S $225~
- 从利胡埃机场乘车大约20分钟
- HP www.shellhospitality.com

卡帕阿

公寓酒店

考爱岛拉埃那尼奥特瑞格公寓酒店
Lae Nani Resort Kauai by Outrigger

感受波西米亚的生活方式

考爱岛拉埃那尼奥特瑞格公寓酒店是一座具有波西米亚风情的建筑物，四周环绕的椰树林搭配白净的沙滨海岸，风景如画。酒店地理位置优越，方便参观羊齿洞穴。

MAP p.286-A

- 410 Papaloa Rd.,Kapaa　822-4938　FAX 822-1022
- 84间　最少住宿3晚　S $369~505
- 从利胡埃机场乘车大约20分钟
- HP outrigger.com

卡帕阿

酒店

雅诗顿阿罗哈海滩酒店
Aston Aloha Beach Hotel

海景房酒店　景致良好

雅诗顿阿罗哈海滩酒店是考爱岛唯一一家毗邻海滩而建的酒店，游客可以享受游泳和浮潜的乐趣。酒店有两种房型，从客户窗户遥望，景致良好，令人心情舒畅。

MAP p.286-A

- 3-5920 Kuhio Highway，Kapaa　823-6000
- FAX 823-6666　216间　最少住宿1晚
- S $135~275　从利胡埃机场乘车大约20分钟
- HP www.astonhotels.com

利胡埃 — 酒店
考爱岛卡拉帕基万豪度假中心
Kauai Marriott Resort on Kalapaki Beach

大型高水准酒店

2010年7月，考爱岛卡拉帕基万豪度假中心所有客房历时9个月，全部完成翻新修建。酒店建筑面向卡拉帕基海滩，地理位置优越。游客入住酒店后可以尽情享受美丽的夏威夷假日时光，感受优雅而又不失自然的风情。酒店拥有夏威夷最大规模的室外泳池和5个按摩浴缸，还设有亲子水上滑道，设施完善。

MAP p.283-B

Kalapaki Beach 3610 Rice St，Lihue ☎245-5050 FAX 245-5049
356间 $369~
从利胡埃机场乘车大约5分钟
www.marriott.com/lihhi

利胡埃 — 公寓酒店
考爱岛海滩别墅酒店
Kauai Beach Villas

毗邻环礁湖
海风徐徐 休闲舒适

考爱岛海滩别墅酒店拥有海景住宅，8栋别墅建筑环礁湖而建。住宿区绿地茵茵，可以看到海鸥和小鸟的身影，适合休闲漫步。

MAP p.273-F

4330 Kauai Beach Dr.,Lihue
☎241-1000 FAX 241-1005
105间 最少住宿1晚
$215~
从利胡埃机场乘车大约10分钟
www.beachvillaskauai.com

波普 — 酒店
喜来登考爱岛度假酒店
Sheraton Kauai Resort

临近辽阔大海
有治愈身心的功能

喜来登考爱岛度假酒店位于波普海滩沿岸，分为海景房住宿区和庭院住宿区。酒店内部设有健身房、按摩室等，设施完善。2012年，酒店大堂、泳池等公共区域经过整修，焕然一新。翻新后的就餐区视野开阔，游客可以享用到传统的夏威夷美食和当地的特色料理。

MAP p.291-B

2440 Hoonani Rd.,Poipu Beach ☎742-1661 FAX 742-9777
394间 最少住宿1晚 $509~ 从利胡埃机场乘车大约30分钟
sheraton-kauai.com

酒店设施标志：餐厅 泳池 酒吧&健身馆 儿童游乐项目 酒店客服 电视 冰箱 保险柜 幼儿设施 游客咨询服务处

离岛 考爱岛

波普 / 酒店

凯悦考爱岛度假酒店 & 水疗中心
Grand Hyatt Kauai Resort & Spa

传统度假酒店
洋溢着南国自然风情

　　凯悦考爱岛度假酒店&水疗中心建筑古朴优雅，客房空间宽敞明亮，所有客房卫生间配有TOTO洗浴设备。酒店绿意葱茏，色彩缤纷，泳池精良；健身馆和水疗中心占地约为4200平方米，堪称岛内一流，荣获无数嘉奖。酒店有意大利风味餐厅、太平洋美食餐厅等7家餐饮店。酒店还设有儿童探险休闲项目，备受游客青睐。

MAP	p.291-B
✉	1571 Poipu Rd.,Koloa
☎	742-1234　FAX 742-1557
室	602间
$	$580~
交	从利胡埃机场乘车大约30分钟
HP	www.kauai.hyatt.com

| 波普 | 公寓酒店 |

马卡胡埃那波普海湾酒店
Makahuena at Poipu

临近海滩 海岬之上

马卡胡埃那波普海湾酒店位于海岬地带，环境优美。冬天入住，透过窗户有机会欣赏到座头鲸。

MAP p.291-B
- 1661 Pe'e Rd.,Poipu ☎742-2482 FAX742-2379
- 29间 ■最少住宿1晚
- $175~545 从利胡埃机场乘车大约30分钟
- www.castleresort.com

| 波普 | 公寓酒店 |

基亚胡那种植园&海滩别墅
Kiahuna Plantation and The Beach Bungalows

古典别墅 住宿氛围雅致

基亚胡那种植园&海滩别墅拥有悠久的历史，沿海而建，拥有私人海滩。

MAP p.291-B
- 2253-B Poipu Rd.,Poipu
- ☎742-2200 FAX742-1047
- 123间 ■最少住宿1晚 $159~1575
- 从利胡埃机场乘车大约30分钟
- www.castleresort.com

| 波普 | 公寓酒店 |

鲸鱼海湾酒店
Whaler's Cove

成人酒店 客房装饰风格多样

鲸鱼海湾酒店装饰风格高档优雅，是一家独具特色的成人酒店，适宜新婚夫妇或者迎接金婚蜜月的伴侣入住。

MAP p.291-A
- 2640 Puuholo Rd.,Poipu
- ☎742-7571 FAX742-1185 39间 ■最少住宿2晚
- $349~709 从利胡埃机场乘车大约30分钟
- www.whalerscoveresort.com

| 怀梅阿 | 公寓酒店 |

怀梅阿种植园别墅酒店
Waimea Plantation Cottages

感受19世纪夏威夷风情

怀梅阿种植园别墅酒店成立于100年前，其身是一座古老的种植园。入住酒店可以真切地感受到19世纪古老夏威夷的历史气息。酒店客房设施完善，适合居住。

| 波普 | 公寓酒店 |

波普海湾酒店
Poipu Shores

海水起浪时能够与海龟相遇

波普海湾酒店位于波普海岸沿线的岩石场地内，所有客房都是海景房，海水起浪时还能够看到海龟。

MAP p.291-B
- 1775 Pe'e Rd.,Poipu
- ☎742-7700 FAX742-9720
- 20间 ■最少住宿1晚 $249~1095
- 从利胡埃机场乘车大约30分钟
- www.castleresort.com

| 波普 | 公寓酒店 |

波普卡皮利酒店
Poipu Kapili

可以在泳池边享用海滩烧烤

波普卡皮利酒店位于波普海滩度假区，建筑精致。店内所有客房均为海景房，庭院中央是"十"字形泳池，越过泳池可以欣赏到美丽的海边景色。

MAP p.291-B
- 2221 Kapili Rd.,Poipu ☎742-6449 FAX742-9162
- 60间 ■最少住宿2晚
- 单人间$225~、标间$365~
- 从利胡埃机场乘车大约30分钟
- www.poipukapili.com

MAP p.272-G
- 9400 Kaumualii Hwy.,Waimea
- ☎338-1625 FAX338-1923
- 57间 ■最少住宿1晚 $315~2259
- 从利胡埃机场乘车大约45分钟
- www.waimea-plantation.com

酒店设施标志 — 餐厅 泳池 酒吧&健身馆 儿童游乐项目 酒店客服 TV电视 冰箱 保险柜 幼儿设施 游客咨询服务处

拉奈岛 旅行信息 Lanai Is.

◆基本信息
人口：大约3100人（2010年）
地形：盾状地形结构，是因火山活动而形成的小岛，核心城市拉奈市位于中央高地山丘，周边是拉奈哈雷山山脚，横切岛屿中央。
面积：364平方千米。夏威夷主要岛屿中最小的岛屿。
气候：拉奈岛降雨量较少，是夏威夷群岛中最干旱的岛屿。拉奈市夏季白天最高温是29.4°C，夜晚最高温度是18.8°C，日夜温差较大；冬季白天最高温是24.4°C，夜晚最高温度是17°C，游客前往时需做好服饰准备。
州府：拉奈市
昵称：菠萝岛

◆拉奈岛的乐趣
拉奈岛小巧精致，山体一侧和沿海一侧的风景截然不同。来到拉奈岛，一定不能错过高尔夫、骑马、划艇等休闲活动。岛屿东北部是一片整洁干净的白沙滩，人气指数不高，游客可以来此感受独占海滩的快感。贸易风登陆海滩离去后，沙滩是另一番景象，值得前去观赏。驾车环游拉奈哈雷山山脚，茂盛的诺夫裸松树林不禁让人忘记此刻正置身于热带南国。拉奈岛四季度假中心科埃雷山庄酒店和拉奈岛曼内雷海湾四季度假中心是岛内两座世界级的度假酒店，风格迥异，游客可以入住感受不同的风情。

◆岛内交通
拉奈岛没有公共交通工具，只有达拉租车公司（内线565-7227），另外科埃雷山庄酒店和曼内雷海湾四季度假中心会有车辆接送游客。

◆机场
拉奈机场有前往火奴鲁鲁和岛内其他城市的航线。毛伊岛拉海纳和曼内雷海湾之间的船只1日往返5次。

◆旅游小贴士
拉奈岛岛内除了440号线、430号线公路，其余都是未铺装的红土道路，因此无论去哪个观光景点都需要驾驶四轮驱动车。如果租车，最好选择不沾红土并配有空调装置的四轮驱动车。另外，道路途中没有商店，游客最好提前准备快餐和饮料等。很多游客都是结束毛伊岛一日游行程后返回拉奈岛住宿酒店或者享受高尔夫运动。另外，还可以享受划艇等海边休闲活动；运气好的话能够与海豚一起游泳。如果计划在岛上多待几天，推荐您分别入住科埃雷山庄酒店和曼内雷海湾四季度假中心，两家酒店由同一家公司经营，酒店之间有巴士连接，可以共享器材设施和休闲场所。

[行程表]
以拉奈机场为始发点

前往拉奈市	3英里（5km）
前往科埃雷山庄酒店	4英里（6km）
前往曼内雷海湾	11英里（18km）
前往二战海难沙滩	3英里（5km）

01　MAP　p.299-A

众神花园
Garden of the Gods

众神花园风景胜地位于拉奈岛西北部。从拉奈市前往波利胡亚海滩的沿途中，荒凉的红土大地上翻滚着大小各式的熔岩石，不可思议的景观令人感觉眼前的一切仿佛是众神带来的恶作剧，但其实很多石堆是由游客堆积而成。

拉奈岛 Lanai Is.

02 二战海难沙滩 Shipwreck Beach
MAP p.299-A

二战海难沙滩位于拉奈岛西北部，美丽干净。深受莫洛拉伊岛和卡罗西海峡之间的贸易风影响，该处海浪湍急，多为船只的触礁之地。二战中遇难的船只至今仍遗留在原处。

04 拉奈市 Lanai City
MAP p.299-B

拉奈市位于岛屿中央的高地山丘，是岛内唯一的城市。市区内设有超市、银行、警察局和餐饮店。市区笔直挺拔的诺夫棵松树林景致优美。

03 胡洛普海湾 Hulopoe Bay
MAP p.299-B

胡洛普海湾和毛伊岛的拉海纳之间有船只往来，发船地点位于曼内雷海湾西侧。胡洛普海滩公园白沙连绵，是浮潜运动的知名场所。游客还可以在岩石沙场附近享受钓鱼的乐趣。

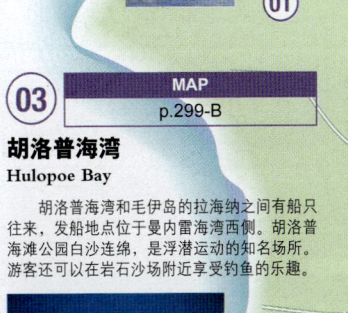

05 门罗小径 Munro Trail
MAP p.299-B

门罗小径和海拔1027米的拉奈哈雷山山脚相连接，风景秀美。历史上，一位名为乔治·门罗的新西兰人将诺夫棵松树引入岛内，小径因此得名。登顶拉奈哈雷山可以远眺夏威夷群岛的景观。

拉奈岛的观光景点以拉奈市为中心向3个方向辐射。驾车出游虽然效率较低，但由于岛屿面积较小，1天的出行时间就足够充分。乘坐车内，游客可以领略拉奈岛的自然风光。

在红土大地上出行必须驾驶四轮驱动车

尽情畅游拉奈岛

ACTIVITY MENU 1

驾驶四轮驱动车驰骋在红土大地上

自驾探险拉奈岛

众神花园中有无数岩石，日出和日落时分风景最美

01 波利胡亚海滩

波利胡亚海滩位于拉奈市以西，面向波利胡亚街道的牧场环形道路附近。穿过干旱美丽的针叶树林，在岔路口处右转行驶来到荒凉的红土大地，这里就是久负盛名的众神花园，园内到处是各式各样的岩石。继续前行是一道陡坡，岩石遍布，停车起步后需要变换挡位，建议您从4挡变为2挡。继续缓慢前行，待确认好前方的路面状况后下坡行驶，约20分钟抵达波利胡亚海滩。海滩风景秀丽，但是比较遗憾的是这里禁止游泳。海滩附近是海豹和海龟的栖息地，当地政府严格规定只可以观赏不可以靠近。从拉奈市到波利胡亚海滩驾车往返需要2小时。

01 波利胡亚海滩风景秀美，游客有机会和海龟相遇

| 拉奈市 | 波利胡亚路 9km | 众神花园 | 波利胡亚路 7km | 波利胡亚海滩 |

＊驾车注意事项　拉奈岛岛内除了440号线、430号线公路，其余都是未铺装的红土道路，游客最好租借装有顶级空调设备的四轮驱动车，租借敞篷车行驶在红土道路上会比较累。

02 二战海难沙滩

从拉奈市沿着430号向北行驶,途中弯道颇多,但是道路经过铺整驾驶感觉舒适。行驶中会斜穿拉奈哈雷山,游客可以看到莫洛凯岛。到达茂纳雷海岬附近以西后可以改变路径进入弯道前行,最后抵达二战海难沙滩。

沿430号线公路返回拉奈市区途中,科埃雷山庄酒店位于行驶线路左手转弯处。拉奈哈雷山的山脚处连接门罗小径,驾驶四轮驱动车穿越高大挺拔的诺夫棵松树林,别有一番趣味。站立在海拔为1062米的拉奈哈雷山远眺,景致最佳。如果天气状况良好,还可以远望到夏威夷群岛的风光(除考爱岛)。游客需要注意的是沿线雨天禁止行车。从拉奈市到二战海难沙滩往返需要1小时30分,前往拉奈哈雷山山顶往返大约需要4小时。

二战遇难船只至今停靠在浅滩处,游客可以驻足白沙滩观光风景

门罗小径直抵拉奈哈雷山,两侧种植的诺夫棵松树林移植自新西兰,道路和引入人同名

| 拉奈市 | 科欧姆库路 (Keomuku Rd.) 14km | 二战海难沙滩 | 门罗小径 Munro Trail 17km | 拉奈哈雷山山顶 |

★驾车注意事项★ 拉奈岛沙地行驶的秘诀在于不断前行,行驶中的意外停车反而会影响行程。禁止在海滩行车。拉奈市区全天限速,时速为15km,游客驾驶时需要严格遵守。

ACTIVITY MENU 2
轻松畅游拉奈岛
感受大自然的气息 体验豪爽快感

挑战者曼内雷高尔夫球场一景

在广阔无垠的大地上骑马纵横驰骋,感受扑面而来的自然风,舒适惬意

科埃雷高尔夫球场一景

01 高尔夫

拉奈岛地形起伏变幻,特殊的地理环境衍生了高级别的高尔夫球场。从美丽的球场眺望,风景绝佳。

科埃雷高尔夫球场 ☎565-4653/果岭费$185、酒店入住客人$125/星期一、星期二休息/MAP p.299-B

挑战者曼内雷高尔夫球场 ☎565-2222/果岭费$295、酒店入住客人$250/MAP p.299-B

02 骑马畅游

拉奈岛岛内车辆较少,道路尚未全部规整,所以骑马出行成为一项重要的交通方式,游客不妨尝试体验。科埃雷山庄酒店和曼内雷湾酒店为游客准备了骑马等休闲活动,即使不是入住的宾客也可以报名参加。

拉奈岛四季度假中心科埃雷山庄酒店 ☎565-7300/p.303参照

拉奈岛曼内雷海湾四季度假中心 ☎565-7700/p.303参照

03 海边休闲活动

科埃雷山庄酒店和曼内雷海湾酒店提供各种海边休闲活动设施;除此之外还有来自毛伊岛拉海纳的一日游观光团,通常清早发团,在拉奈岛享受浮潜、海底潜水等活动,傍晚时分返回毛伊岛。

拉奈岛四季度假中心科埃雷山庄酒店 ☎565-2000/p.303参照

拉奈岛曼内雷湾四季度假中心 ☎565-2000/p.303参照

趣乐活度假中心 ☎874-5649/拉奈岛探险观光团$199(星期一~星期五发团)、海边观光团$178(只有星期六发团)

拉奈岛
Lanai Is.

拉奈岛岛屿面积较小，除了沿海一侧的曼内雷海湾酒店以外，其余酒店、商厦都位于靠山的拉奈市。

拉奈市 | 礼品
Dis'N Dat礼品店
Dis'N Dat Shop

拉奈岛礼物的必选商店

Dis'N Dat礼品店内整齐摆放着许多拉奈岛特产及礼品，均出自手工制作。旅居当地的艺术家精心设计的首饰、杂货非常适合馈赠亲友。店内销售的项链是人气商品，和度假时尚服饰完美匹配。

MAP p.299-B
- 418 8th St.
- 565-9170
- 10:00~17:30
- 休 星期日

拉奈市 | 咖啡
565咖啡屋
Cafe 565

散步途中
稍作休息&享用午餐

565咖啡屋室内充满艺术气息，很多当地消费者都会特地前来品尝美食。餐厅纯天然蔬菜沙拉每份$7.95，夏威夷式米饭套餐每份$5.95~，比萨每份$13.95~。

MAP p.299-B
- 408 8th St.
- 565-6622
- 10:00~15:00、17:00~20:00
  （星期六只提供午餐；星期二、星期六）
- 休 星期日

拉奈市 | 健康有机食品
佩蕾花园餐厅
Pele's Other Garden

健康食品令素食主义者十分满足

佩蕾花园餐厅使用无农药栽培的有机蔬菜，火鸡三明治每份$7.75；大份芝士比萨每份$15.99~。店内菜品选用大量绿色蔬菜，利于营养吸收。

MAP p.299-B
- 811 Houston St.
- 565-9628
- 11:00~15:00、17:00~20:00
  （星期六只提供晚餐）
- 星期日 晚餐$30~
- pelesothergarden.com

拉奈市 | 酒店
拉奈岛海岸水上酒店
Aqua Hotel Lanai

古老的夏威夷风情酒店
入住令人心情愉悦

拉奈岛海岸水上酒店位于拉奈市，建筑小巧精致。1923年的拉奈岛以菠萝种植业为主，酒店前身是种植园主吉姆·多利修建的宾客休息室，也被称为俱乐部，随后历经岁月的洗礼一直沿用至今。入住酒店的游客可以感受到古老的夏威夷风情，极具艺术感的陈设令人心情愉悦，同时也展现了酒店独特的魅力。

MAP p.299-B
- 828 Lanai Ave.
- 565-7211
- FAX 565-6450
- 11间
- $145~299
- 从拉奈机场乘车大约15分钟

拉奈岛 | 酒店
拉奈岛四季度假中心科埃雷山庄酒店
Four Seasons Resort Lana'i, The Lodge at Koele

高地山丘上的别墅风高级酒店
装饰极尽奢华

拉奈岛四度假中心科埃雷山庄酒店位于高地山丘之上，前方是一片大牧场，酒店建筑呈别墅风格。酒店大堂内部的暖炉使用自然石堆砌，格调高雅。客房整洁优雅，装饰沉稳而又不失品位。临近的高尔夫球场由格雷格·诺曼设计。

MAP p.299-B

- One Keomoku Highway，P.O.Box 631380，Lanai City
- 565-4000　FAX 565-4561　室 102间　$ $395~
- 从拉奈机场乘车大约5分钟
- www.fourseasons.com

拉奈市 | 酒店
拉奈岛曼内雷海湾四季度假中心
Four Seasons Resort Lana'i at Manele Bay

可畅享夏威夷风情的度假酒店

拉奈岛曼内雷海湾四季度假中心和科埃雷山庄酒店风格截然不同，是一座典型的高级度假中心，氛围清新明亮。酒店建筑融合夏威夷传统风格和地中海特色，极具奢华感。酒店内所有客房都设有阳台，厚重感十足的艺术装饰品流露出酒店的高端品质。临近的高尔夫球场跨海而建，由杰克·尼古拉斯设计。

MAP p.299-B

- One Manele Bay Road，P.O.Box 631380，Lanai City
- 565-2000　FAX 565-2483　室 220间
- 花园客房$680~、海景房$980~
- 从拉奈机场乘车大约25分钟
- www.fourseasons.com

离岛 / 拉奈岛

莫洛凯岛 旅行信息
Molokai Is.

◆基本信息
人口：大约7300人（2010年）

地形：岛屿东部最高处海拔达1515米，岛屿西部多为连绵不断的丘陵和平原，最高处海拔只有421米。

面积：673.4平方千米。是夏威夷主要岛屿中第五大岛。

气候：年平均气温是27℃~31℃。与其他岛屿相比，莫洛凯岛昼夜温差至少达6度。

昵称：友情岛

◆莫洛凯岛的乐趣
莫洛凯岛最大的乐趣是可以在广袤无垠的大地中享受各种休闲活动，无拘无束地亲近自然，感受大自然的狂野。岛屿东部莫洛凯岛秘境——哈拉瓦溪谷，前往途中能够欣赏到莫阿乌拉瀑布等壮观美景。总之，来到莫洛凯岛，游客可以在闲适的自然环境中放松身心，感受不一样的旅行。

◆岛内交通
莫洛凯岛没有公共交通工具，游客可以在抵达之前请旅行团协商安排接送服务，或者选择租车。

◆机场
每天有欧哈那·巴伊·夏威夷航空公司和莫库勒勒航空公司的运行航线。

◆旅游小贴士
环游莫洛凯岛最好选择驾车出游。岛内面积较小，除去岛屿东侧的哈拉瓦溪谷和没有行车道的卡拉乌帕帕半岛，利用一天时间游览其余景点没有问题。游客也可以选择参加瓦胡岛发团的莫洛凯岛一日游观光团，十分便利。如果需要短暂住宿在岛内，推荐前往岛屿西侧的卡卢亚克伊度假中心或者汇集餐饮的卡乌那卡卡伊小镇。在当地，游客可以充分感受到质朴而又悠闲的莫洛凯岛气息，充分享受到丰富的自然资源带来的乐趣。

[行程表]

以莫洛凯机场为始发点
前往卡拉乌帕帕瞭望台	9英里（15km）
前往卡乌那卡卡伊	8英里（13km）
前往哈拉瓦溪谷	36英里（18km）
前往莫洛凯牧场	13英里（58km）
前往卡卢亚克伊度假中心	15英里（25km）

01 MAP p.304-A

帕珀哈库海滩
Papohaku Beach

帕珀哈库海滩位于岛屿西部，相传这里是夏威夷群岛中最美丽的海滩之一；海岸线绵延5千米，开阔宽敞。这里冬季贸易风强劲有力，波浪高涨，不适合进行海水浴。

©Maui Visitors Bureau

02 MAP p.305-B

霍奥莱胡阿奇石
Phallic Rock

霍奥莱胡阿奇石因外形酷似男性生殖器，所以古代夏威夷女性用来祈福多产。据说至今人们仍然相信女性触摸奇石后会有多子福。奇石位于一片树林中，从卡拉乌帕帕瞭望台停车场步行5分钟即可到达。

05 MAP p.305-C

哈拉瓦溪谷
Halawa Valley

哈拉瓦溪谷位于岛屿东部，堪称绿色秘境，初期由最早居住在莫洛凯岛的居民开拓，现在成为一片美丽的溪谷。山谷间的河流中可以游泳，境内落差为76米的莫阿乌拉瀑布气势壮观，堪称绝景。

03 MAP p.305-B

卡乌那卡卡伊
Kaunakakai

卡乌那卡卡伊是莫洛凯岛唯一的小镇，汇集了10余家商铺。游客可以驾车来到这里购买需要的物品。

卡马科乌山峰
▲ Kamakou
1515

04 MAP p.305-B

卡拉乌帕帕瞭望台
Kalaupapa Lookout

历史上，卡拉乌帕帕半岛是麻风病人的隔离之地，至今陆地交通只能靠步行或骑驴。卡拉乌帕帕瞭望台位于帕拉阿乌州立公园，在此可将半岛风光一览无遗。

06 MAP p.305-C

圣约瑟夫教堂
St.Joseph Church

圣约瑟夫教堂由德民·约瑟夫·德·贝斯塔神父修建。1873年，德民神父来到莫洛凯岛照顾被隔离的麻风病患者，最终不幸染疾而奉献了自己的生命。教堂内有神父的雕像。

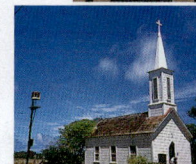

离岛
305
莫洛凯岛

莫洛凯岛 Molokai Is.

尽情畅游莫洛凯岛

莫洛凯岛南部有夏威夷最大的海滩

莫洛凯岛几乎没有购物场所，在小岛观光只需花费1天时间，但是岛内的自然风光无比清新舒适。莫洛凯岛观光景点有美丽的海滩、哈拉瓦溪谷、卡拉乌帕帕半岛等，游客可以亲身感受原生态的自然美景。

ACTIVITY MENU 1
欣赏珊瑚礁环绕四周的美景
悠闲漫步莫洛凯岛

01 浮潜在美丽的珊瑚礁海水中，能够用肉眼观察到五彩缤纷的海底世界

01 海滩浮潜

夏威夷群岛中，莫洛凯岛的大海边拥有最大面积的海滩和珊瑚礁，连绵不断。游客可以租借浮潜器材。推荐游客选择参加浮潜观光团，观光团会负责船运游客至珊瑚礁海滩附近。

浅水池，即使儿童游泳也比较放心

莫洛凯海水浴&潜水商店 ☎553-5926／租借器材费用$9.98（24小时）、珊瑚礁浮潜观光团$79（3.5小时）／需要预约

02 海底潜水

莫洛凯岛大海非常适合潜水运动，丰富的自然资源能令游客收获许多意外惊喜，游客会深深地沉浸其中。海底世界中珊瑚礁连绵不断，游客不仅可以欣赏到珍稀鱼群和海龟，冬天还能够和鲸鱼相遇。游客如果报名参加团体游，旅游公司会考量天气、涨潮情况并针对客人的期望安排完美的海底潜水体验。

莫洛凯海水浴&潜水商店 ☎553-5926／2个氧气瓶海底潜水每人$145、探险潜水项目每人$210／需预约

03 竞技垂钓

乘坐大型游轮来到莫洛凯岛大海中，享受竞技钓鱼的乐趣。有时候还会收获10千克以上的金枪鱼或其他海鱼，等待鱼儿上钩的过程非常刺激惊险。游轮会准备所有的钓鱼器材，并设有简易午餐。对于初次钓鱼的游客，游轮会安排经验丰富的工作人员传授技巧，所以即使是第一次钓鱼也不必担心。

莫洛凯海水浴&潜水商店 ☎553-5926／4小时（最多6人）$695~／需预约

ACTIVITY MENU 2

体验古代夏威夷乐趣

观览原生态自然景观

01 骡马骑行游

历史上曾经把麻风病患者隔离在卡拉乌帕帕半岛，至今仍没有行车道通往半岛，但是在卡拉埃牧场骑行骡马行驶山路的旅游项目深受游客欢迎。观光团早晨8点集合，告知游客骡马骑行的要领后准备出发。经过1小时30分的山路行驶，直接前往卡拉乌帕帕小镇，这里有圣菲罗纳美教堂，德民神父长眠于此。抵达卡拉乌帕帕后可以换乘巴士驶游小镇。午饭后再次骑行骡马，大约下午15:30抵达早晨出发地点。

莫洛凯海水浴&潜水商店　☎567-6088／所需时间：7小时／$199（含午餐等各项费用）／星期日休息／http://www.muleride.com

01

→ 骡马骑行观光团的出发地点一景

→ 卡拉乌帕帕小镇街道上树立着德民神父的雕像

骡马骑行观光团主要内容是经过险峻的山路时骑行在骡马背上，抵达小镇后换乘巴士观光

德民神父最早安睡在圣菲罗纳美教堂，游客可以参观教堂内部

离岛

307

莫洛凯岛

02 高尔夫

铁木球洞高尔夫俱乐部（Ironwood Hales Golf Club）是一座9球洞的大众高尔夫球场，价格适中，游客可以纵情挥杆放松。

铁木球洞高尔夫俱乐部　☎567-6000／$18/9球洞，$22/18球洞，半9球洞$8、$16/18球洞，下午15时以后9球洞半场／MAP p.305-B

9球洞的大众球场一景　02

03 自驾游观光

03

驶在岛内几乎没有信号灯的公路上悠闲惬意

前往岛屿东部的秘境之地哈拉瓦溪谷时，沿着海边自驾观光非常惬意。首先来到卡乌那卡卡伊小镇享用美味或者选购所需品，这里是莫洛凯岛最大的小镇，街道建筑至今仍保留100余年前的历史风貌。然后继续前行，从机场到溪谷大约58千米，从哈威出发前往哈拉瓦溪谷沿途可以欣赏到两条瀑布，气势如虹。

→ 卡乌那卡卡伊是莫洛凯岛的核心小镇，距离机场只有15分钟的车程

MOLOKAI Is. SHOP & RESTAURANT, HOTEL GUIDE　莫洛凯岛购物&美食&酒店指南

莫洛凯岛
Molokai Is.

夏威夷八大主要岛屿中莫洛凯岛最为质朴，卡乌那卡卡伊是岛内唯一的小镇，街道上几乎没有礼品店。观光莫洛凯岛最大的乐趣在于享受原生态的大海风光和自然美景，挑战各种休闲活动。

卡乌那卡伊 ／ 运动品
莫洛凯渔具和潜水器材专卖店
Molokai Fish & Dive

店主自行设计的商品熠熠生辉

莫洛凯岛渔具和潜水器材专卖店内出售店主罗卡自行设计的商品，T恤衫售价$14.98、帽子售价$10.98~，除此之外还有很多原创精美礼品。另外，租借潜水必备器材$9.98，租借滑板$10.98~。

MAP p.305-B
- 53 Ala Malama St.,Kaunakakai
- 553-5926
- 6:00~19:30（星期日6:00~19:00）
- 休 无

卡乌那卡伊 ／ 披萨
莫洛凯比萨咖啡店
MOLOKA'I PIZZA CAFE

轻松享用新鲜烹制的比萨

莫洛凯比萨咖啡店选用当地食材，面饼酥脆，人气火爆。店内用餐环境轻松愉悦，游客进店可以品尝比萨、三明治、汉堡、意面和沙拉等美味料理。星期六和星期日营业至深夜，方便用餐。

MAP p.305-B
- 15 Kaunakakai Pl，Kaunakakai
- 553-3288
- 10:00~22:00（星期五、星期六~23:00，星期日11:00~）
- 休 无

卡乌那卡伊 ／ 艺术品
莫洛凯艺术画廊&礼品店
Molokai Art From The Heart Gallery & Gift Shop

汇聚莫洛凯知名艺术家的作品

为了振兴莫洛凯当地的艺术发展，莫洛凯艺术画廊&礼品店有描绘大自然主题的油画、工艺品等，汇集许多本土艺术作品。游客可以进店选购一件艺术品作为海外旅行的纪念品。

MAP p.305-B
- 64 Ala Malama St.Kaunakakai
- 553-8018
- 10:00~17:00（星期六9:30~14:00）
- 休 星期日

卡乌那卡伊 ／ 冰激凌
卡莫伊冰激凌快餐店
Kamo'i Snack-n-Go

冰激凌专卖店 深受当地居民喜欢

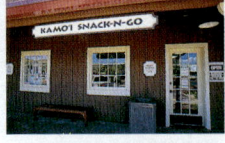

卡莫伊冰激凌快餐店位于卡乌那卡卡伊，店内冰激凌口味多达32种，冰镇饮品中杯$1.75、大杯$2.05；冰激凌甜筒单个$2.99、双个$3.99。此外店内还有其他种类的快餐。

MAP p.305-B
- 28Kamoi St.Kaunakakai　553-3742
- 10:00~21:00（星期六9:00~、星期日12:00~）
- 休 无

卡乌那卡伊 ／ 酒店
莫洛凯水上酒店
Aqua Hotel Molokai

孟加拉式低层建筑流露出高级质感

莫洛凯水上酒店面向卡密罗罗亚海滩，景致绝美。酒店客房为孟加拉式平房屋，内部设有无线网络可以免费使用，庭院中设有私人泳池，游客可以一边享受海水浴一边远眺大海，无比惬意。

MAP p.305-B
- 1300 Kamehameha V Hwy.
- 553-5347　FAX 553-5047
- 54间　$169~

旅行信息

中国篇

确定出发日程
制订旅行计划
选择旅行团
团体游中的自费项目
购买机票
预订酒店
护照·签证·保险
旅行费用
收集旅行信息
携带手机
准备行李
行李确认清单
机场指南

出发前三天的准备事宜和确认清单

- [ ] 前往机场寄送行李箱（随意）
- [ ] 复印护照（复印有个人照片的护照页）
- [ ] 准备2张个人照片，以备护照丢失时使用
- [ ] 疾病患者前往医院咨询医生取药
- [ ] 告知亲友自己预订的夏威夷的住宿酒店、参团公司地址等信息，以便联系
- [ ] 申请电子登机认证系统 (ESTA)
- [ ] 清空冰箱内的食物
- [ ] 预约出发当日的出租车上门服务（随意）
- [ ] 确认机场巴士和机场方向列车的时刻表

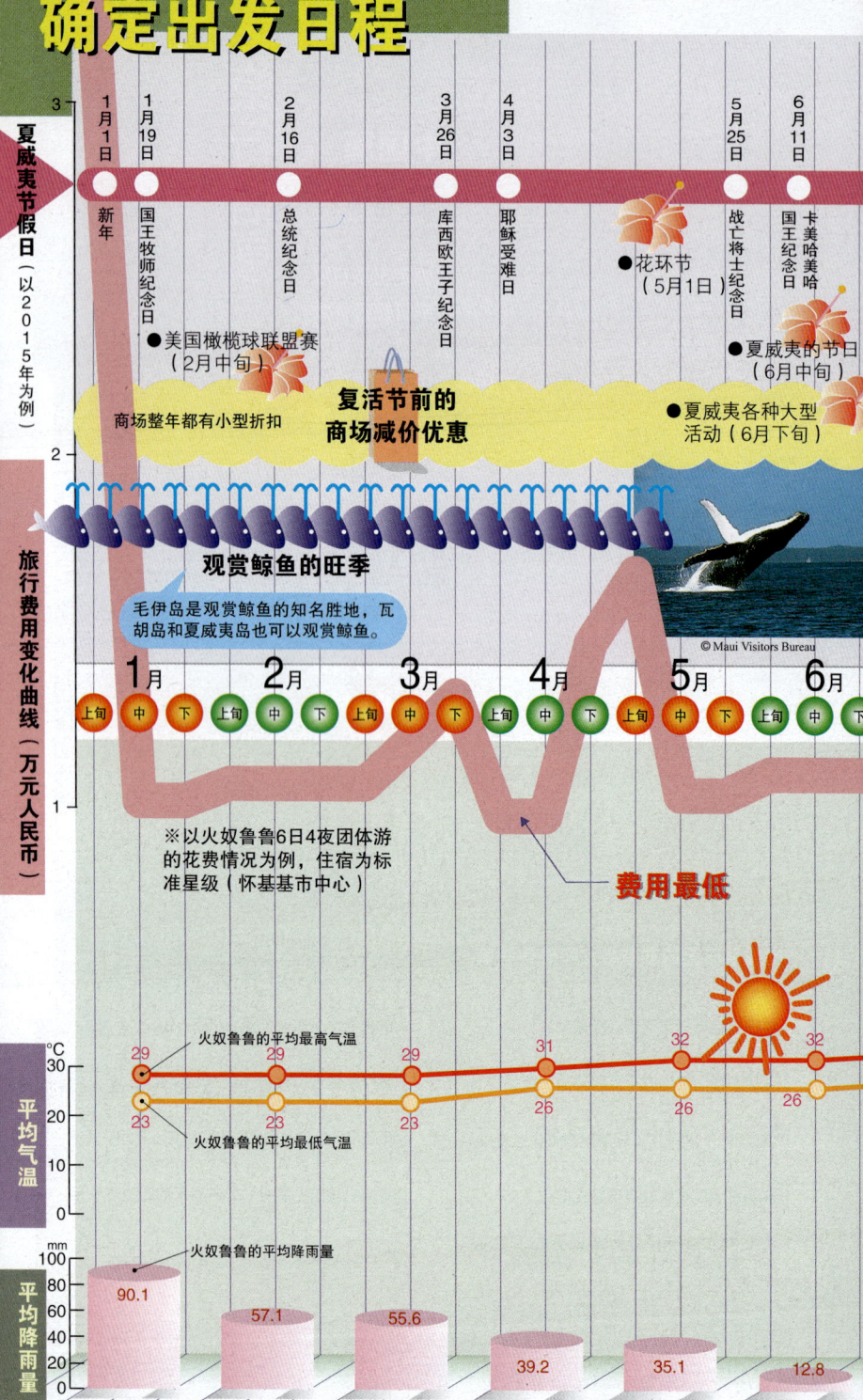

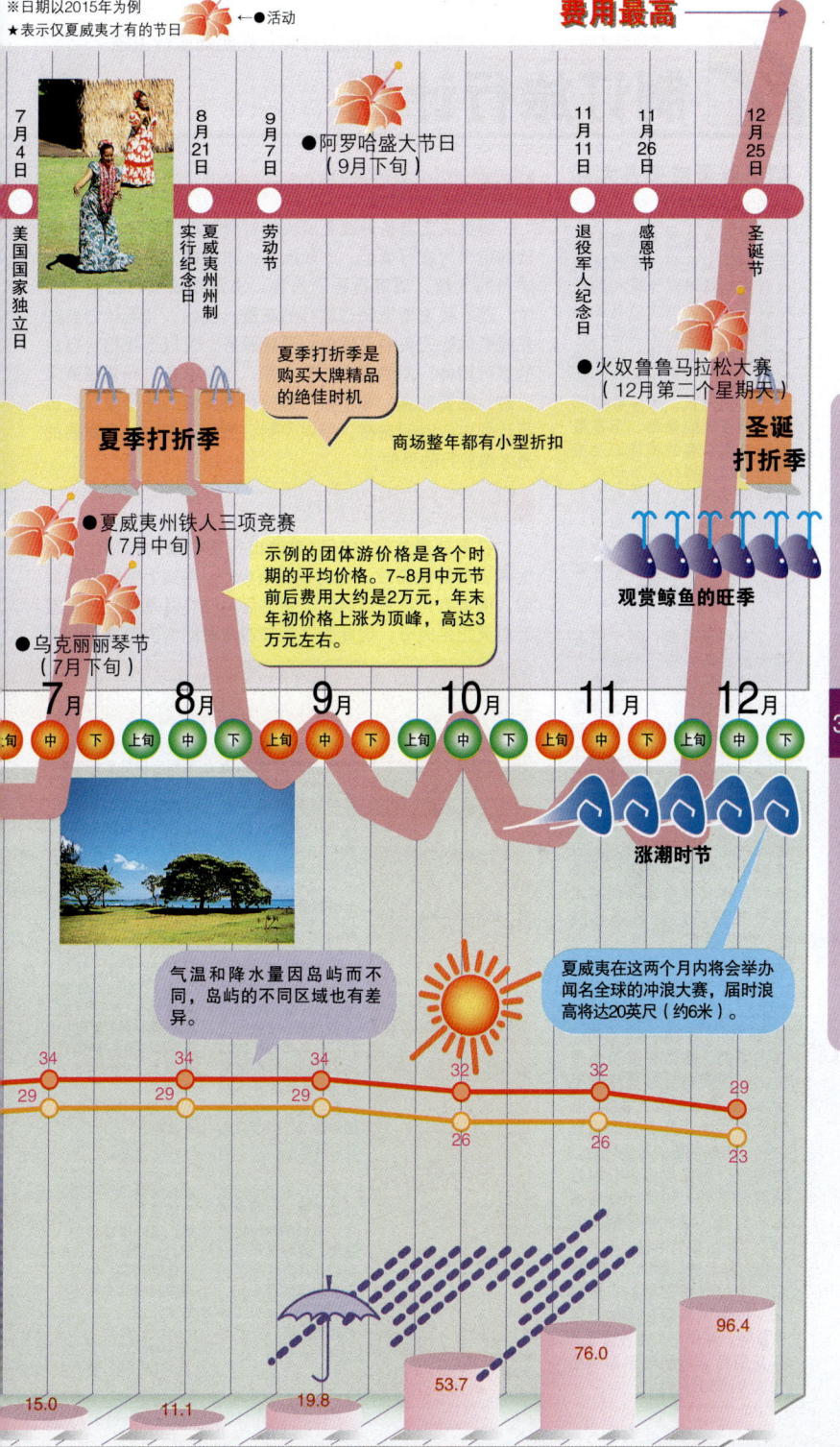

乐游夏威夷 出行计划 想进行怎样的旅行呢？先明确旅行主题

制订旅行计划

■了解夏威夷各大岛屿的独特魅力

夏威夷群岛大约位于太平洋的中央地带。夏威夷州最有名的海滩观光地和购物地位于瓦胡岛的火奴鲁鲁和怀基基，这是每个游客的夏威夷之旅中不可错过的风景线。实际上，如果参加的观光团时间较长，大多数时间都会待在火奴鲁鲁。但是最近随着回头客的增加以及旅游趣向的多样化，毛伊岛、夏威夷岛等群岛也逐渐吸引了很多游客前来观光旅游。不同的岛屿，旅行方式各有特色，游客有必要了解夏威夷各大岛屿的独特魅力。

★瓦胡岛

来到瓦胡岛，每个游客都会找到适合自己的旅行方式和旅行乐趣。因此游客开启夏威夷旅行，大都选择停留在瓦胡岛，从而体验瓦胡岛的独特魅力。瓦胡岛内休闲活动五彩缤纷，游客可以选择优雅品尝美食，也可以休闲用餐，还可以享受山间海底等多种体育运动。岛内度假中心和各式酒店的等级不同，怀基基海滩一侧基本都是高级酒店区，独具特色，引人注目。

★毛伊岛

毛伊岛是夏威夷群岛中的第二大岛，当地最有名的当属海边休闲活动，丰富多彩，充满魅力。多数以家庭为单位出行的游客会选择来到毛伊岛，这里度假方式多样，能够全家共同享受美好的假日时光。如果停留的时间较短，游客可以游览度假中心附近的购物商场，如果计划停留较长时间，建议游客租车自驾，享受大自然风情，延伸个人出行的足迹。除此之外，哈雷阿卡拉光辉四射的日出风光、拉海纳美丽迷人的日落景象等，深受广大游客喜欢。从瓦胡岛启程到毛伊岛乘坐飞机大约35分钟。

■明确个人旅行的类型

如果决定准备前往夏威夷度过假日时光，那么首先应该确定个人旅行类型。一般而言，如果事先确定妥当旅行成员的人数，明确行程的内容，决定跟团旅行还是个人游，就能很清晰地制订旅行的花费。例如，如果计划前往夏威夷体验完美的度假中心酒店服务，可以选择相对自由的旅行团体，活动集中在酒店等；如果准备进行夏威夷亲子游，需要注意：和小孩一起旅行最关键的是尽量保证出行计划中的时间充裕。所以，制订旅行计划时，最重要的是考虑旅行的目的。

■计划停留时间

在夏威夷旅行中6日4夜的出行安排最为常见，实际上真正在夏威夷度过的时间只有4天，再加上旅行旺季时因入境审查等花费的时间，到达后前往怀基基往往已经接近白天正午时分。因此为了能够在短时间内充分享受到旅

	套餐内容	休闲活动
团体游	推荐初到次夏威夷旅行的游客选择廉价团体，抵达夏威夷后重新自费参加当地团体。减少酒店入住时间从而节约住宿费用，这样可以在其他项目上增加费用。	免去瓦胡岛观光直接来到毛伊岛享受海边休闲活动。住宿选择公寓酒店会感觉性价比良好。如果是租车自驾，可以制订自由度较高的旅行计划。
亲子游	亲子游旅行，尤其是初次出游，最基本的要领是切忌匆忙，保持旅行心情舒畅。如果出行时带有年龄较小的幼儿，能做饭的房型最妥当。推荐游客参加可以指定住宿房型的团体游，尽可能要求入住公寓酒店。	除了参加海边休闲活动，还可以体验海水浴、直升飞机观景等。游客可以在当地报名参加自费项目。参加海外休闲活动，无论大人还是小孩子都乐在其中。
甜蜜双人游	购物和休闲活动固然非常重要，但是在酒店中放松的时间也很重要。最好选择可以自由选择入住房型和出发时间的观光团。出发前要确定参团后的自费项目。	游轮晚餐是不可错过的项目之一。人气火爆，最好提前预约。在科亚罗亚农场内能够体验骑马、射击和四轮轻便马车等休闲活动。

注意 point

目前夏威夷团体游的行程安排以6日4夜为主，但观光时间转瞬即逝，多数游客想要的最短行程安排是8日6夜。因此，游客在出发前一定要确定此次旅行中最想进行的内容，以免浪费时间。

行的快乐，游客可以尽量缩短不必要的行程安排，努力增加个人自由行的时间。例如，游客可以选择乘坐出发迟、抵达早的航班，从而增加在夏威夷当地的可支配时间。廉价旅行团大多会安排游客在抵达当日用剩余的半天开始旅行观光，但大多数游客通常选择申请免去观光内容并保持原价，这样能够增加个人自由支配的时间。另外，如果团体游规定抵达当日剩余的半天时间必须含观光内容，游客最好选择购物，第一天买好馈赠亲友的土特产也是不错的选择。

■如果计划在夏威夷举行婚礼……

夏威夷是举办海外婚礼的人气场所之一，对于新人而言结婚仪式非常重要，因此最好找专业团队制作。游客可以登录夏威夷海滨婚礼策划网站进行查询。选择专业的婚礼策划公司和个人自费项目，策划公司会赠送教堂结婚事宜安排项目、宾客接送等全程服务，周到贴心。

购物观光	漫步、餐饮	悠闲度假
在怀凯莱当地乘坐多人拼车的出租车比较划算。阿拉莫阿那购物中心和沃德购物商厦面积庞大，可以约定定址地点后分头行动，个人自由观光购物。	跟团旅行只需准备住宿费和飞机票，餐饮可以自由选择，但是最好事先确认餐饮安排。而租车自驾游览则能够扩大观光范围，增加旅途乐趣。	如果计划畅享海滨度假时光，可以选择度假中心或者宽敞的公寓酒店。选择时需确定酒店入住的标准，是重视酒店的豪华程度呢还是重视空间宽敞度，契合自身需求进行选择，提高入住酒店的愉悦指数。
阿拉莫阿那购物中心的儿童商品最齐全。游客可以购买阿罗哈衬衫的亲子装。此外T广场环球免税店也有各式各样的儿童产品。	夏威夷有美食街、芭里甜点店和亲子餐厅。或是偶尔可以在儿童中心或者幼儿看护所暂时看管小孩，大人们自由用餐，享受开心的海外美食之旅。	推荐游客入住设有儿童游乐设施的酒店，不仅儿童可以开心玩耍，大人也能放松身心，开展自己的爱好。最好入住大房型，选择公寓酒店或者临近岛屿的房型。
在怀基基可以步行购物，其他商厦需要租车1日游，要小心成为购物狂。游客可以约定在购物商厦内部的咖啡馆休息集合。	可以在能够欣赏到日出的酒店客房中优雅地享用早餐，还可以品尝阳光午餐，慵懒舒适。推荐游客享用夕阳游轮晚餐。	游客可以选择瓦胡岛海滩沿岸的高级酒店或者远离怀基基的郊区酒店。推荐前往夏威夷岛、毛伊岛等地的高级酒店，内部设施完善，在酒店里就可以轻松享受各种休闲活动。

★**夏威夷岛**

夏威夷岛是夏威夷群岛中最大的岛屿，有大岛的美称。当地地域辽阔，观光夏威夷岛最重要的是事先锁定旅行目标。夏威夷岛最主要的乐趣是参观基拉韦厄火山，其中乘坐直升飞机观景最受欢迎。另外，茂纳凯亚山有夏威夷最大的天文观象台，各国都设有天文观象基地。天文台神秘的星空观光团人气火爆。夏威夷岛腹地宽广，大型度假中心丰富多样，而且住宿环境舒适惬意，能满足游客的不同住宿需求。从瓦胡岛启程到夏威夷岛乘坐飞机大约40分钟。

★**考爱岛**

考爱岛面积窄小，但拥有丰富的自然资源，令每位游客都惊叹不已。其中，怀梅阿峡谷、椰林、羊齿洞穴等都值得观赏。考爱岛作为好莱坞电影的外景拍摄基地，知名度非常高。考爱岛精致小巧，前往任一景点都只需2小时左右，推荐游客四处观光。岛屿地形起伏变幻，乘坐直升飞机观光项目和高尔夫运动深受游客欢迎。从瓦胡岛启程到考爱岛乘坐飞机大约35分钟。

★**莫洛凯岛**

莫洛凯岛岛屿面积是673平方千米，岛内丘陵地形平缓，平原连绵不断，质朴而又天然的自然气息扑面而来，彰显独特魅力。岛屿观光基本可以一日结束，游客可以在度假中心或者酒店中度过惬意的假日时光。

★**拉奈岛**

拉奈岛岛屿面积只有364平方千米，小巧精致的岛屿风光多样，大海沿岸和山间地带风景截然不同，海滩安静，山间成排的诺夫棵松树高大挺立，可以让游客体验不同的景致。度假中心合理利用原生态自然环境，居住氛围优雅舒适。多数游客选择乘船抵达拉奈岛，开始一日游海边休闲活动，收获愉悦的心情后返程结束旅行。

乐游夏威夷　出行计划　经济出行！探寻最佳旅行团

选择旅行团

提前预约观光团！

游客经常会问：真的需要提前预约观光团吗？答案是肯定的。特别是如果正值婚礼旺季、暑假、新年等时间段，一般都是提前1年或者半年左右预约。和夏威夷当地观光团确定预约后称为既定预约，这样比较妥当。另外也可以临近出发日期再预约。虽然为了保证旅行顺利提前预约是最好不过的事情，但是有时候也会中途临时取消行程，之后再次确定日期继续预约也享有折扣优惠，同样比较划算，只是游客要确保最后一定会有旅行安排。

酒店提前入住登记是指什么？

酒店入住登记通常是下午3点左右。提前入住登记通常是指早于下午3点入住登记。抵达火奴鲁鲁后，经历了早晨到上午的长途飞行，建议游客办理提前入住登记。只是如果参团，有的观光团不支持提前入住登记，需要游客额外支付费用，所以游客最好事先确认好酒店是否许可提前入住登记。

旅游旺季=拥挤时期 探寻最佳旅行时间！

我们经常会听说夏威夷的旅游旺季，但是这个时期当地人气火爆，非常混乱，绝对不是适合的旅行时期。夏威夷虽然常年四季如夏，但也不是花朵四季常开，冬季雨季来临时气温也会降低，所以应该按照个人的旅行目的选择最佳旅行时间。如果想要体验体育运动可以选少雨时节，如果想要体验马拉松可以选择火奴鲁鲁国际马拉松大赛的举办时期，如果想要旅行购物，可以选择圣诞前的商场折扣季或者大减价时期。总之，游客可以参考夏威夷节假日表、旅行费用变化曲线，并根据自己的假期安排制订一份最适合自己的旅行时间计划表。

■备受回头客青睐的团体游类型

夏威夷当地的团体游类型大致有3种，一种观光团包含餐饮和自费项目，另一种观光团项目不含上述项目，最普遍的一种是自由度最高的观光团，套餐内容只包括游客的酒店住宿和飞机票（含火奴鲁鲁机场的接送机）。游客在抵达夏威夷之前，一定要仔细考量每种类型观光团的优缺点。夏威夷境内比较常见的旅行模式是6日4夜团体游，而且越来越多的团体游都不含同行服务人员。如果游客倾心于休闲的度假时光，可以尝试自行制订出行计划。

● 廉价观光团　价格低廉，具有很大的魅力，套餐含酒店住宿费和来往飞机票，但是游客不能选择酒店房型和航班时间。

● 指定住宿酒店观光团　套餐含酒店住宿和飞机票，相比廉价观光团品质较高，但是游客必须入住观光团指定的酒店。

● 私人订制观光团　相比廉价观光团价格略贵，套餐含飞机票、想要观光的岛屿、酒店住宿、契合观光行程的餐饮服务，属私人专属订制，旅行快捷高效。

● 个人自助游　自己订购机票、预约酒店等，按照个人意愿制订行程安排。个人自助游在夏威夷当地很受欢迎，推荐倾心于自主旅行的游客选择尝试。

如何选择比较划算？比较旅行的类别

	餐团费用	中国—夏威夷岛	瓦胡岛—中国	酒店住宿5夜
自由计划 夏威夷岛5夜 火奴鲁鲁2夜	1万（含燃料附加费）	（含）		（含）
团体游随同服务人员	2.5万（含燃料附加费）	（含）		（含）
个人自助游 1人	—		2000元（北京首都国际机场）	1万
个人自助游 2人	—		4000元（北京首都国际机场）	9000元

夏威夷的旅行旺季不一定是暑假和春节时期，游客可以根据旅行目的地选择相契合的时间，仔细探讨和确认旅行内容，以免浪费难得的海外之旅。

■了解观光团在一年间的价格变化

参照p.310~311的夏威夷日历表，观察不同时期团体游的报价费用变动情况（含酒店星级指数、海景房、指定航空公司、6日4夜的套餐内容），会发现在长假和暑假以外的时间段参加观光团比较合适。8月中旬、12月下旬到春节前后价格会再次上涨。12月20日以后，团体游价格会每日递增，年初年末价格到达巅峰期，是最低价的3倍以上。但是，价格最高的阶段不一定是旺季，只是和国内假期时间吻合，如果元旦或者正月出发，最高价也比巅峰期便宜。其他时间段例如周末或者长假前后价格会上涨，价格设定非常仔细，只要稍稍错开这几天价格就会变得很便宜。所以说，想了解观光团整年的价格，只需要锁定年末年初、圣诞前后或者春节时期的价格变动，便会了解基本情况。

另外需要注意，年末年初观光团费用虽然比较优惠，但是会限定入住的酒店类型，而且通常现场实际情况多有变动。夏威夷当地的旅行团很少取消3月前预约好的行程安排，所以游客最好提前选择旅行团比较妥当。制订计划时要将预订出发日期设定在旅行团花费最便宜的时期，而且行程安排必须最契合个人旅行目的。总之，适合自己的时间才是最佳旅游时节。

（火奴鲁鲁2夜·夏威夷岛5夜）
※火奴鲁鲁以怀基基海滩凯悦水疗度假酒店，夏威夷岛以马纳凯亚海湾酒店为例。

酒店住宿2夜	机场—酒店	团体游的自费项目	餐饮	合计
（含）	（含）	无	无	1万元
（含）	（含）	（含）	早晨4次 中午3次 晚上4次	2.5万元
1000元	出租车 （2次往返） 550元	无	无	1万4100元
2000元	租车 （4日） 1400元	无	无	1万6400元

观光团的既定内容可以取消吗？

许多游客会认为全包型团体游内容是固定的，不能改变，但是夏威夷当地的团体游内容可以进行变更。有些含观光、餐饮的团体游可以取消其中的一部分内容；如果把观光、餐饮全部取消，旅行就变成了自由行，价格便宜，游客还可以根据个人喜好自由组合观光项目，既可以自由享受旅行的乐趣，又能够节省开支，一举两得。所以，游客在报名参团前应该仔细确认。

如何制订美好的海外餐饮之旅？

在夏威夷的团体游项目中可以选择指定用餐或者自由用餐。如果指定用餐，通常包含"只享用早餐""享用早餐和午餐"，游客可以使用优惠券在一些餐厅或者指定的餐厅中选择自己喜爱的风味料理；有的团体游还会销售优惠券。如果选择自由用餐，可以只享用早餐，剩余的用餐可以根据个人喜好自行解决。

选择不同的旅行公司差别大吗？

许多旅行公司会推出同等价格的旅行项目，虽然乍看内容相似，但是比较是否含餐、是否含自费项目等具体内容，会发现有一定差别。除了这些差别，在手机是否免费借用（通话费自己支付）、是否免费乘坐怀基基叮当车等巴士以及是否有商场打折券等方面，不同旅行公司的规定也不同。有的旅行公司还会推出纯购物免费观光团。近年来，旅行公司的服务越来越丰富，游客可以根据个人的实际情况仔细选择。

乐游夏威夷　出行计划　团体游海外度假的宗旨：经济、省事、方便

团体游中的自费项目

发现意外的收获

游客通过翻阅夏威夷杂志、街角发放的宣传册或者电子报纸等途径，会发现旅行信息随处可见。首先是查看各种旅行杂志，对旅行费用事先心里有数是非常重要的。其次还应该计划自己旅行的具体事宜，例如想要做什么，想要买什么，想要度过一个什么样的假期等问题。翻看报纸广告时会发现很多性价比良好的观光团，堪称意外的收获。只是，很多团体限制参团人数，游客如果觉得合适可以当即做决定。另外，近年一些信用卡公司陆续推出会员制优惠旅行活动，游客可以尝试参加。

选择团体游自费项目

如果游客只打算前往怀凯莱奥特莱斯名品折扣店，可以乘坐公交或出租车独自前往，而且不用担心时间。但是如果要参加海边休闲活动，为了安全起见建议游客报名参加团体游自费项目。相比自助游需要考虑安全问题、是否有导游陪同，选择参加团体游项目却可以让您更加开心快乐地享受旅行，何乐而不为？

■ 团体游自费旅游项目指什么？

团体游自费项目是按照夏威夷当地出行的计划而定，项目中包含海边休闲活动、景点观光、邮轮体验、购物等，内容丰富多样，中途会安排一日游观光其他岛屿，有时候也会入住前往的岛屿之地。加入自费项目后，即使选择团体游观光夏威夷，也能够充分满足对自由时间的需求和个人喜好。

■ 选择团体游自费项目的秘诀

团体游自费项目选择按照申请报名的方法大致有3种。第一种是在中国境内选择观光团时一并选择；第二种是在夏威夷当地向中国旅行公司申请相关项目。上述两种费用基本相同，但是游客需注意有些项目在当地不能申请，而且有时候在中国境内已经支付了自费项目的费用，来到夏威夷当地也会被要求额外支付费用。第三种是来到夏威夷后，直接联系当地旅行公司申请个人需要的自费旅游项目。这种方法价格相对便宜，但是各个公司的项目和包含的内容不同，游客应该仔细确认。

人气自费旅游项目通常包含：波利尼西亚文化中心游览、游轮夕阳晚宴和海边休闲活动。岛屿之间的观光团自费项目有：一日游外加环游2岛订制特色之夜，或参照当地日历而制订的特色旅行等。

游客可以参照下表比较夏威夷最具代表性的自费旅游项目的费用。整体而言，虽然夏威夷当地的旅行公司相对便宜，但是国内旅行公司的自费项目也有其优点，例如有些项目即使人气异常火爆，也一定会满足游客体验的需求，而且还会有语言翻译陪同等。特别是游轮夕阳晚宴等，人气一直居高不下，抵达当地后参团很可能已经人满。因此，如果游客时间比较紧张，最好还是直接在国内报名参团比较妥当。另外，类似的海边休闲活动最好抵达夏威夷当地后再报名参团。抵达夏威夷后会收到很多免费观光宣传指南（参照p.328），游客可以结合个人意愿选择参加适合的旅行团。游客不必担心语言交流问题，如果不放心可以事先确认是否有语言翻译导游。

比较自费旅游项目的费用			
	中国旅行公司 （A公司）	夏威夷当地旅行公司 （A公司）	夏威夷当地旅行公司 （B公司）
游轮夕阳晚宴	$130	$104	$109
波利尼西亚文化中心	$90	$94	$69
海边休闲活动	$100（2种）	$94（3种）	$69（2种）
高尔夫运动 （夏威夷卡伊高尔夫球场）	$87（平日）	$94	$94
怀凯莱购物中心	$35	$8	$10
毛伊岛一日游 （经济型观光团）	$170	$134	$135

注意 point 海外出游时首先应该考虑自己最想干的事情。如果不提前预约参加，会因许多人气团体游项目人数满员不能体验而留下遗憾。不过如果是计划尝试海边休闲活动，则抵达当地后再报名参加也没有问题。

可以在国内申请的夏威夷当地团体游自费项目

团体游名称	咨询方式	费用	备注	参考页码或当地咨询
亚兰蒂斯海边休闲观光团	http://atlantisadventures.com/submarine	99.00美元起不等（需额外支付费用7.712%的税金）	可以欣赏大型沉没船只和珊瑚礁。一般船只容纳48名乘客，世界最大型船只可载员达64人	参照p.26
波利尼西亚文化中心观光团		80.95美元起不等	愉快地体验波利尼西亚民族的文化风情，观光项目人气火爆。团体游包含晚餐和观看晚宴表演	参照p.36
热带丛林环火山漫游观光团	太平洋度假中心 ☎06-6809-1471	70美元	漫步环火奴鲁鲁郊外的热带丛林，充分感知夏威夷的自然风情。团体游项目含游客接送和语言陪同	参照p.35
高尔夫观光团		89美元起不等	从初级者到高级者，顾客可根据自己的球技水平选择预约	☎947-3010
亚兰蒂斯游轮1号		89美元起不等	在平稳的双体船上享用游轮晚餐。美味的游轮晚餐和精彩的表演让每位游客都乐享其中	参照p.27
曼荼罗水疗中心体验团		120美元起不等	护理手法沿用巴厘岛技艺并兼具夏威夷特色，毛伊岛、夏威夷岛设有分店	参照p.43
夏威夷海洋公园观光团		125美元起不等	能够和海洋生物亲密接触，内容丰富多样，还包含接送游客和观看海豚秀	参照p.38
夏威夷岛直升飞机观光&驾车观光团	岛屿梦之团 http://www.hawaii-islanddreams.com	315美元起不等	观光夏威夷岛瓦伊皮欧峡谷等景点后，乘坐直升飞机前往茂纳凯亚火山	☎329-2028
基拉韦厄火山熔岩观光团	岛屿梦之团 http://www.hawaii-islanddreams.com	150美元起不等	观光夏威夷岛基拉韦厄火山熔岩，漫步在坚固的熔岩层，能够一睹红色的熔岩风采，景观蔚为壮观	☎329-2028

乐游夏威夷　出行计划　针对自由行游客

购买机票

网上轻松订机票

春秋航空
http://www.china-sss.com
提供机票比价服务，经常推出特价机票。

携程旅行网
http://www.ctrip.com
提供关于旅行的全方位服务，其中包括国际机票的查询与预订。

去哪儿
http://www.qunar.com
不仅有机票预订服务，还有海外酒店预订业务。

酷讯旅游
http://www.kuxun.cn
提供国际机票信息。

■预先了解飞机票的种类

游客自己购买机票时有必要事先了解机票的种类，因为即使是同一家航空公司的机票，种类也丰富多样，费用各不相同。机票大致分为3类，普通机票（没有折扣，票价最高。前往夏威夷时不推荐使用）、廉价机票和特价机票。

■廉价机票

廉价机票是航空公司针对旅行团专门出售的特价机票，通常由专门的旅行公司直接购买后再销售给普通游客。最近经济舱也陆续推出廉价机票，增加了出行购票的选择范围。

◆购买方法

一般都是旅行社集体购买廉价机票，虽然各个旅行社的购票方式相同但是最后到手的机票价格却不同。因此游客需要事先电话咨询比较价格。向旅行社购票时需明确告知个人出行日期、计划乘坐的航班等信息。旅行社会通过搜寻海外旅行信息杂志的广告而满足游客的需求。

◆优点和缺点

最大的优点就是便宜，而且也可以明确提出个人登机后想要入座的窗边、道路边等位置。最近，有很多旅行社推出个人申请廉价机票的服务业务。缺点是，很多时候比较难及早订制机票，在机场递交机票的情况时有发生，最后很难改变出发日程。

■特价机票

特价机票是正规航空公司的优惠机票，目前有各个航空公司推出的区域优惠机票和国际航空运输协会推出的优惠机票，每种机票都是由航空公司和旅行公司购买。需要特别注意的是区域优惠机票，有时价格会随着时间发生变动。总之，特价机票还是有很多优点，为了度过一次愉快的旅行有必要事先仔细查询。

◆购买方法

游客可以在各个航空公司和旅行社购买，不同时期航空公司会设定不同的票价。首先认真对比各个旅行社的宣传册、网页等信息，充分比较费用后再购买。

◆优点和缺点

和廉价机票相比，价格较贵，但有许多优点，游客可

注意 point 选择航空公司的关键在于购票是否可以兑换个人飞行里程积分（对于购买廉价机票的游客而言，可供兑换的积分数目也很重要）。

以按照个人意愿指定安排座椅；可以向所有航空公司直接申请购票；越早预订票价越便宜；可以变更出行日期等；总体而言魅力指数较高。

■兑换个人飞行里程积分

兑换个人飞行里程积分类似于购物积分卡，指乘坐飞机时，累积飞行里程并可以相应地累计积分。购票时可以通过兑换积分免费获得机票。如果入住的酒店、租车公司和餐厅等和航空公司有合作业务往来，游客也可以通过实体消费累积飞行里程积分。游客可以前往各个航空公司咨询和申请积分兑换业务。

■如何购买飞机票比较妥当？

不同的飞机票因购买方法不同购买费用也不尽相同。过去基本都是比较数家旅行公司的具体费用后直接购买，近年流行网络预约购票，费用合适，性价比良好。

◆通过旅行公司购票

游客可以前往旅行社直接购买飞机票，也可以电话咨询、预约购票。如果追求廉价机票，可以逐个比较旅行公司的票价信息后再购买。如果已经计划好个人出发日期或者指定航班，游客应该在订票前详细告知旅行社。

◆通过网络购票

网络购票最大的优点是无论在家或者公司，只要确认好订票信息可以随时订票。网络购票不仅可以快速比较各个公司的费用，而且有的航空公司支持网上报名预约，价格优惠。只是网络购票时游客需要查阅旅行社网页和航空公司网页，但会出现有的网页没有标记咨询地点，有的公司打电话咨询后无人接听等情况，这样的网页游客最好不要登录。

■方便快捷的电子票

大多数航空公司都已开始使用E票（Electronic Ticketing，电子客票），其实就是纸质机票的电子格式。只要购买了机票，一般都会有记录，这样即使纸质机票丢失了，也可以根据订票的相关信息进行登机。现在，国内基本上所有的机场都简化了登机手续，只要在网络上购买了机票，还可以在线值机选座位，等到了机场用相关身份证件打印机票后即可办理登机手续。

可兑换飞机里程积分的航空公司

● 中国国际航空公司
http://www.airchina.com
● 中国东方航空公司
http://www.ceair.com
● 中国南方航空公司
http://www.csair.com

有必要再次确认航班信息吗？

再次确认航班信息是指再次确认回程的航班预约事宜，通常在出发前72小时，如果没有打电话或者前往航空公司飞行航班咨询处再次确认个人航班信息，预订的机票会自动取消。以前除了观光团成员（因为随行服务人员会帮忙处理），其余游客必须自己确认，但是现在原则上没必要再次确认航班信息。

但鉴于天气等不可抗力因素，出发前为了以防万一，还是确认一下航班信息比较稳妥。

乐游夏威夷　出行计划　更舒服地入住

预订酒店

个人自助游也可以收获开心的旅行时光

团体统一安排住宿酒店时，需要支付部分定金，但是个人自助预约时，基本可以不用支付定金就能够选择酒店。另外，游客如果希望变更酒店也可以及时改动。可以按照下文中选择酒店的方法进行定夺。最后不要忘记确认酒店费用。

不过最近，团体住宿酒店也不再需要支付定金，有的观光团还可以在上午10时、12时等更早的时间段安排游客入住，游客最好提前咨询确认。

利用酒店特有的住宿安排

很多酒店在客人入住后负责相应的早餐和租车服务，经济实用。例如，有的酒店会提供指定餐厅的用餐优惠券、免费服务积分券以及其他服务。游客在自己预订酒店时，需要详细咨询"酒店有什么特别的优惠服务吗？"等一系列问题。

事先知晓酒店客房房型

●奢华海景房　海景房的最高级别，能够欣赏到真正的大海风景。

●普通海景房　虽然不能欣赏到大海正面，但是可以欣赏到整体大海风光。

●低层海景房　透过客房窗户只能欣赏到大海的部分景致，客房多位于低楼层和角楼。入住后不要期待能够很好地观赏到海景。

●山岳景花园客房　客房建筑面向山峰和庭院，通常称为花园客房。因为不能欣赏到大海所以费用比较便宜。如果在怀基基当地能够欣赏到夜晚美丽的风景，也是不错的视觉体验。

■选择合适的酒店是成功旅行的钥匙

夏威夷的住宿地点的选择几乎可以直接左右旅行的舒适指数。每个游客心中都会有不可动摇的个人想法，但这并不意味着只要入住豪华酒店就可以保证完美无缺。酒店选择取决于旅行的伴侣、旅行的目的。另外，如果想要自由观光瓦胡岛郊外以及临近群岛（除毛伊岛的卡阿那帕利、拉海纳），由于必须租车自驾游览，所以游客最好在选择入住酒店时能顾及较远的旅游景区。

■入住哪个区域的酒店？

首先应该决定居住在哪个岛屿。如果游客一心想要体验海外度假中心的购物、运动、夜生活等，建议选择入住在瓦胡岛；如果游客想要感受大自然风情，推荐前往瓦胡岛的临近群岛。游客一般都是体验过瓦胡岛风情后继续转战临近群岛。如果参加观光团，大都会被安排住宿在瓦胡岛怀基基市区。

怀基基当地的住宿酒店约为瓦胡岛酒店总数的九成。怀基基海滩和卡拉卡瓦街沿线是中高级酒店；行走巴士的库西欧街沿线汇聚各式中等酒店、经济酒店和酒店公寓。怀基基市区窄小，从城市一端走向另一端大约只需20分钟。游客在选择入住酒店时要尽量考虑交通的便捷性。例如，如果旅行以购物为主，酒店最好选择在怀基基市中心，同时距离夏威夷皇家购物中心或者阿拉莫阿那购物中心大约5分钟的步行圈内比较妥当。入住卡哈拉或科·欧力那等地的酒店可以享受到真正的度假中心风情。

来到瓦胡岛临近群岛，可以选择入住度假中心酒店，舒适悠闲，契合度假的心情。如果计划观光和进行户外活动，必须租车自驾游览。只是毛伊岛、夏威夷岛当地有环城巴士，游客可以巧妙利用，为自己的出行带来便捷。

■如何选择不同等级的酒店？

游客在夏威夷的短暂停留期间，除了欣赏当地的豪华酒店，还应该考虑该酒店的交通情况。反之，如果游客是专程前来感受夏威夷皇家度假中心或哈雷库拉尼酒店等一流酒店，可以选择入住尽情体验。如果想要在酒店中度过悠闲的假日时光，可以入住设有私人海滩和高尔夫球场等设施完善的酒店。

■酒店有哪些房型？

夏威夷的酒店费用不取决于客房面积，一般按照能否欣赏到海景和楼层高低而定：楼层越高，费用越贵。虽说游客通常都是白天观光，但并不意味着客房内白天一定没

注意 point: 公寓酒店作为旅游住宿的选择之一,其最大的魅力是可以让游客亲身体验夏威夷生活气息,这是入住普通酒店无法比拟的体验。公寓酒店内设有厨房设施,特别适合家族旅游人群入住。

有游客。另一方面,如果夜晚能够欣赏到美丽的山间景色一定非常浪漫。游客可以节省购物或者户外活动的费用预约入住景致佳美的客房。

酒店vs公寓酒店

夏威夷酒店鳞次栉比,从一流酒店到经济快捷酒店,各式风格应有尽有。同时,公寓酒店也是住宿选择之一。夏威夷当地的公寓酒店多以度假型公寓为主,配有完善的厨房设备,入住氛围舒适惬意。公寓酒店建筑大多颇具别墅感,入住游客可以在海外拥有独立空间,且其最大的魅力在于能够让游客亲身感受夏威夷当地的生活乐趣。

针对旅游住宿是选择酒店还是公寓酒店的问题,游客可以和同行人员一起讨论决定。如果团体入住房费比较便宜,大家还能一起制作美味料理品尝。另外,如果是家庭旅游,带有小孩,考虑到餐厅料理不适合幼儿口味等,这时候入住带有厨房设备的公寓酒店可能会获得更多帮助。当然,并不是说有厨房设备就要求一定自己做饭,游客可以按照个人喜好合理搭配餐厅外卖食品和厨房自备用餐。怀基基以外的其他临近群岛上,公寓酒店通常交通不太便捷且酒店内很少有休闲项目等,游客在预订酒店时最好考虑这些因素。

了解公寓酒店的收费体系

公寓酒店和普通酒店的入住规则基本相同,只是公寓酒店通常入住人数较多,人均房费比较便宜。公寓酒店客房房型有以下几种,游客可以根据同行人数选择入住房型。

● **精品单间房**
单间客房房型,规定入住2名客人。厨房设有简易厨具等设备。

● **单人床客房**
单人床客房室内分为客厅和卧室,规定入住2~4名客人。

● **双人床客房**
双人床客房有两个卧室,比单人床客房多一个卧室,并且增加浴室,规定入住4~6名客人。

★★ 酒店 ★★

优点
○酒店内设有餐饮区,方便用餐。
○可以获得酒店细致入微的服务。
○高级酒店设有游客休闲项目。
○高级酒店地理位置优越,景致良好。

缺点
✕酒店方便快捷,然而房价贵而且客房空间窄小。

酒店的客房设计图

★★ 公寓酒店 ★★

优点
○和酒店相比,客房面积宽敞。
○可以体验夏威夷的生活气息。
○安全指数高。

缺点
✕和酒店相比,宾客服务不太周全。
✕如果游客想要摆脱日常生活,入住公寓酒店可能会感到无聊。

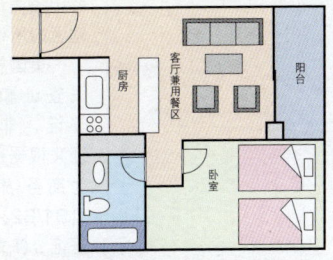

公寓酒店的客房设计图

乐游夏威夷　出行准备　一旦缺失将难以开启夏威夷之旅

护照·签证·保险

■护照

无论是个人旅行还是团体旅行，只要是去往外国就需要护照。护照是持有人身份的一种证明，也就是"官方的身份证明"。我国护照分为普通护照、外交护照和公务护照三种，公民出境旅行，办理普通护照即可。普通护照有效期为：护照持有人未满16周岁的5年，16周岁以上的10年。对已经拥有护照的人来说，要注意确认自己护照的有效期限，如果期限不足则要申请更换新的护照。

护照申请

第一次申办护照时，要先准备齐右栏表中列出的相关材料，之后须亲自至本人户口所在地公安局的出入境管理处办理。如果有合理紧急事由请求加急办理，公安机关出入境管理机构也会受理的。注意，在申请完毕时，会收到一张标有日期的取证回执单，一定要好好保管，领取护照时会要求出示，也可以采取付费邮寄的方式获取护照。

护照的换发或补发

护照有效期即将届满的（一般要求有效期不少于6个月）、护照签证页即将使用完毕的、护照损毁不能使用的、护照遗失或者被盗的、有正当理由需要换发或者补发护照的其他情形，可以按照规定申请换发或者补发护照，其程序和第一次申办护照一样。

护照的变更申请

如果护照上面的登记事项（包括护照持有人的姓名、性别、出生日期、出生地，护照的签发日期、有效期和签发机关）发生变更时，也要持相关证明材料，向该护照的签发机关申请护照变更加注。

■签证

想前往夏威夷旅游，必须先办理美国签证。中国公民要申请美国签证应到距离居住地最近的美国驻华使领馆在辖区内所设的签证申请中心提交申请。

美国签证分移民签证和非移民签证，非移民签证又根据目的细分为商务/旅行签证（B1/B2）、学生签证（F,M）和交

申办护照所需材料
1. 居民身份证原件、复印件
2. 本人户口簿、户口簿首页、本人资料页、变更页
3. 填写完整的申请表原件
4. 申换新护照需附上原护照
5. 近期2寸淡蓝色背景彩色证件照1张
6. 申请事由相关材料

申办费用：200元工本费
办理地点：本人户口所在地公安局的出入境管理处

电话预约签证面谈
北京：010-5679-4700
成都：028-6273-6100
上海：021-5191-5200
广州：020-8390-9000
沈阳：024-3166-3400

预约面谈地点
美国驻中国大使馆
地址：北京市朝阳区安家楼路55号
美国使馆日坛分部
地址：秀水东街2号（美国使馆老签证处）

海外旅行伤害保险是必备品之一,虽然即使中途无保险事故到期后也不会再返回参保金额,但是游客千万记得购买,否则有意外发生后后悔莫及。旅游保险含失盗、受伤、生病等,提前购买会令人十分安心。

流访问学者签证(J)等门类。

旅行签证的具体申办,一般遵循以下步骤:1.选择签证类型。前往夏威夷旅行,办理非移民签证下面的商务/旅行签证(B1/B2)即可。2.登录网站ceac.state.gov/genniv/default.aspx下载签证DS-160申请表格,并在线完整填写。3.通过预约中心注册(ustraveldocs.com)登记,缴纳签证申请费用以及预约面谈时间。预约面谈有使用网络预约系统或致电预约中心话务员电话两种方式,可根据自己的需要选择其一;另外,预约还需要提供DS-160申请表格上的确认编码。4.如果需要面谈,在自己选择的签证地点进行面谈。5.如果获批的话,需要在自己所选择的中信银行领取护照和签证。

■海外旅行伤害保险

海外旅行伤害保险内容含意外事故、生病、失盗等。如果游客参加海外旅行,最好事先投保以备不测。很多信用卡办理后直接包含海外旅行伤害保险的内容。

●**参保方法** 游客可以在出国时参保,建议游客在选择旅行团费和机票时,直接向旅行公司申请购买保险;也可以直接前往各个保险公司咨询参保事宜。机场申请参保地点大都位于登机大厅,投保时间最好应包含从家到机场之间的往返时数;因此,为了避免麻烦,游客尽可能还是出发前直接投保妥当。

●**保险内容** 保险内容含基本条例和特约条例,基本条例含:旅行中受伤治疗费、旅行中含3个月以内发生死亡或者遗留后遗症的补偿费用。特约保险可以任意参保,内容条例包含受害责任险和携带品保险等,只有特约条例不能签订合同。

●**参保服务** 参加保险后可以享受电话紧急服务、帮助介绍急救医疗机构、支付治疗费等其他事项。

●**注意事项** 在夏威夷当地租车自驾游玩时一定要参加租车公司的保险,特约保险条例中含汽车损害赔偿责任险,游客可以直接前往当地保险公司商谈具体事宜。没有保险合同会负责现金失盗,游客一定要注意保管个人现金。

●**赔偿手续** 游客可以回国后或在夏威夷办理赔偿事宜。回国办理时要准备医生诊断材料、事故证明材料等必要的证明材料。如果旅行中不幸生病或遭遇事故,应迅速联络保险公司驻地办事处,根据保险公司的要求按计划行事。

参加保险的优势

游客有时会忘记购买海外旅行保险,有时也会因为花费太高而不愿意参保。但是如果出境旅行中发生意外将追悔莫及。参保时可以直接前往各个保险公司报名,也可以向旅行社咨询。

夏威夷当地的医疗费用很高,没有加入保险时呼叫救护车的费用是240美元;入院治疗等必要事项所需的花费大约是国内的数倍以上。盲肠手术大约需要20万人民币;普通发烧医生诊断动辄需要数千元人民币,非常昂贵。如果加入海外旅游保险,保险公司会为游客联系医院、帮忙办理就诊手续等。

如果不幸遭遇事故或失盗,一定要携带相关证明材料和失盗物品的购买小票等材料前往保险公司申请理赔事项。

登录网络,轻松投保!

游客可以登录国内各大保险公司的官方网站申请参加海外旅行保险,网络报名可以享受价格优惠。

乐游夏威夷　出行准备　提前做好相关预算

旅行费用

出行前确认外汇兑换机构的网址

可以登录外汇兑换金融机构的官方网址确认兑换汇率，仔细查询后一定会为出行带来经济实惠。

按照汇率的波动兑换美元

计划进行海外旅行时，可以提前在银行网站和金融兑换机构等地查看汇率。如果不经常浏览页面信息恐怕很难看清楚具体的变动情形。在国内想要把人民币换成美元，需要查看人民币卖方的利率行情，而在夏威夷想要把人民币兑换成美元需要查看人民币买方的利率行情。

检查旅行支票

旅行支票是专供游客购买和支付旅行费用的现金支票。旅行支票没有指定的付款地点和银行，一般不受日期限制，能在全世界通用，是国际旅行常用的支付凭证之一。

办理旅行支票的兑付手续时，首先需提供游客护照和购买合同，然后当面在支票指定的位置复签，如正面已有复签，请当面在支票背面复签。旅行支票和现金等同使用，如遇失盗、丢失等情形可以补办，补办时需提供旅行支票号码。只是补办后的旅行支票正反面签字处是空白栏，购买支票初期双方的签字难以补办。游客可以随时在国外的各大银行、国际酒店、餐厅及其他消费场所兑换现金或直接使用，只是当地小商店难以使用。

■ 夏威夷的货币

夏威夷的货币包含美元和美分，1美元=100美分。夏威夷硬币分为5种，1美分、5美分、10美分、25美分和50美分。照片详情参照p.11。游客需要注意10美分硬币的面积略小于5美分硬币。纸币币值含11种，从1美元到10 000美元不等，经常使用流通的是1美元、5美元、10美元、20美元、50美元和100美元。详情参照p.353。

■ 准备旅行费用

鉴于安全考虑，推荐前往夏威夷的游客合理使用现金和信用卡。

◆**现金**

出于安全考虑，建议携带的美元现金或者人民币越少越好，一来是为了自身安全，二来是带少的话即便丢失或被盗也不会觉得心疼。从机场到酒店的机场大巴车费或乘出租车时等急需的少额现金，可以在夏威夷兑换。火奴鲁鲁机场的兑换汇率不太良好，可以在国内提前准备兑换适量的美元。

◆**信用卡**

信用卡已然成为国外旅行的必需品了。它可作为身份证明文件，一旦出现紧急情况的话，它还具有透支功能（不要手续费，但有贷款利息），可以在当地的ATM上直接提取当地货币。只要满足银行规定的一定条件，都可以办理，有些还不要手续费（但有些会收取信用卡年费），甚至有银行专门为海外旅行者开设快速办卡通道，非常方便。另外，各家信用卡发行银行还提供24小时银行卡丢失、被盗后的紧急挂失服务，有些还提供酒店预约、购物、医疗咨询等服务，还有些能提供旅行保险赔付、银行卡购物后的退税等各种服务。

当信用卡出现丢失、被盗、超额、消磁等情况时，如果只持有一张卡的话会非常尴尬。若持有2张或2张以上的卡，即使补办也不会对旅行造成影响。另外持有多张卡时最好选择不同发卡机构和不同品牌的信用卡，这样不仅服务的内容会扩大，而且信用卡附带的海外旅行伤害保险的补偿事项也会叠加（意外死亡、意外致残、携带财物损毁不做加成）。

夏威夷的便利店、餐厅和其他商场基本可以使用信用卡消费。除了能够支付少额购物费用，信用卡还可以在银行自动取款机取款消费。另外，信用卡也可以被用作身份证明，酒店入住登记和租车等多数场合都会要求游客出具信用卡。如果没有信用卡，有时可能无法租车；有时也可

注意 point　身处海外，随身携带国际银联卡将会方便提取现金。路途中携带现金最好保持警惕，兑换钱币时也应当格外小心。

能会要求交纳大量保证金。

◆**银行卡**

夏威夷瓦胡岛支持VISA等银行卡的使用，但是其他群岛的小商店对银行卡有所限制，游客最好准备2张不同类型的银行卡。

◆**国际借记卡**

如果拥有一张国际借记卡，而且在银行账户中存入足够多金钱的话，也可以在旅行当地的ATM中取现使用，这样一来就不用携带大量现金，二来省去了兑换的麻烦，不过此时取现要收取一定的手续费，费用从账户中直接划走，汇率依照当地当日的外汇率换算（具体各个银行都不一样，可以事先咨询一下）。另外，如果卡中金额不足的话还可以让国内的家人往账户内存款，而且国际借记卡消费时能方便刷卡，比较方便。现在有些银行还推出了多币种的国际银行借记卡，所以即使身在不同国家，也可以用这种卡从夏威夷当地的银行柜员机或者ATM取款机上直接提取美元现金，方便出游。

另外，随着中国银联卡在海外市场的不断扩大，现在很多国家都可以直接使用中国银联卡。如果在当地的ATM取款机上发现有"银联"字样的标注，那一般国内的银行卡都可以使用，非常方便。不过，在海外使用银联卡时会有不少规定，比如每日累计取款不得超过1万元人民币的等值外币。

行前还需注意一点，如果经常把银行卡和金属钥匙扣等有磁性的物件放在一起，银行卡的磁性会减弱。因此，最好确认一下要携带的银行卡磁性是否完好！

◆**旅行支票（T/C）**

旅行支票是给旅行者使用的一种支票，可以在银行内购买。其优势是安全，即便被盗或丢失也可以根据保留的票号在银行再次生效使用，安全度较高。旅行支票也可以用来兑换，并在一些大的酒店或者商场中可直接当现金进行消费。

旅行支票在办理外国货币业务的银行或邮局、发行公司分公司和一部分旅行公司可以购买，购买时会收取一定的手续费。

◆**持有哪种卡比较合适呢？**

使用各种银行卡在银行自助取款机取款时，根据现金的多少手续费各不相同。游客可以按照取款手续费、利息两项综合比较，会发现使用信用卡取钱最经济。信用卡操作简单，汇率条件良好的时候最为经济实用。在此已经为游客介绍了不同的银行卡种，游客可以参考个人经济条件，注重卡种的特性和安全性，选择适合自己海外旅行的银行卡。

国内信用卡办理咨询网站

● VISA卡
http://www.visa-asia.com
● 万事达卡
http://www.mastercard.com/cn
● 美国运通卡
http://www.americanexpress.com
● 中国银联卡
http://cn.unionpay.com

夏威夷信用卡办理咨询处

● 火奴鲁鲁购物广场JCB银行办事处
　卡拉卡瓦大街沿线怀基基购物广场2层，参照p.56-Q；全年营业
● 火奴鲁鲁VJ银行办事处
　夏威夷T广场&环球免税店2层，参照p.56-Q；全年营业

货币兑换事宜

夏威夷机场设有兑换机器，如果时间充裕，游客可以事先前往银行、邮局等金融机构兑换美元。不同的银行兑换利率不尽相同。游客可以登录各个银行的官方网站查看每日兑换汇率的变动。

夏威夷瓦胡岛境内，特别是怀基基当地有很多民间钱币兑换机构，但是其他临近岛屿上几乎没有。如果游客计划前往瓦胡岛以外的临近岛屿，最好提前在瓦胡岛境内兑换钱币，或者使用国内兑换好的钱币。瓦胡岛境内的消费场所支持信用卡付费，但是只有少数商家支持旅行支票付费。

乐游夏威夷　出行准备　提前收集相关旅行信息

收集旅行信息

预订酒店

通过酒店预约中心或旅行社预约

最近很多游客选择在正式网页直接预约，网页预约设有很多特定优惠活动，经济实用。只是，预约网页语言多为英语，同时需要和当地酒店客服直接往来，所以预约时应该仔细定夺。

合理使用优惠券

游客可以在国内购买酒店住宿的优惠券，很多高级酒店的宣传册上有优惠信息，游客可以积极使用。

关注酒店推出的优惠政策

大型连锁酒店经常会推行计数制，游客可以通过入住酒店积累优惠项目和特殊服务。

如喜达屋酒店宾客优惠卡
（计数制同样适用于威斯汀酒店、喜来登酒店）。

考虑和信用卡发行单位有合作关系的酒店

游客如果入住的酒店和所持信用卡的发行单位有合作关系，登记时出示信用卡会有打折和其他优惠服务。

■在国内收集旅行信息

◆从相关的专业机构处获取旅行信息

夏威夷州旅游观光局

其官方网站设有中文页面，主要介绍夏威夷所有岛屿的相关旅游情况，包括各地区概况、旅游行程安排、特色主题活动、文化艺术、住宿等，资讯信息相当丰富，这些信息资源可让游客提前多方位感知夏威夷旅行的乐趣，不妨行前浏览查看一下。

夏威夷州旅游观光局官方网站http://www.gohawaii.com

夏威夷州旅游观光局官方网站中文网http://int.gohawaii.com/cn

美国驻中国大使馆

关于夏威夷的相关旅游介绍，大使馆网站也有一些信息内容可供参考，美国驻中国大使馆的官网微博也会发布一些旅行信息，不妨关注一下。

网址：http://chinese.usembassy-china.org.cn

预先了解各种旅游信息,可以培养自己的准确判断力,使旅行经济划算而又不失乐趣。

美国签证申请网
关于美国的签证办理所需资料及相关程序,该网站有详细明确的介绍,可以参照其说明来申办赴夏威夷旅游的签证。

网址:http://www.ustraveldocs.com

收集有用的网址

美国航空
http://www.americanairlines.com

美国联合航空
http://www.united.com/ual/en/hk

中国国际航空公司
http://www.airchina.com

南方航空
http://www.csair.com

东方航空
http://www.ceair.com

◆ 从旅行社收集信息
从经营夏威夷旅游线路的旅行社或者专业的出境旅游公司等地方,可以获得详尽的夏威夷旅行信息,这可以说是最快、最有效的信息收集方式。有时旅行社提供的机票+酒店组合套餐,价位相当实惠,不妨综合考虑一下。

◆ 借助相关的书籍和出版物获取信息
此外,还可以在出发前读一些和夏威夷有关的书籍,或者欣赏一些当地的音乐、电影等,这些都可以加深对旅

奢华酒店
http://www.slh.com

希尔顿国际酒店集团
http://www.Hilton.com

喜来登酒店&度假村
http://www.sheraton.com

万豪国际酒店集团
http://www.Marriott.com

携程酒店预订
http://www.ctrip.com

雅高达酒店预订
http://www.agoda.com.cn

酷讯旅游酒店预订
http://www.kuxun.cn

国际酒店网
http://www.hotels.com

国际沙发客网站
http://zh.airbnb.com

在国内上网选购夏威夷特色礼品
　　游客在旅游出行时比较惦记为亲友准备纪念礼物的事情。虽然观光购物时可以购买，但是如果时间不太充裕而又必须偿还人情礼品债，就会感到非常烦恼。游客可以在临近出发前上网申请购买夏威夷特色食品、工艺品、重物品和体积较大的物品，并指定礼品的邮寄地址和送达日。礼品配送不收取搬运费和税金等，游客可以放心使用。

游目的地的认识，增强旅行的乐趣。像逗留日记、纪行日记、现代史和小说等，有很多和夏威夷有关的书籍，阅读时不用分种类随机阅读便可。另外，还可以阅读某些机构团体发行的相关读物等，图书馆不失为一个了解全面信息的好地方。

◆利用网络查询旅游信息
　　可通过专业的旅游网站或者旅游论坛里其他人的旅行攻略帖，全面实时地获取当地最新旅游信息。

◆借助电视、广播等有声视频获取信息
　　电视、广播里有些旅游栏目会有夏威夷当地民俗风情及旅游信息的相关介绍，不妨在旅行前多注意收看。借助有声视频，可以很直观地了解当地的一些旅游注意事项。

■在当地收集信息

◆使用网络查询信息　　通过网络查询获取夏威夷观光的最新信息比较便利。夏威夷的人气景区大都设有很多网站，可在通过夏威夷州观光局、当地的宣传册和旅行社了解后，利用网络链接收集更多的旅行信息。

《KauKau》宣传册
　　夏威夷宣传册。
《阿罗哈街道》宣传册
　　免费获得书中的优惠券和折扣凭证。
Mo-Hawaii
　　网页满载夏威夷住宿、休闲活动、美食等内容，旅行信息丰富多彩。
夏威夷纪念品官方网店
　　网上销售夏威夷特色纪念品。
加藤高尔夫用品专卖店
　　创业30余年的高尔夫用品专卖店，业绩优秀。
夏威夷旅游123
　　网页涵盖夏威夷旅行的基本信息及最新状况，有很多信息对制订旅行计划非常有帮助。

◆利用机场宣传册　　在火奴鲁鲁机场的个人通行出口的街角处可以领取旅游宣传册。宣传册内容丰富，涵盖观光景点、购物、美食和巴士、叮当车等信息。很多宣传册中附带有优惠券和简易试用品等。

乐游夏威夷　出行准备　确保手机在夏威夷使用畅通

携带手机

■ 手机已成为旅行必备品之一

出境旅游经济使用手机的方法

首先，在境外购买或者租借一部当地手机，这种便宜手机往往会附赠话费，同时尽量用短信联系，费用要便宜很多。

其次，利用网络电话、在线聊天语音软件和网络视频通话，这也是目前与国内联系时普遍使用的方法之一。

最后，变更境外SIM卡。出境游时带上自己的手机，在国外购买SIM卡，或在当地便利店购买电话卡，可以询问并购买回拨中国价格最优惠的电话卡。当然，游客也可以出国前提前购买当地手机卡，可以事先获知境外使用的电话号码，方便亲友联系。目前首都机场有专业的环球漫游出国通信服务，可以在首都机场二号和三号航站楼购买各国当地的手机卡。出国期间先关掉数据漫游，想使用手机上网优先使用当地的免费Wi-Fi网络。

手机已开通国际漫游，还需要购买境外手机卡吗？

如果游客的手机已开通国际漫游，可以把家里不同的手机找出来再带上一部。已开通国际漫游的手机用来接收短信和查看来电信息，如果不是特别紧急和重要的电话，可以先挂断，然后再用另一部插有当地手机卡的手机回拨即可，这样既可保证联络通畅还可以节省费用。

■ 灵活使用海外手机套餐包

如果夏威夷手机机型和运营商的网络相通，游客可以不必租借手机，直接使用自己的手机，非常方便。海外手机套餐包含短信、微博等通信费用，只是如果游客不能正确设定，将会导致高昂的话费。而且，话费收取会按照新的计算方法，和在夏威夷的同伴之间的通话也有可能变成国际长途电话。

购买当地的电话卡

要想经济实惠地打电话，建议最好在当地电信服务门市购买拨打国际长途的专用电话卡，还可以到有些商店购买专门针对亚洲国家的电话卡。一般来说，这些卡在中国城或者亚洲商店都能买到。其使用方法和国内的IP电话卡相似，卡背后有详细操作说明。

利用当地的免费网络

如果游客使用的是智能手机，那么利用当地的免费Wi-Fi网络最为划算。游客可以在星巴克等咖啡厅和酒店、麦当劳（库西欧店）等地使用免费Wi-Fi上网。

乐游夏威夷　出行准备　行李收纳要精简、满足基本需求

行李准备

电器制品

夏威夷的电压是110伏/60赫兹，和中国电压不同。出境时携带的多数国内电器制品很难在当地直接使用，因此不推荐携带。可以准备变压式或干电池式的适配电源转换器。通常酒店客房会准备吹风机和挂烫机，如果没有可以致电客房借用。

手机

如果想要使用当地手机可以租借。详情参考p.329。

精简行李

为了精简行李，轻松旅行，推荐游客把化妆品分别放入不同的小瓶，另外准备设有拉链的塑料袋非常有帮助；使用压缩袋包装西服等大件行李能够充分发挥作用，令游客的行李收纳大放光彩。

随身小件行李

不同的航空公司对旅客的随身小件行李要求不尽相同，但是基本要求规定小件行李长、宽、高总计低于115厘米。旅客必须随身携带贵重品和易碎物品等。每名旅客登机随身携带的行李最多只有两件，每件行李长、宽、高总计低于203厘米，每件重量低于23千克，超重时需要额外征收超重费。头等舱乘客每人登机随身携带的行李最多只有3件，每件行李长、宽、高总计低于203厘米，每件重量低于32千克。登机时不得随身携带化妆用的剪刀和剃须刀等，必须办理托运。具体详情请咨询各个航空公司。

■境外旅行应该准备什么行李？

夏威夷当地基本可以买到一切生活用品，特别是西式服装和泳装等杂货类物品，而且物美价廉。但是去夏威夷之前还是应该准备一些必要的贴身服饰。当地常年有贸易风吹过，即使仲夏夜晚气温也会较低，有必要随身携带薄衫。冬天雨季来临，更需穿着薄衫以御寒。乘坐飞机等交通工具时冷气较凉，对于女性游客而言薄衫上衣尤为必要。书中罗列以下必备服饰供游客参考。当地电压和国内不同，很多国内的电器制品都不可以使用。大多数游客都是前往酒店前台借用吹风机。游客可以向医生咨询购买隐形眼镜自控消毒煮沸器。

插座和国内不太一样

■服饰参考

要求正装出席的服饰参考			
	男性	女性	
西式短上衣（含男子西装上衣和女子套装上衣）	○	○	
衬衫（Y领衬衫）	○	○	
保罗T恤衫	○	○	
领带	○	○	
T恤衫	○	△	根据服饰材质而定是否符合要求
短裤	×	△	裤裙可以
牛仔裤	△	△	
沙滩凉拖	×	×	
运动休闲鞋	×	×	
连衣裙（含夏威夷穆穆长裙）	—	△	休闲款式不可以
披肩		○	随身携带比较方便

※如果前往夜店可以随意打扮，穿着休闲，现场气氛活跃，勇敢地融入其中一定会感到身心放松。其实，夏威夷当地没有统一的规定要求进店是否必须穿着正装，具体事宜因商家而定。一些高档场所会要求客人必须穿着正式的西装上衣，否则不予进店消费。这些要求基本可以理解、接受，也符合常识。但是游客也应该谨记，在夏威夷当地，男士穿的阿罗哈衬衫、女士穿的穆穆长裙也是正装的一种。

■出境携带液态物品须知

中国民航管理局就旅客随身携带的液态物品的容积，其要求限量为：水和其他液体(含果冻)等每件容积不得超过100毫升(ml)。盛放液态物品的容器，应置于最大容积不超过1升(L)且可重新封口的透明塑料中。每名旅客每次仅允许携带一个透明塑料袋，超出部分应托运。婴儿随行的旅客携带的液态乳制品，疾病患者携带的必备液态药品(凭医生处方或证明)，经安全检查确认无疑后可以适量携带。其他行李可以直接办理托运手续。

乐游夏威夷　出行准备　不要漏掉出行所需的物品

行李确认清单

■行李收纳以精简为原则

收纳行李是旅行前的大事件，回程时一定会购买礼物和其他物品，因此出发前行李箱最好有预留空间。另外，事先计划好在当地要购买的纪念品，以免遗忘。当然，护照、飞机票等是绝对不可以忘记的，以下是最终行李确认清单，供游客参考。

登机后发现机舱温度很低，该如何应对？

机舱温度一般会保持24℃左右，但很多人会感到比较寒冷，尤其应注意睡觉时御寒，可以铺盖毛毯等增加温暖。

■行李确认清单　◎绝对必要　○带去较为妥当　△因人而异，有的话比较方便

重要程度	物件	当地购买	确认	备注
◎	护照			必需品，一旦遗忘很难开始旅行，携带复印件会更加安心。详情参考p.325
◎	现金（人民币）			既可以方便国内通行，也可以在本地兑换
○	现金（美元）	○		如果可以的话在国内尽量准备少量美元
△	检查旅行支票			如果没有也不影响，但是持有会比较方便
○	银行卡			可以用于身份证明，事先将卡号了然于心，以防丢失帮助冻结银行卡
◎	机票（电子机票）			登机必需品，如果没有将不能登机
○	海外旅行意外伤害保险合同			最好出行前购买，可以安心旅游
△	国外驾驶执照			租车自驾游时需要，同时必须准备国内驾照
△	证件照（4.5cm×3.5cm）(2张)			护照办理更新，要求护照丢失时备用
△	记事本	○		记录比较在意的事情，旅行小帮手
○	圆珠笔	○		登机后填写出入国记录卡时发挥作用
△	照相机			近年流行使用数码相机
○	数码相机专用的媒体记录器材			为了避免相机储存卡容量已满而无法拍照
○	电子登机认证系统（申请顺序号）			以备机场要求确认电子登机认证序列号
◎	导游书			自助游的必备品
△	辞典			语言学习不太自信时可以使用，最好是英汉双语
○	计算器			用于计算换算钱币和购物结账
○	背包			当地外出行动时方便使用
○	洗漱用具			很多酒店没有牙刷
△	数码相机电源适配器、充电器			对于电器制品不可或缺
○	防晒霜	○		以免日照太强，可以在当地购买
△	吹风机			可以向酒店借用
○	纸巾			随身携带非常便利
△	拖鞋			酒店中和登机后穿着放松
△	毛巾			海滩游玩时使用，可以使用酒店毛巾
△	睡衣			也可以穿着宽松的T恤衫
○	裤装・裙装	○		可以携带一次性衣物，也可以当地购买
○	换洗衣物	○		基本衣物都可以在当地购买
○	上衣			适用于温度较低的空调房或者气温较冷的夜晚
○	凉鞋			夏威夷穿着普通鞋履太热，只适用凉鞋
△	薄外套			飞机内空调温度较低时很有帮助
◎	T恤衫			穿着T恤衫前往海滩或者睡觉非常便利
○	泳装	○		夏威夷必需品，可以当地购买
○	太阳镜			当地日照太强，携带太阳镜将大有裨益
◎	常备药			携带常备药会令游客非常安心。

随身携带的行李

行李箱内置的行李

旅行信息【中国篇】

331

行李准备／行李确认清单

机场指南 北京首都国际机场

机场概况

北京首都国际机场,简称首都机场,1958年开始启用,是目前中国最重要、规模最大、设备最齐全、运输生产最繁忙的大型国际航空港,是中国民航最重要的航空枢纽。首都机场位于北京东北郊顺义区天竺镇,距市中心25.35公里,通航200余个国内外城市,每周有5000多个定期航班,是北京乃至全国的重要空中门户和对外交往的窗口。

北京首都国际机场位置示意图

航站楼

北京首都国际机场共有3个航站楼。1号航站楼规模较小,约有10个登机口。2号航站楼的规模比1号航站楼大得多,可同时停靠20架飞机,并同时承担国内和国际航班的服务。1、2号航站楼之间有乘客连接通道,同时也可乘坐摆渡车互通。3号航站楼于2007年建设完工,规模比2号航站楼更为庞大,目前是国内面积最大的单体建筑。与2号航站楼一样,它也同时承担着国内和国际航班的服务。

停车场信息

首都机场1号停车场,位于首都机场1号航站楼正南侧,共有车位约600个,其中含小车位、中巴车位、大车位、无障碍车位,主要停放机场巴士、社会临时车辆及过夜车辆。

3号停车楼位于首都机场3号航站楼南侧,一层为商业区、派出所、办公区等;二层设有机场快轨车站,并设有前往3号航站楼的通道。3号停车楼目前开放地下一层作为旅客车辆停放区域,共有车位约3300个,其中含小车位、中巴车位和无障碍车位。

主要航空公司

中国国际航空公司(CA) T3
www.airchina.com 95583
中国东方航空公司(MU) T2
www.ceair.com 95530
中国南方航空公司(CZ) T3
www.csair.com 95539

夏威夷航空公司(HA) T3
www.hawaiianairlines.com
010-8522-7835
达美航空公司(DL) T2
www.delta.com
400-120-2364

机场交通

机场快轨（东直门—机场）

全长28.1公里，沿途设4个站，到达首都国际机场T3航站楼大约只需20分钟，十分便捷。另外，机场快轨与地铁2号线的东直门站和10号线的三元桥站均有换乘站。

出租车

北京出租车的费用按跳表计算，起步价13元；超过3公里后，每公里加2.3元。夜间行驶（23:00至次日5:00）计价器会自动加价20%。正规出租车上均有发票打印机，下车前记得索取发票，上面有出租车公司的电话，若不慎在车上遗失物品还可打电话询问。

机场大巴

北京市内巴士有10多条线路，票价从15～30元不等，可就近选择停靠站搭乘。北京周边城市的，可选择往返于机场与天津、廊坊、秦皇岛、塘沽等城市之间的省际巴士，票价依距离远近而定。北京市区至机场巴士具体线路可参照下表。

市区至机场大巴线路

线路名称	主要途经点	运营时间（市内→机场）
方庄线	方庄（方庄体育公园东门南侧）→大北窑（南航明珠商务酒店）→T2→T1→T3	5:00～21:00
西单线	西单（民航营业大厦）→车公庄站（车公庄地铁站B出口）→雍和宫站（雍和宫地铁站B出口）→T2→T1→T3	5:00～21:00
北京站线	北京站（北京站东街）→国际饭店→东直门（桥东50米路南报亭）→亮马大厦（西门）→T2→T1→T3	5:00～21:00
公主坟线	公主坟→友谊宾馆→北太平庄→安贞桥→西坝河→T2→T1→T3	4:30～22:00（21:00后不经停安贞桥、西坝河）
中关村线	中关村（四号院）→北航（北门）→惠新西街（惠新西街桥下，安徽大厦东侧）→T2→T1→T3	5:00～22:00
上地、奥运村线	上地智选假日酒店→亚奥国际酒店→中科院地理所→大屯→北苑路大屯东→T2→T1→T3	5:20～20:00
西客站线	西客站南广场→广安门（白广路北口东侧路南50米）→磁器口（路口西侧路南100米）→朝阳公园桥→T2→T1→T3	6:00～次日1:00（旺季）
回龙观线	回龙观（龙泽）→回龙观西大街／龙华园→回龙观东大街／矩阵小区→天通西苑一区（北门）→白坊→未来科技城→T1→T3	5:30～20:30
通州线	通州区太阳花酒店→翠屏北里（西门）→北苑站（地铁站东侧）→北关站（北关桥南300米路东，皇木厂公交车站）→T3→T2→T1	5:30～21:00
北京南站线	北京南站北出口公交枢纽站台（A道）→T2→T1→T3	7:00～19:30
亦庄线	兴基伯尔曼饭店→北环西路→T2→T1→T3	8:00（全天仅一班）
四惠线	四惠交通枢纽→青年路（大悦城）→管庄（常营）→T2→T1→T3	从7:30到18:30，每半个小时运营一趟
王府井大街线	金宝街（丽晶酒店）→金鱼胡同（和平宾馆）→王府井大街（天伦王朝酒店）→王府井北口（华侨大厦）→美术馆（民航信息大厦西门）→T2→T1→T3	7:00和9:00，全天仅两班
望京线	中国民航管理干部学院→望京西园四区A门→望京花园西区→华彩商业中心→T2→T1→T3	从6:00到19:30，每半个小时运营一趟
世纪坛线	世纪坛→西客站北广场→甘家口→二里沟→动物园（交通枢纽）→西直门外（金茂大厦）→T2→T1→T3	7:00～18:00
石景山线	石景山（万商花园酒店）→万达嘉华酒店→鲁谷（远洋山水）→T2→T1→T3	5:30～20:00

机场常用电话

机场服务热线：010-96158
机场大巴：010-64594375

医疗急救站

T1航站楼：010-64540999

T2航站楼：010-64591919
T3航站楼：010-64530120

失物招领

T1航站楼／T2航站楼／T3航站楼：010-96158

| 机场 |
| 指南 |

上海浦东机场

机场概况

　　上海浦东机场与北京首都国际机场、香港国际机场并称为中国三大国际航空港。机场位于浦东新区的江镇、施湾、祝桥滨海地带，距市中心约30公里。目前，浦东机场中外通航公司已达到48家，通航60多个国内城市，90多个国际城市，是中国重要的对外交往的窗口之一。

浦东机场位置示意图

航站楼

　　上海浦东机场共有两座航站楼，两座航站楼之间有通道可互通，也有免费机场摆渡大巴，非常方便。

主要航空公司

中国国际航空公司（CA）
HP www.airchina.com
☎ 95583

中国东方航空公司（MU）
HP www.ceair.com
☎ 95530

中国南方航空公司（CZ）
HP www.csair.com
☎ 95539

夏威夷航空公司（HA）
HP www.hawaiianairlines.com
☎ 010-8522-7835

达美航空公司（DL）
HP www.delta.com
☎ 400-120-2364

日本航空公司（JL）
HP www.jal.com
☎ 400-888-0808

机场交通

地铁

　　可以选择乘坐地铁2号线（绿色）到达或者离开浦东国际机场，不过，需要在广兰路站进行换乘。注意，2号线地铁在机场与广兰路站之间的运营时间为6:00~22:00，每8.5分钟发一趟，乘坐很方便。

磁悬浮（龙阳路地铁站—机场）

　　车票单程每人50元和往返每人80元（普通票）。运行时间为6:45~21:40。每日9:02~18:47，发车时间为15分钟一趟；7:02~8:42和19:02~21:42，发车时间为20分钟一趟。

地面公交

可以利用地面公交到达或者离开浦东国际机场。目前，浦东国际机场共有大巴专线6条，外加浦东机场环1线和浦东守航夜宵线，乘坐也是很方便的。具体线路可参见下表。

地面公交线路

线路	始发站及首末班时间	主要停靠站	终点站及首末班时间	票价
1线	T1（7:00~23:00） T2（7:05~23:05）	虹桥机场T2、虹桥火车站	虹桥枢纽东交通中心 (6:00~23:00)	30元
2线	T1（6:30~23:00） T2（6:35~23:05）		城市航站楼(静安寺) (5:30~21:30)	22元
4线	T1（7:00~23:00） T2（7:05~23:05）	德平路浦东大道、五角场（下行：邯郸路、国宾路；上行：东方商厦）、运光新村	虹口足球场（花园路） (5:30~21:30)	16~22元
5线	T1（6:30~23:00） T2（6:35~23:05）	龙阳路地铁站、世纪大道浦东南路（下行封闭）、延安东路浙江路（下行：人民广场；上行：洪长兴门口）	上海火车站 (5:10~21:30)	2~22元
7线	T1（7:30~23:00） T2（7:35~23:05）	川沙路华夏东路、上南路华夏西路	上海南站 (6:30~21:30)	8~20元
8线	T1（7:00~19:30） T2（7:05~19:35）	当局楼、海天三路启航路、交通队、海关仓库、航油站、东方航空、河滨西路卡口、机场保税区、金闻路闻居路、祝潘公路川南奉公路、千汇路南祝公路、南祝公路周祝公路、南祝公路祝成路、南祝公路卫亭路、盐仓、人民公路城东路、南汇汽车站	南汇汽车站 (6:20~18:40)	2~10元
环1线	T1（8:00~19:15） T2（8:05~19:20）	当局楼、公安分局、指挥部(非高峰站)、海关仓库、航空公司、施湾	航城园 (7:10~18:45)	2~3元
守航夜宵线	T1，到达层6号门处（23:00后至当日航班结束后45分钟） T2，五洲北路机场巴士电梯下口处（23:05后至当日航班结束后45分钟）	浦东机场T1与T2、龙阳路芳甸路站、世纪大道地铁站、延安东路浙江中路站、延安中路华山路站、延安西路虹许路站、虹桥机场T1	虹桥机场T1	16~30元

出租车

公里数	日间(5:00~23:00)	夜间(23:00~次日5:00)
0~3公里	14元（含1元燃油费）	18元
3~10公里	2.4元/公里	3.1元/公里
10公里以上	3.6元/公里	4.7元/公里

机场常用电话

航班问询服务热线：021-96990　　机场投诉：021-68347575
行李寄存：T1：021-68346324　　失物招领：T1：021-68346324
　　　　　T2：021-68340076　　　　　　　T2：021-68340417

机场指南
广州白云国际机场

机场概况

广州白云国际机场始建于20世纪30年代，现位于白云区人和镇与花都区新华街道交界处，距广州市中心约28公里，是我国著名的航空枢纽机场之一。白云机场目前与30多家航空公司建立了业务往来，已开通国内、国际航线110多条，通航国内外100多个城市，在我国民用机场布局中占有举足轻重的地位。

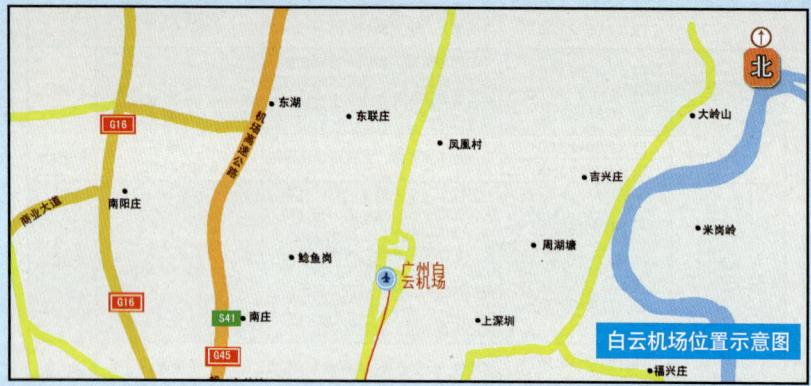

白云机场位置示意图

航站楼

广州白云国际机场航站楼包括地上3层及地下1层。其中，1层为到达层、接机大厅和商业层，2层为到达夹层，3层为出发及候机大厅，地下1层则通往地铁、停车场和机场酒店。

机场交通

机场大巴

机场大巴有两种：空港快线与机场快线。1~4号线及金沙洲线为空港快线，5~10号大巴为机场快线。同时机场还有前往周边城市的城际大巴，乘坐很方便。

地铁

乘坐地铁3号线的北延伸段（体育西路至机场南站），可往来于机场与市区之间。机场地铁位于航站楼地下1层。

出租车

机场在到达厅外的A、B区到达通道内，设有出租车乘车点。具体来说，A到达区乘车点设在机场A5号门外，B到达区乘车点设在机场B6号门外。如选择乘坐出租车，可到相应的到达区出租车乘车点排队候车。从市区前往机场，距离相对较远，所以出租车费用也不低。

机场常用电话

客服呼叫中心：020-36066999
航站楼警务室：020-86137273
航站楼医务室：020-36066926
机场火警电话：020-36063119

行李寄存电话：020-36066859
机场行李查询：
020-36066763（国内）
020-86130102（国际）

旅行信息

夏威夷篇

入境指南
火奴鲁鲁国际机场
回国指南
交通
酒店住宿
夏威夷实用信息
学会精明地兑换美元
小费和相关礼仪
租车自驾游攻略
健康旅行注意事项
旅行安全管理
怀基基治安·安全地图
旅行会话

乐游夏威夷　抵达夏威夷，开启蓝色之旅

入境指南

火奴鲁鲁国际机场外景

夏威夷入境检查需出示的材料
- 护照
- 回程机票或者电子票根
- 关税申报表

海关检查需出示的材料
- 护照
- 关税申报表

入境夏威夷持有物品的限制要求
- 卷烟200根（1条烟）、雪茄50根
- 酒水类（21岁以上　1升）
- 特产礼品总价值在100美元以内

■开启夏威夷之旅

搭乘飞机来到夏威夷，首先要在机场办理夏威夷入境手续。游客可以在飞机降落前在机舱内填写关税申报表，准备接下来需要提交的护照和回程机票等，以备使用。

入境流程

抵达火奴鲁鲁机场　Arrival

抵达火奴鲁鲁国际机场后，游客可以根据指示来到2号航站楼的夏威夷入境检查处。如果抵达科纳国际机场，下飞机后直接步行至建筑物1层的夏威夷入境检查处即可。

入境检查　Immigration

来到入境检查处，在"Non-resident"办公处排队等候。轮到自己时随办公人员进入办公室，按要求出示必要材料并回答入境缘由（旅游观光请回答"Sightseeing"）、入境居住地点（酒店名称）、入境停留的天数等问题。如果有家庭成员，那么将会一起接受询问审查。另外，从2004年9月开始，入境检查处将对所有的外国居民入境者拍摄头像、采集指纹。游客可以根据检察人员的指示，来到办公室指纹采集处将左右手依次摁手印，然后站在正对面的迷你相机前完成头像拍摄。结束入境检查后可以直接前往1层取行李。

领取行李　Baggage Claim

1层大厅的旋转桌子标示有航班次数，游客查找到自己所搭乘的航班后取行李。有时工作人员会直接卸下旅客行李排成一列，游客可以前去寻找确认。另外，如果发现行李遗失或行李破损，可以向工作人员提交行李邮寄单，申请协助查询或赔偿。

海关检查　Customs

入境检查的最后一项是申报关税。游客可以提前准备好护照和关税申报表。如果没有需要申报的物品可以在绿色通道行列直接排队；如果有物品需要申报，需要在红色通道行列排队等候审查。另外，如果申报物品总值在1万美金以上，可以不用缴纳税收但必须向关税申报。

出口　Exit

火奴鲁机场有两个出口，位于关税申报处左手边，分别是团体旅客直接出口和个人旅客出口。

注意 point　2009年9月以后，美国民航总局要求入境旅客必须办理电子登机认证，游客务必要在网上事先申请认证。2010年7月，迄今为止一直通用的入境卡（1-94W）停止使用。

入境美国的程序

入境检查 ●Immigration
在出入境卡和海关申报单上填入必填事项，填好后，连同护照、归国机票一起提交给审查官。审查官会用英语询问入境目的、在美停留时间、住宿地址等，只要如实地回答就可以了。采集面部照片和指纹之后，审查官会在护照上加盖入境印章，并连同出入境卡的另一半一起返还给你。

领取行李 ●Baggage Claim
通过入境检查后，接下来就是领取行李了。按照Baggage Claim标志的指示，找到自己乘坐的航班班次，并在其转盘前等候。如果等到最后还是没有行李出来的话也不要着急，向航空公司的相关人员出示取包凭证，并向其告知情况。通常1~2天后，航空公司就会将行李邮寄到你住的地方了。

海关申报单的填写方法

❶ 姓（Family Name），名（First/Given），Middle Name通常不用填写
❷ 出生日期（日/月/年）
❸ 和你同行的家庭成员人数
❹ (a) 在美国的住址（或旅馆名称/目的地）
　　(b) 城市
　　(c) 州别
❺ 护照签发国家
❻ 护照号码
❼ 国籍
❽ 到达美国之前所在国家（如在北京登机就写CHINA）
❾ 班机号码或船号码
❿ 此趟旅行的目的是商务吗？　　　□是　□否
⓫ 我带了
　　(a)水果、植物、食物、昆虫　　□是　□否
　　(b)肉、动物、野生动物产品　　□是　□否
　　(c)细菌、生物细胞、蜗牛　　　□是　□否
　　(d)土壤或曾去过农场　　　　　□是　□否
⓬ 我曾经密切接触过家禽家畜　　　□是　□否
⓭ 我携带了超过一万美元的现金、等值的金融货币（包括旅行支票、个人支票或股票、公债等）或外币
　　　　　　　　　　　　　　　　□是　□否
⓮ 我携带了商用的货物（包括贩卖品、样品等，非个人所用的）　　　　　　　□是　□否
⓯ 美国居民：估计你此次携带的物品总价值是多少？包括商用货物，境外购买的，或是送给他人的礼物等
⓰ 非美国居民的游客：估计你此次携带的物品总价值，包括商用货物
⓱ 签名及日期

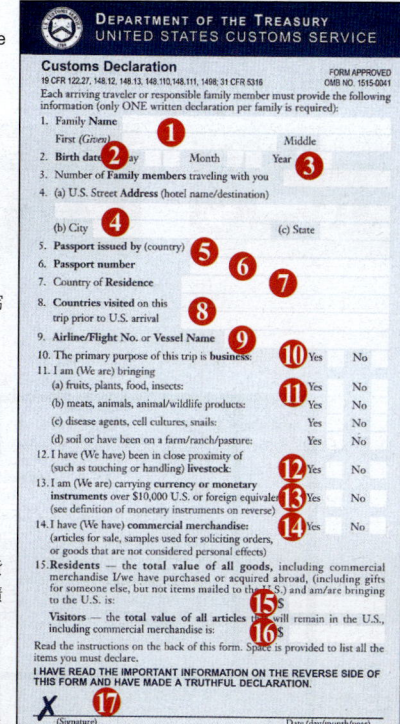

旅行信息［夏威夷篇］　入境指南

火奴鲁鲁国际机场

国际航线抵达大堂的切面图

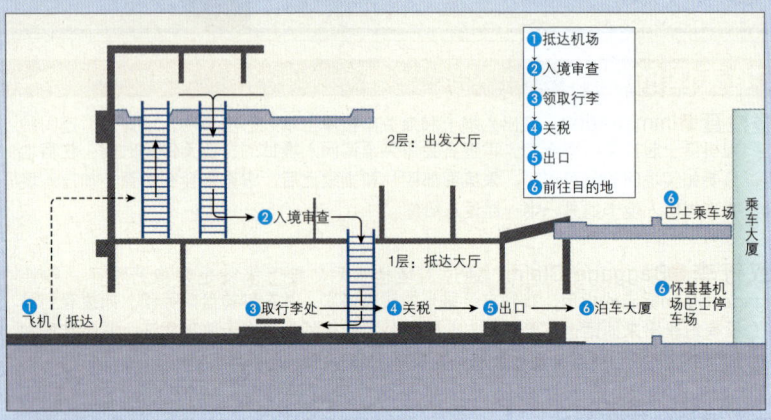

国际航线抵达大堂的切面图

搭乘本地航线的飞机时，前往登机信息台时游客可以按照这个信息告示牌登机。

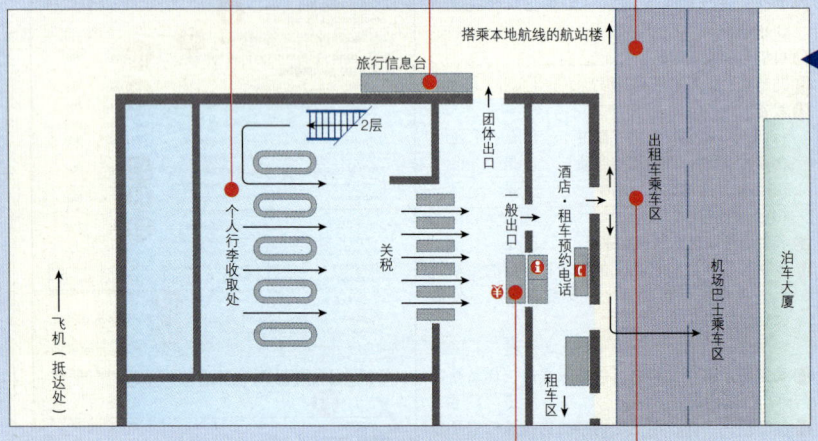

走出个人通道后正面设有信息指示牌。

- ℹ 信息指示牌
- 💱 外汇兑换处
- 🚗 租车窗口
- ☎ 电话
- → 入境通道
- 🅿 停车场
- 🆂 免税店
- 🆁 餐厅

●从机场航站楼到高速公路的路径

※ ← 机场前往怀基基方向
   ← 怀基基前往机场方向
  （都是经由H-1高速公路）

※ 游客驾车时必须认清实际路况中的标志、介绍图。

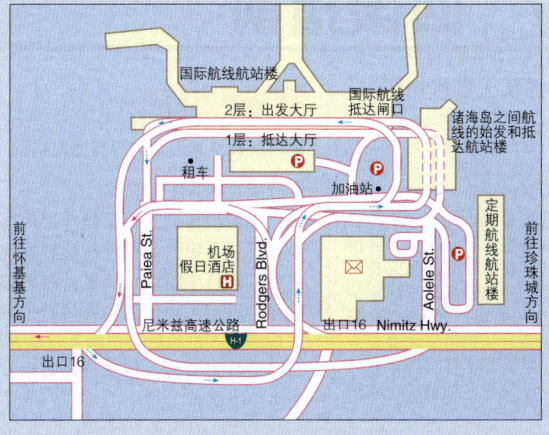

诸海岛间航线始发、抵达的航站楼 Inter-Island Terminals

前往临近群岛

搭乘航班抵达临近群岛后，领取自己的行李后出口左转，沿着各个航线指示标志直走即可。途中设有升降电梯，乘坐扶梯可以直接抵达登机闸口。

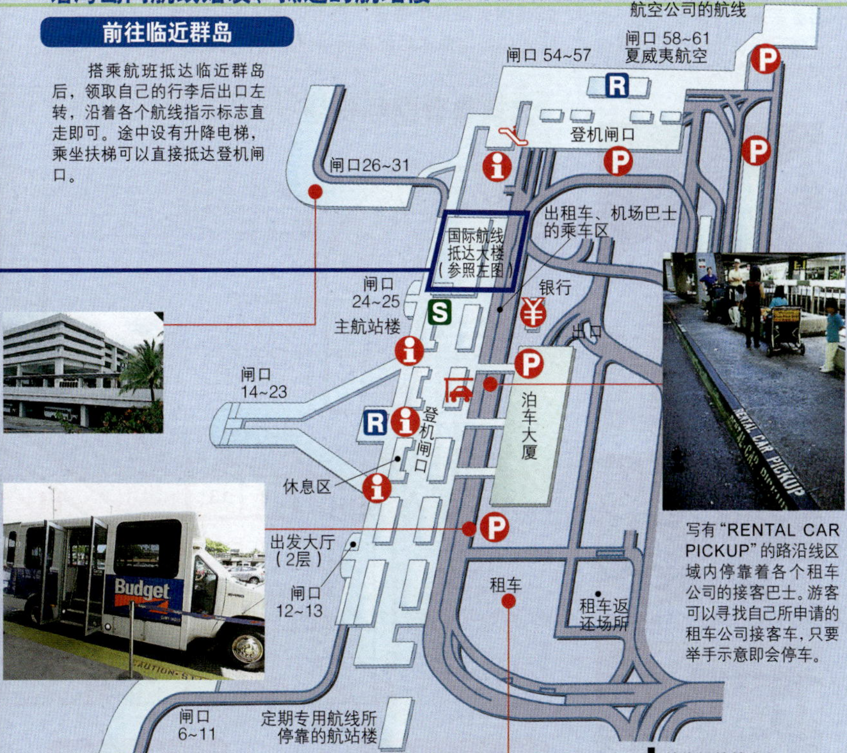

闸口71~83 夏威夷岛航空等其他航空公司的航线
闸口58~61 夏威夷航空
闸口54~57

写有"RENTAL CAR PICKUP"的路沿线区域内停靠着各个租车公司的接客巴士。游客可以寻找自己所申请的租车公司接客车，只要举手示意即会停车。

租车公司以柜台为核心设有周围区域，中央地带停靠着各种车。阿拉莫租车公司设有尼米兹高速公路营业所和欧霍希亚营业所。

↓ 前往怀基基方向

旅行信息 [夏威夷篇]

341

火奴鲁鲁国际机场

乐游夏威夷　夏威夷之旅转瞬即逝，快乐返程！

回国指南

带好私人贵重物品

抵达夏威夷时行李轻便，经过几天的旅行行李不断增多，很快就会堆积一片。旅行结束前开始收拾行李难免着急慌乱，一不小心很容易忘记寄存在酒店客房或大堂保险箱内的私人贵重物品。特别是如果忘记取护照或人民币，不仅难以回国，而且从机场到家身无分文，路费都不够。游客最好回国出发前仔细确认，以防万一。

机场行李手推车需付费

夏威夷机场的行李手推车需付费，每台4美元。来到行李手推车存放点，投入钱币便可以使用，也可以刷信用卡支付费用。

■回国准备

◆再次确认是否预约妥当返程机票

◆行李收纳的注意事项

　　美国机场的安检工作非常严格，在检查行李箱时游客最好不要上锁。当红外线检查发现可疑行李时，工作人员需要打开行李箱确认清楚。如果被迫上锁而导致行李箱锁损坏，游客可以用旅行备用鞋带捆绑行李箱。美国民航总局规定进入机舱后每位旅客只准许携带1个打火机。游客不可以把打火机放入托运行李箱中，具体要求请咨询各个航空公司事务处。

◆行李邮寄

　　境外之旅，每位游客都难免会购买大量当地特产，携带困难，游客可以将这些行李邮寄回国。最好的方法就是拜托购买商帮忙寄送，也可以寻求国际宅急送，经过运转抵达中国宅急送后配送到指定地点，方便快捷。

火奴鲁鲁国际机场前的餐厅一景

机场安检场景

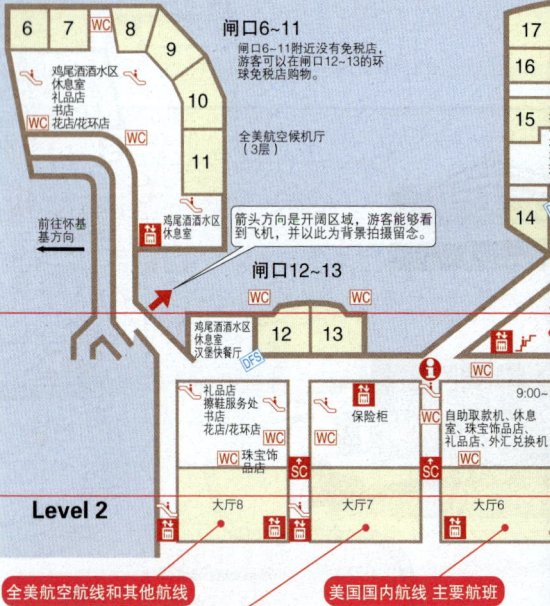

注意 point 为了防止恐怖袭击,美国机场的安检十分严格。游客一不小心随身携带的小刀或剪刀都是机舱违禁物品,注意提前检查确认。

■ 前往机场的方法

◆ 前往机场的交通工具

个人自助游时除了确保能够租车成功从而方便自驾游,还必须提前准备妥当前往机场的交通工具。通常游客会选择乘坐出租车或机场巴士。游客最好出发前一天告知酒店前台个人将搭乘的航班信息和出发时间,并咨询乘坐出租车出发的时间,同时也可以拜托所入住的酒店服务生帮忙预约出租车,如果入住高级酒店,出租车一般会在酒店门口等候。

如果选择乘坐机场巴士,游客一定要最晚在出发前一天预约乘坐。从机场到怀基基的游客只需预约回国日期即可,费用为15美元。当地机场会免费发放宣传单,游客可以根据介绍信息选择交通工具。

游客不仅要考虑返程航班的出发时间,还应该留出机场安检花费的时间。另外,晚上7~9点是交通拥堵时间段,最好在其他空余时间返还自驾游时使用的租车,以确保有足够的出发时间。

机场内部循环巴士

夏威夷机场内部的循环巴士蓝色专线环绕岛屿集散中心、市区通勤集散中心和机场停车场,运行时间6:00~22:30。另外一条专线环绕机场闸口和航站楼间。

从夏威夷州岛屿前往国际城市

夏威夷机场内多条航班可以直接从境内各个岛屿飞往其他国际城市,开始手续办理一般在登机前1小时左右。

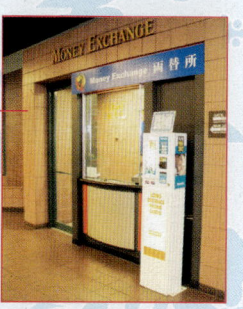

货币兑换机构的营业时间是6:00~22:30

注意 point：在夏威夷旅行途中购买的免税品等，有的游客在购买时选择在机场附近的免税店取货，提醒游客不要忘记这些物品。

◆中华人民共和国入境违禁品清单

（1）各种武器、弹药和爆炸物品；

（2）各种伪造货币和伪造的有价证券；

（3）对中国政治、经济、文化、道德有害的印刷品、胶卷、照片、唱片、影片、录音带、录像带、激光视盘、计算机存储介质及其他物品；

（4）各种烈性毒药；

（5）鸦片、吗啡、海洛因、大麻以及其他能够使人成瘾的麻醉药品、精神药物等；

（6）带有危险性病菌、害虫及其他有害生物的动物、植物及其产品；

（7）有碍人畜健康的、来自疫区的以及其他能传播疾病的食品、药品或其他物品。

◆中华人民共和国入境限制物品清单

（1）无线电收发信机、通信保密机；

（2）烟、酒；

（3）濒危的和珍贵的动物、植物（均含标本）及其种子和繁殖材料；

（4）国家货币；

（5）海关限制入境的其他物品。

■离开夏威夷

◆办理离境手续

游客抵达夏威夷机场，直接来到航空公司前台确认航班信息。届时会要求出示护照和机票，游客最好提前做好准备。同时，也会进行夏威夷出境审查。预存行李后获取登机牌、行李预存凭证（赔偿单），然后接受安检进入登机大厅。

◆登机前的放松时间

完成登机手续和安检后，距登机时间还很充裕，游客可以安静候机，悠闲等待。候机大厅内有T广场等环球免税店，是游客海外购物的最后机会。附近还有餐厅和餐饮区，游客可以在此品尝美食。提前15分钟准备登机。游客记得登机前到机场指定商店内提取之前在免税店购买的商品。

■兑换货币

火奴鲁鲁机场的货币兑换机构可以兑换纸币及硬币。游客可以回国前在此将随身携带的美元全部兑换成人民币。

■购物

游客可以在候机时在机场商店选购之前忘记购买的商品和礼物。T广场等免税店随处可见，结账时出示登机牌即可免税购物。只是机场面积较大，游客要避免因购物而延误登机时间。

旅行 小贴士

在夏威夷购物时支付的增值税可以返还吗？

在欧洲各国和韩国、新加坡等地，购物总值达到一定额度就可以在机场国际退费处申请返还增值税。增值税是国税的一种，购物付款时不会随意征收，通常包含在商品价格内，这是美国各个州政府的征税手法之一。在美国，增值税由各个州政府独自管理，规定消费者的购物费用或服务费用中需包含增值税。当然，如果美国联邦政府没有要求征收消费增值税，各个州政府也不会随意征收。

注意 point 最后的购物机会：机场候机大厅有T广场等诸多免税店；回国返程的航班内也会销售各种免税商品。

■入境中国

◆入境流程

到达中国

1.检疫

出示在飞机上填写的体检表。旅行途中感到身体不适的人，要说出来，按照指示行动。如果身体没什么异常，提交完表格就可以离开了。

2.入境检查

入境检查通道分为本国人专用和外国人专用两条，只要到本国人专用的通道排队等着出示护照就可以了。护照上盖上印章之后入境审查完成。通常，入境检查非常简单。

3.行李的领取

在标有自己搭乘的航班号的行李领取处，领取自己的行李。行李没有出来或者有损坏时向工作人员提出来。

4.海关

如果所购入的物品属于免税范围则可以走绿色通道，如有需要申报的物品则要走红色通道。然后提交携带品、邮寄品关税申报书。当携带鲜花、蔬菜、水果、肉类、香辛料等物品时则要到检疫窗口进行检疫。

有另寄物品的人出示携带品、另寄品申请书两份，保管好盖有确认章的那张纸。另外，虽然是免税，但是所有人都要出示申请书，所以还是事先准备好会比较顺利。

◆乘机抵达机场注意要点

旅客下飞机后，按照机场指示牌所指的方向直接来到口岸检查处办理入境手续并接受安全检查等。首先要按顺序排队，并准备齐全护照、入境卡、黄皮书和健康证书。轮到自己办理手续前，要站在一米线(黄线)之外等候。前一位旅客办完手续后方可走到检查窗口，把证件材料等递交给检查人员。检查人员查验完毕，加盖入境章后退给本人。这时即可离开检查处，前往行李提取处领取行李。2015年12月28日开始，国家公安部规定今后申办入境证件不再要求提交户口簿；不再要求申请人提交部分申请材料复印件，改为由公安机关出入境管理部门通过复印或者扫描方式采集。

中国入境限制医药品、化妆品等个人自用物品的数量清单

携带化妆品入境规定：自用合理数量范围内可免税，超出部分可征税或退运。如征税，化妆品的税率为50%。

携带自用医药品入境规定：旅客本人应提供医疗机构为其出具的书面证明，以证实确因身体需要携带。民航凭医生有效处方原件以及在境内停留时间等确定携带药品的合理数量，一般不得超过7日用量，并留存处方复印件作为当事人办理手续的随附单证，且一份处方只能办理一次民航入境手续。超过自用合理数量的药品应按货物报关。

乐游夏威夷　畅游夏威夷群岛

交通　群岛航班

主要的航空公司
● 夏威夷航空公司
（瓦胡岛）
☎ 1-800-367-5320
http://www.hawaiianair.com

● 岛屿航空公司
（瓦胡岛）
☎ 1-800-652-6541
http://www.islandair.com

● 莫库勒勒航空公司
（夏威夷岛）
☎ 1-866-260-7070
http://www.mokuleleairlines.com

前往毛伊岛的航班
火奴鲁鲁机场→卡胡卢伊机场：约35分钟

前往毛伊岛的航班，夏威夷航空公司有28次航班（星期五~星期日临时增设航班）；岛屿航班共计8次，莫库勒勒航空公司有1次航班，每日航班总计大约37次。莫库勒勒航空公司在毛伊岛卡帕卢亚西部机场内运行6次航班。

前往夏威夷岛的航班
火奴鲁鲁机场→科纳机场：约40分钟

前往夏威夷岛的航班，夏威夷航空公司有19次航班（星期五~星期六临时增设航班）；莫库勒勒航空1日运行6次航班，共计25次航班。在岛屿东部的玄关口希洛机场，夏威夷航空公司1日运行约14次航班。

前往考爱岛的航班
火奴鲁鲁机场→利胡埃机场：约35分钟

前往考爱岛的航班，夏威夷航空公司有17次航班（星期五~星期日临时增设航班）；莫库勒勒航空1日运行6次航班，共计23次航班。

前往夏威夷临近群岛的交通

▲夏威夷航空岛屿站楼

▼自拉海纳港出航的岛屿间渡船 Expeditions

有些岛屿之间开设了循环船运，但是连接岛屿间的主要交通工具是飞机。从火奴鲁鲁国际机场出发乘坐飞机前往其他岛屿，最长时间需要50分钟左右，还有可能当天往返。连接各岛屿间的航空公司有：夏威夷航空、岛屿航空、莫库勒勒航空等。岛屿上拥有大型飞机和小型直升飞机，航向和航班运行基本固定，但是每个航空公司的票价各不相同。游客可以根据个人的飞行时间和飞行线路选择搭乘的航班。

订购机票

搭乘航班前往其他临近群岛时，游客可以个人自助购票，也可以报名参加当地旅行社的一日游项目和夜宿一晚观光团，由旅行社负责订购机票。

个人自助购票时需要自己充分考虑从火奴鲁鲁到机场间的往返交通工具；旅行社团体游项目中含单纯机票订购、订购机票+租车、订购机票+租车+酒店住宿三种选择，多数游客会选择第三种团体游项目。每个游客都可以按照个人行程安排选择具体的出行方式。另外，相比国内网上预约团体游项目，其实来到当地现场报名参加会更加优惠，项目包含交通出行、食宿等丰富的内容。

个人购买机票前往其他岛屿时，为了规避州税款，最好是在国内用网络预订比较划算。通常票价会因前往的目的地和前往时节而变化，如果游客难以确定出发日期可以咨询各个航空公司的客服人员。

另外，游客需注意，每个航空公司的机票票价都额外征收税金、手续费、美国航空安保费等。夏威夷的旅行社不仅可以帮忙购买廉价机票，还可以订购往返机票和提供租车服务。

注意 point
无论如何，错过飞机起飞时间肯定不能再登机了，因此游客最好及早完成搭乘手续，直接前往候机大厅。

关于岛屿航班

游客抵达火奴鲁鲁国际机场后，可以在岛屿航班航站楼转机前往其他岛屿。岛屿航班航站楼位于机场个人出口左转处；岛屿间的定期航班多为小型客机，一般停靠在前方航站楼。游客可以乘坐机场蓝色专线循环巴士前往航站楼，方便快捷。

游客可以驾车（租车自驾）从怀基基前往岛屿航班航站楼，行驶入机场内部道路时按照停车场标志停车。停车场电梯可以直达登机大厅，游客停泊妥当车辆后直接乘坐电梯前往登机大厅。

◆预约

如果游客参加团体游，可以不必担心航班预约；如果是个人自助购票，则游客最好考虑到入境检查等事项需要花费的时间，抵达火奴鲁鲁机场后提前预约未来2~3小时的航班。如果提早结束夏威夷入境检查，当下即将起飞的航班有空余席位且比预约的航班更早，游客可以前往航空公司服务前台咨询是否可以变更个人搭乘的航班班次。

◆搭乘手续

旅游旺季时前台处办理登机手续的队伍会排成长队。同时美国民航加大安检力度，办理航班搭乘手续难免会花费时间，游客应该提前做好规划以免延误航班。

◆行李

美国民航严格限制随身携带的行李和寄存的行李。经过安检可以随身携带的行李最多1件，要求放置在座椅上方或下方的行李架。不同的航空公司规定随身携带行李的大小各不相同，原则上基本重量在11.5千克以下，体积大小控制在23厘米×36厘米×56厘米以内。每位旅客的机舱内寄存的行李最多2件，每件行李长、宽、高总和在157厘米以内，基本重量在23千克以内。每件行李需支付费用10~17美金，个数、重量、体积等超过标准需额外支付费用。

前往毛伊岛的航班
火奴鲁鲁机场→拉奈机场：约35分钟

前往拉奈岛的航班，岛屿航班1日5次（星期五、星期六、星期日增设航班）。

另外，从毛伊岛的拉海纳港到拉奈岛马内雷港设有往返船只，每趟约45分钟。（拉海纳－拉奈一游客船运中心——单程30美元；需要预约）

前往莫洛凯岛的航班
火奴鲁鲁机场→莫洛凯机场：约40分钟

前往莫洛凯岛的航班，欧哈那夏威夷航空有3次航班，莫库勒勒航空共计11次航班，每日运行航班14次。

另外，从拉海纳港到莫洛凯岛卡乌那卡卡伊栈桥处设有往返船只，往返1次需要1小时30分（莫洛凯王子号1日2次——运费根据燃料费每年都有变动，单程大约70美元）。

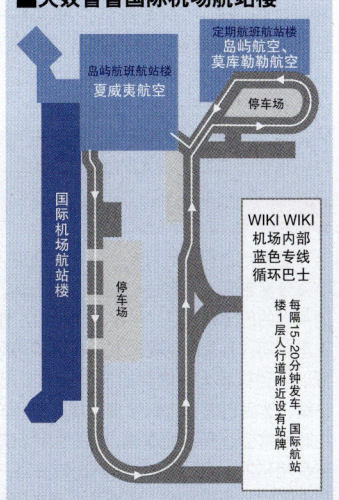

■火奴鲁鲁国际机场航站楼

乐游夏威夷

直奔目的地——怀基基

交通　从机场到怀基基

出租车
抵达怀基基
约**30**分钟　约**$40**

查理士出租车服务热线
☎ 531-1331

机场巴士
抵达怀基基
约**40**分钟　约**$15**

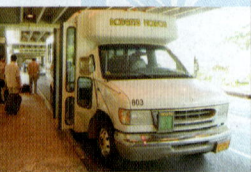

机场巴士服务热线
☎ 441-7800（24小时营业）

市区巴士
抵达怀基基
约**50**分钟　约**$2.50**

市区巴士不面向游客，参照p.62的巴士介绍

租车
抵达怀基基　约**20**分钟

租车时需出示汽车驾驶证和信用卡。参照p.356~357

■出租车
　　走出机场大厅的个人出口通道，步行至人行道附近很容易就会找到出租车停车场。身穿黄色衬衫的出租车公司专职工作人员会为游客热情服务。游客可以告知工作人员个人目的地和入住酒店，工作人员很快就会帮忙招呼到出租车。现场有工作人员的安排调度，基本不会遇到得到差评的出租车，游客可以放心乘车。从机场到怀基基大约15千米，所需时间20~30分钟，花费约40美元。当地乘出租车通常需支付票价15%的小费，每件行李收费1美元以上（小费标准参照p.354）。

■机场巴士
　　机场巴士途经机场和怀基基市区的主要酒店，车身写有"AIRPORT-WAIKIKI HOTELS"的标志。机场巴士的停车场位于出租车泊车区前方，游客走出机场大厅的个人出口通道，经过横跨人行横道的中央分离带直走即可到达。车内购票时游客可以告知入住酒店的名称，通常按照乘客的住宿酒店依次安排巴士行程。往返每次大约需要40分钟，每趟车运行调度间隔15~20分钟，有时候也会延误发车时间，游客需要耐心候车。乘车时可以携带2个行李箱和1件随身携带的行李。按规定每超出1件行李需加收5美元。回国的时候，可以提前48小时预约机场巴士前往机场；也可以要求住宿酒店送机。

■市区巴士
　　错过市区巴士意味着错过经济适用的出行工具。怀基基市区巴士有60余条线路，覆盖整个城市。巴士的白色车身上有黄色线条，十分醒目。从机场到怀基基市区运行多条线路，东区乘客可以乘坐19路、20路巴士，费用均为2.50美元。巴士车内没有售票员，车内广播语音提示到站。需注意的是，乘坐巴士时不准携带过膝的大件行李，巴士也会拒载携带大型行李箱的游客。

■租车
　　游客走出机场大厅的个人出口通道，经过横跨人行横道的中央分离带直走，穿过机场市区巴士站，即可到达租车公司接送乘客的巴士停车区。游客上车后由工作人员带领径直驶至租车公司。为了避免暑假和新年等旅游旺季的混乱场景，游客可以来到机场大厦内部的各个租车公司办事处直接办理租车手续，然后再前往市区营业处提取租用车辆。另外，游客在预约时通常会选择小型车辆，但是大件行李比较占用空间，最好还是租借2人以上的中型车辆比较妥当。游客还可以前往怀基基市区的各个租车公司营业处办理车辆租借。

乐游夏威夷 度过舒适惬意的住宿时光

酒店住宿

■酒店服务及设施

酒店是游客旅途中的大本营,如果能够有效利用酒店服务,游客可以度过舒适惬意的海外住宿。以下酒店服务大都粘贴在客房信息公告栏,游客不妨拨打内线电话咨询或者直接询问酒店前台。

◆客房服务
酒店客房内有菜单,游客可以要求送餐至客房。如果客房没有吹风机、挂烫机等设备,游客可以联系前台要求送至客房。

◆语言服务
高级酒店服务员通常都会外语,游客可以放心入住。

◆宾客服务
酒店面向住宿宾客举办免费的大型活动(有时也需付费),通常有制作花环课堂、制作草裙舞课堂等。

◆旅游团
酒店帮忙安排旅游团,有组团观光旅游项目和休闲活动旅游项目。

◆客房用品
夏威夷当地酒店浴室配备洗发液、护发素和香皂等。但是很多酒店没有牙刷,游客最好在预订酒店时提前确认。另外,客房内的生活用品可以带走。

◆冰箱·迷你酒吧
酒店客房的酒水类分有偿支付和免费品尝两种,游客最好确认无误后再饮用。饮用有偿支付的酒水时提前查看价格表,届时酒水价格将自动记在房费内,退房时一并算即可。每层客房都有制冰机,如果没有可以要求酒店提供。

◆保险箱
有的酒店客房会配备保险箱,用于存放游客的私人贵重物品。保险箱使用分为有偿和免费两种。有钥匙的保险箱设置任意密码即可上锁。如果室内没有保险箱,游客可以使用大厅保险箱,但是首先要取出护照和部分现金。

◆停车场
游客入住酒店期间如果需要数日连续泊车,办理通行证一次性付款即可停车出入。

◆礼宾服务
游客可以拜托酒店迎宾工作人员介绍一些美食风味餐厅、购物场所及休闲活动等,还可以帮忙预约,只是不要忘记支付小费。

酒店礼仪

虽然是一次难得的海外之旅,但是不可过分张扬,应当严格遵守礼仪要求,尊重当地的文化和生活习俗,做到文明出行。

●酒店大堂礼仪
酒店大堂是连接客房和外界的公共区域,穿着泳衣或拖鞋、裸足出入大堂等行为违反当地礼仪,小孩也应该严格遵守。另外,游客不要在大堂等公共场所大声喧哗,不要在大堂的沙发处睡觉等。

●泳池&海滩礼仪
泳池和海滩是大众公共财产,游客最好卸妆后再前往。私人贵重物品可以预存在酒店大堂,不必担心;但是千万不要拜托别人照看,即使是熟人朋友也不可以。

●客房礼仪
在酒店客房的浴室内洗澡时,应把浴帘放置在浴缸内侧,同时应注意浴缸的水是否溢满,最好不要让泡澡水溅落地面。

●餐厅礼仪
前往酒店的主餐区就餐时,注意服饰仪表。预付酒店房费时可以在标有客房号的付款单上签字即可,十分便利。

乐游夏威夷 知道的信息越多，旅行会越充实

夏威夷实用信息

夏威夷州节假日（2015年）

- 1月1日　元旦
  New Year's Day
- 1月19日　国王牧师纪念日
  Dr.Martin Luther King Jr.Day
- 2月16日　总统纪念日
  Presidents Day
- 3月26日　库西欧王子纪念日
  Prince Kuhio Day
- 4月3日　耶稣受难日（复活节前的星期五）
  Good Friday
- 5月25日　战亡将士纪念日
  Memorial Day
- 6月11日　卡美哈美哈国王纪念日
  King Kamehameha Day
- 7月3日　美国国家独立日
  Independence Day
- 8月21日　夏威夷州州制实行纪念日
  Admission Day
- 9月7日　劳动节
  Labor Day
- 11月11日　退役军人纪念日
  Veteran's Day
- 11月26日　感恩节
  Thanksgiving Day
- 12月25日　圣诞节
  Christmas Day

夏威夷州的重大活动

- 5月1日
  花环节（卡皮欧拉尼公园）
- 7月上旬
  阿罗哈·霍欧拉乌那·草裙舞节
- 9月上旬
  夏威夷美食&葡萄酒节
- 9月中旬
  阿罗哈盛大节日※各个岛屿一起举办盛大的节日活动
- 9月下旬
  火奴鲁鲁世纪自行车骑行大赛
- 11月中旬~下旬
  夏威夷国际电影节
- 12月中旬
  火奴鲁鲁马拉松大赛

■气候

夏威夷群岛气候常年如夏，全年平均气温是24℃~28℃，几乎很少超过32℃，湿度低，比较干燥。11月至来年3月是夏威夷的雨季，经常会有强降雨不期而至，但是几乎没有连阴雨。另外，当地气温基本不会低于15℃，海水温度稳定，全年可以游泳。但是雨季来临时云雾笼罩，海滩温度转凉，穿着泳衣会感到寒冷。雨季以外的气候大都是早晚凉，有的场所空调温度过低，出门时最好随身携带一件针织衫比较适用。

■电压

夏威夷的电压是110伏、60赫兹，很多国内电器不能直接使用，如果没有变压式适配电源，可以辅助变压器使用。

■电视&广播

怀基基市区的酒店客房电视频道涵盖美国3大网络电视信号，可以接收到NBC系列、ABC系列和CBS系列等多个频道。

瓦胡岛境内广播频道含长波、短波总计30余条，游客可以接收到FM93.1，是以HITPOPS为核心的广播栏目。

■国际快递

游客可以在酒店前台或迎宾处申请国际快递，或者可以直接打电话让驻地国快递分公司前来酒店客房取货邮寄。快递公司的费用各不相同，价格表中2千克是50美元不等、5千克是82美元不等、10千克是113美元不等。牢记：回国后要在机场关税处申报寄送行李清单。

■邮政

从夏威夷当地邮局邮寄相关物品到中国的有关信息，可咨询夏威夷当地的邮政系统。

■电话

◆岛内公用电话

岛内公用电话通话不受时间限制，每通电话50美分。拨打岛内电话时可以省略区号直接拨号；从酒店客房拨电话是外线拨打，需要拨打外线专号9或8，然后加拨区号和电话号码，并且酒店话费额外加收手续费。

◆长途电话（其他岛屿、美国境内）

拨打电话至其他岛屿时需加拨"1—区号808·电话号码"；拨打电话至美国境内时需加拨"1—区号·电话号码"。

夏威夷岛内公用电话每通话费为50美分，可以使用信用卡刷卡付费；最近打电话至国内时屏幕上会出现中文提示。

◆**国际长途：拨打电话至国内**
●**用座机拨打**
　　使用酒店客房的电话直接拨打至国内时，拨打顺序是：外线专号—011—86（中国国家代号）—去掉0的对方区号—对方电话号码。

　　例如拨打电话号码010-3535-5411，具体拨打顺序是：

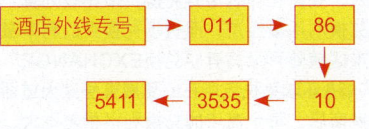

●**用电话卡拨打**
　　建议购买当地发行的长途电话卡，不过要注意电话卡的有效使用期。

　　拨打顺序是：

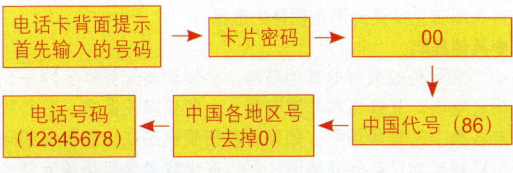

●**用信用卡拨打**
　　游客可以通过信用卡支付话费，酒店客房和公用电话都支持信用卡刷卡通话。

◆**使用当地租用的手机**
　　火奴鲁鲁国际机场设有夏威夷手机租用店，有的手机只需交纳话费，可以免费租用。游客最好提前登录官方网站或电话预约租用。

◆**网络**
　　游客可以在酒店商务区等免费Wi-Fi覆盖点使用网络视频联络亲友。当地可以免费使用Wi-Fi的场所有：星巴克、麦当劳、咖啡店及商场等。游客进入岛屿咖啡工坊等咖啡屋或商店时，可以向店员咨询免费Wi-Fi的密码，从而可以使用网络。出发前可以下载MSN等软件，并设置账号可供境外安全使用。夏威夷综合信息官方网站"阿罗哈街道"也设有Wi-Fi连接服务，可以点击网址"http://www.aloha-street.com/pages/alohaspot"查看阿罗哈景点。

各种事务的咨询方式
　　游客在旅途中如果发生失盗、事故等紧急事件，可以拨打救护电话"911"，该电话汇集警察、急救和消防等功用，详情参照p.364。

●**紧急事务联络处**
火奴鲁鲁警察局
☎529-3111
怀基基警察分局
☎529-3801
警察、急救车、消防署
☎911
中国驻洛杉矶总领馆（夏威夷处于该领区内）
☎：1-（213）807-8088
办公时间：上午10:00~11:30
下午2:00~3:30

●**医院**
　　如果游客在旅途中生病，可以联系观光团负责人或酒店前台。个人自助游时可以直接询问酒店前台，拜托帮忙查找医院，最好可以使用汉语接诊。

　　另外，如果游客购买了海外旅行保险，可以直接电话咨询事务公司相关情况，听从保险公司的治疗安排。

乐游夏威夷　旅行费用精打细算

学会精明地兑换美元

旅行中注意保管好贵重物品

怀基基的酒店客房一般都设有保险箱，但需要付费才能使用。如果客房没有保险箱，游客可以咨询酒店前台和迎宾人员。公寓酒店的保险箱设置使用基本一致。保险箱内存放的贵重物品含护照、人民币、多余的美元、回程机票等。

上述贵重物品通常需要妥善存放，但是游客可以随身携带护照复印件。只是在机场旅客安检时需要出示护照原件用以查明游客身份信息。另外，不使用的数码相机、录像机等也可以暂时存放；途中购买的高级精品、珠宝首饰和手表等贵重物品等存放在保险箱比较妥当。

■美元兑换机构

◆瓦胡岛（暂居火奴鲁鲁的游客）

多数游客抵达夏威夷之前，都会在国内兑换一定数额的美元以备使用。夏威夷当地有机场兑换处、银行、酒店和市区民间兑换机构、自助兑换机等众多美元兑换金融机构。但是，究竟在什么地方兑换货币比较划算？市区民间机构的兑换利率最经济，而机场兑换处的利率最不划算。怀基基市区随处可见写有"兑换EXCHANGE"字样的商店。T广场&环球免税店所在的夏威夷皇家大道两侧并排着数家兑换商店。每个商店的兑换利率相差不大，只是有的商店不收取手续费。游客可以经过多番比较，选择利率最合适的商店兑换美元。

在银行兑换美元利率较为合适，但是需花费手续费，除非兑换大面额美元，否则比较吃亏。在酒店兑换美元时，手续费大都含在利率内，有时也会另外计算，总体而言在酒店兑换美元不是明智的选择。

◆其他岛屿

来到夏威夷州的其他岛屿，会发现美元兑换不同于瓦胡岛境内，兑换机构非常有限，一般仅限于酒店、银行和游客集中的繁华场所。如果游客搭乘航班在火奴鲁鲁国际机场转机前往其他岛屿时，可以在火奴鲁鲁机场美元兑换处兑换所需花费；当然出国前提前兑换准备妥当最好不过。

■兑换美元的注意事项

兑换美元时，首先应查看人民币和美元的兑换汇率，其中最应该注意"人民币卖价"和"人民币买价"之间的差异。通常兑换机构对应表示为"美元买价（¥→$）"和"美元卖价（$→¥）"。人民币兑换美元时，应选择查看"美元买价（¥→$）"的汇率，如果兑换金额少，则表示利率划算，人民币升值，购买力提升。由于每日汇率波动，兑换金额通常会有些许差异，游客可以详细对比后兑换个人旅行所需的费用。

兑换美元后最好当场确定金额，如果出错可以立即申请纠正。另外，游客不仅要兑换大额纸币，最好同时兑换一些小额纸币，使用时较为方便。例如，可以兑换较多的1美元纸币用来支付小费。

◆货币兑换事宜　p.325
◆分别使用不同的银行卡　p.324、p.325

注意 point

如果在夏威夷境内使用信用卡提取了现金，回国后应立即偿还，不然利息金额会飞涨。游客可以尝试研究一些信用卡的使用攻略。

■ 外汇兑换自助机

现在，怀基基市区随处可见外汇兑换自助机，常见的外汇兑换自助机有两种。一种是机身绘有国家国旗，表示可以兑换该国货币（如下面右图所示），操作简单，游客可以按照界面提示安心兑换。兑换汇率和银行当日汇率基本一致，手续费额外加收1美元。另一种外汇兑换自助机如下面左图所示，是夏威夷银行的外汇兑换自助机，兑换时可以按照界面文字提示和语音提示轻松兑换。自助机的兑换汇率和银行当日汇率相同，只是会加收少量手续费。两种外汇兑换自助机支持24小时全天使用，非常方便。

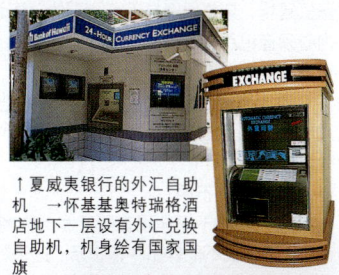

↑夏威夷银行的外汇自助机　→怀基基奥特瑞格酒店地下一层设有外汇兑换自助机，机身绘有国家国旗

■ 提取现金

游客可以使用信用卡在银行、机场、酒店、购物商场等地设置的自助取款机上提取现金。机器支持的卡种通常会有标志，游客可以根据银行卡背面是否有"STAR、PLUS、Circus"等海外提取标注而判断所持银行卡是否能够使用当地的自助取款机。如果有相同的标志，则表示可以使用。将信用卡插入取款机后输入密码和取款金额便可以提取到所需现金。但是，游客应该注意，在境外使用信用卡提取现金会加收一定的利息费，最好提前做好安排以免带来不必要的花费。

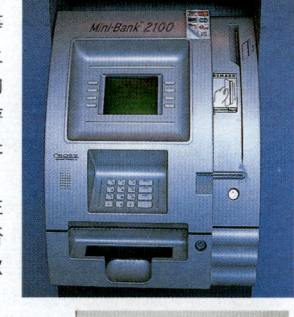

■ 剩余美元的处置

兑换的美元有剩余时，游客可以直接兑换成人民币或根据金额大小留存再次使用。在夏威夷当地可以兑换硬币，回国后只能兑换纸币。当然，还有一种方法，就是在夏威夷境内将兑换的美元全部消费掉。

美国纸币&硬币

100美元

50美元

20美元

10美元

5美元

1美元

25美分

10美分

5美分

1美分

旅行信息[夏威夷篇]

学会精明地兑换美元

乐游夏威夷 入乡随俗

小费和相关礼仪

小孩随行注意事项

进入高级餐厅，服务生负责带走小孩，帮忙照看。但是儿童在不熟悉的环境中容易叫喊或哭泣，反而给别的顾客增添麻烦。相比在高级餐厅中小心翼翼地就餐，倒不如选择家庭餐厅，在宽松的氛围中享受美食，大人和儿童都非常开心。如果必须前往高级餐厅就餐，游客可以让小孩体验餐厅设置的儿童游乐设施、就餐时选择宝宝椅。

◆ **货币兑换事宜→p.325**
◆ **夏威夷实用信息p.8、p.350**

酒店里支付小费

p.355右栏是夏威夷当地标准的酒店小费支付表。当然，特别高级的酒店小费支付费用会更高。

酒店的行李搬运小费按件计费，每件2美元。

每天早晨在游客出门前，客房打扫人员会简单地清理房间卫生，游客在各自的床头边放置2美元小费即可。

当向酒店迎宾咨询事情并拜托帮忙时，大约支付小费1美元即可。

停车场负责帮忙停车归位，可支付小费2～3美元。

支付出租车的小费

出租车的小费通常是车费的15%。上车时，司机帮忙把行李放入车内时，每件行李支付小费1美元；下车时帮忙提取行李，每件行李支付小费1美元。如果行李过多甚至需要帮忙运送时，应该支付更多小费。

■ 餐厅·购物礼仪

◆ **餐厅用餐要求仪表规范**

从海滩游玩回来身着休闲服饰前往餐厅就餐时要注意，虽然有的餐厅对宾客服饰没有要求，但是当地多数餐厅还是要求就餐宾客穿着西式正装，规范仪表。尤其是一流酒店的主餐区和高级餐厅，要求男士宾客穿着西式短上衣或有领的衬衫；女士宾客最理想的穿着是正式连衣裙搭配女鞋（不可以穿凉鞋）。不过在夏威夷，阿罗哈衬衫和穆穆长裙也被视为正式服饰，穿着用餐是无可挑剔的。总之，游客来到夏威夷，内心须谨记用餐穿着礼仪。

◆ **商场购物礼仪**

进入高级名品店购物时游客最好避免穿着凉拖、短裤等过于休闲随意的服饰。此外还应注意不要拿着店内展示品四处走动。

◆ **注意习惯的不同**

文化差异不仅体现在餐厅和购物商场，还体现在很多方面。例如，决不能伸出中指指示"这个"，在美国竖起中指是非常失礼的行为。另外，在高级名品店购物时，如果想要把商品拿到手中仔细查看，最好招呼店员帮忙，避免发生意外的"偷盗"事件。

■ 什么是小费？

小费是用来表示对服务的感谢，当受助于对方，为了表达感恩的心情，通常会额外支付小费。例如，机场或酒店工作人员帮忙提取沉重的行李时，餐厅服务人员热情服务时，游客可以适时定夺支付小费。小费金额视情况而定，本页右栏和p.355的小费价目表可供参考，游客可以随机应变，如果服务良好可以支付更多，反之则减少金额。另外，除了找零硬币可以直接当作小费，一般使用纸币支付小费比较有礼貌。小费最低1美元，低于1美元也会很失礼。早晨留下硬币或零钱给房间打扫的服务生是失礼的行为。支付小费最基本的原则是给予者和授予者双方都保持良好的心情。

■ 有礼貌地给予小费

对于初次来到夏威夷的游客，什么时候、什么情形、如何支付、小费金额是多少等问题都非常令人头疼。当拜托对方帮忙完成某项事务后，例如麻烦服务生把行李搬运至客房后，每件行李可支付小费2美元。但是注意不要支付硬币，游客应事先准备一些小额零钱。然后避免唐突地直接递给对方，应该在握手后自然地给予对方，并说声"谢谢（Thank you）"。总之，支付小费时尽量保持随意自然。

如果游客不太明白支付小费的做法和礼仪,可以在酒店入口处等地观看欧美人如何支付小费。谨记支付小费时随意自然最为重要。

■ 餐厅支付小费

餐饮费的15%

　　游客在餐厅用餐完毕后,通常会支付餐饮费的15%作为小费。酒店和大多数餐厅都是当面支付服务生小费,如果把小费加入餐饮费中一并结算,可以告知对方不用找零。如果找零费用远高于小费,也可以从中再额外抽出小费送给服务生。休闲餐厅用餐结算完毕后,可以直接把小费放在餐桌上。

　　有些餐厅会在账单结算时自动扣除小费,届时餐厅会在消费账单上盖章标注"已含×%的小费"。反之,有的餐厅会在账单上盖章标注"消费金额不含×%的小费"。总之,无论以什么形式支付小费,游客都不要忘记最后确认账单,核实消费明细。

餐厅小费价目表

餐饮费 (美元)	小费 (15%)	总计 (美元)
20.00	3.00	23.00
25.00	3.75	28.75
30.00	4.50	34.50
35.00	5.25	40.25
40.00	6.00	46.00
45.00	6.75	51.75
50.00	7.50	57.50
55.00	8.25	63.25
60.00	9.00	69.00
65.00	9.75	74.75
70.00	10.50	80.50
75.00	11.25	86.25
80.00	12.00	92.00
85.00	12.75	97.75
90.00	13.50	103.50
95.00	14.25	109.25
100.00	15.00	115.00

✳ 用信用卡支付小费 ✳

　　游客在餐厅结账时可以使用信用卡支付小费,账单明细上清晰标记有小费金额,一般都是餐饮费的15%,账单最后是消费总额。如果游客想要知道小费金额,可以要求餐厅在小费栏中写明金额。

❶消费餐厅的名称和地址
❷日期和时间
❸通常表示消费明细
❹消费金额
❺A空白处填写小费金额;如果消费金额中含小费,B空白处填写0.00
❻总计消费金额:消费金额+小费
❼持卡人签字(签字姓名和信用卡信息一致)

※信用卡的消费账单明细有2张,店内保存白色的明细联,消费者保存黄色明细联。签字后要妥善保管信用卡和账单。如果有数字一定要标注是美元结算,以备日后查用。

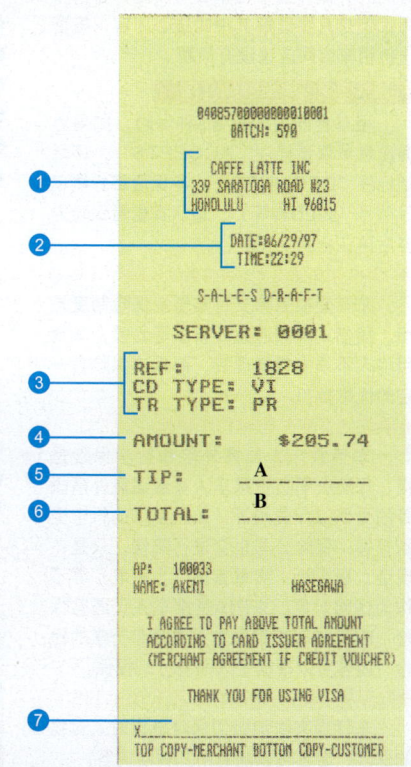

乐游夏威夷 安全驾驶，享受快乐的自驾游

租车自驾游攻略

警惕纠纷①

夏威夷最近频发车辆偷盗事件。即使车辆上锁，也很容易被打开车门和后备箱。如果游客购买了奢侈品，最好先返回酒店，妥善放置在客房后再度出发。如果途中购物把战利品放在后备箱，要记得在正规停车场泊车。另外，最基本的常识是不要在车内存放有明显标志的购物袋，以免让偷盗者知道自己是游客。

■国内预约租车

如果游客确定预约租车，最好在国内购买优惠券预约，这样比较经济。国内分公司会出示详细的租车合同（含保险内容），价格经济实惠。另外，如果适逢旅游旺季，很难租到中意的车型。因此，游客最好事先租借。来到夏威夷当地后，可以向总公司出示预约优惠券，只需按要求签字即可提取车辆。可以参考p.358的信息查找夏威夷主要租车公司的咨询方式。游客不妨认真对比各个公司的租车信息，选择经济实用的租车攻略。

＊ 租车合同范例 ＊

即使在国内提前预约持有优惠券，来到夏威夷当地仍需签订租车合同。接下来提供一份租车合同，示例供游客参考。合同的具体样式因租车公司而定，各不相同，但是只要理解其中的核心内容，签署一份租车合同应该没有问题

事先熟知3种类型的合同

租车合同内大致含3种保险，如果游客愿意参保请标注"ACCEPTS"，反之则标注"DECLINES"。参保后最好熟记保单号（如LDW等）。请认真查看保险内容后再在合同上签字。

◆**车辆受损免除支付赔偿金保险(LDW、CDW)**

车辆受损免除支付赔偿金保险制度是指，租借车辆如遇意外事故等受损，车辆租借人不须支付修理费，而且该保险含一定的优惠折扣。

◆**乘车人员意外险和行李保险（PAE）**

车辆乘车人员意外险和行李保险是指，保险公司负责乘车人员遭遇意外事故等的受伤治疗费用等；如果携带的行李受到损害，保险公司也会进行赔偿。只是，现金、摄影机、贵重首饰（含手表）等不作为保险对象。※PIA是乘车人员遇害保险；PEC或PEP是乘车人员携带行李的保险。游客可以根据个人需要分别投保。

◆**车辆损害附加赔偿保险(SLI、ALL、LIS)**

车辆损害附加赔偿保险是指对人对物的保险，游客可以随意附加保险内容。

❶租车时的合同单号。回国后，如遇到金额不明朗等其他疑问点时方便咨询。

❷记录合同生效的时间（含乘车日和提取车辆的时刻）。

❸车辆归还时间。归还时间可用作换算租车天数。

❹最短和最长的租车天数。

❺每日的租车费用（单价）。

❻每周的租车费用（单价）。

❼租借车辆的相关信息（车型和等级）。

❽额外追加车辆租借费用。

❾税金和其他费用。夏威夷州的车辆税费（道路使用费）1日3美元。游客可以在当地使用行车优惠券支付税费。归还时需加满油，但公司不会返还费用。返还车辆处也有加油站，但是价格偏贵。有的车型只需要出示预约优惠券就可以还车，无须加满油。※汽车驾驶证税费因车型而定，和车辆税一样，同样会添加到最后的费用中。

❿付款事宜。

⓫租车者（游客）签字。

※预约优惠券丢失后很难再申请办理同等金额的凭据单，因此游客最好妥善保管优惠券。

可在各租车公司前台办理手续

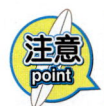

注意 point

航班抵达夏威夷后，如果时间充裕，游客可以在机场的租车事务所办理手续，方便快捷。手续办理后可直接前往市区营业处提取车辆，避免现场排队等候。

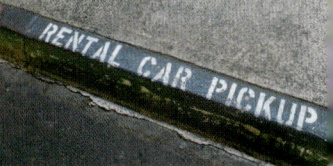

夏威夷当地预约租车

游客抵达夏威夷当地后，来到租车事务公司告知工作人员自己想要租借的车型和租借天数，工作人员确认是否有合适的车辆可供选择。如果可以租借，会要求游客出示汽车驾驶证、信用卡。另外，还会咨询游客是否加入保险。租车费用一般都是还车时结算，有的信用卡可能难以租借到车辆，要注意。返还车辆时应该加满油，在车辆返回柜台前递交租借合同，计算最后的费用。如果游客刷卡付费，只需在合同上签字即可完成还车事宜。

警惕纠纷②

游客归还车辆时需交还持有的预约优惠券，如果费用不足还需补齐。因此直到最后还车，游客都应妥善保管优惠券。预约优惠券面值等同于实际金额，一旦丢失难以再发行。最好放置在车辆仪表盘附近，不要塞入包中，以免丢失。

Alamo

RA # 525874654 ①
MASARU HASEGAWA
TOKYO, 108-0063

RES # 586913483
ACCOUNT TRAVEL INDUSTRY
ASIA
EXT REF #

QS #
FT #

RENTAL LOCATION
KONA INTL ARPT (888)826 6893
73-193 A'ULEPE STREET
KEAHOLE-KONA AIRPORT
KAILUA KONA, HI 96740

RENTAL DATE
03-JUL-2014
RENTAL TIME
08:02 PM ②

RETURN LOCATION
HILO INTL ARPT (888)826 6893
HILO INTL. AIRPORT
131 KEKUANAOA PL.
HILO, HI 96720

RETURN DATE
07-JUL-2014
RETURN TIME
04:00 PM ③

RATE RULES AND QUALIFICATIONS INITIAL X________
JAPAN TRAVEL INDUSTRY US 6C
One Way Rate
Min. rental 1 days
Max. rental 330 days ④
Min Day 1 40.00 ⑤
2 days 80.00
3 days 120.00
4 days 160.00
5 days 175.00
6 days 175.00
7 days 175.00 ⑥

Alamo Car Rental
Kona (808) 329-8896
Hilo (808) 961-3343

VEHICLE INFORMATION ⑦

RESERVED	Compact 4 Door Car Auto A/C
DRIVEN	Compact 4 Door Car Auto A/C
CHARGED	Compact 4 Door Car Auto A/C
MAKE	
MODEL	
COLOR	
ODOMETER	0
PLATE	
REG AREA	
VEHICLE #	
BAY	
STALL	

CHARGES	UNIT	PRICE/UNIT	CURRENT CHARGE
RENTER'S RESPONSIBILITY			
* TIME & DISTANCE	Rental	160.00 X 1	160.00
* EXTRA - TIME & DISTANCE	Hour	13.33 X	0.00
* EXTRA - TIME & DISTANCE	Day	40.00 X	0.00
* EXTRA - TIME & DISTANCE	WEEK	175.00 X	0.00
* EXTENSION - TIME & DISTANCE ⑧	Hour	13.33 X	0.00
* EXTENSION - TIME & DISTANCE	Day	40.00 X	0.00
* EXTENSION - TIME & DISTANCE	WEEK	175.00 X	0.00
* UNLIMITED MILES/KM-TIME & DISTANCE	M/KM		INCLUDED
* ROADSIDE PLUS ⑨	Day	4.99 X 4	19.96
* DROP CHARGE	Rental	45.00 X 1	45.00
* FUEL SERVICE OPTION	Rental	45.99 X 1	45.99
CUSTOMER FACILITY CHARGE 4.50/DAY	Day		18.00
* CONCESSION RECOVERY FEE 11.11 PCT @ 11.11%			26.10
RENT TAX SURCHARGE 3.00/DAY	Day		12.00
* VEHICLE REG FEE AND WEIGHT TAX	Day		2.76
SALES TAX 4.17%			12.49
ESTIMATED CHARGES			342.30

INITIAL X________

(ALL CHARGES ARE ESTIMATE ONLY - SUBJECT TO CHANGE IF VEHICLE NOT RETURNED TO THE LOCATION ON DATE AND TIME SPECIFIED, OR IF FUEL TANK IS NOT FULL AT RETURN AND FUEL SERVICE OPTION WAS NOT PURCHASED).
PAYMENTS
DISCOVER 6005 Auth #

⑩ COLLISION DAMAGE WAIVER (CDW) WAIVER SAVER IS INCLUDED IN THIS RENTAL.
EXTENDED PROTECTION (EP) IS INCLUDED IN THIS RENTAL.
PERSONAL ACCIDENT INSURANCE (PAI) WITH PERSONAL EFFECTS COVERAGE (PEC) IS INCLUDED IN THIS RENTAL.
I ACCEPT ALAMO 'S OPTIONAL ROADSIDE SERVICE PLUS AT $4.99 PER DAY X ____________

BY SIGNING THIS AGREEMENT AND PURCHASING ONE OF YOUR THREE OPTIONAL COLLISION DAMAGE WAIVER (CDW) WAIVER SAVERS AS SET FORTH ABOVE, I UNDERSTAND THAT I STILL WILL BE RESPONSIBLE FOR ALL DAMAGE TO OR LOSS OF THE CAR IF THE VEHICLE IS USED (A) TO CARRY PEOPLE OR PROPERTY FOR HIRE; (B) FOR ANY ILLEGAL PURPOSE; (C) IN ANY SPEED CONTEST OR RACE; (D) IF THE DRIVER IS UNDER THE INFLUENCE OF ALCOHOL, DRUGS OR INTOXICANTS; (E) IN VIOLATION OF ITS DESIGNED PASSENGER OR CARGO CAPACITY; (F) IF OBTAINED BY FRAUD OR MISREPRESENTATION; (G) IF THE DRIVER IS ANYONE OTHER THAN AN AUTHORIZED DRIVER; (H) TO INTENTIONALLY CAUSE BODILY INJURY OR PROPERTY DAMAGE; (I) TO TOW OR PUSH ANYTHING; (J) OFF OF PAVED ROADS; OR (K) TO DRIVE INTO MEXICO. FURTHER, I WILL BE RESPONSIBLE FOR ALL DAMAGE OR LOSS IN EXCESS OF (A) $3000, IF I HAVE PURCHASED WAIVER SAVER 3000. I UNDERSTAND THAT I SHOULD EXAMINE MY OWN AUTO INSURANCE POLICY TO DETERMINE WHETHER OR NOT IT PROVIDES SUFFICIENT COVERAGE, AS WELL AS THE AMOUNT OF MY DEDUCTIBLE. I HAVE READ AND UNDERSTAND ALL THE ABOVE, AND ACKNOWLEDGE THAT CDW RESTRICTIONS OR CONDITIONS APPLY. X ____________ ⑪

RA # 525874654
PAGE 1 OF 2

瓦胡岛的免费高速公路有H-1、H-2、H-3。道路车道宽敞，除了立交桥，道路中很少有弯道。出城方向设有明显标志"×××出口"。

避免以下违禁事项

● 超速
当地车辆计速用英里表示。通常市区街道和学校附近速度限制为每小时行驶25英里（40千米）；郊外速度限制为每小时行驶35~40英里（56~64千米）；高速公路速度限制为每小时行驶55英里（88千米）。超速后会被处以罚金。

● 随意停车
怀基基周边的停车场较少，费用相对较高。如果违反停车要求随意停车，将会被处以高额罚金，而且车还会被抢修车拖走。另外，公共区域和免费停车场有时间限制，停车时游客应该多加注意。

● 饮酒驾车
饮酒驾车违反法律规定，而且驾驶途中车内放置开瓶的酒水饮料也是被法律禁止的。如果不打算饮用，最好把酒水收纳在后备箱。

主要的租车公司

Dollar Rent A Car
http://www.dollar.com
http://www.dollar-ntours.cn

Hertz Rent A Car
http://www.hertz.com
http://www.hertz.cn

Alamo Rent A Car
http://www.alamo.com
http://www.alamo.cn

Avis Rent A Car
http://www.avis.com
http://www.avis.cn

Budget Rent A Car
http://www.budget.com

■夏威夷的交通规则

◆ 夏威夷车辆靠右通行
夏威夷的车辆和中国一样，方向盘在左侧，车靠右通行。行驶到十字路口时要注意左转向和右转道。游客在驾驶前最好熟知转向灯、刮雨器等功能键的位置。

◆ 红灯可以右转通行！掌握右转规则
夏威夷十字路口处遇到红灯可以短暂停车，只要确认车辆和行人能够安全通过，可以行车右转。但是如果路口处设有"红灯不可右转 NO TURN ON RED"字样的标志，表示该路红灯亮时右转车辆禁止通行。因此，在十字路口右转时应多加注意。

◆ 十字路口没有信号灯时按序通行
如果十字路口处没有设立交通信号灯，"STOP(临时停车)"的标志下应该设有辅助标志"4-WAY""ALL WAY"。这时候最早进入十字路口的车辆优先通行，如果难以断定先后可遵循右侧车辆先行的原则。

◆ 注意校车和行人
校车停止时会出示标志"STOP(停车)"，这时不仅后续车辆需停车，对面来的车辆也必须停车让行。另外，美国交通遵照行人绝对优先的原则，即使是绿灯，车辆可以通行，但如果有行人尚未通过人行道，则车辆必须暂停等待。

◆ 必须系好安全带，儿童座椅没有系带同样罚款
行车中，驾驶员和前排座椅的乘客必须系安全带。4~18岁的儿童坐在后排座椅，同样必须系安全带。3岁以下的幼儿必须坐在婴儿安全座椅上。有小孩随行最好在申请租车时事先说明。如果在行车过程中违反这些规定会被处以罚金。

◆ 行车驾驶中切忌急躁慌乱
在驾驶时急躁慌乱会带来意外的危险。应遵守夏威夷的行车礼仪，不使用鸣笛，时刻保持谦让的态度，不慌不忙。

◆ 交通标志 ◆

游客驾车从机场到怀基基市区可以沿H-1EAST方向行驶,经由23号出口驶入普那厚乌街即可;如果前往珍珠港和怀凯莱方向可以驾车沿H-1经由H-2即可;如果前往凯卢亚方向可以驾车H-3行驶即可。

■立交桥指南

◆23出口/普那厚立交桥
◆24出口/马卡利立交桥

驾车沿23号出口是机场到怀基基最便捷的路线。首先在普那厚街右转,然后进入第一个十字路口在贝乐塔尼亚街右转即可驶入23号出口。第一个十字路口处左转是怀基基市的主干街道卡拉卡瓦大街。游客需注意卡拉卡瓦大街至阿拉瓦伊运河以后的路段是单行线。另外,驾车从怀基基到机场时可以沿运河方向的阿拉瓦伊街驶入马卡利街,穿越H-1高架桥左转,沿着H-1WEST路标就可以驶入机场方向。

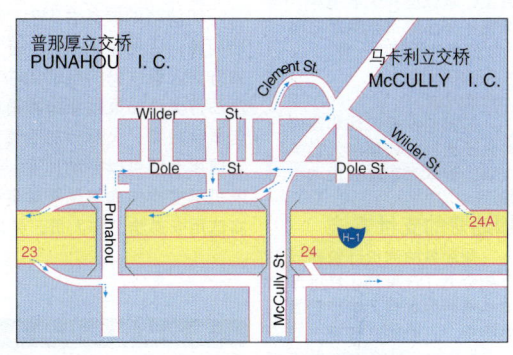

◆25号出口/卡皮欧拉尼立交桥

驾车沿25号出口/卡皮欧拉尼立交桥行驶,无论是机场到怀基基方向还是怀基基到机场的路况都十分清晰明了。沿H-1EAST进入怀基基方向的路况复杂,游客驾车时要注意看清驶入怀基基方向的路标,从大王街到卡帕胡卢街下桥即可进入怀基基市区西侧;如果沿卡拉卡瓦街下桥,不能直接驶入市区,需经由阿拉瓦伊街才能抵达。

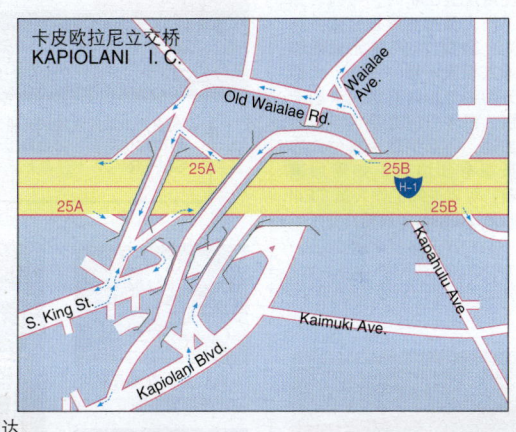

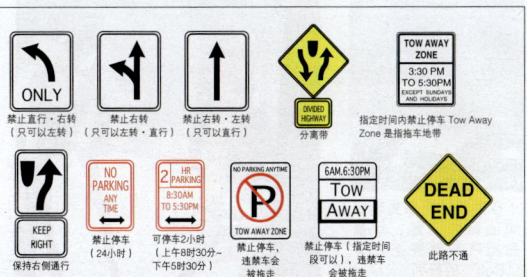

注意 point

中国汽油分为97号常规汽油、90号、93号高辛烷值汽油,美国的常规汽油和国内不同,如果加入国内的97号常规汽油汽车会难以发动引擎,租借车辆需加入无铅汽油。

汽油类型

○UNLEADED 无铅汽油

无铅汽油的等级分为普通型、增强型和优质型等,价格不一。租借车辆加油时可以任意选择其中一种。

× REGULAR 常规汽油

美国的常规汽油和国内的大不相同,如果加入此类汽油会导致汽车难以发动引擎。

加油费的支付方法

加油器的油价计价器以每加仑为计量单位,显示油总量和总费用,价格查看清晰明了。即使支付油价后投币5美分,机器仍会显示之前的油价,操作方便。当使用现金结账时,可以告知工作人员加油管番号直接加油;即使支付5美元也能够加入相应份额的汽油。大部分加油管都附有信用卡刷卡机,游客可以直接插卡自助加油,不必用现金支付。店员服务加油时,如需加满箱,可以告知工作人员"Fill it up, please(加满箱)"。

■加油方法

每个加油站油价都会不同。加油站显示的价格通常都是按加仑计量。1加仑约为3.8升。

加油站的服务有3种,分别是自助加油、支付现金自助加油、店员服务加油;甚至还有擦拭车窗的全套服务加油方式。最常见的自助加油方式是先支付现金,然后告知汽油种类;如果需要加满箱可以预先支付约25美元,之后店员会找零。大部分加油管都附有信用卡刷卡机,直接插入信用卡便可以自助加油,不必用现金支付。如果遇到刷卡机不支持国内信用卡或需要输入邮政编号时,游客可以将信用卡递给工作人员,并告知加油管的番号即可。

加油前要确认的事项!

加油前确认计价器是否归零

汽油分为常规汽油和无铅汽油;无铅汽油的等级有普通型、增强型和优质型,加油器上分别标注有"REGULAR、PLUS、SUPER"。

↑确认加油管番号和可以使用的银行卡

↑自助加油时事先确认加油器的位置,尽量先把汽车驾驶至注有"Self"的行列

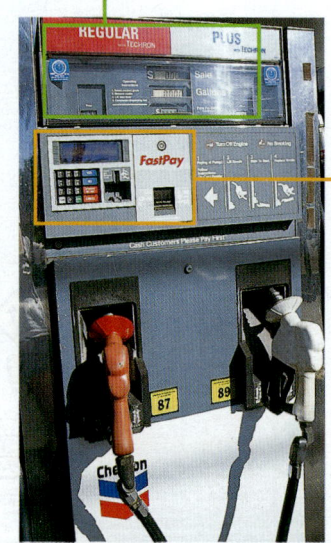

如果加油站有"First Pay(先付款)"的标志,即要求先支付油价后加油,游客应该首先前往现金支付处交钱

注意 point：现在，大部分加油管都附有信用卡刷卡机，游客可以直接插卡自助加油，不必支付现金。但刷卡机不支持有些国内信用卡，这时游客只能支付现金。

〈加油实践篇〉●信用卡支付指南

❶ 插入信用卡

瓦胡岛内几乎所有加油站都设有信用卡支付机，游客可以直接刷卡。按照指示，插入信用卡后，迅速拔卡即完成支付。

↑插卡后应迅速拔卡；否则会导致界面反复归零操作。
←加油操作指示图

❷ 打开油箱盖

完成读卡后，打开车辆的油箱盖，拧开加油口的旋塞。车型不同，油箱盖打开按钮的位置也不尽相同，大多数在驾驶席位的左下方。

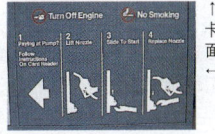

一般小型车辆的油箱盖没有锁，旋转即可轻松地打开油箱盖。

❸ 拿下加油枪，油箱盖按钮恢复至"ON"

移开加油枪时向上提取即可。

向上拨起油箱盖按钮，恢复至"ON"的状态。

❹ 加油枪放入加油口处

加油时注意将加油枪枪口彻底放入油箱底部，否则油会外溢淋洒。

❺ 握住加油枪的把手开始加油

握住加油枪的把手开始加油。预先支付金额后会自动加油到相应的油量；满箱后也会自动停止。如果先加油后支付金额，可以先在计价器上输入需求的油量，或者用手指触碰金额显示处，松开加油枪即可自动停止加油。

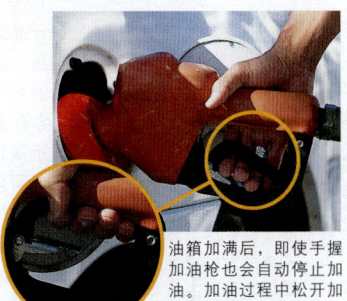

油箱加满后，即使手握加油枪也会自动停止加油。加油过程中松开加油枪就会自动停止加油，因此，游客可以方便地控制加油量。

❻ 油箱盖按钮在"OFF"处，加油枪归位

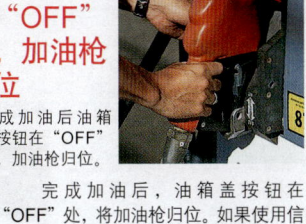

完成加油后油箱盖按钮在"OFF"处，加油枪归位。

完成加油后，油箱盖按钮在"OFF"处，将加油枪归位。如果使用信用卡支付，根据界面指示需要打印发票则选择"YES（是）"；反之则选"NO（不是）"。最后，切实关闭油箱盖，以免行车途中脱落弹开而带来危险。

旅行信息【夏威夷篇】 租车自驾游攻略

注意 point　自驾车出行寻找停车场时，如果看到标志"Valet Parking Only"，表示是专属停车区，即使场地有空位游客也不可随意停车。

警惕纠纷③

国内简单的纠纷可能在国外稍不注意就会意外演变成大事件，例如汽油欠缺、电量不足、钥匙锁入车内等各种简单的纠纷，基本处理方法是联络租车公司商量解决问题。

● **违反规定**

夏威夷的停车管理条例非常严格，违反停车一经发现，会立马开出罚单。游客可以在7日内使用信用卡等支付罚金，如果逾期，到第二周罚金会自动增至双倍。如果忽视罚单，夏威夷当局会邮寄罚单至国内，游客最好及早处理。

● **租车事故**

租车出行时发生事故，游客可以首先拨打911至当地警察报案，然后联系租车公司，提交事故报告单，之后最好听从租车公司的安排行事。在事故发生现场最重要的不是辨别是非，而是冷静地理清事实关系。如果国内游客都参加了旅行伤害保险，可以及时联络保险理赔。

● **租车失盗**

租车出行时如果汽车丢失，游客可以首先拨打911至当地警察。有时候可能是违反停车规定汽车被拖车拖走，无论如何，游客最好先联系警察，如果汽车被拖走可以前往拖车公司办理手续，提取车辆。

■停车注意事项

◆严禁随意停车

怀基基市区的大型商场和公园周边设有免费停车场，卡拉卡瓦街停车场比较稀缺，要颇费周折才能找到合适的停车位。很多游客自认为车辆在视线范围内或短暂停车数分钟没有关系，但是在夏威夷当地都属于随意停车，马上会有警察开出罚单。夏威夷违法停车的管理措施非常严格，即使公园和海滩有免费停车场，游客也应该注意附近是否设有停车时间限制的标志。

◆停车收费标准

如果附近没有停车场，游客可以前往投币式收费停车场。不同的停车场停车时间和费用各不相同，一般1分钟1美分。怀基基市区最长停车时间是1小时，超过1小时后投币机不支持收费。投币式收费停车场可以投币5美分、10美分、25美分。也可以使用信用卡刷卡支付。

◆专属停车

这是酒店和餐厅实施的停车机制。当游客入住酒店或来到餐厅品尝美食时，驾车来到停车场入口处会有工作人员前来迎接，游客可以直接下车，由工作人员负责停车。停车妥当后游客可以领取停车兑换券的半张券，返回时递交半张券后，会有工作人员直接从停车场开车至眼前。如果停车场位置较远或行车秩序较为混乱时，专属停车非常便利。当自己乘车时可以直接支付工作人员小费约3美元。大部分停车费需额外支付，一般只在酒店和餐厅设有专属停车区。

◆停车注意事项

美国境内商场和酒店的停车场必须设有残障人士专用的停车区。如右下图的标志所示，停车场内树立有表示残障人士停车区的图标，有的停车场在地面绘有示意图标。身体健康的驾车人士切不可在此停车，否则会招致反感。

另外，如左下图所示红线包围的区域禁止停车。

↑残障人士专用停车区的图标
←红线区域表示禁止停车

◆投币机的使用方法

投入硬币即可，注意：
计时单位以分钟数为基准，不同的硬币可以使用不同的时长。游客最好提前准备大量硬币。有的投币机因时间段数过长或过短而不能使用，游客最好确认操作是否适当。

游客应注意夏威夷停车场内的停车要求：停车超时将不能投币支付。

乐游夏威夷　保存好体力，顺畅地旅行

健康旅行注意事项

■夏威夷的度假模式

◆沙滩度假

夏威夷夏天的日照强度自不用说，冬季的日照也格外强烈。如果疏于防晒，全身会有不同程度的晒伤。另外，怀基基海滩等地可以冬泳，但是游泳后体温会随之下降，因此推荐游客冬季在夏威夷享受日光浴或者在酒店泳池游泳。

◆登山度假

夏威夷山上气温较低，游客如果预订钻石山登山、环山漫游等旅游项目，不要忘记准备长袖、长裤等防寒用品。

◆街道漫步度假

夏威夷室外早晚气温和海域气温相对较低，游客在街道漫步时最好携带披肩、太阳镜和帽子。

■酒水饮料

夏威夷饮用水水质良好，游客可以使用酒店、公寓酒店的水龙头直接饮水。另外，当地的特产矿泉水种类丰富，游客可以在超市和便利店购买。餐厅用餐后才能够带走矿泉水，反之则不允许。

■不幸生病时

旅行时若行程安排紧密，容易导致身体受累生病。如果感到身体不适最好不要勉强，及早调理身体是必要的。同时当身体不适或受伤时，应首先联系旅行团服务人员和当地事务组；也可以拜托酒店或参保的保险公司介绍医生治疗。

海外就医医疗费非常高，推荐游客提前购买海外旅行伤害保险。只是，即使参保适用，游客也必须预先垫付现金。为了确保以后能报销保险费用，游客应该妥善保存需要向保险公司提交的重要材料，包括治疗费明细（Detailed Account）、医师诊断书（Medical Certificate）、事故证明书（Accident Report）等。

日常药物购买

游客可以在夏威夷当地的药店购买到感冒药、肠胃药等日常药物，如果感到身体不适，最好提前服用。只是美国药物的药效大多较强，建议游客最好在国内提前准备儿童常备用药。

市区街道的ABC超市和阿拉莫阿那商厦的白木屋药店中有很多国内常见的日用感冒药、肠胃药和湿纸巾等。

乐游夏威夷　平安快乐地去旅行

旅行安全管理

需预先备份的东西

护照复印件

信用卡卡号和办卡银行信息

确认旅行信息清单

贵重物品和现金存放在保险柜

游客切忌随身携带大量现金，最好只携带护照复印件即可，剩余现金和其他贵重品等建议放入客房保险箱。如果酒店客房没有保险箱，可以和前台商量。

前往海滩时

前往海滩时尽量少带行李，贵重品等一律放入保险箱后再出门。游客只需拿着最低限度的金额，和同伴轮番照看照相机、摄影机等私人物品，切忌让其离开视线范围，绝对不可以把贵重物品放入城市街道中的投币式储物柜。

■经常发生的纠纷案例和对策

案例1　办理租车手续时丢失行李

游客在租车公司柜台办理手续时，一不留神行李离开视线范围内，行李被调包或被顺手牵羊拿走。

◆**对策要点**　最重要的解决对策是无论何时游客都不要让行李离开视线范围内。如果参加旅行团，一定要拜托同伴帮忙照看。

案例2　车内行李丢失

车在商场停车场停泊，车内物品和照相机被盗。

◆**对策要点**　即使锁好车门，车内遗留的行李也会成为盗窃的目标。游客一定要随身携带贵重物品，其余行李放置在行李箱内，并且重新停车。

案例3　在海滩玩耍时，丢失背包和相机

大伙一起在海滩嬉戏玩耍后回来发现毛巾中包裹的背包、相机和酒店钥匙被盗窃一空。

◆**对策要点**　游客绝对不可以把贵重物品带至海滩，即使沙滩四周有人，也一定要有同伴留守照看行李。

案例4　酒店客房有不认识的访客……

酒店客房有不认识的女性访客敲门，其实身后有男性隐藏，之后强行入室抢走行李，游客失盗、身体受伤。

◆**对策要点**　即使听到敲门声也不能轻易开门。首先从猫眼确认，然后开门时要挂好门链。

案例5　挎包被抢走，甚至受到伤害

身背挎包走在街上，被一旁驾车疾驰而过的人抢走挎包，游客甚至会因此绊倒而受伤。

◆**对策要点**　游客最好斜挎挎包，在人行道行走时尽量远离车道。

■如果遭遇事故

游客如果遭遇事故，首先要镇定下来联系警察，夏威夷急救电话是911，公用电话机不需要投币可以直接拨打，拨打911可以同时呼叫警察、医疗救护和消防。游客要告知对方自己的姓名、所在的场所和情况等，收到回复指示后再切断电话。

注意 point 夏威夷境内杀人等凶恶犯罪率极低，但是盗窃事件时有发生，坚持"错误的时间错误的地点"的原则，游客一定要规划好出行时间和场所，确保安全旅行。

■ 贵重物品失盗

◆ 现金和钱包失盗

现金、钱包不幸丢失或被偷盗时，游客应第一时间向警察递交失盗说明材料，由警察开具"丢失、偷盗受理证明书"。迅速报警后虽然很难收回现金，但是可以避免钱包中的信用卡和酒店房卡等遭受二次损失。游客可以参照下文的信用卡丢失补办手续，冻结信用卡，然后给酒店打电话注销房卡钥匙。

◆ 护照失盗

护照失盗时，游客最先要做的还是向警察递交失盗说明材料，由警察开具"丢失、偷盗受理证明书"，最后重新向大使馆申请办理护照。只是，重新申请办理护照时，必须提交户口本，而且新护照的办理时间约为1周。因此为了应对现状，游客可以当天或次日申请办理"返程回国证明材料"，证明材料需要2张照片、失盗证明材料（需填写失盗的护照号码、发行的年月日）。证明材料最好提前准备复印件，方便日后使用。

◆ 信用卡失盗

信用卡丢失或被偷盗，游客可以联系办理信用卡的银行，冻结信用卡。如果记得信用卡卡号和使用期限，能够更方便地办理。根据办理信用卡的银行的指示，前往警察局开具"丢失、偷盗受理证明书"后，再次前往银行服务前台重新申请办理信用卡。信用卡的办理手续费因银行不同而各不相同。

◆ 签收的行李失盗

无论行李是否有签字，一旦发现行李失盗，游客应该首先联系物流公司的紧急联络处，告知行李失盗事件，并确认是否需要递交"丢失、偷盗受理证明书"。最可靠的还是领取警察开具的"丢失、偷盗受理证明书"，然后前往物流公司的驻地办事处，办理退还赔偿手续。如果游客初次办理时没有保存支付费用凭条，有时候很难获得理赔。因此，游客一定要确认是否妥善保存支付凭条。

◆ 飞机票、电子机票失盗

游客如果发现飞机票、电子机票失盗后，首先应联系航空公司，告知对方自己的登机日期和航班，申请机票作废。开具"丢失、偷盗受理证明书"后，前往航空公司的驻地分店和办事处办理替代机票。办理替代机票需要护照、"丢失、偷盗受理证明书"和手续费。电子机票丢失后只需持护照就可以办理航班搭乘手续，游客不必太担心。如果购买的是廉价航班机票，则无法补办。

警惕在游客中经常发生的犯罪行为

● 麻药

如果有当地的金发美女搭讪邀请一起前去玩耍，游客应该提高警惕，她们极有可能是危险的可疑人员。如果被可疑人员诱惑吸食大麻，心情会异常兴奋，放松警惕后自己的钱包很容易被偷盗。另外，持有大麻等其他毒品入境会被重罪处罚。

● 卖淫

夏威夷当地法律严禁卖淫，无论嫖客还是失足妇女都会接受处分，逮捕后处以罚金和30日以内的拘禁。另外，失足妇女多和暴力事件有瓜葛，游客最好远离她们。游客一定要谨记，逮捕并不是最终结果，还有可能异地染病。因此，游客应谨慎，切不可因贪图海外旅游的一夜刺激而带来不必要的麻烦。

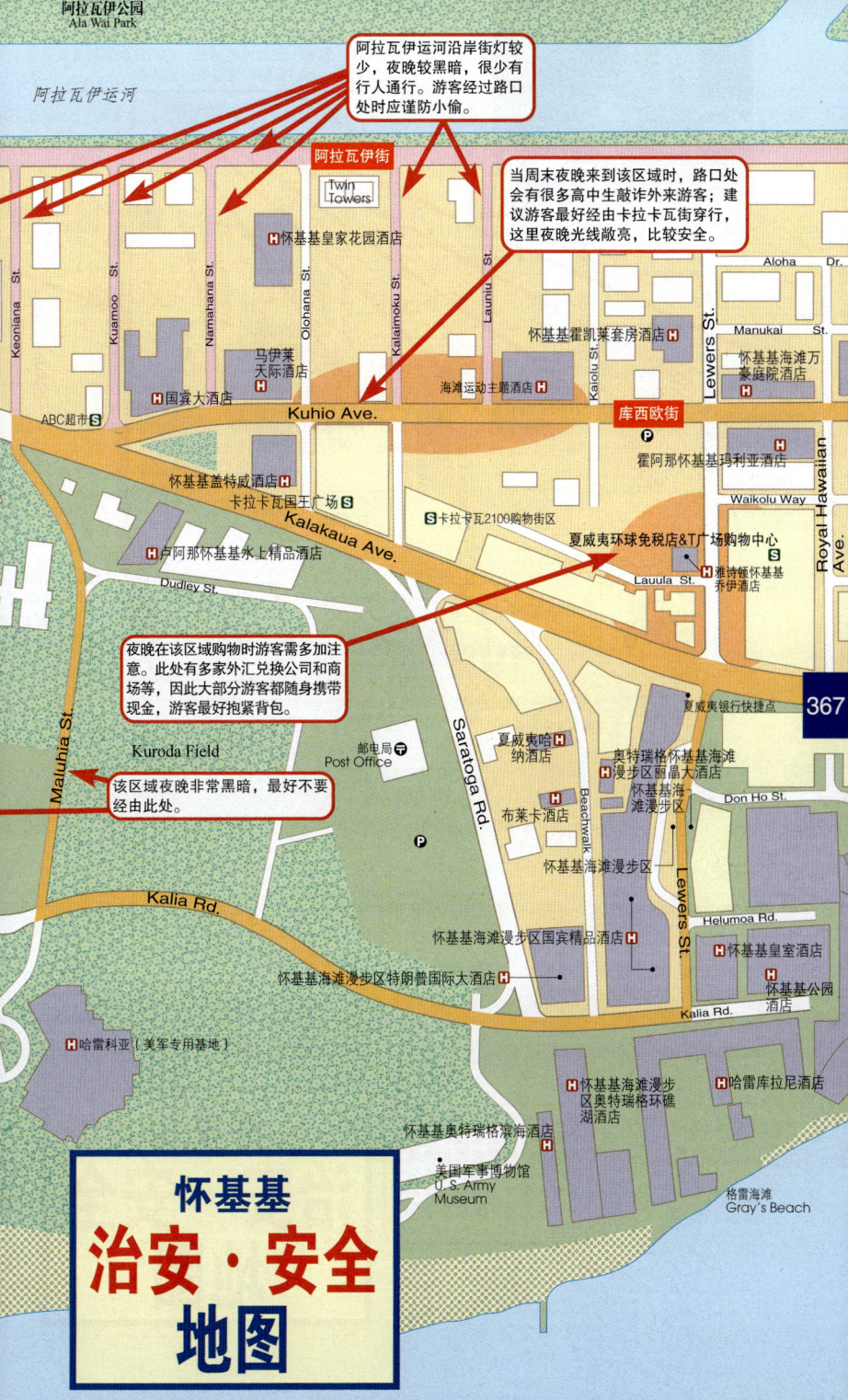

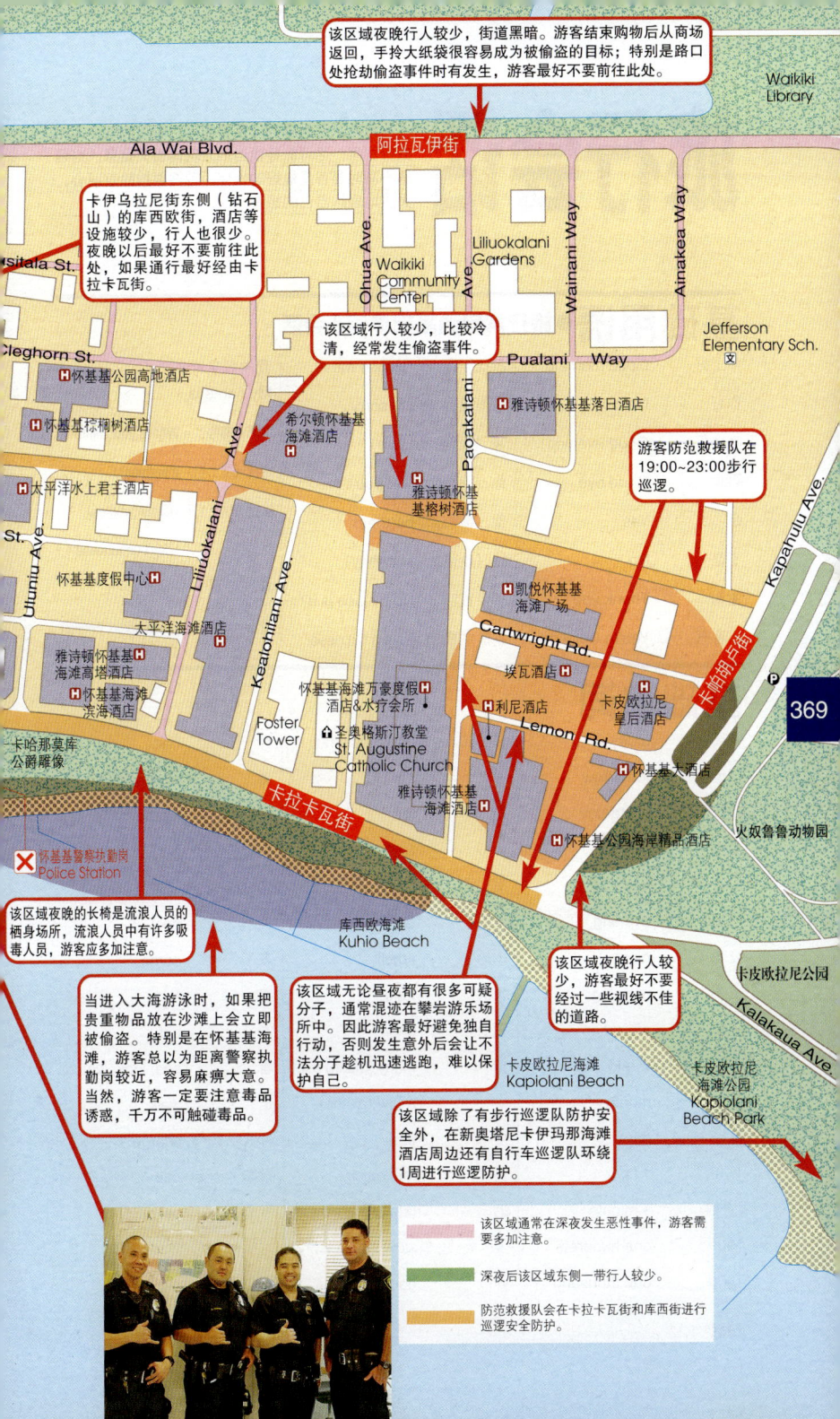

旅行会话

自助旅游时游客一定要向对方表述清楚个人的旅行意愿，尽可能寻找当地人问询相关信息。当遭遇不测时语言是最好的伙伴，游客要排除羞耻心，大胆地表达自己的想法。

基础用语 ● 旅行常用的基础单词&会话

早上好	Good morning	打扰一下	Excuse me	我的名字叫×××。	My name is ~
你好	Hello	对不起	I'm sorry	您怎么称呼？	What's your name？
晚上好	Good evening	我（我们）	I (we)	男士（男士们）	man(men)
再见	Good bye	你（你们）	you(you)	女士（女士们）	woman(women)
是	Yes	他（他们）	he(they)	不知道	I don't understand
不是	No	她（她们）	she(they)	救命！	Help！
谢谢	Thank you	多少钱？	How much is it？	我不会说英语。	I can't speak English.
不客气	You're welcome	我是中国人。	I am a Chinese.		

基础单词

中文	English	中文	English	中文	English
今天	today	10 000	ten thousand	坏	bad
明天	tomorrow	右	right	贵	expensive
昨天	yesterday	左	left	便宜	cheap
早晨	morning	上	up	炎热/温度高	hot
中午	noon	下	down	寒冷/温度低	cold
傍晚	evening	大的	big(large)	去	go
夜晚	night	小的	small	来	come
上午	morning	长的	long	买	buy
午后	afternoon	短的	short	吃	eat
周	week	多	many (much) a lot	看	see, look, watch
月	month	少	a few (a little)	走	walk
日	day	早	early	付款	charge
1小时	1 hour	快	fast,quick	乘车	ride
1分钟	1 minute	迟	late	下车	get off
100	one hundred	慢	slow		
1000	one thousand	好	good		

旅行常见用语

闭店（闭馆）	closed
开店（开馆）	open
上午××时到下午××时营业	open from~a.m to ~p.m
打折	sale
售罄	sold out
出口	exit
入口	entrance
推	push
拉	pull
严禁进入	no admittance/no entry
严禁触摸	Don't Touch
售票厅	ticket office
空席位	vacancies
无空席位	No Vacancies
预订席位	Reserved(seat)
单程	one way
往返路程	return
故障中	out of order
卫生间	bath room (toilet)
使用中	occupied
空的	vacant
手续费	handling charge
预约	reservation
退还金钱	refund
打折	discount
严禁摄影	no photographs
严禁闪光灯	no flash photography
观光服务	Tourist Information
美术馆	art museum
遗址	remains/ruins
城堡	castle
谢绝未成年	No minors
私人机构，谢绝进入	Private
严禁饮食	No food or drink
需要身份证	ID required
人行横道	crosswalk
游玩	play
居住	stay
晴天	clear weather
阴天	cloudy weather
雨	rain
暴风	storm
天气预报	weather forecast
禁烟席	no smoking seat
吸烟席	smoking seat
停（路标）	stop
恐怖的	scary
半日游	half day sightseeing tour
一日游	one day sightseeing tour

夏威夷混杂式英语

从19世纪初开始，夏威夷作为连接亚洲和美洲的贸易中枢港口城市，备受瞩目。之后来自世界各国的移民齐聚当地，共同在蔗糖和菠萝种植园工作，不知不觉中夏威夷岛变成了不同人种的聚居地。对于普通移民，大多只懂只言片语的英语，因此他们的日常交流中母语搭配不自然的英语表达，逐渐形成独特的夏威夷式英语。通俗地说，夏威夷式英语就是汲取大量外来语的夏威夷方言。夏威夷混杂式英语最大的特征是混搭使用多国语言，例如有汉语、日语、韩语、菲律宾语、泰语、萨摩亚语等语种。某些单词可能是本土词汇，也有可能是英语合成词，游客初次听到大都会感到十分困惑。

接下来列举若干常见的夏威夷混杂英语和单词。

●shaka 通常感到开心或精力十足时使用，手势表示是伸直大拇指和小指，其余手指弯曲。
●Howzit 英语缩略式，日常用语"还好吗？"的表达方式。
●pog 源自牛奶瓶瓶盖，表示夏威夷版的油画，多用于收藏。

夏威夷语中混杂很多英语单词，但是只有12个字母构成。元音字母有"A、I、U、E、O"，辅音字母有"H、K、L、M、N、P、W"，辅音字母可以构成所有的名词。因此，夏威夷的地名往往有很多相同的字母连用，而且很多地名相似，读音基本按照罗马音节读法，发音简单。

基本会话

〈飞机上〉

●我想把行李放在行李架上，能帮我一下吗？
I would like to put my bag in the luggage compartment. Could you help me?

●我座位上的耳机坏了。
My light (earphones) isn't working.

●能把座椅倒回去吗？
May I put my seat back?

●请把座椅归位。
Please return to your seat.

●请问您想喝什么饮料？→请问有什么饮料？→请给我咖啡。
Would you like anything to drink? What drinks do you have? Coffee, please.

●鱼肉、牛肉（鸡肉）请选择哪一个？
Which would you like? fish or beef (chicken)?

●我感觉不太舒服。
I feel sick (bad).

●我能看看免税品吗？
May I see the duty free items?

〈机场里〉

●旅行的目的是什么？→观光。
What is the purpose of your trip? Sightseeing.

●有需报税的物品吗？
Do you have anything to declare?

●我找不到行李了。
I can't find my luggage.

●请讲述你的行李有什么特征？一件大的黑色行李。
What does your luggage look like? Please describe your luggage. A large black suit case.

●我想要兑换一些钱……
I would like to change some money.

●请帮我兑换一些零钱。
Please include some small bills.

●请问出租车泊车点（旅游观光服务处）在哪里？
Could you tell me where the taxi stand (tourist information) is?

●出发时刻	departure time
●准时	on time
●晚点延迟	delayed
●登机通行证	boarding pass
●办理登机手续	check in
●换乘	transfer

〈办理返程登机手续〉

●我想坐在靠走廊（窗户）一侧。
An aside seat (window seat), please.

●我想和朋友坐在一起。
I would like to sit on the next to my friend.

●我能再确认一次航班吗？
May I reconfirm (my flight)?

〈搭乘出租车〉

●去ABC酒店。
ABC hotel please.

〈入住酒店〉

●我是已预约入住的×××。麻烦办理入住手续。
I have a reservation for ×××. Can I check in?

●麻烦帮忙洗衣服。
I would like to use your laundry service.

●麻烦帮忙去污处理。
I would like a stain removed.

●我是123号的×××，麻烦送杯咖啡至客房。
This is Mr. ××× speaking in room 123. Please bring me coffee.

● 请给我123号的客房钥匙。
Can I have the key to room 123?

● 麻烦帮我叫辆出租车。
Will you call a taxi? Please call a taxi for me.

● 我想预约晚餐，时间是3月14日晚上8点，用餐人数2名。
I would like you to make a reservation for me for dinner for two people at 8 p.m. on March 14th.

● 我忘记了客房的钥匙。
I have left my key in my room.

● 能帮我邮寄吗？→可以。
Can you mail this for me? Yes, of course.
　　　　　　　　　　　　→不可以。
　　　　　　　　　　　　I am afraid not.

● 请把行李带到这里。
Please take down my luggage (Please ask the bell man to take down my luggage).

● 请问行李可以寄存至8点出发吗？
Please hold my luggage until my departure at 8 p.m.

● 请问有我的留言吗？
Do you have any messages for me?

● 能再住一晚上吗？
Can I stay one more night?

● 电视机不能播放。
The TV doesn't work.

● 可以使用旅行支票吗？
Do you accept (take) traveller's checks?

● 这是什么金额花销？
What is this charge for?

● 请结账。
I would like to check out, please.

● 可以使用这张信用卡吗？
Do you accept (take) this credit card?

美式英语和英式英语

美式英语和英式英语最大的差异是在发音上，这点在口语对话中表现得尤为明显。同时两者在单词拼写，日期、数字表达，习惯用语等方面也存在着一定的差异，以下列举了一些常用语的区别所在，仅供参考使用。（USA代表美式英语，UK代表英式英语）

● 目录 catalog（USA）
　　　catalogue（UK）
● 刊登广告 advertize（USA）
　　　　　advertise（UK）
● 干洗 Laundry（USA）
　　　Launderette（UK）
● 连裤袜 pantyhose（USA）
　　　　tights（UK）
● 纤维 fiber（USA）
　　　fibre（UK）
● 褪色 discolor（USA）
　　　discolour（UK）

● 面色 complection（USA）
　　　complexion（UK）
● 贫血 anemia（USA）
　　　anaemia（UK）
● 汽油 gas（USA）
　　　petrol（UK）
● 爆胎 flat tire（USA）
　　　flat tyre（UK）
● 现金出纳处 cash register（USA）
　　　　　　till（UK）
● 拨电话号码 dialing（USA）
　　　　　　dialling（UK）

〈街边漫步〉

● 请问从这里到美术馆远吗?
Is it far from here to The Art Museum?

● 请问巴士多久来一次?
How often do the buses come?

● 麻烦到站后能提醒下车吗?
Could you tell me when I'll reach my destination?

● 请问这趟巴士前往×××吗?
Is this bus (train) going to ○○?

● 请收好零钱。
Please keep the change.

● 请问有讲解英语(汉语)的旅行团吗?
Do you have a tour with a English (Chinese) explanation?

● 我想邮寄包裹至中国。
I would like to mail this letter (parcel) to China.

● 请问这里可以拍照吗?
Can I take a picture?

● 你能给我拍张照片吗?
Can you take a picture for me?

● 您这儿有相机内存卡吗?
Do you have a Secure Digital Memory Card?

● 请问什么时候闭馆(打烊)呢?
What time do you close?

● 麻烦给我两张票。
Two tickets please.

〈商场购物〉

● 我只是看看。
No, thanks. Just looking.

● 请问能再便宜点吗?
Can you give me a discount?

● 请问可以试穿吗?
Can I try this one on?

● 请问试衣间在哪里呢?
Can you tell me where the fitting room is, please?

● 请给我这件。
This one please./I'll take this.

● 请问您支付现金还是刷卡?
Pay cash or in a credit card?

● 请问可以使用信用卡吗?
Can I use this credit card?

● 请问能够退税吗?
Can I get tax refund?

● 请问可以送货至入住酒店吗?
Can you deliver it to my hotel?

〈饭店用餐〉

● 我想预约晚餐,时间是3月14日晚上8点,用餐人数2名。
I would like to make a reservation for dinner for two people at 8p.m.on march14th.

● 我是预约用餐的×××。
I have a reservation for ×××.

● 请问餐厅的推荐菜品是什么?
What dish do you recommend?

● 我想点餐,和旁边那个人吃的菜一样。
I would like the same dish as those people over there.

● 请选择和菜品搭配的红酒。
Please select a good wine for this meal.

● 请问菜还没做好吗?已经点餐30分钟以上了。
Our order hasn't come yet. I ordered over than 30minutes ago.

● 这道菜品和所点的料理不符。
This is not what I ordered.

● 找零有误。
I think my change is wrong.

● 我把汤勺摔碎了。
I dropped this spoon.

● 埋单。
Check, please.

〈娱乐场所〉

● 今晚有什么娱乐项目呢?
What is showing tonight?

● 请问现在能购票吗?
Can I still get a ticket?

- 请问票价多少钱?
How much is the ticket? / How much is it to get in?

〈遇到麻烦时〉

- 浴室浸水了。
My bathroom has flooded.

- 室内温度太低,请帮忙调高空调温度。
My room is too cold. Could you adjust the air-conditioner?

- 我把钱包落在出租车了。
I have left my purse (wallet) in the taxi.

- 请注销我的信用卡。
Please cancel my credit card.

- 我错过了前往北京的航班。
I have missed the flight to Beijing.

- 请帮忙预订下次航班。
Please make a reservation for the next available flight.

- 我已经参加旅行伤害保险了。
I have travel insurance.

- 请帮忙呼叫救护车。
Please call an ambulance.

- 我想看医生。
I would like to see a doctor.

- 请帮忙把我带到医院。
Please take me to a hospital.

- 发烧。
I have a fever.

- 肚子疼。
I have a pain in my stomach.

- 头疼。
I have a headache.

- 这个坏了,请重新换一个。
This one doesn't work. Please change it.

- 请给我退款。
Please give me a refund.

- 背包被偷了。
My bag has been stolen.

- 请问有人懂汉语吗?
Is there anybody here who can speak Chinese?

谨记下面的警告式用语

游客在海外旅游时最好不要卷入是非纠纷中,但是意外难免。为了防止个人受伤,游客最好事先知道一些警告式用语,同时也了解相应的回复语句,一起熟记比较妥当。

- 举起手!　　Spread'em!
- 向后退!　　Get back!
- 保持安静!　Shut up! / Be quiet!
- 扔掉!　　　Drop it!
- 趴在地上!　Hit the floor! / Get on the floor!
- 不许动!　　Hold it! / Don't move! Freeze! / Stay where you are!
- 转向墙壁!　Get against wall. / Face to wall!
- 站住!　　　Stop!
- 按我说的做! Do what I Say! Do what I tell you!
- 如果想要逃跑的话将把你(们)杀死!
Move and you're dead!
- 我懂。　　　I mean it.
- 救命。　　　Help!
- 我会照你说的做。
I will do what you want.
/ I'll do anything (you say).
- 请住手。　　Please stop.
- 不要开枪。　Don't shoot.
- 出去。　　　Get out.
- 别碰!　　　Don't touch. / Hands off!
- 我没兴趣。　I am not interested.
- 不好意思,我赶时间。
Sorry. I'm in a hurry.

购物

旅途中遇到心仪的衣服一定不要手软。但是，如果买到不合身的衣服将会非常遗憾。时间允许的话，可以要求店主为自己量身定做一套合体的衣服。下面为大家介绍一下关于服装定做的单词。

衬衣 shirt

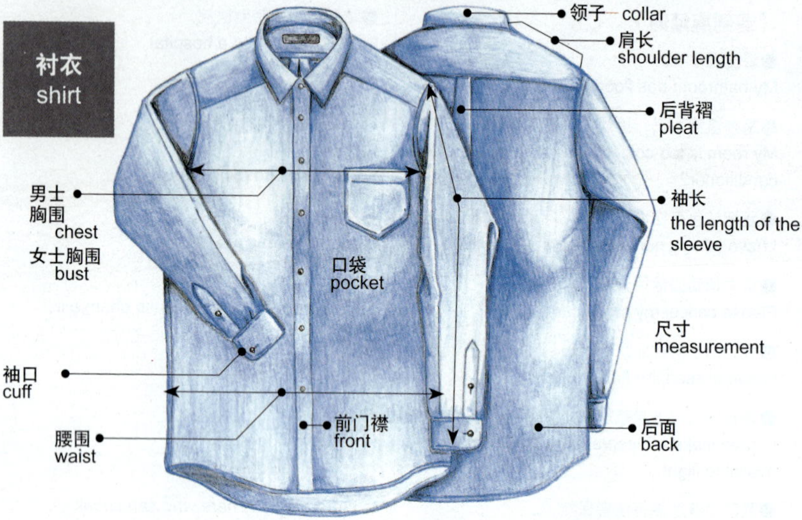

领子 collar
肩长 shoulder length
后背褶 pleat
袖长 the length of the sleeve
男士胸围 chest
女士胸围 bust
口袋 pocket
尺寸 measurement
袖口 cuff
前门襟 front
后面 back
腰围 waist

面料 material
毛料 wool
纽扣 button
（针织衫等）针织 knit wear

真丝 silk
麻 linen
袖扣 cuff links
套头针织衫 pullover

棉 cotton
人造纤维 man-made fabric
线迹 seam
开衫，对襟毛衣 cardigan sweater

● 有点紧（松、长、短、普通、艳丽）。
It's a little small (big, long, short, plain, gaudy).

● 请给我大一码的。
Could you bring me one size larger?

● 这款有别的颜色吗?
Do you have a same thing in a different color?

绣花装饰（手工，机器）
embroidering (by hand, by machine)

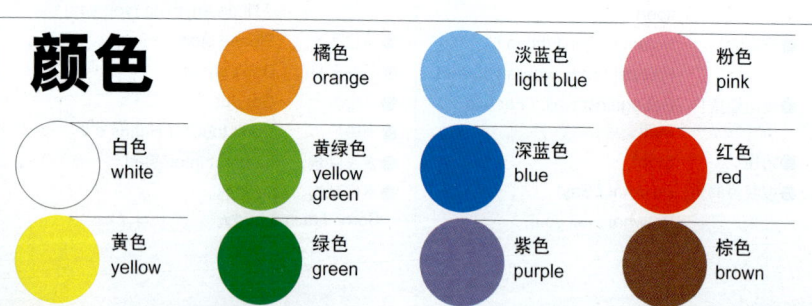

颜色

橘色 orange
淡蓝色 light blue
粉色 pink
白色 white
黄绿色 yellow green
深蓝色 blue
红色 red
黄色 yellow
绿色 green
紫色 purple
棕色 brown

| 鞋 shoes | 漆皮 patent-leather enameled shoes |  金属装饰 chain | 鞋跟 heel |

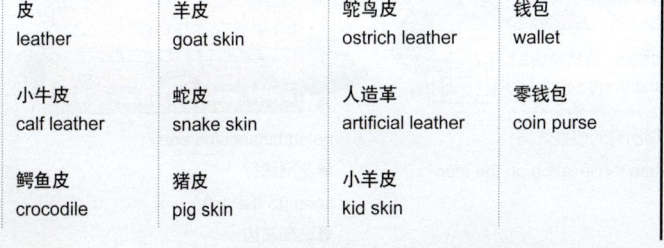

绒面 suede
真皮 leather
鞋面 instep
鞋底 sole
鞋头 tip
鞋面装饰 tassel
缝线 stitching
鞋宽 width

| 包 bag | 把手 handle |

高 height
包盖 cover
包扣 clasp
厚度 depth
宽 width

（包内）隔断 divider
肩带 strap
拉链 fastener / zipper
口袋 pocket
铆钉 stud

旅行信息 ［夏威夷篇］

377

旅行会话

皮 leather	羊皮 goat skin	鸵鸟皮 ostrich leather	钱包 wallet
小牛皮 calf leather	蛇皮 snake skin	人造革 artificial leather	零钱包 coin purse
鳄鱼皮 crocodile	猪皮 pig skin	小羊皮 kid skin	

米色/浅驼色 beige
黑色 black
灰色 grey

如何表示颜色色调

鲜明、鲜亮 vivid	明亮、清晰 bright	带点灰色的 grayish
浅的 pale	深的 deep	亚光 dull
亮的 light	暗的 dark	

●能否给我看看更亮的颜色？
Could you show me a little brighter?

●能否给我看看这两种颜色的中间色？
Could you show me something in between these two shades?

问路

在陌生的地方游逛，稍有不慎就会迷路。遇到这种情况时，千万不要着急。最好的办法是向身边的路人寻求帮助。下面为大家介绍一些问路的表达方式。

在第一个拐角向右拐，从拐角处数第三个建筑就是。
Turn right at the first corner. It's the third building from the corner.

两个街区的距离。
2 blocks away

从这里直着往前走，很快就会到了。
Go straight and you'll see it soon.

● 请您在地图上指出它的位置好吗?
Could you show me the location on the map?
● 我迷路了。
I'm lost.
● 这里是哪里呀? 请你在地图上指出来好吗?
Where am I now ?Please show me on this map?
● 在~那侧有什么标志吗?
Are there any landmarks near ~?
● 东、西、南、北
east,west,south ,north
● 禁止入内
no admittance/no entry
● 左侧通行
keep (to the) left
● 站在左边
stand on the left
● 观光景点
sightseeing spot/tourist attraction
● 旅游信息中心
Tourist Information
● 美术馆
art museum

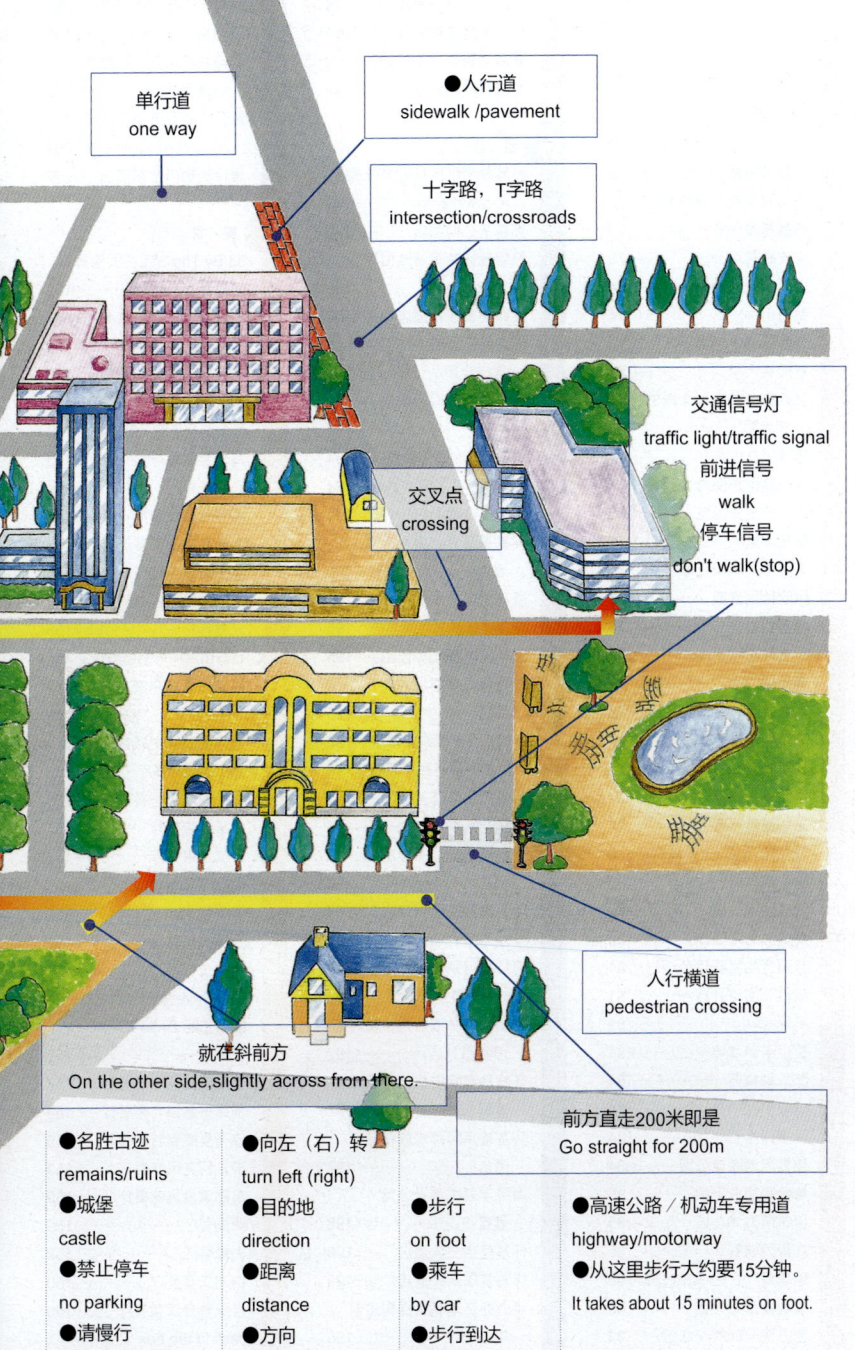

INDEX 索引

(以下内容按文中出现顺序排列)

瓦胡岛

景点

Sightseeing/Activity/Relaxation/Night spot

夏威夷美军军事博物馆	73
怀基基海滩	73
卡哈那莫库公爵雕像	73
怀基基魔法石	73
卡皮欧拉尼公园	73
火奴鲁鲁动物园	74
钻石山	74
怀基基海底世界	74
夏威夷大学	74
火奴鲁鲁美术馆之斯伯丁艺术屋	74
坦塔罗斯山丘	74
阿拉莫阿那海滩公园	75
火奴鲁鲁美术馆	75
科瓦罗盆地港口	75
卡美哈美哈国王雕像	76
伊欧拉尼宫殿	76
华盛顿宫	76
卡韦阿哈欧教堂	77
莫尔昌特街	77
火奴鲁鲁教会博物馆	77
庞奇包尔国家公墓	77
阿罗哈塔	77
毕夏普博物馆	77
皇后夏日行宫	77
恐龙湾	80
哈罗娜风洞	80
阳光沙滩公园	80
夏威夷海洋公园	80
努阿努帕里瞭望台	81
凯卢亚海滩公园	81
平等院	81
拉尼卡伊海滩	81
都乐种植园	84
哈莱伊瓦小镇	84
王室诞生石	84
怀梅阿湾海滩公园	84
普欧玛胡卡圣殿	85
伊布凯海滩公园	85
怀梅阿峡谷	85
珍珠港	88
亚利桑那号纪念馆	89
密苏里号战舰纪念馆	89
波芬号潜艇博物馆	89
阿罗哈露天体育馆	89
夏威夷种植园博物馆	89
柯·奥利那度假区	90
夏威夷野生水上乐园	90
夏威夷铁路社会	90

酒店

Hotel

怀基基凯悦丽晶海滩度假中心&水疗会所	192
怀基基公园酒店	192
特朗普怀基基海滩国际酒店	193
火奴鲁鲁莲花酒店	193
怀基基万豪海滩度假中心&水疗会所	193
怀基基海滨假日度假中心	194
雅诗顿怀基基圆形酒店	194
雅诗顿怀基基海滨酒店	194
太平洋海滩酒店	194
怀基基海岸公园水上酒店	195
凯乌兰妮公主酒店	195
希尔顿怀基基海滩酒店	195
天际线水岛殖民地酒店	195
欧哈那怀基基玛利亚酒店	195
欧哈那怀基基东部酒店	195
欧哈那怀基基西部酒店	195
凯悦广场怀基基海滩酒店	196
伊利凯水上精品套房酒店	196
帕戈达精品生活酒店	196
怀基基水竹酒店	196
阿拉莫阿那酒店	196
夏威夷怀基基王子酒店	196
希尔顿逸林酒店阿拉莫阿那怀基基分店	197
怀基基奥特瑞格丽晶滨海公寓酒店	197
怀基基卢尔阿那水族精品酒店	197
太平洋君主水上公寓酒店	198
怀基基帝王大酒店	198
怀基基国宾大酒店	198
雅诗顿怀基基菩提树度假中心	198
怀基基胡奇利公寓酒店	198
雅诗顿怀基基日落酒店	199
雅诗顿怀基基滨海高级公寓酒店	199
雅诗顿毛伊岛卡阿那帕利公寓酒店	202
雅诗顿威可洛亚滨海酒店	202
雅诗顿珀伊普凯酒店	202

美食

Restaurant

53 By The Sea美式海鲜餐厅	152
卡哈拉阿兰切诺意大利风味餐厅	152
喜马拉雅印度风味餐厅	153
法式海鲜风味餐厅	153
肖尔美式海鲜风味餐厅	153
马卡西奇餐厅	153
和平茶餐厅	154
阿罗哈沙拉餐厅	155
乌梅凯市场茶餐厅	155
维纳斯绿色餐厅	155
回归自然有机食品超市餐厅	155
钻石山海湾绿色茶餐厅	155
露露怀基基冲浪主题餐厅	156
迪克皮划艇主题餐厅	156
希尔顿逸林餐厅·酒吧	156
拉纳伊海生态餐厅	156
皇家酒店餐厅	157
开放之家餐厅	157
Eggs'n Things 2号早餐店	157
卡伊拉茶餐厅	157
孜皮士餐厅	158
L&L Drive餐厅	158
Like Like Drive 特色餐厅	158
卡皮欧拉尼咖啡餐厅	158
墨西哥卷饼特色餐厅	158
欧诺夏威夷特色餐厅	159
卡卡阿克风味餐厅	159
自然素食风味餐厅	159
萨姆餐厅	159
先锋餐厅	159
泰迪汉堡餐厅	160
火奴鲁鲁汉堡餐厅	160
Jack in the box 汉堡餐厅	160
国王汉堡餐厅	161

库阿库伊纳汉堡餐厅⋯⋯161	清迈美食餐厅⋯⋯⋯174	哈雷派印刷博物馆⋯⋯220
天堂芝士汉堡餐厅⋯⋯161	东方天堂餐厅⋯⋯⋯174	捕鲸村博物馆⋯⋯⋯224
玛丽珀莎地中海餐厅⋯163	兄弟烤肉餐厅⋯⋯⋯175	卡阿胡玛努教堂⋯⋯230
拉奈伊冲浪主题茶餐厅⋯164	暹罗广场美食餐厅⋯⋯175	贝利之家博物馆⋯⋯230
菠萝派美食餐厅⋯⋯⋯164	乌洛兹美食餐厅⋯⋯175	**夏威夷岛**
夕阳海鲜餐厅&苏比酒吧⋯164	越南西贡河粉餐厅⋯⋯175	胡里海埃宫殿⋯⋯⋯257
黄志光美食餐厅⋯⋯⋯164	银座梅林餐厅⋯⋯⋯176	莫库阿伊卡瓦教堂⋯⋯257
3660海边日出餐厅⋯⋯165	心玄餐厅⋯⋯⋯⋯⋯176	阿胡埃纳神庙⋯⋯⋯257
霍库兹海上餐厅⋯⋯⋯165	乐・美味餐厅⋯⋯⋯176	普乌克霍拉神庙国家历史
马布洛餐厅⋯⋯⋯⋯⋯165	道乐寿司餐厅⋯⋯⋯176	公园⋯⋯⋯⋯⋯⋯260
珈蓬果亚洲美食餐厅⋯165	卡伊瓦餐厅⋯⋯⋯⋯177	帕克农场⋯⋯⋯⋯⋯261
萨雷恩托斯餐厅⋯⋯⋯166	东京田中屋铁板烧餐厅⋯177	卡美哈美哈国王雕像⋯264
布卡・贝卜餐厅⋯⋯⋯166	今成亭日本料理餐厅⋯⋯177	太平洋海啸博物馆⋯⋯264
陶尔米亚西西里餐厅⋯⋯166	诺布现代日式餐厅⋯⋯177	莱曼官邸博物馆⋯⋯264
阿兰切诺意大利餐厅⋯166	丸子之家⋯⋯⋯⋯⋯177	**考爱岛**
赛布丽娜美食餐厅⋯⋯167	佐佐舟寿司餐厅⋯⋯178	瓦伊卢亚河州立公园⋯286
贝尔尼尼餐厅⋯⋯⋯⋯167	千房日式餐厅⋯⋯⋯178	瓦伊卡那罗亚&瓦伊卡帕拉
迪民法国料理餐厅⋯⋯167	六角日式砂锅餐厅⋯⋯178	埃洞穴⋯⋯⋯⋯⋯289
米罗咖啡茶餐厅⋯⋯⋯167	朝日烧烤餐厅⋯⋯⋯178	哈纳莱伊山谷瞭望台⋯289
米歇尔餐厅⋯⋯⋯⋯⋯167	芝麻拉面屋⋯⋯⋯⋯178	科洛阿老城⋯⋯⋯⋯291
欧克德西餐厅⋯⋯⋯⋯168	中村拉面屋⋯⋯⋯⋯178	波普海滩公园⋯⋯⋯291
BLT烧烤餐厅⋯⋯⋯⋯168	科纳啤酒工坊⋯⋯⋯180	**拉奈岛**
热带风情酒吧&烧烤餐厅⋯168	海港渔村餐厅⋯⋯⋯180	众神花园⋯⋯⋯⋯⋯298
库西欧海滩烧烤餐厅⋯⋯169	巴滋烧烤之家⋯⋯⋯180	二战海难沙滩⋯⋯⋯299
滨乌西餐厅&海滩酒吧⋯169	西奈蒙家庭餐厅⋯⋯181	拉奈市⋯⋯⋯⋯⋯⋯299
芝士蛋糕工坊⋯⋯⋯⋯169	罗西美食餐厅⋯⋯⋯181	胡洛普海湾⋯⋯⋯⋯299
海洋风情餐厅⋯⋯⋯⋯169	卡胡库小龙虾美食餐厅⋯182	门罗小径⋯⋯⋯⋯⋯299
沃尔夫冈烧烤餐厅⋯⋯170	哈莱伊瓦乔治海鲜烧烤餐厅	**莫洛凯岛**
查特美食之家⋯⋯⋯⋯170	⋯⋯⋯⋯⋯⋯⋯⋯182	帕珀哈库海滩⋯⋯⋯304
Mac24-7餐厅⋯⋯⋯⋯170	库阿伊纳美食餐厅⋯⋯182	霍奥米胡阿奇石⋯⋯305
d.k.烧烤美食餐厅⋯⋯170	乔夫尼小龙虾餐厅⋯⋯182	卡乌那卡卡伊⋯⋯⋯305
沃德中心莱恩士烧烤	吉姆逊海鲜餐厅⋯⋯183	卡拉乌帕帕瞭望台⋯⋯305
餐厅⋯⋯⋯⋯⋯⋯170	安娜・米勒士家庭餐厅⋯183	哈拉瓦溪谷⋯⋯⋯⋯305
庭院之家美食餐厅⋯⋯170		圣约瑟夫教堂⋯⋯⋯305
哈德洛克茶餐厅⋯⋯⋯171	**离岛**	
莫阿那海滨餐厅⋯⋯⋯171	**景 点**	**酒 店**
达夫&巴士特美食餐厅⋯171	**毛伊岛**	**毛伊岛**
胡塔斯美食餐厅⋯⋯⋯171	西部最佳先锋旅舍⋯⋯219	毛伊凯拉尼费尔蒙酒店⋯233
瓦胡士鲜鱼卷饼餐厅⋯171	拉哈纳历史古迹群⋯⋯219	毛伊瓦伊莱四季度假
The Stage美食餐厅⋯⋯171	瓦宫⋯⋯⋯⋯⋯⋯⋯219	酒店⋯⋯⋯⋯⋯⋯233
巴克那姆美食餐厅⋯⋯172	哈乌拉欧神石⋯⋯⋯219	维雷亚华尔道夫度假
皇家花园餐厅⋯⋯⋯⋯172	拉海纳港口⋯⋯⋯⋯219	酒店⋯⋯⋯⋯⋯⋯234
宋公洞韩式餐厅⋯⋯⋯172	拉海纳最高法院旧址⋯220	瓦伊莱万豪海滩度假中心&
北京海鲜餐厅⋯⋯⋯⋯172	海滨堡垒⋯⋯⋯⋯⋯220	水疗会所⋯⋯⋯⋯234
萨拉伯尔餐厅⋯⋯⋯⋯173	大榕树⋯⋯⋯⋯⋯⋯220	奥瑞格维雷亚棕榈酒店⋯234
火锅天堂餐厅⋯⋯⋯⋯173	鲍德温之家⋯⋯⋯⋯220	毛伊瓦伊莱"AndAZ"私人
丽晶海鲜酒楼⋯⋯⋯⋯173	拉海纳监狱旧址⋯⋯220	度假酒店⋯⋯⋯⋯234
麒麟中华料理餐厅⋯⋯174	拉海纳本愿寺⋯⋯⋯220	马凯纳海滨高尔夫大型度假
哈雷越南美食餐厅⋯⋯174		中心⋯⋯⋯⋯⋯⋯234
索乌卢古巴茶餐厅⋯⋯174		

旅行信息 [夏威夷篇]

381 索引

毛伊马凯纳冲浪酒店……235	科纳奥特瑞格王室海崖	拉海纳传统烤乳猪宴……223

毛伊马凯纳冲浪酒店……235
奥瑞格拉海纳阿伊那卢公
　寓酒店……………………235
毛伊雅诗顿山间酒店……235
拉海纳皇家度假酒店……235
拉海纳海滨酒店…………235
毛伊凯悦丽晶度假中心&水
　疗会所……………………236
毛伊喜来登度假中心&水疗
　会所………………………237
卡阿那帕利海滩酒店……237
毛伊威斯汀度假中心&水疗
　会所………………………237
雅诗顿捕鲸村卡阿那帕利海
　滩酒店……………………237
卡阿那帕利阿伊利公寓酒店
　……………………………238
雅诗顿卡阿那帕利海滩
　酒店………………………238
雅诗顿帕帕凯亚度假
　酒店………………………238
卡哈那海滨酒店…………238
那皮利景观酒店…………238
毛伊那皮利奥瑞格海滨
　酒店………………………238
卡哈那那夕阳酒店………239
卡帕卢阿丽思卡尔顿
　酒店………………………239
哈纳特拉瓦萨酒店………239

夏威夷岛
瓦伊克洛亚希尔顿度假
　中心………………………266
瓦伊克洛亚万豪度假中心&
　水疗会所…………………267
胡阿拉莱四季度假酒店…267
哈普纳海滩王子酒店……267
茂纳凯亚海滩酒店………268
夏威夷岛费尔蒙兰花
　酒店………………………268
茂纳拉尼海湾酒店&
　别墅………………………269
茂纳拉尼岛屿公寓酒店…269
科海滩卡美哈美哈王室
　万怡酒店…………………270
科纳王室度假酒店………270
科纳雅诗顿海边公寓
　酒店………………………270
科纳卡纳罗亚奥特瑞格
　酒店………………………270

科纳奥特瑞格王室海崖
　酒店………………………271
科纳新式公寓酒店………271
希洛那尼罗亚生活风情
　酒店………………………271
希洛夏威夷风情酒店……271

考爱岛
普林斯维尔圣瑞吉斯
　度假中心…………………293
哈纳莱伊海湾度假中心…293
普林斯维尔城堡度假中心…294
考爱岛海岸线度假酒店…294
考爱岛拉埃那尼奥特瑞格
　公寓酒店…………………294
雅诗顿岛屿海滩酒店……294
雅诗顿阿罗哈海滩酒店…294
考爱岛卡拉帕基万豪
　度假中心…………………295
喜来登考爱岛度假酒店…295
考爱岛海滩别墅酒店……295
凯悦考爱岛度假酒店&
　水疗中心…………………296
马卡胡埃那波普海湾
　酒店………………………297
波普海湾酒店……………297
基豆胡那种植园&海滩
　别墅………………………297
波普卡皮利酒店…………297
鲸鱼海湾酒店……………297
怀梅阿种植园别墅酒店…297

拉奈岛
拉奈岛海岸水上酒店……302
拉奈岛四季度假中心科埃雷
　山庄酒店…………………303
拉奈岛曼内雷海湾四季
　度假中心…………………303
莫洛凯水上酒店…………308

美　食
毛伊岛
太平洋美食店……………222
毛伊咖啡工坊……………222
路斯·克里斯烧烤之家…222
拉海纳海鲜美食餐厅……222
杰拉德法式美味餐厅……222
泰式美食餐厅……………222
摇滚主题餐厅……………223
基莫氏美食餐厅…………223
阿甘虾餐厅………………223

拉海纳传统烤乳猪宴……223
日式西餐厅………………226
草裙舞之海鲜烧烤餐厅…226
雷拉尼海鲜烧烤滨海
　餐厅………………………226
露天西餐厅………………226
精品厨房餐厅……………229
安东尼奥意大利美食
　餐厅………………………229
蒙基珀德美食餐厅………229
田阪魔法甜品店…………232
萨恩泰式西餐厅…………232
西贡咖啡餐厅……………232

夏威夷岛
斯堪的纳维亚刨冰店……259
帕帕洛尼丝比萨餐厅……259
澳拜客西餐厅……………259
哈格士滨海餐厅…………259
科纳旅馆餐厅……………259
果仁酥饼餐厅……………259
竹萃餐厅&画廊…………263
帕尼洛克乡村旅舍餐厅…263
海滨烧烤餐厅……………263
柠檬草精品餐厅…………263
瓦伊克洛亚罗西烧烤餐厅&
　酒吧………………………263
佩丝特咖啡餐厅…………263
洛国际食品店……………265
咖啡100餐厅……………265

考爱岛
哈姆勒兹夏威夷细面店…285
JJ海鲜烧烤餐厅…………285
布巴汉堡店………………287
木瓜生鲜超市&咖啡屋…288
斯艾欧卡快餐便利店……292
科洛阿米尔冰激凌&
　咖啡工坊…………………292

拉奈岛
565咖啡屋………………302
佩蕾花园餐厅……………302

莫洛凯岛
莫洛凯尼比萨咖啡店……308
卡莫伊冰激凌快餐店……308